HISTOIRE DES SEIGNEURS DE TOURCOING.

Pras., Imp. J. Dellètre.

HISTOIRE

DES SEIGNEURS DE TOURCOING,

PAR

ALEXANDRE PRUVOST,

Prêtre de la Compagnie de Jésus.

TOURCOING,
IMPRIMEUR-LIBRAIRIE J. MATHON,
GRAND'PLACE

1863

A SON ALTESSE

LE PRINCE EMMANUEL DE CROY.

Le prince qui nous permet de lui dédier ce travail avait le droit d'en réclamer l'hommage en sa qualité d'aîné de la famille qui se rattache le plus immédiatement aux ducs d'Havré, derniers seigneurs de Tourcoing. Arrière-petit-fils du duc Joseph-Maximilien, il compte parmi ses ancêtres presque tous les ducs d'Havré; le premier comte de Solre; les seigneurs de Molembaix : Philippe et Baudouin de Lannoy; les sires d'Audenarde : Oudart Blondel, Jean Blondel et Gossuin du Quesnoy; les deux Guillaume de Mortagne; les comtes de Guines de la maison de Gand; les châtelains de Bourbourg : Henri, Gauthier et Baudouin; la plupart des sires d'Alost; en un mot, le plus grand nombre des anciens possesseurs de la terre de Tourcoing. Digne héritier de l'illustration de tant de hauts personnages, il trouvera, nous l'espérons, un plaisir bien doux à relire le récit de leurs exploits guerriers et de leurs actions vertueuses. Ami des recherches historiques, il a bien voulu encourager nos travaux : qu'il reçoive l'hommage de notre reconnaissance. Nous sommes heureux d'en reporter, par son entremise, une partie à ses nobles parents et nommément à sa vénérée mère, la princesse de Croy-Solre, petite-fille du dernier duc de Croy-Havré.

A. PRUVOST,
de la Compagnie de Jésus.

PRÉFACE.

Le même sentiment qui nous avait poussé à offrir à nos compatriotes une série de biographies édifiantes, il y a huit ans, nous a fait consacrer les loisirs que nous laissaient des occupations plus sérieuses à étudier l'histoire des anciens seigneurs de notre ville. Cette étude a exigé de nous de nombreuses et longues investigations, mais nous avons eu le bonheur de retrouver tous, ou du moins presque tous, les anciens possesseurs de la terre de Tourcoing. Ç'a été pour nous un labeur bien doux que de tirer de l'oubli les seigneurs de cette ville si remarquable par le caractère simple et bon de ses habitants et par son attachement constant à la religion catholique. Mais en outre nous avons eu la satisfaction de trouver dans la plupart de ces nobles personnages des hommes qui ont rendu à la société d'éminents services. Au reste ce n'est pas seulement l'histoire des sires de Tourcoing que nous avons eu à retracer, c'est celle des sires d'Alost, des comtes de Guines de la maison de Gand, des sires d'Audenarde pendant deux siècles, de plusieurs membres marquants des familles de Mortagne, du Quesnoy, de Blondel, de Lannoy et de Croy, c'est celle des ducs d'Havré à l'exception des premiers seulement. Si, en la traitant, nous avons pu jeter un jour nouveau sur plusieurs points de l'histoire de Flandre, si surtout nous avons pu inspirer quelques nobles sentiments, nous nous croirons amplement dédommagé de nos peines. Nous avons à remercier, après les descendants des anciens seigneurs de Tourcoing, le maire de cette ville qui a bien voulu nous prêter un généreux concours. Jaloux de relever par tous les moyens l'honneur de sa ville natale, M. Roussel-Defontaine ne cesse de mériter de jour en jour l'estime et la reconnaissance de ses concitoyens et nous savons que cette estime et cette reconnaissance ne lui font pas défaut. Nous remercions bien sincèrement les hommes érudits qui ont daigné nous aider de leurs lumières et nous procurer des documents précieux et des renseignements d'un grand intérêt.

HISTOIRE
DES SEIGNEURS DE TOURCOING.

PERSONNAGES DU NOM DE TOURCOING.

Auteurs consultés :

Miræus, *Oper. diplom.* Lovan. 1723. Suppl. p. 2, pag. 951. — Goethals, *Jaerboeck der stad en oude Casselry van Kortryk,... tot Kortryk...* 1814. p. 181. — Le même, *Chronologische antekeningen...* p. 167. — S. Génois, *Monuments anciens*, t. I, p. DCCLXII, DCCCXCV ; *Mémoires de la Soc. hist. et litt. de Tournai*, t. IV, p. 292.

L'an de grâce 1080, sous le règne de Philippe, roi des Francs, et sous le gouvernement de Robert-le-Frison, comte de Flandre, un noble seigneur, Eustache, et son épouse Oligia, donnaient à l'autel d'Harlebecke une partie de leur héritage. Parmi les témoins qui signent l'acte de cette donation se trouve, après Étienne de Cordes et Folcard de Isenghem, Saswalus de Torcoin. L'acte au bas duquel est écrit son nom est digne d'être remarqué, car c'est la première fois que l'on trouve le nom de Tourcoing consigné dans un monument qui ait une véritable valeur historique.

Mais quel était ce Saswalus? était-il seigneur de la localité dont il prenait le titre? c'est, répondons-nous, ce qu'il n'est permis, sauf nouveaux renseignements, ni d'affirmer, ni de nier. On trouve en effet, plus d'une fois à la même époque deux personnages qui signent la même charte et qui portent tous deux le titre de la même localité. Bien plus, le nom d'une localité se trouve parfois accolé au nom de personnes serves de condition.

Il faut remarquer cependant que les clercs seuls et les personnes nobles apposaient leurs sceaux ou leurs seings à des actes de quelque importance. Il nous est donc permis de croire que Saswalus était un personnage marquant et vraisemblablement seigneur de Tourcoing.

Mais si l'on trouve au XI⁰ siècle un noble qui se signe *de Tourcoing*, existait-il dès lors une famille dont les membres se signaient communément *de Tourcoing*, comme il y avait une famille qui se signait de Gand, une autre de Mortagne, une autre de Roubaix, quoique peut-être alors les noms de famille, proprement dits, ne fussent point définitivement fixés (1)? Nouvelle question à laquelle il est difficile de répondre, faute de documents; ce que l'on peut affirmer avec quelque certitude, c'est que si cette famille existait au onzième siècle, elle avait perdu déjà au commencement du douzième la Seigneurie de Tourcoing, ou du moins qu'alors une autre famille, celle de Gand, comme on le verra plus loin, possédait à Tourcoing assez de terres pour prétendre aux droits seigneuriaux.

Continuons à mentionner quelques personnages qui se sont appelés de Tourcoing, sans qu'on puisse savoir s'ils ont appartenu, ou non, à la famille des seigneurs de ce lieu.

En 1197, au mois de juin, Robert de Torcuing figure, en qualité de témoin, au bas des lettres de Guillaume d'Arras, avoué de Béthune, et de sa femme, Mathilde, par lesquelles ils approuvent la donation de l'autel de Lichterwelde, faite à l'abbaye de St.-Bertin, par G. de Melsenghem.

En 1288, au mois d'octobre, Gui, comte de Flandre, signe des lettres par lesquelles il donne à Sarrain de Torquoing deux muids de froment, mesure de Douai, à recevoir tous les ans pendant sa vie, le jour de la Nativité du Seigneur, sur l'espier (2) de cette ville, et ce en récompense des services qu'elle a rendus à Isabelle comtesse de Namur, sa femme.

En 1361, Jean de Tourcoing fondait à Lille l'hospice des Marthes. Ce Jean de Tourcoing était bourgeois de Lille. Il est donc peu probable qu'il ait appartenu à la famille des seigneurs de Tourcoing (3).

On trouve dans le compte de Jacques de la Tanerie, receveur de Lille, pour le fait de nouveaux acquets du 4 février 1389 : Jean du Bosquel, fils de demoiselle Jeanne de Tourcoing. Le mot demoiselle indique une personne noble et le mot de fils est ici synonyme de gendre.

En 1498, un Jehan de Tourcoing, épicier, honorable et discrète per-

---

(1) On s'accorde à dire qu'avant le XII⁰ siècle, les noms n'étaient pas héréditaires en France. Nous croyons, d'après plusieurs documents, que dès le XI⁰, ils commencèrent à devenir tels dans certaines familles. Mais l'usage ne s'introduisit que peu à peu, et quelques siècles plus tard certains individus n'étaient encore connus que sous le nom de leur pays natal.

(2) Les spicaria, spyeker, *épiers* étaient des dépôts de provisions de bouche que les comtes de Flandre, à l'exemple des rois Franks, avaient dans les diverses parties du comté. (Namèche, Fl. p. 730.)

(3) Voir l'ouvrage intitulé : *Notices biographiques sur plusieurs personnes de Tourcoing et l'histoire de Tourcoing*, p. 103.

sonne, assistait à Tournai, à l'ouverture du testament de Mᵉ Jean de Wysmes, maître ès-arts et docteur en médecine. Si ce Jean de Tourcoing était issu de la famille des anciens seigneurs de Tourcoing, il faut convenir qu'elle était, dans sa personne, bien et dûment tombée en roture.

Avant de passer à l'histoire des seigneurs d'Alost, de la maison de Gand, nous devons avertir nos lecteurs qu'il ne nous conste pas que les deux premiers, Raoul et Baudouin Iᵉʳ, aient été en même temps seigneurs de Tourcoing, mais leurs notices serviront d'introduction à celle de Baudouin II, que des indices non douteux nous font voir, dès 1095, en possession de la terre de Tourcoing.

MAISON DE GAND-ALOST.

Auteurs consultés :

Duchesne, *Hist. des maisons de Guines, de Gand et de Coucy*, p. 107-127; preuves, pag. 68, 70, 71, 75, 109-220. — Saint-Genois, *Mon. anc.*, pag. CCCCLXX-CCCCLXXV. — M. Namèche, *Hist. nation.*, t. I, p. 278 et 308-329. — M. Kervyn de Lettenhove, *Hist. de Flandre*, t. I, pag. 390-430. — *Chronique de Guines et d'Ardre*, par Lambert d'Ardre, édition de M. le marquis de Godefroid-Menilglaise. — Sanderus, *Flandria illustrata*, l. 3. — *Corpus chronicorum Flandriæ*, t. I, *Chron. Trunchin*, t. II, pag. 756 et suiv. — Meyer, *Annales Flandriæ*. — *Acta Sanctorum*, t. I, Martii. — *Description de la ville et du comté d'Alost*, par F.-J. De Smet. — *Lettres sur l'histoire d'Audenarde*, par M. Ed.-Fr. Van Cauwenberghe, p. 46. — *Revue d'histoire et d'archéologie*, t. II, 2ᵉ livraison. — *Dissert. hist. sur le comté d'Alost*, par Lesbroussart, dans les Mém. de l'Acad. 1820, p. 321. — *Notice sur le pays de Waes*, par M. J.-J. De Smet, ibid., 1848, p. 113. — *Recueil des Hist. des Croisades*, t. I. : Guill. de Tyr, p. 117. — *Coll. de mém. rel. à l'hist. de France*, t. 21 : Albert d'Aix, p. 72, 82. — Miræus, t. I, p. 104 et p. 511 suiv., t. III, p. 571. — Le Carpentier, *Hist. de Cambrai*, preuves. — Wauters, *Hist. des environs de Bruxelles*, t. I, p. 374, t. II, p. 165. — *Inventaire des Chartes de la Bibliot. du sém. de Bruges*, 1857. — Orderic Vital, édit. de M. Le Prévost. — Warnkœnig, *Hist. de Flandre*, t. II, p. 413. — *Annales Præmonstratenses*. — D'Achéry, *Spicileg.*, t. II, p. 776, 894.

RAOUL.

La famille des seigneurs d'Alost, ainsi que celle des châtelains de Gand, descend, à ce que l'on croit, des anciens comtes de Gand, connus dès le Xᵉ siècle. Noble origine, puisque Wichman, le premier comte, préposé vers 916 par l'empereur Othon Ier à la garde du nouveau château de Gand, était issu des anciens rois saxons et qu'il épousa Lutgarde, fille d'Arnoul-le-Grand, comte de Flandre. Tout le pays d'Alost, la terre de Waes et les quatre Métiers lui avaient été assignés par l'empereur à titre de bénéfice. C'était du reste l'époque où les bénéfices tendaient à devenir héréditaires dans les familles. Il règne quelque incertitude sur ses descendants; mais les historiens s'accordent à regarder comme appartenant à sa lignée Lambert, qui fut le premier châtelain héréditaire de Gand, et Raoul le premier que l'on sache, d'après des preuves certaines, avoir été seigneur du pays d'Alost. Ce dernier était parent et même, selon quelques auteurs, frère de Lambert. Il vivait du temps de Henri II, roi de France, et de Baudouin de Lille, comte de Flandre. Son nom se trouve au bas de chartes données en 1038, en 1050 et en 1056. Ces chartes ont rapport à des abbayes. Deux d'entre elles nous font voir des femmes de condition libre se constituant volontairement tributaires de l'abbaye de S. Pierre. Deux autres émanent du comte de Flandre confirmant à Arras les possessions de l'abbaye de Marchiennes, et à St-Omer celles de l'abbaye de St.-Bertin. Raoul y figure à côté des évêques de Cambrai, de Térouane et d'Arras, des comtes de Boulogne et de Saint-Pol et des principaux seigneurs de Flandre : ce qui montre qu'il occupait dans le pays un rang distingué. Il est appelé tantôt Raoul de Gand et tantôt Raoul d'Alost; il porte aussi le titre d'avoué, sans doute à cause de la protection qu'il s'était engagé à accorder dans son district aux biens des abbayes de Saint-Pierre et de Saint-Bavon à Gand.

Son épouse Gisèle était, à ce que l'on croit, sœur du comte de Flandre Baudouin de Lille. Il en eut trois fils : Baudouin de Gand, premier du nom, seigneur d'Alost; Gislebert de Gand, qui fut la souche des seigneurs de Folquingham en Angleterre, et Raoul de Gand, dit d'Alost, chambellan de Flandre, qui accompagna à la croisade le comte Robert de Jérusalem.

BAUDOUIN I.

Baudouin Ier succéda à son père Raoul dans la seigneurie d'Alost. Son nom se trouve au bas de plusieurs actes depuis l'an 1046 jusqu'à l'an 1080. Il en est deux (1050,1052) où il se joint à son père Raoul. Dans les autres on le voit prendre rang à côté des plus nobles personnages, tels que les évêques de Tournai, d'Amiens, de Térouane, de Beauvais et de Paris, les comtes de Soissons, de Boulogne, de Guines, de Saint-Pol et les premiers barons de France. C'est ainsi qu'il signe à Corbie (1065) et à Aire (1075) deux actes du roi Philippe Ier pour l'autortissement des biens de l'abbaye d'Hasnon et de l'église de St-Pierre à Aire. C'est ainsi encore qu'il assiste à Bergues, en présence du corps de St-Winoc, à la cour solennelle tenue, le jour de la Pentecôte 1067, par le comte Baudouin assisté de l'évêque de Térouane, dans le but de terminer les différends que l'abbé de cette ville avait avec ses religieux. Il reçut en présent du comte Robert-le-Frison les terres de Tronchiennes, de Waes et de Rusle. Sur la fin de sa vie il signa un acte de ce prince en faveur de l'abbaye de Messines (1080). Sa mort arriva l'an 1081. Il laissa après lui six enfants, parmi lesquels nous remarquons Gautier, son second fils, qui fut la souche des seigneurs de Termonde.

BAUDOUIN II.

Il y avait, dit Lambert d'Ardre, dans la terre de Brabant, un certain noble, héritier et maître de la seigneurie d'Alost, Baudouin surnommé *le Gros* ou *le Grand*, qui eut pour épouse Mathilde, issue de nobles parents et à qui la grosseur ou la grandeur de son mari fit donner un surnom semblable au sien.

Ce fut en 1081, dit la Chronique de S. Bavon, qu'il succéda à son père Baudouin.

La Flandre était alors en proie à des désordres et à des brigandages de tout genre. Mais on voyait aussi surgir des hommes apostoliques, qui par leurs prédications s'efforçaient d'arrêter le mal. Un moine de Saint-Pierre à Gand convertit, par sa parole éloquente et inspirée, six fiers chevaliers qui firent pénitence et élevèrent près d'Alost le monastère fameux d'Afflighem, avec lequel nos seigneurs eurent de nombreux rapports.

Le pape saint Grégoire VII avait envoyé en Flandre saint Arnoul, évêque de Soissons et flamand d'origine, afin qu'il rétablît l'union entre le clergé et le comte Robert-le-Frison. Celui-ci fut docile à la parole du saint et le pria d'employer aussi son zèle à procurer le bien de son peuple agité par d'interminables discordes intestines. Les grands du pays joignirent leurs prières à celles du comte. On cite surtout Baudouin de Gand, Éverard de Tournai et Conon son frère. A leur invitation, saint Arnoul se mit à parcourir une grande partie de la Flandre (1083), apaisant les dissensions populaires par ses pieux discours, ses bons exemples, sa vie toute sainte, enfin ramenant partout l'ordre et la paix.

Ce ne fut pas la seule fois que Baudouin se fit un devoir d'imiter la noble conduite de son prince. L'an 1085, Robert-le-Frison, après avoir confié le gouvernement de la Flandre à son fils Robert, se dirigea vers la Syrie en compagnie des principaux nobles de la Flandre. Baudouin fut un de ceux qui le suivirent; il visita avec lui les saints lieux à Jérusalem et alla jusqu'au Mont-Sinaï vénérer le tombeau de sainte Catherine.

A son retour il souscrivit aux lettres par lesquelles Henri, comte et avoué du pays de Brabant, dota de ses biens le monastère d'Afflighem (1086). Il signa aussi comme témoin des lettres de Jean, abbé de Sithiu ou Saint-Bertin, au sujet d'un alleu situé à Ostsele (1087).

Cependant son frère Gislebert de Gand poussait plus loin la générosité en faveur des monastères. L'an 1088, il achetait à Lotbert, abbé de Hasnon, un alleu situé sur les territoires d'Alost, de Rasseghem et de Lede. L'acte de vente fut signé par Baudouin, fils, est-il dit, de Baudouin de Gand, par son frère Gautier et par plusieurs autres seigneurs, témoins comme eux du contrat. Plus tard (1096), Gislebert donna ce bien à Fulgence, premier abbé d'Afflighem, afin qu'il y élevât un monastère de filles sous l'invocation de la sainte Vierge, où la veuve de Baudouin Ier, Ode, avec sa fille Lutgarde, prirent le voile. C'est le monastère qui fut transféré peu de temps après à Forest, près de Bruxelles.

Tout en ayant devant les yeux les beaux exemples que lui donnaient sa mère, sa sœur et son frère, Baudouin avait conservé son caractère belliqueux et agressif. On ignore à quelle occasion il fit la guerre à Amelric, connétable de Flandre et avoué de Ninove. Mais ayant fait avancer son armée sur le territoire de Ninove et commencé à enlever du butin au village d'Okkegem, il vit venir à lui le seigneur Amelric animé d'un grand courage et d'une vive confiance. Le combat s'engagea, les gens de Baudouin ne purent soutenir le choc impétueux de leurs ennemis, ils prirent la fuite et Baudouin resta prisonnier entre les mains du vainqueur. L'auteur de la Chronique de Ninove, qui rapporte ce fait, appelle notre Baudouin, Baudouin d'Alost, et il nous fait connaître que la bonne intelligence régna dans la suite entre les familles du vainqueur et du vaincu, puisque Englebert, seigneur de Peteghem et frère de Baudouin, donna en mariage sa fille Gisla à Gérard, fils d'Amelric.

L'an 1095, eut lieu, non à Tournai, comme le disent les historiens modernes, mais, d'après le témoignage d'un auteur contemporain, sur les confins du Tournaisis, *in confinio Tornacencis provinciæ*, un tournoi fameux et mémorable (1).

La réputation de bravoure, dont jouissaient Éverard de Tournai et ses chevaliers, y avait attiré en grand nombre les seigneurs les plus illustres. On y voyait entre autres, le comte de Louvain, Henri III, qui y

---

(1) Heriman (Spicil. d'Achéri, t. II, p. 894) dit bien que le comte de Louvain se rendit à Tournai, mais il indique qu'il en sortit, *exiens*, pour aller au tournoi.

reçut le coup de la mort, notre Baudouin et Arnoul-le-Vieux, seigneur d'Ardre. Ce dernier remporta, de l'aveu même de ses rivaux, tous les honneurs de la journée. Baudouin, qui souvent déjà avait entendu parler de sa bravoure, fut un de ses plus grands admirateurs, et après le tournoi se fit un honneur de lui donner l'hospitalité : ce fut à Tourcoing, terre qu'il possédait et où il avait un manoir (1). Il l'y traita magnifiquement, lui et tous les siens. Le lendemain matin ils eurent ensemble de longs discours et Arnoul d'Ardre finit par épouser Gertrude, sœur de Baudouin, qui lui apporta en dot de nombreux alleux (2). Ce fait est raconté par Walter de Cluse dans l'histoire des comtes de Guines.

Cependant les pensées étaient à la Croisade et l'on s'y préparait par des bonnes œuvres.

La même année 1095, Baudouin apposait son seing en qualité de témoin à un acte par lequel son oncle Raoul, chambellan de Flandre, fils de Raoul d'Alost, donna quelques terres situées à Testrep, à l'abbaye de Saint-Winoc à Bergues, pour le salut de Raoul et de Gisèle, ses parents. Il assista ensuite avec le même Raoul, Roger, châtelain de Lille, Amaury de Landast, Gérard son frère et d'autres chevaliers, à une donation que Robert-le-Jeune, comte de Flandre, fit à l'église de Saint-Pierre à Lille, avec le consentement de la comtesse Clémence, sa femme, et de leurs deux fils Baudouin et Guillaume. Les lettres en furent expédiées l'an 1096, et la même année Baudouin partait pour la guerre sainte avec son frère Gislebert et son oncle Raoul.

Il était tout naturel qu'en sa qualité de seigneur de Tronchiennes, Baudouin cherchât à obtenir des secours en argent du chapitre qui s'y trouvait établi depuis l'époque de saint Amand. Il le fit ; et du consentement du prévôt Godezon et de toute la communauté des chanoines, il reçut 42 marcs d'argent du trésor de l'Église. On dut pour fournir cette somme, enlever tout ce qu'il y avait d'or et d'argent aux ornements et aux châsses des saints. De son côté Baudouin, pour que l'Église de Dieu n'eût pas à lui adresser de justes plaintes, engagea au chapitre sa métairie dite Otegem, qui formait un hameau de Tronchiennes, permettant qu'on en retirât chaque année 150 muids d'a-

---

(1) Lambert d'Ardre ne nomme pas l'endroit où Baudouin reçut Arnoul, mais il est certain que ce fut non loin de Tournai, puisqu'il dit clairement que ce fut le jour même du combat (quadam die cum.... mane autem facto). Or, on ne trouve pas que Baudouin ni ses descendants aient possédé près de Tournai d'autre terre que Tourcoing, que nous savons avoir appartenu à ses deux fils Baudouin III et Iwan.

(2) Ils étaient situés dans la châtellenie de Bruges près d'Ardenbourg, d'Oostbourg, et autour d'Ysendyck, de Wulendyck et de Gavernesse. On voit par là combien les seigneurs d'Alost étaient riches en immeubles; mais M. le chanoine De Smet pense que leur domination dans le pays d'Alost n'était pas très-étendue alors, puisque Ninove avait son seigneur particulier.

voine, pour que l'on pût ainsi avec le temps parvenir à restituer à l'église les ornements enlevés.

Une mort glorieuse attendait Baudouin en Palestine. Au mois de mai 1097, l'armée des Croisés remporta près de Nicée une victoire éclatante et s'empara ensuite de la ville. Ce fut à ce siége que périt Baudouin de Gand; emporté par son ardeur dans un assaut, et voulant s'avancer témérairement vers les murs, il eut la tête percée d'une flèche et reçut la mort en combattant. On lui donna, ainsi qu'aux autres guerriers de son rang, une sépulture honorable (1).

Baudouin laissait une veuve, que Lambert d'Ardre appelle Mathilde et la Chronique de Tronchiennes Remavinde ou Regnewide. Le comte de Flandre, Robert de Jérusalem, lui enleva Tronchiennes et le pays de Waes (1100), qui avaient été donnés à Baudouin Ier par Robert-le-Frison, mais qui ne tardèrent pas néanmoins à rentrer dans sa famille. Les fils de Baudouin-le-Grand furent Baudouin-le-Louche et Iwan-le-Chauve, tous deux seigneurs d'Alost et de Tourcoing et dont nous parlerons plus amplement (2). Sa fille unique, Béatrice, épousa Thierry de Beveren, châtelain de Dixmude, dont les descendants disputèrent plus tard, mais vainement, la possession d'Alost aux comtes de Flandre et de Hainaut.

BAUDOUIN III.

Baudouin III, qui dans les diplômes porte indifféremment les noms de Baudouin de Gand et de Baudouin d'Alost, avait pour surnom habituel, d'après Lambert d'Ardre, celui de Louche, dont on devine aisément la raison. La longueur de sa barbe lui avait fait aussi donner, dit le même auteur, le surnom de *Gernobadatus*, que Du Chesne traduit par *Guernonné*. Ces expressions plus que surannées indiquent, d'après les lexiques, un homme dont la barbe épaisse et touffue affectait la forme de grains réunis. Le vieux mot français *grenon* avait cette signification et s'appliquait surtout aux moustaches.

On peut conclure de là que la physionomie du seigneur d'Alost était tant soit peu farouche. Ce que n'indique pas pourtant le portrait trop peu fidèle sans doute que Du Chesne en a fait graver d'après un sceau de l'an 1125.

Baudouin était jeune encore lorsqu'il perdit son père, et il fut, selon

(1) Tel est le récit de Guillaume de Tyr et d'Albert d'Aix. Meyer dit que Baudouin fut accablé de pierres, et que sa mort arriva le 13 juin. Du Chesne observe que cet auteur le dit mal-à-propos fils de Wenemar, châtelain de Gand.

(2) On ignore s'il faut joindre à ces deux seigneurs Gislebert et Siger de Gand, qui plus vraisemblablement furent la descendance non légitime de Baudouin-le-Louche.

toute apparence, quelque temps sous la tutèle de sa mère. Dépouillé de Tronchiennes et du pays de Waes, le nouveau seigneur d'Alost devait chercher à remonter au rang de ses pères. Il y parvint par la protection des comtes de Flandre qui succédèrent à Robert de Jérusalem, et dont il ne tarda pas à obtenir les bonnes grâces.

Dès l'an 1115 son nom figure au bas d'une charte accordée par Baudouin Hapkin à l'église collégiale de Formeselle (Voormezeele). Deux ans plus tard (31 janvier 1117), il assistait à une assemblée imposante des évêques, des abbés, des principaux membres du clergé de la Flandre, ainsi que des châtelains et des principaux seigneurs et chevaliers du pays, que le comte Baudouin avait convoqués à Gand pour réformer l'abbaye de Saint-Pierre. C'est ce que nous apprend une autre charte en faveur de l'église de Formeselle où, à côté de son nom, figure celui de son frère Iwan. La même année, d'après la Chronique de Tronchiennes, le comte Baudouin restituait à Baudouin-le-Louche la moitié du territoire de Tronchiennes.

Deux ans plus tard, ce prince mourait (19 juin 1119), après avoir désigné pour son successeur Charles de Danemark, fils de saint Canut, le roi-martyr.

Le nouveau comte eut longtemps à combattre avant de devenir possesseur paisible de ses domaines, et son principal compétiteur fut Guillaume de Loo, vicomte d'Ypres. C'est sous les drapeaux de ce dernier que Baudouin de Gand semble s'être rangé tout d'abord. Car Meyer, après avoir mentionné la mort du bailli d'Audenarde, Yder, tué le 29 novembre 1119, lors de la prise d'Audenarde par Baudouin d'Ypres, ajoute aussitôt que Baudouin de Gand dévasta par le fer et la flamme Melden, village peu éloigné de cette ville.

Quoi qu'il en soit, Baudouin ne tarda pas à reconnaître l'autorité du comte Charles, et celui-ci lui donna des preuves de sa générosité, en lui rendant le pays de Waes et la partie de Tronchiennes qui ne lui avait pas été rendue; l'acte est daté du jour de la Nativité de la Sainte-Vierge, 8 septembre 1120.

Dès lors, le nom de Baudouin figure parmi ceux des seigneurs qui assistent comme témoins aux actes de pieuse bienfaisance du prince. C'est ainsi qu'en 1120 il se trouvait présent à la ratification que Charles fit à Gand de tous les priviléges et de toutes les possessions du monastère de Saint-Pierre, et qu'en 1122, au château de Bruges, il était témoin, lui et son frère, de l'accord conclu entre son cousin germain, Daniel, seigneur de Termonde, avoué de Saint-Bavon à Gand, et l'abbé Wulfric avec toute sa communauté, au sujet des droits dus aux avoués de cette église.

Baudouin, en sa qualité de seigneur d'Alost, avait, lui aussi, la qualité d'avoué pour les biens du monastère de Saint-Pierre à Gand, situés dans le Brabant. Cette avouerie, qui lui imposait l'obligation de défendre l'église de Saint-Pierre, il la tenait en fief des comtes de Flandre, protecteurs suprêmes des biens du clergé. Aussi ce fut au comte de Flandre, Charles, que l'abbé de Saint-Pierre, Arnold, s'adressa pour se plaindre des exactions que Baudouin faisait subir aux censitaires de l'abbaye qui demeuraient dans l'avouerie de Brabant. Plusieurs des principaux seigneurs furent donc convoqués à Gand l'an 1123, et d'après leur avis le comte Charles donna une charte qui régla les droits des deux parties, confirma les immunités des hommes de l'abbaye, et en particulier de ceux qui habitaient Crombrugghe et Merlebeke, détermina l'impôt que l'avoué avait le droit d'exiger en certains cas, fixa le mode de rendre la justice et les peines à infliger pour certains délits, en un mot mit fin pour l'avenir à toutes les disputes.

Bien loin de vouloir se faire le persécuteur des établissements religieux, Baudouin songeait à les enrichir d'une partie de son patrimoine. Il était naturel qu'il songeât avant tout à l'abbaye d'Afflighem, qui s'élevait à si peu de distance des murs d'Alost. Un diplôme de l'an 1125, donné par lui et son frère Iwan, fait connaître à tous les fidèles que, touchés de repentir à la vue de leurs péchés et considérant combien la vie de l'homme est courte, ils remettent l'église d'Erembodegem à l'évêque-diocésain en faveur de l'abbaye d'Afflighem, et donnent à cette abbaye deux fermes situées à Erembodegem et deux manses de terre près de l'église. Ils restituent encore à l'abbaye les moulins que leur mère avait donnés pour l'âme de leur père, agissant ainsi, ajoutent-ils, pour le salut de leurs âmes et de celles de leurs parents. Ils y ajoutent le don du franc-alleu qu'ils possédaient à Terstrepen et l'affranchissement pour l'église d'Afflighem de tout péage et de tout tribut dans l'étendue de leur domination. Par tous ces bienfaits, ils deviendront participants des prières des frères tant pendant leur vie qu'après leur mort, et à leur décès on leur rendra dans l'abbaye les mêmes devoirs qu'on rendrait à un religieux. Telle est, moins quelques détails, la formule vraiment pieuse de cette charte, à laquelle Baudouin apposa son sceau (1) et qui porte les noms de 15 témoins. On y remarque celui du sénéchal *Guillaume de Alost*, ce qui nous montre que les seigneurs d'Alost avaient, comme les comtes de Flandre, une cour régulièrement constituée et des officiers attachés au service de leur personne.

Baudouin était en outre possesseur de nombreux domaines; sans parler de ceux que nous avons déjà mentionnés, il avait en Flandre les

---

(1) « Il s'y voit représenté, dit Du Chesne, à cheval avec une bannière en la main droite au lieu d'épée, et un écusson de guerre en la gauche, dont il ne paraît que le revers. De façon que ses armes, si elles y étaient gravées, ne peuvent pas être aperçues. » Il est à remarquer que ce sceau porte l'inscription : *Sigillum Balduini Gandensis*, tandis que la charte commence par les mots : *Ego Balduinus de Alost*.

terres de Tourcoing (1), de Langhemarck et de Beexcote, et en Brabant, plusieurs alleux, entre autres ceux de Werce (Weert-Saint-Georges?) et de Meinth (Meensel?), que lui avait apportés en mariage son épouse Luthgarde de Grimberghe.

Cette haute position le mettait en état de jouer un rôle dans les graves événements politiques qui bouleversèrent bientôt la Flandre entière. Le 2 mars 1126, le comte Charles-le-Bon avait péri sous les coups de sujets perfides, dans l'église même de Saint-Donat.

Baudouin, ainsi que son frère, se joignit à Gervais de Praet et à ceux qui assiégeaient les assassins du comte, réfugiés dans le bourg et dans l'église de Saint-Donat. C'est ce que rapporte le syndic Galbert. L'abbé Hériman attribue à Baudouin un rôle beaucoup plus important et rapporte le discours qu'il tint dans cette circonstance. Deux troupes armées se trouvaient en présence, celle des meurtriers suivis d'une multitude de leurs partisans, et celle de Baudouin et de ses amis réunis pour venger la mort de leur comte bien-aimé. Le peuple de Bruges était là et semblait plutôt se déclarer pour le parti des Erembald. Baudouin s'avance couvert du casque et de la cuirasse, et s'écrie à toute voix :
« Ce n'est pas contre vous, bonnes gens, que nous sommes venus, et
» nous ne cherchons pas à nous emparer du château de Bruges; mais
» nous voulons venger l'injuste mort de notre maître, de peur que l'on
» ne dise peut-être que nous sommes aussi coupables de trahison, et
» qu'à l'avenir nous ne portions le nom de traîtres. Si donc vous venez
» combattre contre nous, vous vous déclarez complices d'un si grand
» crime et vous vous chargez ainsi d'un opprobre éternel. Je vous
» engage donc fortement à vous ranger plutôt de notre côté et à nous
» aider à confondre ceux qui ont trahi leur maître. »

A ces mots, le peuple, poussant de grands cris, se joignit à Baudouin,

---

(1) C'est ce que nous apprend Lambert d'Ardre, quand il nous dit que Baudouin de Bourbourg, fils de Béatrix de Gand et petit-fils de Baudouin-le-Louche, ayant après la mort de son grand-oncle Iwan et de son cousin Thierry réclamé l'héritage de sa mère et de son aïeul, n'obtint que Torthonium et Longam Markam et Beckescotium. Le mot *Torthonium* a embarrassé plusieurs auteurs, Du Chesne en a fait Torthone, localité qui n'existe pas ; l'ancien traducteur de Lambert d'Ardre y a vu Tornhem ou Tournehem, localité que Lambert d'Ardre appelle toujours Tournehem, et qui appartenait aux comtes de Guines. M. le marquis de Godefroid Menilglaise s'est demandé si, en lisant Corthonium, on ne pourrait pas y voir Kortenhoek près d'Alost ; M. le chanoine De Smet, après avoir remarqué que les trois localités paraissent situées hors des pays d'Alost et de Waes, a cherché, en hésitant, dans Doorent ou Ten Doorent, nom de hameaux des pays de Waes et d'Alost, la traduction de Torthonium. Mais il est évident qu'il faut lire Torchonium, puisque 1° Iwan de Gand, possesseur de la presque totalité des biens de son frère Baudouin-le-Louche, possédait la terre de Tourcoing et que 2° Arnoul III, comte de Guines, descendant et héritier de Baudouin de Bourbourg, a été aussi certainement seigneur de Tourcoing.

et se retournant contre ceux avec lesquels il était venu, les força à prendre la fuite.

En même temps qu'on s'occupait à venger la mort du saint comte, six prétendants aspiraient à le remplacer; mais Louis-le-Gros, roi de France, chercha à imposer à la Flandre un comte de son choix. Il convoqua donc, à Arras, les principaux seigneurs du pays; Baudouin d'Alost s'y rendit avec son frère et reconnut pour comte de Flandre Guillaume de Normandie, le candidat du roi, qui se préparait, à la tête de ses troupes, à soutenir son choix par la force des armes.

Le 30 mars, Gauthier de Lillers, boutillier de Flandre, apportait à Bruges des lettres du roi et annonçait au peuple que lui et les premiers de la terre de Flandre, tels que Robert de Béthune, Baudouin d'Alost et Iwan son frère, le châtelain de Lille et les autres barons, avaient élevé Guillaume à la dignité de comte et lui avaient prêté foi et hommage selon tous les usages des comtes de Flandre, ses prédécesseurs.

Peu de temps après, le nouveau comte faisait à Bruges sa joyeuse entrée. Il reconnaissait que nul, après le roi, n'avait autant contribué à son élévation que Baudouin d'Alost; aussi lui fit-il don, le 7 avril, de quatre cent-vingt livres. Baudouin continua à le servir avec zèle. Il l'accompagna dans le voyage qu'il fit de Bruges à Térouane et à Saint-Omer et souscrivit avec son frère la charte par laquelle le nouveau comte confirma, le 30 avril 1127, les coutumes et les franchises des bourgeois de Saint-Omer.

Cependant le comte de Hainaut, Baudouin III, celui, peut-être, qui avait le plus de droits au comté de Flandre, s'était emparé de Ninove et était entré dans Audenarde, qu'il avait fortifiée. Baudouin se réunit à Rasse de Gavre pour aller l'y assiéger. A la tête de leurs vassaux et d'un nombreux corps de Gantois, les deux seigneurs se rendirent par eau à Audenarde; mais le comte Baudouin, à la tête des bourgeois de cette ville et de ses propres soldats, attaqua avec impétuosité les assaillants, les mit en fuite, en tua, en blessa plusieurs, fit un grand nombre de prisonniers et vit périr dans l'Escaut la plupart des fuyards.

Baudouin ne survécut pas longtemps à cette défaite et voici en quels termes André Du Chesne raconte sa mort: « Comme il sonnait du cor
» de chasse, le vent enfla tellement ses artères, que la cervelle ébranlée
» de son siége naturel vint à couler inopinément par une plaie qu'il avait
» reçue autrefois dans le front. Ce qui, le mettant au désespoir d'une
» plus longue vie, lui fit prendre l'habit de religieux en l'abbaye d'Afflighem, où, au bout de quelques jours, il rendit pieusement son âme à
» Dieu et y reçut la sépulture. » Les circonstances de cette mort achèvent de montrer quelle estime Baudouin avait conçue pour les moines de Saint-Benoît, dans lesquels il reconnaissait avec raison les bienfaiteurs de son pays et les civilisateurs de son peuple. Elle arriva le

24 octobre 1127, d'après Galbert, mais Miræus dit avoir vu dans l'église d'Afflighem une inscription qui la recule jusqu'à l'an 1130.

Plusieurs auteurs font un grand éloge de Baudouin et l'appellent *le premier entre les premiers de Flandre et de Brabant, le pair des pairs de Flandre, le plus illustre de tous les seigneurs flamands.* Cependant Galbert prétend qu'on l'accusait d'avoir trempé dans la trahison contre son maître, le comte Charles. Il lui reproche aussi d'avoir trahi le prévôt Bertulphe et quelques-uns des siens, coupables comme lui de la mort du comte. Après avoir reçu d'eux beaucoup d'argent pour les aider à sortir de Bruges, ils les avaient laissés seuls et presque nus au milieu des champs. Le peuple, paraît-il, avait regardé sa mort comme une punition de sa conduite passée.

Les seigneuries de Baudouin passèrent entre les mains de son frère Iwan. Il avait cependant laissé de son mariage avec Luthgarde de Grimberghes une fille, Béatrix de Gand, épouse plus tard de Henri, châtelain de Bourbourg, et mère de Baudouin de Bourbourg, qui, après Iwan et son fils Thierry, devint seigneur de Tourcoing.

IWAN.

Les plus grands éloges sont donnés par Orderic Vital à Iwan (1) ainsi qu'à son cousin Daniel de Termonde, petit-fils comme lui de Baudouin I de Gand. Il les appelle des hommes puissants et nobles, dignes de louange pour leur bravoure et leur grande probité, redoutables tant par leurs richesses et le nombre de leurs amis que par les places fortes qu'ils occupaient et l'affection que leur portaient leurs compatriotes. La chronique de l'abbaye de Saint-Bavon dit qu'Iwan surpassait tous ses contemporains en dignité et en prudence.

Nous avons rapporté déjà comment, en 1117, il assista avec son frère Baudouin au chapitre tenu à Gand pour la réforme de l'abbaye de Saint-Pierre sur le mont Blandin, et y signa, en compagnie des premiers personnages du clergé et de la noblesse de Flandre, des lettres en faveur de l'église de Voormezeele. Nous avons vu aussi qu'il ratifia, en qualité de témoin, cinq ans plus tard, l'accord conclu par les soins du comte Charles entre l'abbaye de Saint-Bavon et son cousin Daniel. La part qu'il prit aux bienfaits de son frère à l'église d'Afflighem fut plus directe, puisque les lettres de donation furent faites, comme nous l'avons vu, en leur nom commun (1125).

Les événements qui suivirent la mort de Charles-le-Bon mirent en relief son caractère ardent et énergique.

---

(1) Le nom d'Iwan se trouve écrit de diverses manières dans les anciens monuments ; on trouve Ivain, Hywain, Ywain, Iwan, Iven, Ewen et Yvon ; il est aussi appelé tantôt de Gand, du nom de sa race, tantôt d'Alost, du nom de sa principale seigneurie.

Huit jours s'étaient passés à peine depuis le meurtre (2 mars 1127), lorsque Gervais de Praet et Désiré de Reninghe commencèrent à assiéger les assassins du comte réfugiés dans le bourg ou château du comte, et dans l'église de Saint-Donat.

Le jeudi 10 mars, Sohier, châtelain de Gand, avec sa troupe, et Iwan d'Alost, frère de Baudouin, accouraient pour presser le siége. Dès le matin même, ils apprirent qu'Isaac de Reninghe, un des meurtriers du comte, s'était enfui avec sa femme et ses serviteurs. Aussitôt le châtelain de Gand, Iwan et toute la multitude des assiégeants coururent à la demeure du traître, pillant tout ce qu'ils trouvaient pouvoir servir à leur usage et qui était de nature à être emporté. Après quoi le feu fut mis au manoir et à ses dépendances, et le frère même du coupable, Désiré de Reninghe, y jeta la flamme de ses propres mains.

Le lendemain, arrivait en toute hâte le cousin d'Iwan, Daniel de Termonde, autrefois lié d'amitié avec le prévôt Bertulf et ses neveux, auteurs du meurtre; avec lui vinrent encore Thierry, châtelain de Dixmude, Gauthier de Lillers, ancien bouillier du comte, et Richard de Woumen. D'autres ne tardèrent pas à se joindre à eux, entre autres le frère d'Iwan, Baudouin d'Alost. Bientôt près de soixante chevaliers se trouvèrent réunis pour venger la mort de leur comte. Tous s'engagèrent par serment à ne point quitter le siége qu'ils n'eussent fait subir aux meurtriers le juste châtiment de leur crime. Baudouin et Daniel étaient placés du côté de l'orient, Gauthier, Richard et Thierry à l'occident. Ce ne fut que huit jours plus tard (19 mars), que l'on parvint à s'emparer du bourg, et alors les conjurés n'eurent plus d'autre refuge que l'église.

Cependant le roi de France, Louis-le-Gros, ne tarda pas, en sa qualité de suzerain, à intervenir dans les affaires de la Flandre. Sur son invitation, plusieurs barons flamands se rendirent à Arras pour y conférer avec lui sur le choix d'un nouveau comte. Iwan fut du nombre et reconnut comme eux, pour comte de Flandre, Guillaume Cliton de Normandie, surnommé Longue-Épée. Comme eux il prêta à ce prince serment de fidélité, lui fit son hommage et reçut en retour une partie des terres et des biens qui avaient appartenu aux meurtriers de Charles.

Telle avait été, nous l'avons vu, la conduite de son frère; aussi, lorsque le 30 mars, Gauthier-le-Bouillier vint annoncer au peuple de Bruges, l'élection qui avait été faite par les barons, il proclama les noms de Baudouin et d'Iwan, de Robert de Béthune et du châtelain de Lille, comme ceux des premiers seigneurs de la contrée, dont l'exemple lui paraissait le plus propre à entraîner après eux la multitude.

Bientôt le nouveau comte Guillaume, en compagnie du roi de France, fit son entrée solennelle à Bruges, y reçut l'hommage de ses divers vassaux, et y accorda divers priviléges. De là il se rendit à Saint-Omer, où il confirma le 31 mai, par une charte célèbre, les priviléges d[e ce]tte ville. Le nom d'Iwan se lit encore au bas de cet acte, à la suite d[e c]elui du roi Louis et au milieu des plus nobles seigneurs français et flamands. On sait que ce monument est la plus ancienne keure ou charte de libertés communales dont l'original soit arrivé jusqu'à nous.

Mais le comte ne suivit pas toujours la même ligne de conduite, et chercha moins dans la suite à se faire aimer de ses sujets, qu'à s'en faire craindre. Aussi Iwan ne tarda pas à devenir un de ses adversaires les plus redoutables.

Nous empruntons à la rédaction des plus récents historiens de Flandre (1), quelques détails importants sur le rôle qu'il joua au milieu des troubles populaires.

Une révolte avait d'abord éclaté à Lille, et Guillaume en avait été chassé par les bourgeois. A Bruges, les prétentions du comte avaient occasionné de violents murmures. A Saint-Omer, on avait, pour se venger des exactions du châtelain, accueilli un des compétiteurs du comte Guillaume, le jeune Arnould de Danemark, neveu de Charles. A Gand, comme à Saint-Omer, l'autorité despotique du châtelain était l'occasion d'une insurrection générale. Le comte s'était rendu au milieu des bourgeois de Gand pour rétablir l'autorité de son vicomte. Mais Iwan d'Alost vint en leur nom lui exposer en ces termes les griefs populaires :

« Seigneur comte, si vous aviez voulu vous montrer équitable vis-à-
» vis des habitants de votre cité, et vis-à-vis de nous qui sommes leurs
» amis, loin d'autoriser les plus coupables exactions, vous nous auriez
» traités avec justice et défendus contre nos ennemis. Cependant, con-
» trairement à la foi jurée et aux engagements que nous avons pris en
» votre nom, vous avez violé toutes vos promesses relatives à l'aboli-
» tion des impôts, à la confirmation de la paix et des autres priviléges
» que vos prédécesseurs, et surtout le comte Charles, et vous-même
» aviez accordés; vous avez rompu tous les liens qui résultaient de vos
» serments et des nôtres. Tous nous connaissons les violences et les pil-
» lages que vous avez exercés à Lille. Nous savons de quelles injustes
» persécutions vous avez accablé les bourgeois de Saint-Omer. Mainte-
» nant vous songez à vous conduire de la même manière à l'égard des
» habitants de Gand, si vous le pouvez. Pourtant, puisque vous êtes notre
» seigneur et celui de toute la terre de Flandre, il conviendrait que
» vous agissiez avec nous selon la raison, et non point par injustice ni
» par violence. Veuillez, si tel est votre avis, tenir votre cour à Ypres,
» ville située au milieu de vos Etats. Que les princes des deux partis,
» nos pairs, s'y réunissent paisiblement et sans armes, aux hommes
» les plus sages du clergé et du peuple, et qu'ils prononcent entre

(1) M. Kervyn. M. Namèche, et M. Alphonse Wauters dans la *Revue d'Histoire*.

» nous. Si vous pouvez désormais gouverner ce comté sans déshon-
» neur pour le pays, nous voulons bien que vous le gardiez; si au con-
» traire vous êtes tel que nous le disons, sans foi ni loi, perfide et
» parjure, renoncez à votre dignité de comte, et nous y appellerons
» quelque homme qui y ait droit et qui le mérite mieux que vous; car
» nous sommes médiateurs entre le roi de France et vous, de manière
» que sans prendre conseil de nous et de l'honneur du pays, vous ne
» pouvez rien faire de convenable dans le gouvernement du comté. Et
» voilà que vos cautions auprès du roi, nous, ainsi que les bourgeois
» de la Flandre presque entière, nous sommes indignement traités au
» mépris de la bonne foi, au mépris des serments et du roi et de nous-
» mêmes et de tous nos principaux seigneurs du pays. »

Le Normand s'indignait; si l'aspect de la multitude qui l'entourait ne l'eût retenu, il eût rompu le brin de paille devant Iwan; c'est-à-dire brisé les liens qui les unissaient encore en apparence : « Je consens,
» lui dit-il enfin, à anéantir l'hommage que tu m'as fait et à t'élever au
» rang de mes pairs. Je veux te prouver de suite en combat singulier
» que tout ce que j'ai fait, comme comte, est juste et raisonnable. »

Iwan, calme et impassible devant ce défi, répondit qu'il n'y avait pas lieu de combattre, mais de se réunir paisiblement à Ypres; et il assigna le comte à y comparaître pour le 8 mars suivant, le premier jeudi de carême.

Le comte irrité se rendit à Bruges, et s'empressa d'y réunir le plus de gens de guerre qu'il put trouver. Ensuite il convoqua les bourgeois; se plaignant à eux de l'insolence d'Iwan et des Gantois, qui, disait-il, le chasseraient volontiers de la Flandre, s'ils le pouvaient; et il les engagea fortement à lui rester fidèles. Ceux-ci le promirent. Avant le jour indiqué, Guillaume se porta vers Ypres avec ses troupes et remplit la ville de soldats et de serfs armés.

Ils étaient prêts à s'emparer des bourgeois qui devaient s'y rendre et à les combattre s'ils faisaient quelque résistance. Cependant Iwan d'Alost, Daniel de Termonde et les autres députés des communes insurgées apprirent les desseins de Guillaume et s'arrêtèrent à Roulers. Ce fut de là qu'ils adressèrent à Guillaume ce message : « Seigneur
» comte, puisque le jour que nous avons choisi appartient au saint
» temps du carême, vous deviez vous présenter pacifiquement, sans ruse
» et sans armes : vous ne l'avez pas fait; bien plus, vous vous préparez
» à combattre nos gens. Iwan, Daniel et les Gantois vous font savoir
» que puisque vous voulez traîtreusement les mettre à mort, eux qui
» jusqu'à ce jour sont restés fidèles à l'hommage qu'ils vous ont rendu,
» désormais y renoncent! » Avant cette époque, Daniel et Iwan avaient déjà mandé à tous les bourgs de Flandre : « Si vous voulez vivre avec
» honneur, il faut que nous nous engagions les uns vis-à-vis des autres,
» par des otages, à nous défendre mutuellement, si le comte voulait

» nous assaillir par violence. » Les habitants de tous les bourgs de Flandre ne tardèrent point à répondre qu'ils le feraient volontiers s'ils pouvaient honorablement et sans déloyauté se soustraire à la domination de ce prince astucieux qui ne songeait qu'à persécuter les bourgeois de ses cités.

Et ils ajoutèrent : « Voici que depuis une année tous les marchands
» qui avaient coutume de vendre en Flandre n'osent plus y paraître, à
» cause de ce comte que vous avez établi comme successeur de Charles,
» notre bon et digne père. Nous avons consommé tous nos approvision-
» nements, et ce que nous avons pu gagner dans un autre temps, nous
» le perdons aujourd'hui, soit par l'avidité du comte, soit par les néces-
» sités des guerres qu'il soutient contre ses ennemis. Voyez donc par
» quels moyens nous pourrions, sans blesser notre honneur et celui du
» pays, éloigner de nous ce prince avare et perfide. »

Pendant ce temps-là, le comte dressait des embûches à Daniel et à Iwan, réunissant autour de lui tous les soldats du pays.

Telle était en Flandre la disposition des esprits à l'égard de Guillaume de Normandie, au moment où plusieurs prétendants cherchaient à lui enlever sa couronne de comte. Guillaume de Loo, vicomte d'Ypres, et Arnould de Danemarck durent céder à sa valeur. Mais il n'en devait pas être ainsi de Thierry d'Alsace, dont notre Iwan fut le partisan le plus dévoué, quoiqu'il eût promis au roi d'Angleterre et au duc de Lotharingie Godefroi de protéger la cause d'Arnould de Danemarck.

L'historien Galbert nous apprend en détail quelle part il prit à l'élévation de ce prince.

Le premier dimanche de carême, 11 mars 1128, on apprenait à Bruges que Thierry était arrivé d'Alsace à Gand, et qu'il attendait une occasion favorable pour chasser Guillaume avec ses Normands et faire valoir ses droits à l'héritage de son oncle Charles-le-bon. Iwan, Daniel et les Gantois s'empressaient de le reconnaître pour leur comte.

Le vendredi 23 mars, Iwan et Daniel écrivaient aux Brugeois qu'on leur laissait jusqu'au lundi suivant pour délibérer et prendre une résolution définitive. Voulaient-ils rester décidément avec les Gantois et renoncer entièrement à l'obéissance du comte, ou bien persistaient-ils à rester dans le parti du comte Guillaume et se déclaraient-ils contre les Gantois et contre leurs seigneurs et leurs amis? C'est sur quoi l'on ne voulait pas rester plus longtemps indécis. Les deux seigneurs réussirent dans leur dessein : car le 25 mars, les Brugeois priaient Daniel de venir dans leur ville avec ses troupes.

Le lendemain, Iwan et Daniel menèrent Thierry d'Alsace à Bruges pour l'y faire reconnaître. Les bourgeois vinrent au-devant de lui et le reçurent avec enthousiasme.

On apprit bientôt à Bruges qu'Iwan et Daniel n'avaient encore ni rendu hommage ni prêté serment à Thierry, mais qu'ils le conduisaient seulement dans les villes de Flandre, exhortant le peuple et les chevaliers à se soumettre à son pouvoir. C'est qu'ils ne le pouvaient faire sans la permission et le consentement du duc de Louvain, vu qu'ils lui avaient formellement promis de ne point agir sans son agrément.

On sut aussi qu'Iwan et Daniel, qui tous deux étaient du nombre *des pairs et des princes* de Flandre, avaient reçu de nombreux présents et devaient en recevoir encore de plus nombreux du roi d'Angleterre, Henri I*er*, à condition qu'ils coopéreraient à l'expulsion de son neveu Guillaume-le-Normand. D'un autre côté, on savait que le roi d'Angleterre soutenait Arnould de Danemarck, de concert avec le duc de Louvain, que la fille de ce dernier avait été promise d'un commun accord à ce jeune prince, et que les habitants de Furnes, et le châtelain de Bourbourg, Henri, qui l'avaient élu comte à Saint-Omer, étaient fortement appuyés par les Anglais. Les Brugeois s'adressèrent donc à Iwan et à Daniel en leur disant: « Pourquoi donc nous avez-vous amené ce Thierry, s'il ne
» devait pas recevoir le serment de fidélité et l'hommage tout d'abord
» de vous et de nous ensuite? » Les deux seigneurs, fort embarrassés sans doute, leur répondirent: « Comme on se rendait à Bruges, il est
» venu avec nous et nous avons été avec lui pour connaître la situation
» du pays, et pour voir comment il serait reçu par les Brugeois et par
» ceux qui leur étaient unis par amitié ou par alliance. »

Cependant ces deux seigneurs ne tardèrent pas à se déclarer ouvertement et à faire une démarche décisive.

Le vendredi 30 mars 1128, les Brugeois attendaient le retour de Daniel et d'Iwan qui depuis quelque temps s'étaient retirés dans le faubourg avec leurs troupes. C'était le jour qu'ils avaient fixé pour faire hommage à Thierry d'Alsace, et avec eux les Gantois, les Brugeois et tous ceux qui s'étaient déclarés de leur parti. Le soir, en effet, on vit rentrer dans Bruges Iwan, Daniel et Hugues Champ-d'Avène.

Après le dîner, les pairs du pays et les députés des communes s'assemblèrent sur la place du Sablon pour proclamer Thierry d'Alsace, comte de toute la Flandre. Iwan et Daniel lui rendirent solennellement hommage en présence de tout le peuple. Il y avait un an juste à pareil jour que le même Iwan, son frère Baudouin, et les autres seigneurs étaient venus engager les Brugeois à reconnaître Guillaume de Normandie pour leur comte.

Le samedi, le clergé et le peuple retournèrent de nouveau sur le Sablon, et le comte prêta serment sur la châsse de saint Donatien. Iwan et Daniel furent constitués comme otages pour le comte vis-à-vis du clergé et du peuple, afin qu'ils garantissent de la manière la plus absolue l'exécution de tout ce qu'il avait juré. Ensuite les Gantois et puis les Brugeois engagèrent leur foi au comte et lui firent hommage.

Le duc de Louvain fut fort irrité de la conduite des deux Seigneurs, et se déclara aussitôt contre eux et contre Thierry pour le comte Guillaume.

En faisant reconnaître publiquement Thierry pour comte, Iwan et Daniel avaient donné le signal de nombreuses défections parmi les partisans de Guillaume. Désormais les armes seules pouvaient décider la querelle des prétendants. Au dire d'Odéric Vital, historien peu sûr, il est vrai, il y avait près d'Ypres trois endroits fortifiés appartenant l'un à Guillaume de Normandie, l'autre à Guillaume d'Ypres et le troisième à Daniel et à Iwan. Ceci n'a rien d'incroyable, puisque Iwan était possesseur des terres de Langhemark et de Beexkote, situées à peu de distance de la ville.

Ce qui est plus certain, c'est que de tous côtés régnait l'anarchie la plus complète. Le roi de France était venu au secours de Guillaume, tandis que l'évêque de Tournai lançait l'interdit sur la ville de Gand. On se battait aux environs de Bruges et de Gand. Thierry avait été pendant quatre jours assiégé dans Lille par Louis-le-Gros, mais celui-ci avait été rappelé en France par une diversion faite en faveur de Thierry par le roi d'Angleterre et le comte de Champagne.

Guillaume, plein d'ardeur pour recouvrer ses États, paraissait le 29 Mai aux portes de Bruges, que défendaient Iwan, le châtelain Gervais de Praet et Arnould de Danemark, devenu de prétendant au comté l'un des partisans de Thierry et récemment arrivé de Bourbourg. Le Normand, voulant essayer de percevoir le produit de ses domaines, envoya à Bruges un moine dire au notaire Basilius de venir le trouver pour assister à la reddition des comptes de ses officiers. Mais le moine fut arrêté et retenu en ville par Iwan et les autres chefs. Le sire d'Alost cependant ne pouvait se soutenir dans une enceinte fortifiée, et faisait, toujours en compagnie de son cousin Daniel, des excursions dans l'intérêt de son chef. C'est ainsi que le 12 Juin il fit prisonnier à Rupelmonde cinquante soldats du duc de Brabant. Peu de temps après, Thierry rassemblait aux environs de Gand un grand nombre de combattants d'Axel, de Bouchaute et du pays de Waes. C'étaient les vassaux d'Iwan, et l'on ne peut douter qu'il n'eût contribué à les rallier à une cause qui était la sienne. Bientôt une bataille eut lieu près de Thielt; Daniel et les siens firent un moment pencher la victoire du côté de Thierry, mais ils furent surpris dans une embuscade et le prince Normand remporta une victoire complète (21 Juin). Le moment semblait approcher où il allait renverser ses adversaires et reconquérir un pouvoir qui lui échappait.

Le 12 Juillet, à la tête de 400 chevaliers, il rejoignit devant Alost le duc de Brabant, Godefroid, qui y avait mis le siége. Dans la place se trouvaient, avec une troupe choisie, Iwan, attaqué ainsi au cœur de ses domaines; Daniel, son brave et fidèle compagnon, et le comte Thierry lui-même, dont le sort semblait attendre une suprême décision. Elle eut lieu, mais d'une manière inattendue pour tous. Le 20 ou 21 Juillet, et,

suivant quelques chroniqueurs, alors qu'Alost allait se rendre, Guillaume fut blessé mortellement, atteint d'une flèche que lui avait décochée un chevalier gantois, Nicaise Borluut. Relevé par ses chevaliers et porté dans sa tente, il y expira au bout de quelques jours. Pendant cet intervalle, le duc de Brabant avait négocié une trève avec Thierry et avait remis la décision de tous les points en litige à l'arbitrage d'Iwan, de Daniel et du roi d'Angleterre. Puis il avait fait connaître à Thierry ce qui s'était passé : « Apprenez, lui dit-il, que le comte Guillaume que
» vous avez si énergiquement combattu, a succombé à une blessure mor-
» telle. » Tel est le récit de Galbert. Orderic Vital donne à notre Iwan un rôle plus important encore. C'est par lui que s'opère la réconciliation, c'est lui qui livre les otages. Puis les fidèles serviteurs du Normand Hélie et Tirel le conduisent dans la tente de leur maître, et tristes lui montrent le prince étendu sur son lit funèbre : « Voyez, lui disent-
» ils, vous pouvez contempler ce que vous avez fait : vous avez tué votre
» maître et vous avez porté le deuil dans le cœur d'innombrables sol-
» dats. » A cette vue, Iwan se mit à trembler, et dans sa douleur il versa des larmes abondantes. « Cessez, lui dit alors Hélie, cessez de
» pleurer ; vos larmes sont inutiles et ne peuvent aider notre maître.
» Allez, prenez vos armes, faites armer vos soldats et que le corps du
» comte soit porté avec honneur dans l'abbaye de St-Bertin. » Ce fut là en effet que le jeune Guillaume reçut sa sépulture, près de la tombe de Baudouin à la Hache.

Thierry, devenu possesseur paisible du comté de Flandre, se fit reconnaître dans toutes les villes de sa domination. Il en confirma les coutumes et les franchises. Saint-Omer reçut de lui une nouvelle charte datée du jour de l'Octave de l'Assomption de la Sainte-Vierge. Elle est signée par Thierry, Guillaume, châtelain de Saint-Omer, Guillaume de Loo, *Iwan de Gand*, Daniel de Termonde, Raze de Gavre, Gillebert de Bergues, Henri de Bourbourg, le châtelain de Gand, Gervais de Bruges.

Cependant Baudouin de Gand, seigneur d'Alost et du pays de Waes, frère aîné d'Iwan, venait de mourir. Il ne laissait qu'une fille en bas âge, nommée Béatrice. Iwan, ne considérant pas, dit Lambert d'Ardre, ce qui est juste ou honnête, s'empara de l'héritage de sa nièce, et le comte Thierry consentit à cette usurpation. Ensuite il donna en mariage sa nièce, jeune encore, et hors d'état de connaître même l'injustice que l'on commettait envers elle, au châtelain de Bourbourg, Henri, ne lui laissant qu'une partie minime des alleux qui lui revenaient en Brabant du côté de sa mère Luthgarde, savoir les terres de Warce et de Menith.

Henri de Bourbourg, dont le père Tancmar et les frères Gautier et Gislebert avaient été massacrés à Bruges en même temps que Charles-le-Bon, leur ami, épousait pour la seconde fois une riche héritière dont les domaines devaient passer en d'autres mains que les siennes.

Sa première femme avait été Sibille, autrement Rose, fille unique de Robert Manassès, comte de Guines, le dernier membre de la maison de Guines proprement dite. Il en avait eu une fille, Béatrice de Bourbourg, comtesse de Guines, d'abord épouse d'un seigneur anglais, Albert Sanglier, puis divorcée et remariée à Baudouin d'Ardre, fils de Gertrude d'Alost, dont il a été parlé plus haut. Bien loin d'assurer à sa fille l'héritage de ses aïeux, il avait vu le comté de Guines passer entre les mains d'Arnould de Gand, fils de Wenemar, châtelain de Gand et de Gisèle, sœur du comte Manassès. Pendant cinq ans il avait soutenu la lutte contre lui; mais à la mort de sa fille Béatrice, il s'était désisté de ses prétentions. Sa seconde épouse, Béatrix d'Alost, lui donna onze enfants, mais il ne put rien recouvrer des terres qu'avait possédées en Flandre son beau-père Baudouin-le-Barbu, et qui restèrent entre les mains d'Iwan et, après lui, de son fils Thierry.

Nous ne pouvons nous dispenser de remarquer ici que la conduite d'Iwan à l'égard de sa nièce ne fut peut-être pas aussi injuste qu'elle le paraît et que le dit le bon prêtre d'Ardre. En effet, la transmission des fiefs ne se faisait pas sans l'intervention des suzerains; il y avait d'ailleurs des fiefs masculins dont les femmes n'héritaient pas, et nous verrons qu'après la mort du fils unique d'Iwan, la terre d'Alost retourna aux comtes de Flandre.

Iwan était donc devenu, par la mort de son frère, un seigneur puissant, possesseur de nombreux et riches domaines; aussi l'historien Meyer lui donne-t-il le titre de comte d'Alost, d'accord en cela avec la chronique de Tronchiennes et avec l'auteur d'une note que Duchesne a lue sur la marge de la chronique de Ninove. Mais il est à remarquer que l'empreinte de son sceau porte seulement: *Iwani dñi de Alost militis*; de même on lisait sur un ancien missel de l'abbaye de Tronchiennes Iwan de Gand, seigneur d'Alost. La chronique de S. Bavon l'appelle Iwan de Gand, dit d'Alost, et les chroniques de Ninove et de S. Bertin, ainsi que celle des comtes de Flandre, lui donnent simplement le titre d'Iwan d'Alost.

Au reste, il prit dès cette époque, indifféremment les titres d'Alost et de Gand dans les chartes auxquelles il permit d'apposer son nom. C'est la remarque d'André Du Chesne, dont nous avons vérifié l'exactitude par l'inspection des nombreux documents concernant Iwan, que l'on trouve dans divers recueils.

Nous ne pouvons nous dispenser de mentionner ici ces différents actes, intéressants à plus d'un titre, et si utiles pour la connaissance des mœurs du moyen-âge.

Tous ont pour objet des fondations pieuses ou des donations faites aux établissements religieux de la Flandre. Dans les uns, Iwan nous apparaît suivant la cour de son suzerain et assistant en qualité de témoin à ses œuvres de bienfaisance. Dans les autres, il montre lui-même sa générosité et son zèle pour les véritables intérêts du pays. Car, ne l'oublions pas, en protégeant les moines, les seigneurs du douzième siècle n'ignoraient pas quels résultats ils pouvaient en attendre, moins encore pour le défrichement des landes et la culture des terres, que pour l'adoucissement des mœurs de leurs vassaux et la véritable civilisation de leur pays.

Énumérons d'abord les documents de la première espèce mentionnée.

Et d'abord le nom d'Iwan paraît dès 1129 au bas de la charte par laquelle Thierry d'Alsace donne à l'abbaye des Dunes, près de Furnes, autant de *dunes* qu'elle en pourra mettre en culture. Lorsqu'en 1136, Thierry accorda au même monastère deux *horiua* de terre situés à Furnes, et lorsque l'année suivante il ratifia solennellement toutes les donations précédentes, Iwan souscrivit encore à ces actes. Il fut aussi témoin en 1138 de la donation faite à la même abbaye par la comtesse Sybille de la terre de l'abbé Bertulf à Ramscapelle. Dans deux de ces actes, le nom d'Iwan se trouve noblement joint à celui du bienheureux Idesbald Vander Gracht, plus tard abbé des Dunes.

En 1130, pleinement réconcilié qu'il était avec le duc de Brabant, Godefroid-le-Barbu, il assiste à un acte par lequel ce prince, à la demande de Wulfric, abbé de Saint-Bavon, exempte les habitants de la ferme de Betteghem, à Zellick, de tout tonlieu et péage à Bruxelles.

Trois actes du comte Thierry de l'an 1133, en faveur de l'abbaye de Saint-Pierre à Gand, portent le nom d'Iwan immédiatement après celui du prince. Dans le premier, daté de Gand, il s'agit d'une concession faite à l'abbé Gislebert de wastines ou terres incultes situées en Flandre; les deux autres, datés de Bruges, contiennent la conclusion d'un double jugement, porté en présence des principaux barons de Flandre, et qui met fin aux dissensions existantes d'une part entre l'abbé du couvent, de l'autre, entre Désiré Hacket, ancien châtelain de Bruges, son fils Robert et Walter Crommelin, son gendre, au sujet des accroissements par alluvions maritimes des bergeries de l'abbaye, ainsi que par rapport à la terre des Testrep et à la dîme de Groede.

En 1135, Iwan était aussi le premier témoin laïc d'une donation faite à Gand par son suzerain à l'abbaye d'Afflighem, ce couvent qu'il avait, lui aussi, avec son frère, enrichi jadis de ses bienfaits.

Même remarque pour une donation d'une date incertaine, faite par Thierry à l'abbaye de Ham, pour des lettres octroyées par lui en 1142 à la commanderie de Castre et de Slipe, enfin pour la confirmation que ce prince fit à Ypres en 1145 des conventions conclues jadis sous Charles-le-Bon, entre l'abbé de Saint-Bavon et les avoués de son église. Iwan n'avait point oublié que le premier acte avait été passé aussi, 23 ans auparavant, en sa présence.

La même année, qui fut, comme nous le disons, la dernière de sa vie, il assista comme témoin à la dotation que le duc de Brabant Godefroid fit de l'abbaye de Forêt, où plusieurs parentes des sires d'Alost avaient pris le voile.

Au reste, il ne dédaignait pas d'appuyer de l'autorité de son témoignage, des actes posés par des seigneurs, ses égaux, et l'on trouve son nom au bas d'une charte datée d'Audenarde, par laquelle Arnould d'Audenarde accorde des rentes à l'abbaye d'Honnecourt.

Venons maintenant aux actes de bienfaisance propres au seigneur d'Alost.

Et d'abord mentionnons, à cause de leur date incertaine, une donation faite à l'abbaye de saint Lambert, à Liessies, en Hainaut, de certaines mesures de fromage, et la cession faite, à titre d'aumône, par lui et par son épouse Laurette, à l'église de Messines, d'une terre du nom de Ploits, située près de Comines.

Les couvents de l'ordre de Prémontré furent le principal objet de ses pieuses libéralités. Saint Norbert, fondateur de cet ordre, était mort le 6 juin 1134. Sa renommée, pour me servir des paroles de la chronique de Tronchiennes, s'était répandue par tout l'univers, et la bonne odeur de sa sainte vie et de ses vertus, était parvenue jusqu'au noble seigneur Iwan, surnommé le Chauve, comte d'Alost. Tout embaumé de cet agréable parfum, tout réjoui de ce qu'il apprenait, Iwan résolut de mériter les faveurs de Dieu et de saint Norbert, en assurant sur ses terres un domicile certain aux enfants du bienheureux patriarche.

Une maison religieuse avait été fondée à Pitingehem (Peteghem ?), sur la Lys, lorsqu'un personnage, que l'évêque de Tournai, Simon de Vermandois, appelle le frère Walter, mit à la disposition de l'abbé de Saint-Martin à Laon, une terre appelée Salechem, située sur le territoire de Vracene, dans le pays de Waes.

Les religieux de Pitingehem s'y établirent et la première maison fut destinée à servir d'asile à de pieuses filles, vivant sous l'obéissance de l'abbé de Salechem. Dès 1136, l'évêque de Tournai confirmait le nouvel établissement, érigé en abbaye de Prémontrés, sous la direction supérieure de celle de Laon.

Le sire d'Alost et de Waes se réjouit de ces nouvelles fondations, et bientôt il faisait don au couvent d'un lieu appelé Husterloe avec les forêts, les moeres et les pâturages, etc., qui en dépendaient. Ces fiefs étaient à lui ; mais comme il était le vassal du comte de Flandre, celui-ci délivra, à sa demande, le diplôme de la donation dans lequel il attribue à Iwan le titre de fondateur de l'abbaye et l'en constitue l'avoué, lui et tous ses successeurs dans la seigneurie du pays de Waes. L'acte porte le seing d'Iwan et de son cousin Daniel, et il est daté de Bruges, l'an 1136.

Cependant Iwan ne tarda pas à songer à une translation nouvelle. Il y avait à Tronchiennes, dont il était aussi seigneur, une antique collégiale et un cloître fondé, disait-on, par S. Amand et pour la défense desquels un noble guerrier, S. Basin, était mort en combattant contre les païens idolâtres. Malheureusement la discipline s'y était relâchée par suite du malheur des temps et surtout à cause de l'intervention des comtes de Flandre, qui nommaient souvent pour prévôts des hommes indignes de ces fonctions saintes. Iwan se persuada que le meilleur moyen d'y faire refleurir la piété, était d'y appeler des religieux Prémontrés. Cette fois, le comte de Flandre n'intervint que pour promouvoir l'œuvre de Dieu. Fort de son appui, Iwan proposa aux chanoines de Tronchiennes d'embrasser la règle de Saint-Augustin et les constitutions de saint Norbert. Ceux-ci aimèrent mieux abandonner leurs bénéfices. Le 2 mai 1138, le prévôt Odger résigna sa prébende entre les mains d'Iwan, et son exemple fut imité par tous les autres chanoines. Iwan fit aussitôt venir du monastère de Saint-Martin à Laon, des religieux qu'il plaça sous la direction de l'abbé de Salechem, Gossuin, son parent.

Bientôt Thierry, en son nom et au nom de sa nouvelle épouse Sybille, fille de Foulques d'Anjou, roi de Jérusalem, se désista des droits qu'il avait sur l'église de Notre-Dame à Tronchiennes et la remit, à la demande, dit-il, du prévôt Odger et du seigneur Iwan, entre les mains de l'évêque de Noyon et Tournai et de l'abbé de Salechem.

La maison établie naguère au pays de Waes devint une dépendance de l'antique cloître, pour ainsi dire régénéré. Les chanoines purent cependant jouir, leur vie durant, de leurs revenus ; c'était équitable. L'acte du comte est daté d'Aire et de l'an 1238, celui de l'évêque Simon qui le confirme est de la même année. Il place la nouvelle abbaye sous la dépendance de celle de S. Martin à Laon, sa mère et maîtresse. Dès le mois de septembre de l'année suivante, Iwan s'était rendu à Tronchiennes avec Thierry d'Alsace, devenu son beau-père depuis qu'il avait épousé Laurette d'Alsace, fille de Suanechilde, première femme du prince. Là il voulut ratifier tout ce qu'il avait fait et ajouter de nouveaux bienfaits à ceux qu'il avait accordés précédemment. Mais comme il avait fait de tous ses biens une concession gratuite à son épouse lors de son mariage, il dut avant tout se procurer son consentement, de manière à pouvoir dire qu'il agissait à sa demande expresse.

La cérémonie se fit avec une grande solennité dans l'église même. On y voyait réunis Raze de Gavre, Guillaume de Boulers, Gérard, connétable de Ninove, Gislebert de Liedekerke et d'autres seigneurs de marque. Près de l'autel était l'abbé Gossuin, entouré de ses chanoines. Iwan s'avança, et, d'après les termes de son diplôme, en présence et entre les mains du seigneur Gossuin, sous les yeux de ses frères, il offrit de sa propre main son alleu de Burst sur le saint autel. Point de doute, puisqu'il s'agit d'une terre, que l'offrande n'ait eu lieu, selon l'usage, sous le symbole d'un gazon déposé sur l'autel même. L'acte qui mentionne cette cérémonie est trop important, pour que nous ne nous y arrêtions pas. Après l'alleu de Burst sont énumérés les différents manoirs et terres situés à Tronchiennes. l'une de ces dernières, qui était une espèce de marais, appelé Melsvelst, était célèbre par le martyre de S. Basin, qui y avait reçu le coup de la mort. Iwan ajoutait à ces possessions un revenu d'un marc d'argent chaque année. Viennent ensuite les terres du pays de Waes, Saleghem et ses dépendances, Hulst, Hulsterloe, des terres incultes à Belsele et à Lokeren. Puis il ajoute : « Insuper autem decimationem molendinorum per numerum hebdomadarum et omnium reddituum meorum Torcungis, Tronchinis et in tota Wasia tam futurorum quam præsentium », texte qu'il faut examiner : une chose y est claire, c'est qu'Iwan accorde aux religieux du monastère, la dîme ou dixième partie de ses revenus tant actuels que futurs, à Tourcoing, à Tronchiennes et dans tout le pays de Waes ; il est plus difficile de comprendre ce que signifie la dîme des Moulins, d'après le nombre des semaines. Voici ce qui semble le plus vraisemblable : il y avait dans les lieux mentionnés (1) des moulins à vent. Ces moulins appartenaient au seigneur. Ceux qui y faisaient moudre devaient payer un certain droit, Iwan voulut que le produit d'une semaine sur dix fût réservé au monastère de Tronchiennes (2). Cependant la donation d'Iwan avait besoin d'être confirmée par son suzerain, le comte de Flandre. C'est ce que Thierry ne refusa pas à celui qu'il appelait officiellement « son homme et son ami. » Il le fit une première fois à Salechem sur l'autel sacré, puis à Tronchiennes dans la demeure d'Iwan, sur le texte du saint Évangile, en présence dudit Iwan, de Raoul, châtelain de Bruges, son frère (3), de Ghiselbert, châtelain de Bergues, d'Anselme, écoutête d'Ypres et d'un grand nombre d'autres témoins. L'acte écrit est de la même année 1139. Enfin, à toutes ces confirmations vint s'ajouter celle du Souverain-Pontife Innocent, qui, dans sa bulle de l'an 1141 signée par lui et par dix cardinaux, fait une mention expresse des libéralités d'Iwan.

Celui-ci ne cessait de travailler à la prospérité de son monastère de prédilection. Sur sa demande et sur celle de son épouse, Thierry confir-

(1) Remarquons en passant que ceci n'est pas sans intérêt pour l'histoire de Tourcoing, vu surtout qu'on n'a guère trouvé jusqu'ici de faits historiques concernant cette ville au XIIe siècle.

(2) Le cartulaire de l'abbaye nous apprend qu'en 1230 les dunes qu'elle avait en particulier à Tourcoing lui rapportaient par an six muids de froment plus ou moins. Un religieux de l'abbaye y allait parfois pour les percevoir ; ainsi nous voyons qu'en 1418 le F. Pierre Escheryts y fut envoyé dans ce but. En 1491 et en 1496, les mêmes dîmes montaient annuellement à 7 livres de gros 4 sous 4 deniers, ce qui serait aujourd'hui un peu plus de 763 francs 70 centimes.

Une Charte de Thierry d'Alsace de 1146 nous apprend qu'à cette époque l'abbaye de St-Nicolas des Prés, à Tournai, possédait aussi à Tourcoing un revenu annuel de neuf rasières de froment.

(3) C'est-à-dire son parent. Raoul avait épousé la nièce du comte Thierry, et Iwan, sa fille.

ma encore en 1143 par des lettres données à Harnes, la possession pour l'église de Tronchiennes, des dîmes que le comte Robert de Jérusalem lui avait accordées à Rusle, ainsi que des dîmes qu'elle possédait à Tronchiennes, à Landeghem et à Vorslaer. Enfin en 1145, peu de temps avant sa mort, le sire d'Alost était témoin de la résignation faite par Eustache de Peteghem d'un fief qu'il tenait du comte et que celui-ci reprit de ses mains pour le reporter, à sa demande, en la possession de l'abbaye.

Disons maintenant quelques mots de ce que fit Iwan pour d'autres monastères de l'ordre de saint Norbert : il y avait une abbaye de cet ordre à Furnes, sous l'invocation de saint Nicolas; Iwan lui fit don en 1139, des deux parts de la dîme de Houthem.

Les chanoines de Ninove avaient embrassé la règle de saint Augustin, et grâce aux libéralités de Gérard de Ninove, dit *le connétable*, l'abbaye avait été canoniquement érigée dès 1138, par Nicolas, évêque de Cambrai. Iwan ne s'était pas contenté de corroborer par son témoignage, deux chartes de protection du comte Thierry, qui, en 1142, s'en déclara l'avoué, exempta ses biens de tout impôt, et lui donna la dîme d'Herlinchove; il avait voulu contribuer lui-même à la dotation du couvent.

L'église de Liedekerke étant devenue vacante par la mort de l'abbé de Jette Woltelme, qui en était aussi titulaire, Iwan, dont Liedekerke dépendait, la fit passer sous l'autorité de l'abbé de Ninove, Gilbert. L'évêque de Cambrai, en confirmant ce qu'il avait fait, et en conférant l'église à l'abbé de Ninove (1146), énumère différentes terres et redevances que le sire d'Alost avait, en outre, attribuées à l'abbaye du consentement de Rasse de Gavre, auquel appartenait l'alleu de Liedekerke.

L'acte d'Iwan fut l'occasion de nombreuses et longues dissensions qui surgirent entre les abbayes de Jette et de Ninove, mais elles furent heureusement terminées peu de temps après à Afflighem, par l'illustre saint Bernard, abbé de Clairvaux, à l'arbitrage duquel les deux parties s'étaient soumises.

Elevé au faîte des honneurs et de la puissance, fier de l'alliance du comte de Flandre, ce prince redouté qui marchait presque à l'égal des rois, l'emportant sur tous, au dire du chroniqueur de saint Bavon, par sa dignité comme par sa prudence, Iwan-le-Chauve vit enfin arriver le terme de toutes ses grandeurs, plus heureux assurément du bien qu'il avait fait aux religieux et aux pauvres de ses terres, que de toutes les possessions qu'il avait acquises. Sa mort paraît avoir été violente. La chronique de Tronchiennes porte en effet qu'il fût tué, suivant le récit de plusieurs, par Roger, châtelain de Courtrai, le 8 août 1145 (1).

(1) C'est la date assignée par la chronique de Tronchiennes. Meyer, qui paraît l'avoir mal lue, donne 1144; date évidemment fausse, puisque nous avons le nom d'Iwan apposé à deux actes de l'an 1145. Du Chesne se trompe aussi en la reculant jusqu'à 1146, d'après la chronique de Ninove, qui ne précise pas, mais dit seulement Hoc tempore.

Son corps fut porté dans cette abbaye de Tronchiennes qu'il avait tant aimée et protégée, et dont les bons religieux ne cessèrent, pendant plus de sept siècles, d'offrir à Dieu des prières pour leur bienfaiteur.

Pierre Tectorinus lui fit l'épitaphe suivante, en vers latins :

> Quem spectas pario marmore gnaviter
> Expressum celebri vase quiescere,
> Yvanum comitem, nuper Alostia
> Ac sacrum haud aliter numen amaverat,
> Gandavi generis stemmate prodiens
> Hic cœtus nivei jecit originem,
> Elargitus opes, tum patrimonia,
> Ergo perfruitur mens supero Jove,
> En corpus tumulo nobile saxeo.
> Quæso plange scelus quisquis obambulas,
> Nam quo decubuit te vocat exitus.

Nous voyons qu'on attribue à Iwan dans cette inscription, le titre de *comte*, qu'il ne paraît pas cependant avoir porté de son vivant. On le dit aimé de Dieu et de ses sujets d'Alost, issu de l'illustre famille de Gand, fondateur du cloître des religieux aux blancs vêtements, appelés aujourd'hui en flamand, les blancs messieurs. Enfin l'on peut encore inférer de cette épitaphe, que le corps d'Iwan reposait dans un sarcophage de pierre surmonté de sa statue en marbre blanc. Il n'en existe plus depuis longtemps aucun vestige.

Iwan ne laissa qu'un fils, du nom de Thierry (1), qu'il avait eu de Laurette d'Alsace. Nous ne pouvons nous dispenser d'accorder quelques lignes à cette dernière. Fille, comme nous l'avons dit, de la première

---

(1) Nous sommes loin de partager l'opinion de Marchantius (*Fland. descr.*, l. 1. Alost.), qui distingue deux comtes d'Alost du nom d'Iwan, l'un qui établit à Tronchiennes les religieux Prémontrés, l'autre, surnommé de Gand, parce qu'il avait épousé Laurette, fille de Thierry d'Alsace. Marchantius a été réfuté par David Lindanus (*de Teneræmunda*, l. 1. c. 6), et par M. le chanoine J.-J. De Smet (*Corp. chron. Fland.* V. I. p 602); mais plus récemment, en 1852, M. l'avocat P.-J. Desmet a défendu l'opinion de Marchantius.

Voici en peu de mots les arguments qu'il apporte et les réponses qu'on peut y faire. Le sujet donnerait lieu à une longue dissertation si l'on voulait traiter toutes les questions accessoires qui s'y rattachent.

M. De Smet croit pouvoir regarder comme fautive la date de la charte par laquelle Iwan et son épouse Laurette, fille de Thierry d'Alsace, font don à l'abbaye de Tronchiennes de plusieurs terres qui leur appartenaient. C'est contredire la chronique de l'abbaye de Tronchiennes et un grand nombre d'auteurs, et cela sans raison bien forte. Il affirme que Laurette était née vers 1129, et que par conséquent elle ne pouvait, en 1139, avoir que dix ans tout au plus. Mais son assertion paraît tout-à-fait gratuite et l'on ne voit pas ce qui pourrait empêcher de croire qu'en 1129, Thierry d'Alsace, alors âgé de

femme de Thierry Suanehilde; elle avait épousé en premières noces, non pas Henri, fils de Godefroy de Louvain, comme le dit Meyer, mais Henri III, duc de Limbourg, fils de Waleran. Le mariage fut dissous par l'autorité ecclésiastique, à cause de la parenté qui existait entre les conjoints, et elle épousa Iwan, au plus tard, en 1139. Environ deux ans après la mort de celui-ci, elle s'unit à Raoul, comte de Vermandois, prince du sang royal de France, et en dernier lieu, à Henri, comte de Namur; sa mort arriva en 1167.

THIERRY.

Thierry, fils et successeur d'Iwan, né en 1144, que Jacques de Guise appelle comte d'Alost et de Waes, n'a dans la chronique de Baudouin d'Avesnes, et dans la plupart des diplômes que le titre de seigneur ou sire d'Alost et de Waes. Cependant il est un diplôme où il s'intitule par la grâce de Dieu, seigneur et prince de la ville d'Alost. Bien qu'on ne puisse déterminer, au juste, la valeur d'un titre semblable au douzième siècle, il est néanmoins permis d'y trouver un indice non équivoque du haut rang qu'il occupait dans la hiérarchie féodale. Neveu du

---

30 ans, n'eût eu, même depuis plusieurs années, quelque enfant de sa première femme Suanechilde (Du Chesne, pr., p. 215.)

M. De Smet suppose qu'Iwan s'intitulait *De Gandavo*, en qualité de châtelain de Gand ; mais on a vu qu'il prenait ce titre depuis longtemps, et l'on ne peut en conclure légitimement qu'il ait jamais été châtelain, puisqu'à cette même époque on trouve un et même deux personnages différents d'Iwan qui prennent le titre de châtelains de Gand (Du Chesne, p. 46, preuv., p. 76).

La difficulté la plus sérieuse faite par M. De Smet est peut-être celle qu'il tire de Lindanus (l. 3. c. 3.), savoir qu'en 1150 Iwan aurait signé une charte de Thierry d'Alsace. Mais, outre que Lindanus ne cite pas cette charte, il est à croire que cet auteur a eu en vue une charte citée par Du Chesne (pr., p. 76) par laquelle Thierry donne à l'abbaye de St-Pierre à Gand la dîme de Destborch. On y lit en effet : *S. Ivani Castellani Gandensis* ; mais tout porte à croire qu'il y a erreur du copiste et qu'il faut avec Du Chesne lire *Viviani*, comme cet auteur le remarque en marge : d'abord parce que rien n'indique qu'Iwan ait jamais été châtelain de Gand, ensuite parce qu'une charte donnée par le comte Thierry en 1145 et confirmant une donation faite à l'abbaye de Tronchiennes par Eustache de Peteghem, porte d'abord le seing de *Ivanus de Gant*, puis de *Virianus castellanus de Gant*, ce qui montre que ce Vivien était un personnage distinct de notre Iwan ; enfin parce qu'une autre charte de la même année 1150, par laquelle Thierry confirme l'acquisition, faite par la même abbaye, d'une terre appelée Oedevelt, porte *S. Viriani castellani Gandensis*, et que d'ailleurs, dans les deux chartes, après Virianus comme après Ivanus, on lit : *S. Asserici fratris ejus*.

Il paraît donc tout-à-fait légitime de conclure qu'il n'y a eu qu'un seul Iwan, lequel laissa toutes ses possessions, entr'autres la terre de Tourcoing, à son fils Thierry.

célèbre Philippe d'Alsace, petit-fils de Thierry, qui lui avait donné son nom au baptême, il épousa, jeune encore, Laurence, de Hainaut, troisième fille de Baudouin III, comte de Hainaut et d'Alix de Namur, aussi nommée Ermenson. On ne peut douter qu'il ne soit resté longtemps après la mort de son père, sous la tutelle de sa mère Laurette d'Alsace ou de Flandre, et c'est assurément en cette qualité que celle-ci en 1151, de concert avec Gauthier de Termonde, termina un différend qui existait entre l'abbaye d'Afflighem et Berner de Moorsel. Pieuse princesse, elle fit aussi des aumônes à cette abbaye qu'avait toujours protégée jusqu'alors sa famille, et fonda à Cerscamp une maison de religieuses de l'ordre de Prémontré.

Quant aux actes qui nous sont restés de Thierry lui-même, ils ne sont pas nombreux et la plupart, il faut le dire, offrent peu d'intérêt. Le premier est cependant un acte de bienfaisance. C'était en 1160; se trouvant à Cluse, le jour de la fête de saint Guduval, il fit quelques dons à l'église du lieu, qui dépendait de l'abbaye de Saint-Pierre à Gand.

Un second acte regarde la maison si chère à son père Iwan. L'abbé de Tronchiennes Walter ayant acheté quelques terres de Guillaume de Liedekerke, et de quelques autres seigneurs vassaux de Thierry, celui-ci confirma l'acte de vente, et se fit le garant de la convention conclue entre les parties. La chronique de Tronchiennes affirme encore qu'il confirma, par un diplôme signé de sa main, la donation que son père avait faite à l'abbaye, et mérita ainsi le titre de bienfaiteur de l'ordre. De tels actes de bienfaisance étaient inspirés peut-être par la mère de Thierry; du moins devaient-ils plaire à cette vertueuse dame, qui prenait dans ses diplômes le titre de servante du Christ.

Un échange de certaines terres que l'abbaye de St-Nicolas à Furnes tenait de Thierry à Houthem à charge de redevance contre d'autres terres que la veuve d'un bourgeois lui avait données, fut l'occasion d'un nouveau diplôme accordé par le sire d'Alost à l'abbé Guillaume.

Les deux actes les plus importants de Thierry ont pour objet l'abbaye d'Afflighem qui, vénérée de ses parents, devait lui être devenue plus vénérable encore depuis que Saint-Bernard l'avait honorée de sa présence et y avait reçu d'une statue de la mère de Dieu un salut miraculeux. Steppon de Vegensele et ses enfants ayant cédé à l'abbaye les droits qu'ils prétendaient avoir sur certain pâturage, l'acte en fut solennellement rédigé à Gand en 1163, devant de nobles témoins, au nom du comte Philippe, oncle de Thierry, et ces deux princes ainsi que le vieux comte Thierry d'Alsace, aussi présent, se constituèrent les cautions et les garants de la cession opérée.

Cependant l'abbaye n'avait pas toujours eu également à se louer de la conduite de son puissant voisin. Le prince d'Alost, comme nous l'apprend son propre diplôme, avait pendant quelque temps molesté l'église d'Afflighem; emporté par sa fougue, égaré par les conseils d'hommes pervers, il avait causé à l'abbaye dans ses biens des dommages considérables. C'est ainsi, par exemple, qu'il avait interdit aux religieux de vendre ou même de couper le bois d'une forêt qu'ils possédaient à Ordeghem.

Plus d'une fois aussi ses gens avaient contre tout droit jeté le trouble dans la maison de Dieu, et le prince ne s'y était pas opposé selon son devoir; il n'avait pas usé de son autorité pour punir les coupables. Mais enfin, repentant de ce qui avait été fait, et craignant le jugement de Dieu, il avait pris conseil des hommes sages de sa maison ainsi que d'autres graves personnages, il avait humblement demandé la paix et le pardon de sa faute; cette paix et ce pardon ne lui avaient pas été refusés. Ce fut un spectacle touchant, tel qu'un siècle de foi pouvait seul offrir, quand on le vit arriver à Affligem, accompagné de ses vassaux, et qu'ensuite conduit au pied de l'autel de Saint-Pierre, il promit devant Dieu, devant ses ministres et toute l'assemblée des frères amendement de ses fautes. Non content d'une simple réparation, Thierry offrit encore en satisfaction et pour le salut de son âme et de celles de ses parents, une forêt appelée Hokerde avec le terrain adjacent. Deux hommes nobles Etienne de Boulers et Lietbert de Denterghem avaient reçu ce don de ses mains pour en assurer par leur témoignage la jouissance à l'abbaye. Il ordonna aussi qu'en tous les lieux de sa domination l'honneur et la fidélité dus à l'Église fussent inviolablement gardés à l'avenir, que nul de ses officiers n'osât troubler la paix de la communauté et de ses serviteurs, qu'en tout et partout on fit droit aux justes demandes des frères.

Enfin il promit de prendre sous sa sauvegarde toute la famille religieuse et de veiller sur elle comme l'avaient fait Iwan de Gand son père et Baudouin son oncle. A cet acte solennel étaient présents l'abbé de Tronchiennes Walter, l'abbé de Ninove Gérard, plusieurs religieux et plusieurs nobles, parmi lesquels nous ne citerons que Siger, châtelain d'Alost, afin de faire remarquer comment Thierry, en vrai prince souverain, avait sous lui des officiers pour garder ses châteaux et commander ses troupes.

Une charte scellée de son sceau (1) fut destinée à conserver le souvenir de cette journée mémorable.

Mentionnons en passant une lettre de la même année, donnée à Gand, au mont Blandin, au sujet d'une femme née à Deynze qui se déclarait tributaire de l'abbaye de Saint-Pierre; sa qualité de personne libre fut attestée, y est-il dit, par Thierry, seigneur d'Alost et de Deynze. Ce qui

---

(1) Il y est représenté à cheval, portant de la main droite une épée nue et de la gauche un écusson aux armes de Gand, c'est-à-dire de sable au chef d'argent avec une bordure, et sur la housse du cheval celles du Hainaut chevronnées d'or et de sable de six pièces.

nous montre que cette dernière ville faisait aussi partie de ses vastes domaines.

Nous croyons aussi que ce fut vers cette époque qu'il intervint généreusement auprès de Gérard, sire de Grimberghe et de Ninove, dont les mauvais traitements s'étaient appesantis sur la communauté de Prémontrés fondée naguère par Gérard son beau-père. Héritier de la bienveillance de son père Iwan pour l'abbaye de Ninove, Thierry ne s'efforça pas seulement par ses conseils de faire cesser les violences qui la désolaient, il s'en montra publiquement l'ami en faisant apposer son nom à l'acte par lequel Philippe d'Alsace s'en déclarait solennellement l'avoué et le défenseur (vers 1165).

Un des actes les plus honorables à la mémoire de Thierry est la concession faite par lui à la ville d'Alost de certaines franchises. La *liberté* accordée au bourg et aux bourgeois d'Alost était telle que « si quelqu'un venait d'une autre partie de la contrée s'établir dans ledit bourg, il obtenait une entière liberté, semblable à celle dont jouissaient les habitants propres du même bourg, et il était libre lui et ses enfants. De plus, Thierry ne réclamait aucun droit de morte-main dans toute l'étendue du bourg, et il ne permettait pas qu'on divisât les possessions des mourants. »

Nous traduisons d'après le texte inséré par le comte de Flandre Philippe dans l'acte qui confirme et amplifie ces mêmes priviléges.

L'histoire ne nous dit pas si Thierry a jamais porté les armes; cependant le pays de Waes, dont il était seigneur, fut le théâtre d'une guerre sérieuse entre le comte de Hollande Florent III et le jeune comte de Flandre Philippe d'Alsace. Le Hollandais, qui s'en était emparé, en fut dépossédé par Philippe en 1157. Thierry n'avait alors que treize ans. En 1165, la guerre recommença et se termina par une victoire du prince flamand près de la rivière d'Arne. Thierry était-il alors malade, ou bien reçut-il sur le champ de bataille le coup de la mort? nous l'ignorons; nous savons seulement qu'il termina alors sa courte carrière, car nous lisons dans la chronique de Tronchiennes : « Le 20 avril 1165 (1), laissant après lui de grands regrets, cessa d'être au nombre des vivants le brillant et noble jeune homme Thierry, fils unique d'Iwan et de Laurette, petit-fils par sa mère de Thierry, comte de Flandre. Il était âgé de 21 ans. »

(1) Du Chesne assigne la même date à la mort de Thierry, mais sans préciser le jour. M. De Smedt la retarde jusqu'à l'an 1174. C'est, dit-il, l'opinion des anciens auteurs. Il en conclut qu'il faut changer la date 1166 de la charte du comte Philippe en faveur de l'Abbaye de Tronchiennes, où il parle de la mort de Thierry d'Alost comme d'un fait accompli. Mais il faut remarquer qu'il ne s'agit pas ici seulement d'une charte, mais bien de trois, rapportées textuellement par Du Chesne (preuv. p. 225-227). Il en faut conclure que les anciens auteurs se sont trompés, et que la date assignée par Du Chesne et la chronique est la seule véritable.

Il fut enterré, comme son père Iwan, dans l'abbaye de Tronchiennes, dont il avait été l'avoué et le protecteur.

Sa mère Laurette d'Alsace mourut en 1167. Quant à son épouse, Laurette de Hainaut, elle se retira, dit Du Chesne, « dans la maison de Baudouin, comte de Hainaut, son père, après la mort duquel le comte Baudouin, son frère, la remaria en deuxième lit avec Bouchard, V° du nom, seigneur de Montmorency, d'où naquit Mathieu de Montmorency, leur fils unique, qui reçut l'ordre de chevalerie de la main du même comte Baudouin, son oncle maternel, et fut, depuis, connétable de France sous les rois Philippe-Auguste, Louis VIII et Saint Louis. »

Thierry n'ayant pas laissé d'enfants, (1) son riche héritage passa entre les mains du comte de Flandre Philippe d'Alsace, qui gouvernait le pays du vivant de Thierry son père. Ces deux princes confirmèrent, le 27 juin 1166, à Gand, tout ce que les sires d'Alost avaient fait pour l'abbaye de Tronchiennes. Philippe y ajouta le don d'un fief situé à Herpe pour le repos de l'âme du jeune Thierry, parce que, dit-il, dans ses deux diplômes, il lui appartenait, tant par droit de parenté que par son souverain pouvoir, de régler ce qui regardait le soin de l'âme et les possessions de son neveu, et en outre parce que ses terres étaient passées entre ses mains (2).

Un acte donné par le même Philippe en 1174 porte : Thierry d'Alost étant mort, la Seigneurie d'Alost est revenue au comte de Flandre. Quoi qu'il en soit, il y eut de nombreuses réclamations tant de la part des châtelains de Bourbourg que de ceux de Dixmude issus par les filles des sires d'Alost.

Il ne nous appartient pas d'éclaircir cette question, qui fut plus tard l'occasion d'une guerre entre la Flandre et le Brabant. La possession d'Alost et des autres terres relevant de l'Empire fut plus tard solennellement confirmée par les empereurs aux comtes de Flandre.

(1) Il doit y avoir une erreur dans ce que dit M. Alp. Wauters du don d'un alleu situé à Anderlecht, fait en 1173 à l'abbaye des bénédictines de Forêt par Laurette, fille du comte Thierry d'Alost, à moins cependant que ce personnage ne soit une enfant illégitime; peut-être s'agit-il de Laurette de Hainaut, veuve de Thierry.

(2) Les diplômes qui se trouvent dans Du Chesne et dans le cartulaire de Tronchiennes ne disent rien de plus. Lindanus (*De Teneræmunda* l. 1. c. 6. n. 94) ajoute ces mots: par la stipulation de dot faite à ma sœur par son père, le Seigneur Iwan.

Bruxelles. — Imprimerie de J. DELIÈVRE.

MAISON DE BOURBOURG.

Auteurs consultés :

LAMBERT D'ARDRE. — DU CHESNE. — Les historiens de Flandre.

BAUDOUIN.

Avant de passer à la maison de Bourbourg, il faut mentionner comme seigneur de Tourcoing, le comte de Flandre PHILIPPE D'ALSACE. Nous avons vu en effet qu'il se porta comme héritier de Thierry de Gand qui, outre Alost et le pays de Waes, avait reçu de son père, Iwan, Tourcoing et quelques autres terres. Béatrix de Gand n'avait jamais abdiqué ses prétentions à la riche succession de son père Baudouin-le-Barbu. Après la mort de son mari, Henri de Bourbourg, (1152?) l'aîné de ses douze enfants (1), Baudouin, prit le titre de châtelain de Bourbourg. La mort de Thierry d'Alost (2), en 1165, lui fit songer à récupérer l'héritage de sa mère ; mais il ne tarda pas sans doute à voir qu'il aurait à lutter contre plus fort que lui, s'il voulait réclamer toutes les possessions de ses ancêtres ; aussi se montra-t-il fort modéré, se réservant de demander dans la suite davantage et il obtint du prince Tourcoing, Langhemarck et Beexcote. Lambert d'Ardre ne dit pas si sa mère Béatrix vivait encore à cette époque. Il ne précise pas non plus l'époque à laquelle cette restitution fut faite. Il est à présumer que Philippe d'Alsace ne fut pas longtemps sans accéder aux vœux du jeune Baudouin, afin de jouir plus paisiblement lui-même de la seigneurie d'Alost.

Quoi qu'il en soit, la seigneurie de Tourcoing a passé du moins entre les mains de Philippe d'Alsace.

Quant à BAUDOUIN DE BOURBOURG, ainsi nommé en mémoire de son

---

(1) Il lui en restait onze.
(2) Son cousin ou oncle à la mode de Bretagne.

aïeul maternel, Baudouin de Gand, seigneur d'Alost, il occupe peu de place dans l'histoire. Du Chesne, après avoir parlé de la manière dont il obtint du comte Philippe une partie des possessions de sa famille, se contente de donner les noms de ses épouses, et d'énumérer ses frères et ses sœurs.

Il épousa en premier lieu Julienne, comtesse de Duras, qui mourut sans lui avoir donné d'enfants.

En second lieu, il s'unit à Élisabeth, fille de Robert le Roux, avoué de Béthune, qui ne lui donna pas non plus de postérité. Lambert d'Ardre semble supposer qu'il n'eut pas d'autres femmes. Mais une charte de l'abbaye de Clairmarais nous le montre donnant, de concert avec son épouse Clémence, à cette abbaye, une terre située au delà du port appelé Graveningue (aujourd'hui Gravelines).

Le nom de Baudouin se trouve encore plusieurs fois dans le cartulaire de Clairmarais. Il signa en effet comme témoin, plusieurs actes de donations pieuses ; il approuva aussi, en 1172, en sa qualité de châtelain de Bourbourg, une donation de plusieurs terres faite à l'église de Clairmarais, par Baudouin de Bailleul et son fils. Ces différents actes, et surtout le premier que nous avons cité, témoignent hautement de la piété du noble seigneur.

Baudouin mourut sans laisser d'enfants de son triple mariage et fut enterré dans l'église de Notre-Dame de Bourbourg. C'était la sépulture ordinaire des châtelains. Henri I, père de Baudouin, avait seul été inhumé dans l'église du monastère de Saint-Bertin.

GAUTIER.

Baudouin avait eu six frères : ce fut le plus jeune qui lui succéda ; car la mort avait enlevé dans l'enfance le second fils d'Henri de Bourbourg, un troisième, Henri de Cassel, était mort dans la fleur de l'âge après avoir reçu l'ordre de chevalerie, un quatrième, Gilbert, ayant perdu la vue dans un tournoi, avait refusé la charge de châtelain, deux autres avaient embrassé la cléricature : Raoul, doyen de l'église de Noyon, mort au moment où il allait en être élu évêque, et Siger, moissonné aussi par la mort.

Ce fut donc Gautier ou Walter qui, à la mort de Baudouin prit le titre de châtelain de Bourbourg et hérita en même temps de lui, selon toute apparence, la terre de Tourcoing.

Il avait cinq sœurs dont deux embrassèrent la vie religieuse : Mahaut, qui devint abbesse de Notre-Dame de Bourbourg, et Béatrix, qui finit ses jours au même monastère. Les trois autres (1) s'allièrent à de nobles chevaliers.

Gautier épousa Mahaut ou Mathilde de Béthune, fille de Robert surnommé le Roux, avoué d'Arras, et sœur d'Élisabeth, femme de son frère Baudouin. Il en eût deux enfants : Henri et Béatrix.

C'est tout ce que l'histoire nous apprend de lui.

HENRI.

Henri de Bourbourg, IIe du nom, survécut à son père et fut comme lui châtelain de Bourbourg et seigneur de Tourcoing. Mais il mourut jeune encore, l'an 1194 vers la fête de Saint-Michel, et fut inhumé dans l'église de Notre-Dame à Bourbourg. Il avait fondé et doté une chapelle dans l'abbaye des dames de Bourbourg.

Son héritage passa tout entier entre les mains de sa sœur Béatrix.

Cette noble héritière de tant de riches domaines avait été placée au monastère de Bourbourg pour y recevoir une éducation distinguée et convenable à son rang, sous les yeux de ses tantes qui lui donnaient les plus beaux exemples de vertu.

Ce fut elle, qui par son mariage avec le comte Arnoul II, porta la seigneurie de Tourcoing dans la maison de Guines.

La maison de Bourbourg portait d'azur à trois tierces d'or.

L'histoire nous ayant laissé si peu de détails sur les châtelains de Bourbourg, il n'est pas étonnant que nous n'ayons eu à mentionner aucun rapport entre ces seigneurs et leurs vassaux de Tourcoing. Nous ferons seulement remarquer que tous les habitants de Tourcoing n'étaient pas leurs serfs et qu'il se trouvait parmi eux des personnes nobles et de condition libre. C'est ce qui conste d'un acte de l'évêque de Tournai, Étienne, dressé au mois de juin 1203, sur le témoignage du curé de Tourcoing, Éverard, et d'hommes probes de Roncq et d'Halluin, dans le but de déclarer libres les descendants d'une dame du nom de Ledelde qui, un demi-siècle environ auparavant, s'était obligée à payer certaines redevances sur l'autel de Saint-Vaast, patron de la paroisse à cette époque.

---

(1) Mabille épousa Baudouin de Bailleul, et devint vicomtesse d'Ypres. Luthgarde eut pour mari Arnoul de Cuerthédre, gentilhomme qui demeurait sur les bords du Rhin. Adélis s'unit à Étienne de Seninghem.

MAISON DE GAND-GUINES.

Auteurs consultés :

LAMBERT D'ARDRE, *Chron. de Guines et d'Ardre*, édit. Godefroid. — DU CHESNE, *Hist. généal. des maisons de Guines, d'Ardres, de Gand et de Coucy*, p. 52-78, 153-182, 229, preuves p. 110-135, 245-309, 367. — MEYER, *Ann. Fland.* — M. NAMÈCHE, *Hist. nation.* — M. KERVYN DE LETTENHOVE, *Hist. de Flandre.* — *Chronique d'Andre* dans le Spicil. de d'Achéry, t. II, p. 812 et suiv. — HENNEBERT, *Hist. d'Artois*, t. II, p. 296. — MARTÈNE, *Ampl. coll.*, t. I, c. 1021. — *Recueil des Hist. de France*, t. XIII, p. 43; t. XVIII, p. 568-583, p. 605-609. IPERIUS, *Chron. Syth.*; t. XVII, p. 437, 512. BENEDICT. PETROBURGEN., p. 588. ROGER DE HOVEDEN., p. 712. MATTHŒUS PARIS., p. 105, 106. GUILL. ARMOR.; t. XX, p. 269. JOINVILLE., p. 306, 556. GUILL. DE NANG.; t. XXI, p. 174. Chron. attribuée à BAUDOUIN D'AVESNES. — GISLEBERTI *Chron. Hann.*, p. 231. — WARNKŒNIG, *Hist. de la ville de Gand*, p. 197, 338. — OCT. DELEPIERRE, *Précis anal. des docum. de la Fl. Orient.*, p. XIV. — MIRÆUS, *Op. dipl.*, III, p. 383. — DE REIFFENBERG, dans la *Revue de Bruxelles*, août 1838, p. 19. — M. VAN LOKEREN, *Hist. de l'abb. de Saint-Bavon*.

ARNOUL II.

Pour donner tout son intérêt au récit de la vie et des actions d'Arnoul de Guines, deuxième du nom dans la série des comtes de Guines, il est nécessaire de retracer brièvement l'histoire de ses prédécesseurs au comté de Guines, et en particulier de son père et de son aïeul. On comprendra mieux par là quelle était la grandeur et la puissance de sa maison, on sera mieux initié aux mœurs et aux usages de son pays et de son époque.

Parmi les nombreux et puissants vassaux du comte de Flandre, les comtes de Guines n'occupaient pas à coup sûr le dernier rang, puisqu'ils venaient, dans l'ordre des mouvances féodales de la couronne flamande, immédiatement après les comtes de Boulogne et de Saint-Pol. Deux races alliées gouvernèrent successivement ce pays, bien plus flamand autrefois qu'il ne l'est aujourd'hui et habité en partie par les karls, cette peuplade saxonne si jalouse de sa liberté qu'une simple redevance annuelle lui paraissait une intolérable servitude. L'auteur de la première maison des comtes de Guines fut un aventurier danois, nommé Sifrid, qui vint vers 928 s'établir à Guines, et y éleva un château fort. Il eut cinq successeurs mâles de son sang : Ardolphe, Raoul, Eustache, Baudouin Ier et Robert-Manassès. Un neveu de ce dernier, Arnoul de Gand, commença la seconde maison de Guines, et ce fut sous son petit-fils, du même nom que lui, que la puissance des comtes parvint à son apogée, mais pour commencer presque aussitôt à déchoir.

Arnoul, premier du nom, avait pour père Winemar, châtelain de Gand, l'un des vengeurs du comte de Flandre Charles-le-Bon, et pour mère Gisèle, sœur du comte de Guines, Manassès. L'histoire nous le montre assistant avec son oncle, en 1127, à la confirmation des priviléges de Saint-Omer et aspirant de bonne heure à lui succéder. Ses premières démarches furent de solliciter du vieux comte le fief de Tournehem, qu'il obtint, et de se lier avec Guillaume, châtelain de Saint-Omer, qui lui donna sa fille Mathilde en mariage. A la mort de Manassès (1137), la lutte commença ; les principaux adversaires d'Arnoul furent le châtelain de Bourbourg et le seigneur d'Ardre, ceux-là mêmes dont les domaines allaient bientôt se trouver réunis entre les mains de ses descendants.

Henri de Bourbourg (1) défendait les droits de sa fille Béatrix, dont le mari, Albert Sanglier, seigneur anglais, avait reçu l'investiture du comté de la main du comte Thierry d'Alsace. Mais Arnoul, profitant de l'absence du nouveau comte, s'empara par surprise de la forteresse de Guines. Bientôt il vit se réunir à lui presque tous les barons du comté. De ce nombre était Baudouin d'Ardre, qui ne tarda pas à devenir son compétiteur. Il était frère d'Arnoul, seigneur d'Ardre, et celui-ci ayant été assassiné par ses serviteurs, il fut mis par Arnoul de Gand en possession de son héritage. Tous deux allèrent assiéger Henri de Bourbourg dans Audruick d'abord, puis dans le château d'Aumerval. Là, Baudouin d'Ardre fut blessé, mais Henri de Bourbourg prit la fuite. Puis, par un changement soudain, ces deux ennemis s'unirent, et Baudouin épousa la fille de Henri, dont l'Église avait déclaré nul le premier mariage ; mais il la perdit presque aussitôt et Arnoul de Gand, après avoir déjoué encore les prétentions de son cousin, Geoffroi de Semur, finit par se trouver possesseur paisible du comté de Guines (1142). Il en prit les armes vairées d'or et d'azur, et abandonna l'écu de sable au

---

(1) Voyez plus haut, page 21.

chef d'argent, commun jusqu'alors aux châtelains de Gand ainsi qu'aux seigneurs d'Alost.

Il est vrai qu'il perdit la succession de son père Winemar, le comte Thierry ayant nommé châtelain de Gand, Roger, déjà châtelain de Courtrai. Mais un double mariage fit rentrer la dignité de châtelain dans sa maison ; sa fille Marguerite épousa Roger, et son fils Siger s'unit à Pétronille, fille de Roger, auquel il succéda.

Bien plus, Baudouin d'Ardre étant mort à la croisade, Arnoul fut assez heureux pour procurer à son fils Baudouin la main de Chrétienne, fille unique et héritière du nouveau seigneur d'Ardre, Arnoul de Merck. Il eut aussi la consolation de voir saint Thomas de Cantorbéry, alors encore chancelier d'Angleterre, conférer l'ordre de chevalerie à ce même Baudouin, le principal espoir de sa race (1).

Du reste, il fit aimer son pouvoir et se montra le protecteur des abbayes, dont il exempta les religieux des droits de péage et qu'il défendit contre leurs oppresseurs.

Il se trouvait en Angleterre, où il était allé visiter ses possessions, lorsqu'il fut surpris par la mort (1169). Son corps, rapporté sur le continent, fut inhumé dans l'hôpital de Saint-Inglevert.

Il y avait peu de temps qu'Arnoul était mort lorsque le nouveau comte de Guines, Baudouin, eut connaissance de l'arrivée du saint prélat qui l'avait jadis créé chevalier.

L'archevêque de Cantorbéry allait quitter la terre d'exil pour retourner dans sa patrie ; par l'ordre du comte Baudouin, l'abbé d'Andre, Pierre, vint le prendre à l'abbaye de Saint-Bertin et l'accompagna jusqu'à Guines. Il y fut reçu avec les plus grands honneurs, passa la nuit au château et fit le lendemain, dans l'oratoire du comte, sa confession au chapelain Geoffroi, qui jouissait d'une grande réputation de sainteté.

Baudouin avait alors plusieurs enfants ; nul doute qu'il ne les ait présentés à son saint ami et que le jeune Arnoul, âgé dès lors, selon toute apparence, de plus de dix ans, n'ait reçu la bénédiction de saint Thomas, qui, peu de jours après, mourait martyr de la cause sacrée des libertés ecclésiastiques (1170).

L'histoire des comtes de Guines a cela de particulier, grâce aux récits

---

(1) Il s'en montra reconnaissant envers Jean de Salisbury, un des plus grands amis de saint Thomas, qui, ayant été exilé, vers 1164, à cause de son attachement pour ce dernier, lui écrivait en ces termes : « Le comte de Guines, prévenu par Arnoul, son neveu, m'a dépêché ses serviteurs, pour me recevoir avec honneur à mon débarquement ; à cause de vous, ils nous ont offert aux miens et à moi, une gracieuse hospitalité, et ils m'ont conduit jusqu'à Saint-Omer, en m'affranchissant des charges imposées aux voyageurs. » (Migne, Patrol., t. CXCIX, col. 111, trad. de Mgr Darboy. S. Thomas Becket, t. I, p. 111.) Cet Arnoul était un clerc ; Du Chesne cite un acte auquel il assista, mais il ignore de quel frère du comte Arnoul il était le fils.

de Lambert d'Ardre et aux nombreux détails qu'il nous a laissés, que nous pouvons par elle nous former une idée assez exacte des mœurs des grands seigneurs de cette époque et en particulier de la manière dont les jeunes nobles croyaient devoir travailler à se faire un nom et à mériter l'estime de leurs contemporains.

Quelle était donc, au XIIe siècle, cette petite cour de Guines dont le chef, à l'imitation des premiers souverains, avait ses douze barons et ses douze pairs, son vicomte, son connétable, son sénéchal, etc.? Le curé d'Ardre, qui semble parfois vouloir épuiser en l'honneur de ses maîtres toutes les formules de la louange, mais dont la bonne foi est incapable de dissimuler la vérité, nous apprend que le comte Baudouin, avant de succéder à son père, s'était laissé aller à la dissipation et à l'insouciance du jeune âge; que, peu soigneux de ses affaires, il s'était souvent trouvé sans ressources, et qu'au milieu des insensés, il s'était lui-même montré peu sage ou du moins s'était donné des airs d'insensé. Mais, à peine eut-il été élevé à la dignité de comte et eût-il rendu hommage à Thierry d'Alsace, son suzerain, qu'il fit régner avec éclat la justice dans toute la contrée de Guines, estimé des bons, qui le regardaient comme le soutien du bon droit, redouté des méchants, qui cependant se trouvaient forcés de donner à son équité de justes éloges.

De nombreux édifices, élevés par ses soins, ne tardent pas à attester hautement sa magnificence et sa piété. C'est à Montoire une chapelle en l'honneur de sainte Catherine, où il dépose des reliques de son saint ami, le glorieux martyr de Cantorbéry, et dont le premier chapelain est un prêtre qui a reçu l'imposition des mains du bienheureux archevêque; c'est à Guines une tour ronde, en pierres de taille, qu'il élève au-dessus de son donjon et qu'il fait recouvrir d'une plate-forme de plomb. Lambert, dans son style étrangement mêlé de réminiscences des auteurs sacrés et profanes, compare l'édifice au labyrinthe de Dédale, et la chapelle qu'il y avait jointe au temple de Salomon. A Guines encore, Baudouin commence à entourer la ville d'un mur de pierre. A Tournehem, il répare le château qui tombait en ruines, y fait construire voûte sur voûte, y établit des escaliers, des couloirs, des réduits secrets, enfin, pour effrayer les coupables, il ménage entre les fondements mêmes de l'édifice d'horribles cavernes, vraies prisons d'enfer, où les criminels doivent, en attendant l'horrible jour de leur jugement, plongés dans les ténèbres et dans l'infection, manger le pain de la douleur et soutenir à regret une vie devenue odieuse. Nous omettons le détail de la chapelle et des autres travaux qu'il fit encore exécuter. A Audruick, il transfère le marché du dimanche établi auparavant à Zutquerque, il réunit les habitants en commune, établit une foire pour la fête de la Pentecôte, fait creuser un double fossé, érige une motte seigneuriale, dessèche un marais, bâtit encore une chapelle, mais n'en mérite pas moins les reproches du bon curé d'Ardre, pour n'avoir point, dans l'institution de son marché, respecté le saint jour du Seigneur.

Ardre lui est redevable d'une halle pour les plaids et pour la vente des marchandises. Sangatte, où son père Arnoul avait à peine un misérable manoir, devient, grâce à ses soins, une forteresse redoutable.

Nous ne pouvons suivre notre historien dans les détails qu'il nous donne sur le goût du comte pour les belles-lettres. Baudouin ne savait pas lire, et cependant il connaissait la philosophie, les arts libéraux, voire même la théologie; il scrutait les Saintes Écritures et en approfondissait non-seulement le sens littéral, mais le sens mystique. Lambert donne à peu près le catalogue de sa bibliothèque, qu'il serait curieux de comparer, sans sortir des anciennes provinces Belgiques, avec celle du comte saint Evrard de Cysoing, au IX⁰ siècle, et avec celle du duc Charles de Croy, au XVI⁰. Pour former la sienne, Baudouin avait eu recours à différents maîtres, moines ou clercs, qui avaient traduit pour lui du latin dans la langue romane qu'il savait parler, le Livre des Cantiques, la vie de saint Antoine, des livres de physique, les écrits de Solinus sur la nature des choses. Gautier-le-Silencieux avait composé pour lui son roman du Silence et le comte l'en avait richement récompensé. C'était en se faisant lire ces ouvrages divers que Baudouin acquit une telle facilité d'argumentation, qu'il poussait souvent à bout les clercs les plus instruits et les mieux exercés; il est vrai qu'il finissait toujours par rendre hommage à leurs connaissances. Si d'ailleurs ces savants lui communiquaient ce qu'ils avaient appris des sciences diverses, lui, de son côté, les récréait par les narrations des fables de l'antiquité qu'il avait ouïes raconter par les trouvères et les ménestrels. Au reste, Lambert fait curieusement observer que Baudouin s'était instruit avec ses clercs *plus qu'il n'était nécessaire.*

Le bon curé lui aurait d'ailleurs passé volontiers condamnation sur cet article, s'il n'avait eu des reproches beaucoup plus sérieux à lui faire. Seulement il use à cet égard de certaines précautions oratoires. Ce n'est qu'après avoir loué sa prudence et sa discrétion, après avoir dit qu'il était « une perle précieuse sur la couronne du royaume de France, une escarboucle brillante sur le diadème d'Angleterre » (Baudouin était vassal des deux rois), ce n'est qu'après avoir protesté que la vie d'un homme ne suffirait pas pour célébrer ses louanges, qu'il rapporte les reproches que lui ont faits des hommes envieux de sa gloire; mais encore les rapporte-t-il! Ces reproches, les voici dans les termes où les exprime l'ancien traducteur de Lambert : « Ses haineux, dit-il, ont voulu lui improperer qu'il estoit plus enclin au matin d'ouïr le son de trompe d'ung veneur que celuy de la cloche de son église, plus tost à la noise d'ung levrier que ouïr chanter son curé ou vicaire; que plustost faisoit sortir du lit un tendeur d'oisiaulx que les clers de la paroisse : s'y faisoit-il plus d'estime d'ung oiseau bien volant en l'air que de celuy qui annonçoit la parolle de Dieu. Et davantage tient pour vérité, et de ce le tiennent comme attainct et convaincu, que depuis son jœune aege jusques en sa vielesse fut désordonnément submis à lubricité. »

Il faut bien admettre ce dernier reproche quand on sait, par la chronique d'Andre, que trente-trois enfants légitimes ou illégitimes assistèrent à ses funérailles. Lambert donne les noms de quelques-uns de ces bâtards. Tel était ce moyen-âge, loué avec tant d'exagération par les uns, si injustement méprisé par les autres; les plus grandes vertus y coudoyaient souvent les plus grands vices.

Quelle dut être cependant sous un tel père l'éducation du jeune Arnoul ? Faudra-t-il s'étonner s'il se montre dissipé et prodigue, indocile aux conseils des hommes sages, rebelle aux ordres de son père, tout prêt à se jeter dans les piéges qu'une femme intrigante tendra sous ses pas?

D'assez bonne heure, il est vrai, nous voyons le comte Baudouin l'associer aux actes de justice et de piété qu'il pose en faveur des abbayes de la contrée. C'est ainsi que vers l'an 1172, un chevalier nommé Vivien ayant fait un échange d'une de ses terres avec une de celles de l'abbaye d'Andre, Arnoul fut présent à l'acte de confirmation octroyé par son père; il s'y trouvait en compagnie de son oncle Guillaume et de son frère du même nom, qui mourut peu de temps après, dans la fleur de l'âge. L'abbaye d'Andre était située entre Guines et Ardre.

L'année suivante, Arnoul avec sa mère Chrétienne d'Ardre, donnait publiquement à Audruick son consentement à une donation faite par Clément d'Autingehem, pair du château d'Ardre, « à Dieu, à la bienheureuse Rotrude et à l'église d'Andre ainsi qu'aux moines qui y servaient le Seigneur. » Cet acte de libéralité avait pour objet un tiers de dîme que Clément possédait à Zouafques et qu'il tenait en fief d'Arnoul de Merck, seigneur d'Ardre. Celui-ci et son épouse Adeline, confirmèrent la donation, et l'on comprend pourquoi leur fille Chrétienne et leur petit-fils Arnoul, leurs héritiers, durent y donner leur consentement, avant que le comte y ajoutât sa confirmation solennelle (1).

Le nom d'Arnoul ne se trouve pas au bas d'une autre charte de confirmation et de donation que son père octroya en 1174 à l'abbaye de Clairmarests. Ce qui pourrait faire croire qu'il avait déjà quitté le toit paternel pour se rendre à la cour du comte de Flandre, comme il le fit un peu plus tard; mais il était encore bien jeune alors, et il est permis de supposer que son consentement n'était pas toujours de la même utilité pour assurer leur valeur aux différents actes posés par ses proches.

(1) Cet acte et le précédent ne portent pas de date, mais la chronique d'Andre place le premier avant 1172, et fait suivre le second d'une ratification de l'évêque de Térouane Didier, faite en 1173. Du Chesne a remarqué avec raison que l'auteur de la chronique avait confondu Arnoul de Merck, seigneur d'Ardre, avec son petit-fils et son successeur Arnoul de Guines.

En 1176, Arnoul perdit ses aïeuls maternels, Arnoul de Merck et Adeline d'Ardre, et l'année suivante sa mère Chrétienne, qui mourut le 2 juillet, peu de temps après la naissance de son dernier enfant. Il s'en fallut de peu qu'il ne perdit aussi son père, que la douleur priva quelque temps de l'usage de sa raison et réduisit à l'état le plus lamentable.

Cependant la renommée des miracles de saint Thomas de Cantorbéry se répandait au loin et l'on se rendait de toutes parts en pèlerinage à son tombeau. L'an 1177, le comte de Flandre, Philippe d'Alsace, s'y était rendu avant de partir pour la Terre-Sainte.

L'année suivante, l'archevêque de Reims, Guillaume-aux-blanches-mains, fils de Thibaud, comte de Champagne, entreprit aussi le voyage d'Angleterre et fut reçu magnifiquement à Ardre, par le comte Baudouin. On peut lire dans Lambert le curieux récit de la réception qui lui fut faite et comment les français ayant demandé qu'on mêlât de l'eau au vin de Chypre et de Nysa qu'on leur avait servi, le comte leur fit verser du vin blanc d'Auxerre et fit ensuite semblant d'être ivre pour échapper aux reproches de l'archevêque.

En 1179, le roi de France Louis VII fit le même pèlerinage et alla implorer, auprès du corps du saint martyr, le rétablissement de la santé de son fils Philippe. Il prit la mer à Witsant, dans le voisinage de Guines, et aborda à Douvres le 22 août 1179. Le comte de Flandre et le comte de Guines faisaient partie de son escorte et il est fort probable que le jeune Arnoul fut aussi du voyage.

Ce qui est plus certain, c'est qu'il s'éloigna alors pour quelques années du pays natal. Lambert nous apprend que son père, voulant le former aux bonnes mœurs et lui faire apprendre le noble métier des armes, l'envoya à la cour de l'illustre prince des flamands, le comte Philippe.

Il se trouvait là avec les jeunes gens les plus distingués, appartenant aux plus nobles familles de Flandre, et il avait sur eux tous la prééminence du rang comme du mérite. Déjà il était en âge de fréquenter les joutes et les tournois, et on l'avait vu plus d'une fois s'y rendre ; cependant il n'avait point reçu le soufflet solennel qui donnait au jeune noble de cette époque le caractère de chevalier. Mais il était, dit son historien, vaillant sous les armes, remarquable par ses bonnes mœurs et sa probité, doué d'une politesse exquise et au fait de tous les usages des cours ; toujours on le trouvait prêt à rendre service ; sa libéralité allait jusqu'à le rendre prodigue ; son visage toujours gai, sa physionomie noble et belle le faisaient admirer entre tous ceux de son âge ; enfin, il savait, disait-on, en tout et partout gagner les bonnes grâces de tout le monde. Enfin l'âge était venu où il devait être armé chevalier. Le comte Philippe s'offrait à lui conférer lui-même ce grade, et voulait faire lui-même tous les frais de la cérémonie ; mais Arnoul, en bon fils, voulut laisser cet honneur à son père, et après avoir obtenu l'assentiment du comte, il s'en retourna à Guines, près de son père, avec Eustache de Salperwick, son fidèle compagnon.

Baudouin reçut son fils avec des transports de joie. Il convoqua à Guines tous ses enfants, ses amis et ses connaissances ; puis il ceignit solennellement à Arnoul l'épée au côté, lui chaussa les éperons, lui donna le soufflet militaire et reçut ses serments de chevalier. C'était le jour de la Pentecôte 1181. Avec Arnoul furent aussi armés chevaliers, par le comte, Eustache de Salperwick, Simon de Nielles, Eustache d'Elceche (Nord-Ausque) et Walon de Preures. Un repas somptueux suivit la cérémonie. La joie y fut extrême. Arnoul avait à peine revêtu ses armes, que, pour témoigner de son allégresse, il se montra en public, accompagné de ménestrels, de baladins, de trouvères, de jongleurs et d'autres gens de cette espèce, (telles étaient les mœurs du temps !) et puis il fit avec une prodigalité excessive des présents à tous ceux qui se présentaient : aussi tous à l'envi proclamaient-ils ses louanges et le remerciaient-ils de ses bienfaits.

Le lendemain il se rendit à Ardre, où il fut reçu solennellement au son des cloches et introduit dans l'église par les moines et les clercs, qui chantaient des hymnes sacrées, tandis que le peuple faisait retentir les airs de cris de joie.

A partir de ce jour, il employa près de deux ans à parcourir les provinces étrangères pour y voir les tournois ; son père lui prêtait pour cela secours et protection et Eustache de Salperwick était son compagnon inséparable.

Il avait en outre dans sa patrie pour ami et pour conseiller, un chevalier nommé Philippe de Montgardin, ce que son père voyait de mauvais œil, d'autant plus que Philippe engageait sans cesse Arnoul à réclamer ce qui lui revenait de l'héritage de sa mère. Cependant, après bien des négociations et des délais, le jeune chevalier fut mis en possession d'Ardre et de Colewide, avec une partie de leurs dépendances. Son père lui conserva quelque temps du ressentiment par suite de son exigence, mais l'amour paternel finit par l'emporter.

Arnoul réconcilié écouta l'avis du comte Baudouin et du comte Philippe, et il prit pour conseiller, et en quelque sorte pour maître et pour censeur, Arnoul de Caïeu, homme noble, habile à manier les armes, prudent et discret. Celui-ci ne pouvant être toujours à ses côtés, se substitua Eustache Rasoir, son neveu, très-vaillant guerrier, qui avait été déjà le compagnon du jeune Henri, fils du roi d'Angleterre, et auquel Arnoul, dans sa générosité, ne tarda pas à conférer en fief, à perpétuité, une de ses terres (1), sans avoir même consulté pour cela son père ni ses frères. Eustache de Salperwick et Hugues de Malnes, Henri de Campagne et plusieurs autres nobles hommes étaient

(1) Herdebedinghem, aujourd'hui Herbinghem, près de Licques.

aussi les compagnons de ses courses ; en un mot, tous les guerriers du pays de Guines qui aimaient les tournois venaient se grouper autour de lui comme autour de leur chef et tous éprouvaient les effets de sa libéralité. Le jeune seigneur d'Ardre aimait mieux, suivi de cette noble escorte, parcourir le monde pour acquérir de la renommée que de rester dans sa patrie sans honneur et sans gloire.

Cependant il n'avait point renoncé à l'amitié de Philippe de Montgardin, et si celui-ci ne l'accompagnait plus dans ses courses, il n'en conservait pas moins avec lui des relations qui, au dire de Lambert, ne lui étaient pas inutiles, car Philippe savait d'une manière aimable et enjouée le porter à la vertu et former ses mœurs.

Il était naturel qu'Arnoul continuât à prendre part aux actes de gouvernement ou de bienfaisance de son père. On ne trouve pas, il est vrai, son nom dans deux chartes de Baudouin, en faveur de l'abbaye d'Ardre, concernant l'engagement d'une dîme et le partage d'un marais, mais ces actes sont sans date et paraissent se rapporter précisément à l'époque où Arnoul était à la cour du comte Philippe. Il n'en fut pas de même d'un acte passé à Audruick où, de concert avec son père, il se constitua caution, envers l'abbé d'Ardre et ses moines, d'un arrangement conclu avec eux par Guillaume, frère de Charles de Bredenarde.

Bien plus, on le voit, dès l'an 1186, agir comme un véritable seigneur terrien qui jouit de tous ses droits ; une charte de cette année où i s'intitule « *Arnold*, fils du comte de Guines, » nous le montre ratifiant les conventions faites au sujet de terres tenues en fief de sa personne, se constituant caution pour l'observation de toutes les clauses et prenant ses *hommes* à témoin du tout. La charte était munie du sceau du jeune seigneur. Il y était représenté à cheval, armé, l'épée à la main, le casque en tête, le visage découvert, tenant de la main gauche son bouclier aux couleurs de la maison de Guines, avec l'inscription : *Sigillum Arnulfi de Ghisnes* (1).

Nous avons vu quel intérêt portait au jeune seigneur le comte de Flandre. Cependant ce prince avait en 1180, posé un acte qui devait devenir funeste au pays de Guines et occasionner à Arnoul de grandes infortunes.

Lors du mariage de sa nièce Isabelle de Hainaut avec le futur roi de France, Philippe-Auguste, il lui avait assigné pour dot Arras, Saint-Omer, Aire et tout le pays au delà du Fossé-Neuf. Guines allait ainsi passer sous la suzeraineté immédiate du roi de France, ce qui devait lui devenir funeste. Néanmoins ce pays ne souffrit point tout d'abord des guerres que le prince flamand eut avec la France à partir de 1182 jusqu'à la paix de Gisors en 1186.

(1) Du Chesne, pr., p. 261, en donne le dessin.

Bientôt une triste nouvelle vint affliger la chrétienté. Jérusalem était tombée de nouveau au pouvoir des infidèles (2 octobre 1187). L'archevêque de Tyr réunit les rois d'Angleterre et de France au gué Saint-Remy (21 janvier 1188), et leur fit jurer avec tous les seigneurs qui les entouraient d'aller au secours de la cité sainte. Philippe d'Alsace, qui dix ans auparavant avait fait une première fois le voyage de Palestine, proposa à tous les barons de ne point tirer l'épée les uns contre les autres, tant que les malheurs de l'Orient n'auraient pas cessé. Alors il prit la croix, et pour se distinguer des Anglais et des Français qui avaient adopté les uns la couleur blanche, les autres la couleur rouge, il donna la croix verte pour signe de ralliement à tous les siens. Le fils du comte de Guines fut du nombre de ceux qui en ornèrent leurs vêtements, mais il ne suivit pas son prince en Palestine.

Peu soucieux d'y trouver une mort glorieuse comme Eudes de Guines (son parent peut-être), qui mourut au siége de Ptolémaïde de la main des infidèles, Arnoul se laissa malheureusement entraîner aux passions les plus violentes et les plus funestes qui puissent agiter un cœur de jeune homme. Et d'abord, avant même le départ des croisés, sans songer seulement à se faire relever de son vœu, il commença par dissiper en folles dépenses et en prodigalités coupables, la dîme qu'on avait levée dans le pays de Guines à l'occasion de la croisade. Les tournois se trouvant défendus pour tout le temps de l'expédition sacrée, il donna de somptueux repas, se procura de riches habits, puis se mit à faire des présents à ses compagnons de plaisir : à l'un il donnait cent marcs d'argent, à l'autre cent livres. Le calice d'argent de sa chapelle, ses coupes, ses plats, ses aiguières d'argent, ses vêtements précieux, ses couvertures artistement brodées, ses tapis, tout fût distribué avec une incroyable légèreté; bien plus, les armes préparées pour le service de Dieu, les chevaux destinés à la croisade furent sacrilégement aliénés. Ainsi, conclut sagement le digne curé d'Ardre, cet homme imprudent dispersa tout et sema pour le monde, où cependant il ne devait rien moissonner d'autre qu'une vaine faveur et qu'une gloire futile.

Cependant la renommée de sa bravoure et de ses exploits était parvenue aux oreilles de la comtesse Ide de Boulogne. Cette princesse était fille du comte de Boulogne, Mathieu d'Alsace, fils puîné du comte Thierry, et avait déjà deux fois été mariée par le conseil de Philippe, son oncle. En premières noces elle avait épousé Gérard III, comte de Gueldre, mort en 1183, et en secondes noces, Bertold IV, duc de Zœhringen, dont elle était veuve en 1187.

La valeur d'Arnoul de Guines lui inspira le désir de l'avoir pour époux. Elle fit connaître ses intentions au jeune chevalier, qui, séduit par l'espoir de parvenir un jour au comté de Boulogne, répondit aux avances qui lui étaient faites.

Mais il lui survint un redoutable concurrent; Renaud, fils d'Albert, comte de Dammartin, ayant quitté sa femme, qui était sœur de Gautier de Châtillon, gendre de Hugues comte de Saint-Pol, envoya des députés à la comtesse Ide pour la demander en mariage. Celle-ci se montra prête à céder à ses désirs, si toutefois le comte Philippe voulait y donner son consentement. Mais ce dernier, qui avait alors sous sa garde le comté de Boulogne et qui en percevait les revenus, tenait pour suspects tous les seigneurs français et avait surtout raison de se défier de Renaut, parent et favori du roi Philippe-Auguste, avec lequel la Flandre n'avait dans ce moment qu'une paix précaire. Le consentement fut donc refusé. L'inconstante comtesse se tourna de nouveau du côté d'Arnoul de Guines et lui envoya plusieurs personnes de confiance, tantôt à Desvres, tantôt à Merck, tantôt à Ardre. Un de ses envoyés étant mort à Ardre, elle alla assister à ses funérailles et fut splendidement accueillie par Arnoul, qui l'eût retenue dès lors, si elle ne lui eût promis de revenir sous un bref délai. Déjà Arnoul avait parlé de son mariage au comte Philippe, qui lui avait promis son appui, lorsque Renaud, qui le redoutait plus que tous les autres, arriva secrètement auprès de la comtesse, l'enleva à l'insu de son oncle Philippe, et se retira avec elle dans la ville de Riste, en Lorraine.

Ide joignit bientôt la perfidie à l'inconstance ; elle écrivit à Arnoul qu'on lui avait fait violence, et qu'elle ne désirait rien tant que de l'épouser. Arnoul, trompé par les promesses de cette femme astucieuse, partit pour la Lorraine avec ses fidèles compagnons Eustache de Salperwick et Hugues de Malnes, chevaliers, Baudouin de Malnes et Euguerrand de Brunembert, écuyers, Thomas Bach, son pourvoyeur, Drogelin et l'anglais Wilmot, ses pages. Mais il ne fut pas plus tôt arrivé à Verdun, que trahi par la comtesse, il fut, du consentement de l'évêque élu de Verdun, arrêté lui et les siens par le primicier de Metz, chargé de chaînes et retenu plusieurs mois prisonnier.

Quelles amères réflexions l'infortuné ne dut-il pas faire dans son triste cachot ? où étaient-ils ces joyeux compagnons pour lesquels il avait dissipé tout son avoir ? Son malheur n'était-il pas un juste châtiment du mépris qu'il avait fait des serments les plus solennels ? C'est ce dont Lambert ne doutait nullement, et ce qu'il ne manque pas de faire remarquer dans son histoire. Cependant, ajoute-t-il, le Seigneur Dieu, qui châtie, quand il le veut, et frappe le fils qu'il aime, eut enfin pitié de son enfant et de son serviteur.

L'archevêque de Reims, Guillaume, l'ami du comte Baudouin de Guines, et qui n'avait pas oublié le gracieux accueil qu'on lui avait fait, écrivit des lettres pressantes en faveur d'Arnoul à l'archevêque de Trèves. Celui-ci interposa sa médiation auprès d'Albert de Hirgis, évêque élu de Verdun, et ne consentit à lui donner la consécration épiscopale que lorsqu'il eut délivré Arnoul et ses compagnons. Arnoul revit donc la Flandre. Le peuple d'Ardre et des environs alla au devant de son seigneur et le reçut avec des transports de joie. Renaud, de son côté, éprouva un vif dépit de sa délivrance; mais il avait de quoi s'en consoler par la possession du comté de Boulogne, dont il s'était emparé pendant l'absence du comte Philippe, qui mourut, comme on sait, au siége de Ptolémaïde, le 1er juin 1191.

Quant à Arnoul, il avait appris à ne plus se laisser emporter par une passion irréfléchie, et de retour dans sa patrie, il tâcha de se conformer aux volontés de son père. On lui reprochait cependant d'avoir dans son entourage plus de guerriers que n'en avait Baudouin lui-même, de faire plus de dépenses que ne le comportait l'état de sa fortune, et de distribuer encore trop de présents à ses amis, contre l'avis et le gré du comte. Il avait aussi pour les tournois une passion presque effrénée, et il ne manquait d'assister à aucun de ceux qui se donnaient dans le pays.

Lambert d'Ardre nous a laissé un tableau de sa manière de vivre lorsqu'il était de retour de ces expéditions chevaleresques. Il demeurait pour l'ordinaire à Colewide ou à Ardre. Là il se livrait aux amusements et aux jeux qui conviennent à la jeunesse. Il avait pour ses compagnons et pour tous ceux de son âge une vive amitié; mais il portait un respect profond aux vieillards instruits qui lui racontaient les aventures des anciens guerriers, et lui redisaient les fables et les histoires en vogue à cette époque, sachant mêler à propos dans leur récit des réflexions sérieuses et morales. Il aimait à en retenir quelques-uns auprès de lui, les traitait comme ses amis et prêtait à leurs récits une oreille attentive. Ainsi il avait dans sa demeure un vétéran de la chevalerie, Robert dit de Constance, qui l'instruisait des faits et gestes des empereurs romains, de Carloman, de Roland et d'Olivier, et d'Arthur, roi de Bretagne. Philippe de Montgardin lui parlait de la Terre-Sainte et de Jérusalem, du siége d'Antioche, des arabes et des babyloniens. Walter dit de Cluse, son parent, lui racontait l'histoire des Anglais, les fables de Gormond et d'Ysembard, de Tristan et d'Yseult, de Merlin et de Merculfe, et lui exposait les hauts faits de leurs communs ancêtres. Tous ces récits étaient pleins de charme, et lorsque des pluies abondantes retenaient les chevaliers sous leur toit, des nuits entières se passaient à entendre raconter quelques-unes de ces histoires des âges passés.

C'est ainsi, au rapport de Lambert, que peu de temps après le retour d'Arnoul, et à peu près à l'époque où il fut fiancé à la fille du comte de Saint-Pol, ayant été retenu deux jours et une nuit par le mauvais temps dans le donjon d'Ardre, il invita Walter à raconter l'origine de la ville d'Ardre, et l'histoire de ses seigneurs (1). Le vieillard prit alors sa barbe

(1) M. de Godefroid pense que l'intervention de Walter de Cluse n'est qu'une tournure prise par Lambert pour varier son récit. Nous croyons aussi que Lambert ne rapporte nullement les paroles mêmes de Walter, et que la longue rédaction de l'histoire d'Ardre est toute de lui; mais les circonstances qui pré-

de la main droite, et se mettant à la peigner avec ses doigts, suivant la coutume des gens de son âge, commença un long récit qui captiva l'auditoire tout le temps que la pluie continua à tomber. Après quoi l'air étant redevenu serein, Arnoul, tout joyeux, alla se promener par la ville. Il se récréait avec ses compagnons lorsqu'une triste nouvelle vint tout-à-coup l'affliger. Marc du Bois, serviteur de son père, se trouvait à la Montoire, assis à la table même du comte et mangeant au même plat que Manassés son fils, lorsqu'une flèche lancée par Guillaume Pragot, de Nielles, le frappa au cœur et le fit tomber raide mort.

Un tel outrage fait à son père et le danger que son frère avait couru si la flèche eût manqué son but, durent donner un autre cours aux idées d'Arnoul et lui inspirer peut-être aussi des réflexions salutaires.

Quelque temps après, une affaire ecclésiastique appelait à Cambrai le comte Baudouin et son fils Arnoul.

Il existait à Ardre une église de Notre-Dame desservie par un abbé et des moines. Arnoul, d'après le conseil de son père et de quelques clercs qui fréquentaient la cour romaine, conçut le projet de la remettre entre les mains de chanoines séculiers. Il obtint donc par l'entremise de maître Philippe du Bois, de maître Adam, chanoine de Térouane, et d'autres clercs résidant à la cour de Rome, des lettres des papes Alexandre, Lucius et Clément, en vertu desquelles Hugues, doyen de Cambrai, Jean, doyen d'Arras, et maître Girold, chanoine de Cambrai, furent constitués juges de cette affaire. La cause fut solennellement débattue entre Baudouin et Arnoul d'une part et l'abbé Hugues avec les moines de la Chapelle de la St-Vierge d'autre part, dans la demeure de l'évêque de Cambrai, en présence des juges nommés et d'un grand nombre de personnages revêtus des premières dignités ecclésiastiques de Cambrai, d'Arras et d'autres villes épiscopales. C'était le 30 octobre 1190. Un accord eut lieu entre les parties et les moines restèrent en possession de leur église.

En 1193, Arnoul avait sous les yeux un spectacle bien propre à lui faire voir le danger des tournois, qu'il aimait tant. Eustache de Calquille, seigneur d'Andre, blessé mortellement dans une de ces joutes, prenait l'habit monastique des mains de l'abbé d'Andre, Pierre, et faisait don à son couvent d'une portion de son héritage. Arnoul signa le premier, en qualité de témoin, la charte qui contenait cette donation.

Cependant le temps était venu pour le seigneur d'Ardre de contracter une alliance digne de sa naissance. Hugues, surnommé Candavène, comte de St-Pol, n'avait alors que deux filles. L'aînée, Elisabeth, était

cèdent et qui suivent la mise en scène du narrateur permettraient de croire que Walter a réellement, au moins une fois, joué un rôle analogue à celui qui lui est assigné, et que c'est de lui, du moins en partie, que Lambert tenait les détails qu'il a consignés dans son histoire.

mariée à Gaucher, seigneur de Châtillon et de Crécy, en Brie. La cadette, Eustache ou Eustochie de St-Pol, fut fiancée avec notre Arnoul, qui toutefois ne l'épousa pas ; car l'accomplissement du mariage ayant été différé à cause de l'âge peu avancé de la fiancée, le jeune Henri, II du nom châtelain de Bourbourg et seigneur de Tourcoing, vint à mourir sans lignée, vers la St-Michel de l'an 1194, ce qui donna occasion à Baudouin, comte de Guines, de faire quitter à Arnoul sa fiancée et de rechercher pour lui l'alliance de Béatrix de Bourbourg, sœur et unique héritière du défunt. Cette Béatrix était, comme on l'a vu plus haut, fille de Gautier, châtelain de Bourbourg, et de Mahaut de Béthune, sa femme. Elle avait donc pour oncles maternels Guillaume, seigneur de Béthune, avoué d'Arras, Conon de Béthune, que Geoffroy de Villehardouin appelle Cuesnes, Baudouin de Béthune, comte d'Aumale, et Jean de Béthune, qui fut depuis évêque de Cambrai. Elle était aussi, dit Du Chesne, du côté paternel héritière légitime du pays d'Alost, à cause de Béatrix de Gand, son aïeule, et proche parente de Henri de Bailleul, qui en son nom gouvernait alors la châtellenie de Bourbourg. Tous les seigneurs que nous venons de nommer agréèrent unanimement la proposition de mariage que le comte Baudouin leur fit. Le contrat, qui fut arrêté d'un commun accord, assignait à Béatrix les terres d'Ardre et de Colewide avec toutes leurs dépendances. L'archevêque de Reims, Guillaume, et l'évêque de Térouane, Lambert, donnèrent aussi leur assentiment à ce mariage. Les noces furent célébrées à Ardre avec une pompe et une magnificence extraordinaires. Lambert, curé d'Ardre, expose en détail un incident de cette cérémonie, bien propre à montrer les mœurs de ce temps-là.

Arnoul avait détruit à Peupelingue le moulin d'une veuve nommée Agnès de Skibborne, et s'était vu pour ce méfait frapper d'une sentence d'excommunication par l'archevêque de Reims; plus tard, il est vrai, il avait donné satisfaction à la Sainte Église et à la veuve et avait été absous par Étienne Romain, chanoine de St-Omer et official de Reims; le curé d'Ardre, qui n'avait pas reçu d'acte authentique constatant la levée de l'excommunication, n'avait pas osé faire sonner les cloches pour le mariage avant d'avoir obtenu du comte des éclaircissements. Aussi, lorsqu'il parut en présence de Baudouin, celui-ci, qui croyait l'avoir fait suffisamment avertir, se laissa aller à un violent accès de colère, et l'accabla de reproches à tel point que le pauvre prêtre, ne pouvant supporter l'éclat de ses yeux enflammés de fureur, tomba de cheval privé de sentiment et à demi-mort; on le releva cependant et on le replaça sur sa monture. Arnoul et ses frères s'interposèrent, ainsi que les autres chevaliers, et parvinrent à apaiser le comte, qui toutefois ne rendit plus à Lambert toute son ancienne bienveillance.

Le mariage cependant fut célébré suivant l'usage, et le soir du premier jour, Lambert d'Ardre avec d'autres clercs fut invité à bénir et à encenser le lit des deux époux, et à appeler sur eux toutes les grâces du Seigneur. Après quoi le comte, élevant les yeux et les mains au ciel, et invoquant le Dieu qui bénit Abraham, Isaac et Jacob, bénit son premier né, tandis que celui-ci, les mains jointes et la tête baissée, adressait au Seigneur sa prière.

Les premiers fruits de cette union furent trois filles, Béatrix, qui fut plus tard abbesse de Bonham, Chrétienne et Mahaut ou Mathilde, qui devint dans la suite comtesse de St-Pol. Arnoul était devenu par son mariage non-seulement châtelain de Bourbourg, mais encore seigneur de Tourcoing. Nous n'avons rencontré jusqu'à présent aucun acte de sa part qui ait trait à cette seigneurie. Il ne paraît pas du reste qu'il ait eu beaucoup de temps pour s'en occuper, car nous allons le voir engagé dans des guerres continuelles. Baudouin VIII, comte de Hainaut, était devenu comte de Flandre du chef de sa femme Marguerite d'Alsace, sœur de Philippe, et un accord avait été conclu par lui à Arras avec la veuve de Philippe, Mathilde, qui prenait d'ordinaire le titre de reine, en sa qualité de fille du roi de Portugal. Cette princesse s'était vue forcée de se contenter de son douaire, qui comprenait la châtellenie de Bourbourg. Arnoul devenait par-là même son vassal immédiat.

Quelque temps après, c'est-à-dire le second dimanche de carême de l'an 1192, le comte de Flandre alla à Arras prêter hommage au roi de France pour le comté de Flandre. Le roi avait aussi reçu dans le même temps l'hommage des comtes de Boulogne et de Guines, qui d'après les conventions faites lors du mariage d'Isabelle du Hainaut, devaient cesser de relever du comte de Flandre.

Baudouin VIII était resté ami de la France (1); il n'en fut pas ainsi de son successeur, Baudouin IX. Le 8 septembre 1196, il s'allia avec Richard-Cœur-de-Lion, qui était en guerre avec Philippe-Auguste, et dès les premiers jours de l'année 1197, il fit sommer par ses hérauts le roi de France de lui rendre l'Artois.

Une première expédition eut lieu, mais elle fut peu glorieuse pour Philippe, qui, surpris au milieu d'une contrée couverte de bois, de rivières et de marais, se trouva heureux d'accepter les propositions qu'on lui fit et promit solennellement à Bailleul de restituer l'Artois à la Flandre.

Dès 1198, le comte de Guines s'était rangé du côté du comte de Flandre et lui avait prêté hommage pour son comté. Arnoul dut probablement en faire autant pour la châtellenie de Bourbourg et pour ses autres

---

(1) Du Chesne a été induit en erreur par la chronique de St-Bertin, qui place en 1192 le siège de St.-Omer. Cette date est en contradiction avec le texte de la chronique, qui dit que ce siège fut fait par Baudouin, *comte de Flandre*, fils de Baudouin et de Marguerite. Or, ce Baudouin ne devint comte qu'en 1195. Au reste, la comparaison de ce passage avec le récit du siège de Saint-Omer en 1198, montre à l'évidence qu'il s'agit du même fait et que le chroniqueur a commis un anachronisme.

terres. Deux chartes (1) nous le montrent le 1ᵉʳ juillet 1198, servant de témoin dans la chapelle du château de Maele, près de Bruges, à une donation faite de la terre de Watervliet à l'abbaye de Saint-Pierre à Gand, par Henri, fils de Baudouin VIII, comte de Flandre et de Hainaut, et de la comtesse Marguerite, et à la confirmation de cet acte par Baudouin IX, frère dudit Henri.

Peu de temps après, c'est-à-dire dès que les moissons eurent été recueillies (1198), le comte de Flandre allait mettre le siége devant Saint-Omer. Arnoul le seconda puissamment avec ses peuples d'Ardre et de Bourbourg, de la race énergique et vigoureuse des karls.

Il avait dressé son riche pavillon devant la porte dite de Boulogne, et avait élevé une tour aussi haute, dit l'historien, que celle de Babylone et bien munie de toutes les choses nécessaires pour battre en brèche les murs et assaillir l'ennemi ; du haut de cette énorme machine, il lançait dans la ville d'immenses blocs de pierre et causait aux assiégés un très-grand dommage. Il ne mettait point en considération, dit encore Lambert d'Ardre, que celui qui défendait la place au nom du roi Philippe était son bien-aimé parent Guillaume, châtelain de Saint-Omer, et qu'en même temps le comte Renaud de Boulogne ravageait Fauquembergho et les autres terres adjacentes dont Guillaume était seigneur.

Mais il avait conquis les bonnes grâces du comte de Flandre, et il reçut de lui une somme énorme de deniers sterling, prise dans les tonneaux d'or et d'argent que le roi d'Angleterre, Richard, avait envoyés en Flandre pour exciter le zèle de ses amis.

Après la reddition de Saint-Omer, le comte resta son ami, et lors de son départ pour la Terre-Sainte, lui remit deux cents marcs d'argent pour satisfaire à ses engagements et payer ses dettes. Bien plus, il démembra de l'héritage des seigneurs d'Alost auquel son épouse Béatrix prétendait toujours, les terres de More (Moorsel?) et de Jacbeko, et lui fit espérer qu'il lui remettrait un jour une part plus grande encore de cet héritage.

Peu de temps avant l'embarquement des Croisés, au mois de mars 1202, Arnoul eut l'honneur de figurer, avec son père, parmi les témoins de l'acte généreux par lequel le futur Empereur de Constantinople, Baudouin, abrogea le droit, onéreux pour ses sujets flamands, de

---

(1) Ces deux pièces citées par Du Chesne sont entachées de deux erreurs graves : 1º elles portent la date de 1218 postérieure à la mort de Baudouin IX, 2º elles donnent à Arnoul le titre de comte de Guines ; nous les admettons néanmoins, parce qu'il est tout naturel de supposer qu'il y a eu seulement erreur de la part du copiste, et l'erreur a été ici fort facile quant aux deux points. La simple transposition d'une seule lettre a transformé MCXCVIII en MCCXVIII, et l'omission du mot *filii* après *Arnulfi* a fait un comte de Guines de celui qui n'en était que le fils.

prendre, partout où il passait, le lot de vin à trois deniers, quel qu'en fût d'ailleurs le prix ordinaire.

Vers cette époque, Béatrix donnait enfin à Arnoul un fils, Baudouin, qui devait lui succéder et que Lambert d'Ardre baptisa et instruisit dans les pratiques de la foi chrétienne. Elle mit ensuite au jour une fille, Adelis, née à Ardre, comme Baudouin, et une seconde, Béatrix. Toutes deux furent aussi l'objet des soins pieux du bon curé d'Ardre.

Le comte Baudouin se trouvait à cette époque continuellement en guerre soit avec Renaud, comte de Boulogne, soit avec d'autres seigneurs des environs, ce qui fut cause qu'il munit et fortifia de nouveau tous ses châteaux. A son exemple et par son conseil, ainsi que de l'avis des pairs d'Ardre et des bourgeois, Arnoul résolut de fortifier aussi sa ville d'Ardre, située au milieu du comté de Guines et fort exposée, à cause même de sa prospérité, aux attaques des ennemis de la famille de Guines. Il la fit donc entourer d'un fossé semblable à celui qui entourait la ville de Saint-Omer, et tel qu'il n'y en avait point de semblable dans tout le territoire de Guines. On y travailla avec une grande ardeur, malgré la famine qui désolait alors la contrée, et tous les habitants d'Ardre, riches et pauvres, chevaliers et bourgeois, prêtres et moines, accouraient pour voir et admirer ces merveilleux travaux, dirigés par maître Simon avec une habileté que Lambert d'Ardre ne peut assez louer.

Rien de plus curieux que la description que fait l'historien de ce géomètre, qui, la verge à la main, arpentait le terrain, faisait abattre les arbres, les granges et les maisons, creuser les fossés, charrier les pierres, couper les gazons pour en revêtir les remparts, enfin dirigeait avec un calme parfait l'essaim joyeux des travailleurs.

La reine Mathilde, fille du roi de Portugal et veuve du comte Philippe d'Alsace, avait, comme nous l'avons dit, dans son douaire les territoires de Furnes et de Bourbourg, Arnoul, par conséquent, était son vassal. Cette princesse avait rendu son autorité accablante à ses vassaux en rétablissant des impôts ignominieux qui avaient soulevé plus d'une fois des commotions violentes. Elle ne put réussir à dompter les Blauvoëts (éperviers de mer, ou renards) : ainsi se nommaient les rebelles de ces contrées. « Elle se vit donc réduite à réunir tous les chevaliers et tous les hommes d'armes de ses domaines, et même à recruter des mercenaires étrangers, afin de détruire les populations de Furnes et de Bourbourg. Après avoir traversé Poperinghe, elle s'arrêta, vers les fêtes de la Saint-Jean, au village d'Alveringhem, qu'elle dévasta, tandis que le châtelain de Bourbourg, Arnoul de Guines, accourait sur les frontières de ses domaines pour les défendre contre toute attaque. La reine Mathilde, égarée par sa fureur, ne tarda point à s'avancer témérairement au milieu des habitants du pays de Furnes. Cependant Herbert de Wulfringhem s'était réuni à Walter d'Hontschoote et à d'autres chefs des Blauvoets, et ils forcèrent la reine et son innombrable armée à fuir devant eux. Ils blessaient, mutilaient et étranglaient les uns, chargeaient les autres de fers et les abandonnaient à demi morts dans les fossés et dans les sillons, de telle sorte que Mathilde se réfugia au château de Furnes, d'où elle se retira pendant la nuit à Dunkerque. Ce fut Arnoul de Guines qui, cédant à ses prières, protégea sa retraite et la reconduisit avec le petit nombre de soldats qui lui restaient, jusqu'à Lille, lieu ordinaire de sa résidence » (1). Cette conduite sage et prudente avait été conseillée à Arnoul par son père. Cinq années plus tard (1206), les Blauvoets ayant été défaits par Chrétien de Praet, durent, dit M. Kervyn, à la médiation d'Arnoul de Guines d'obtenir une paix honorable.

Vers cette époque, Arnoul s'absenta du pays et alla à Louvain près du duc de Lothier, Henri, que Lambert d'Ardre, par erreur sans doute, appelle Baudouin, pour empêcher la cession de certaine terre que Béatrix, tante de son épouse, avait sans son aveu voulu vendre à certains moines.

Pendant son absence, le comte son père eut des démêlés avec les habitants de Merck, qui, au préjudice de ses droits et à l'instigation du comte de Boulogne, avaient entrepris de construire une chaussée et de creuser un fossé dans le marais qui sépare les comtés de Guines et de Boulogne. Arnoul, à son retour, dut être doublement content et de ce que son père les avait victorieusement repoussés et de ce qu'il s'était servi pour cela des habitants d'Ardre, qui rapportèrent comme trophées de leur victoire les bannières de leurs ennemis.

Au milieu de ces occupations guerrières, les fondations pieuses n'étaient pas oubliées. Baudouin, qui avait vu son fils Manassès excommunié publiquement par l'évêque de Terouane, pour avoir exploité à son profit une tourbière de l'abbaye d'Ardre, songeait à faire droit aux justes réclamations que lui adressaient les gens d'église. C'est ainsi qu'il fit opérer avec équité le partage du bois de Saint-Bertin, qui appartenait aux religieux de Saint-Bertin, à l'abbé de Licques et à son fils Baudouin. Parmi les témoins figurent « Arnoul, châtelain de Bourbourg et seigneur d'Ardre », ses frères Manassès et Giles et son oncle Guillaume.

Baudouin ayant exempté en 1203, certains hôtes ou *mansionarii* de l'abbaye d'Ardre, Arnoul y donna son consentement formel et apposa son sceau à côté de celui de son père.

Ces *mansionarii* ou hôtes étaient des personnes d'une condition analogue à celle des descendants de la noble dame Ledelde, à Tourcoing. Obligés de payer à l'Église une redevance, ils n'en étaient pas moins d'une condition tout autre que les serfs des seigneurs, l'Église ne voulant pour ses vassaux que des hommes libres.

(1) M. Kervyn.

Le comte de Guines entretenait aussi toujours de bons rapports avec le roi d'Angleterre, dans les états duquel il conservait des possessions. C'est ce que prouve un sauf-conduit accordé à ses hommes le 3 mai 1204 par Jean-sans-Terre.

A cette même époque, Arnoul se voyait forcé à une séparation bien dure. Son père, pour retirer son comté des mains du roi de France qui s'en était emparé, avait promis de se constituer prisonnier avec deux de ses fils (1). Il paraît d'après les conjectures de Du Chesne, que ce fut en 1203 que Baudouin partit en effet, accompagné de Gilles et de Siger, ses enfants. La chronique de l'Abbaye d'Andre porte qu'accablé de vieillesse et affaibli par suite des souffrances et des ennuis de sa captivité, il languit tout l'hiver de l'an 1205 et mourut à Guines le jour de l'octave de St Etienne, 2 janvier de l'année suivante.

Il avait choisi l'abbaye d'Andre pour le lieu de sa sépulture. Ses obsèques y furent célébrées avec pompe. On y vit accourir une foule immense, qui y reçut une généreuse hospitalité. Tels avaient été les ordres de Béatrix de Bourbourg, qui ayant hâte, dit la chronique, de devenir enfin comtesse, avait commandé qu'on ne tardât point à célébrer les funérailles de son beau-père. La chronique d'Andre nous a conservé les paroles de remerciement que le nouveau comte de Guines, Arnoul, adressa aux religieux le 3 janvier, après les obsèques de son père : « Je rends grâces, dit-il, à votre dévotion, frères et seigneurs, de ce que vous avez porté tant d'honneur à mon père pendant sa vie et après sa mort, de ce que vous avez fait tant de dépenses pour ses funérailles, et de ce que vous l'avez livré à la sépulture avec tant de soins et de décence, et comme je juge qu'il est digne que votre dévotion soit récompensée, et qu'il y ait des revenus pour que l'anniversaire de mon père soit célébré à perpétuité par vous et vos successeurs, je laisse à votre choix de recevoir de mes propres deniers cent sous par an de revenu, ou d'être exempts et quittes pour toujours des redevances auxquelles vous m'êtes

---

(1) Il ne serait pas hors de propos de justifier ici l'auteur qui nous fournit le plus de documents, d'un reproche immérité. M. le chanoine J. J. De Smet, dans un mémoire historique et critique sur Baudouin IX, dit ne savoir à quel chroniqueur Du Chesne a emprunté ce qu'il rapporte de la nécessité où fut Baudouin père d'Arnoul de se constituer prisonnier de Philippe-Auguste pour récupérer son comté. Le savant généalogiste n'a cependant fait que citer la chronique d'Andre, dont voici le texte : *Balduinus in captione Domini regis Francorum Philippi, quam pro liberatione terræ suæ, cum duobus filiis, Egidio scilicet et Sigero, sponte subierat, aliquantulum debilitatus.* Il est vrai, comme l'observe M. J.-J. De Smet, qu'il est difficile d'assigner l'époque de cette captivité. On peut croire cependant que le roi, sans inquiéter le reste de la Flandre, aura pu profiter de l'absence du comte Baudouin IX pour inquiéter son vassal Baudouin de Guines et le forcer à se soumettre à ses exigences. — Hennebert, dans son *Histoire d'Artois* (t. 2, p. 206), dit que Baudouin ayant refusé de faire hommage à Philippe-Auguste, le prince saisit Guines et Andre et fit Baudouin prisonnier jusqu'en 1204.

obligés à cause de votre métairie de Bredenarde. » Ce fut à ce dernier parti que le couvent s'arrêta. Toutefois la libéralité du comte n'obtint pas tout son effet, par suite de la malice de Mathieu de Zutquerque, qui était alors tout-puissant dans le comté de Guines, mais qui tomba plus tard dans l'abjection et le mépris.

Il est probable qu'Arnoul ne fut pas longtemps sans se rendre auprès du comte de Flandre son souverain immédiat pour lui prêter foi et hommage. Ce qui est certain c'est qu'il se trouvait à Bruges le jour de S. Donat 1206, et que là, il figurait, ainsi que Bernard de Roubaix, au nombre des témoins de la double confirmation faite d'abord par Louis comte de Los et de Hollande, ensuite par Guillaume, fils de Florent comte de Hollande, du traité conclu jadis entre le comte de Flandre Philippe d'Alsace et Florent, comte de Hollande.

Le nouveau comte Arnoul, II° du nom, avait hérité de la querelle qui existait entre son père et Renaud comte de Boulogne. A la demande de ce dernier, le roi de France Philippe envahit les terres du comte de Guines à la tête d'une grande multitude de chevaliers et de varlets et après avoir détruit le château de Bonham, il laissa dans les châteaux de Colewide, de Sangate et de Rorichove des garnisons qui les conservassent au comte de Boulogne. C'était en 1209 d'après la chronique du monastère d'Andre. Les auteurs de cette chronique ont tracé le tableau des dévastations que commirent alors les gens du roi : ils faisaient les hommes prisonniers, leur extorquaient de grandes sommes d'argent, dévoraient les brebis et les bœufs, insultaient les femmes et publiaient partout qu'ils n'étaient pas venus là pour faire du bien, mais pour nuire et persécuter. La même chronique rapporte que pour ouvrir aux hommes du comté de Boulogne un plus facile accès vers Rorichove, les gens du roi construisirent une chaussée qui traversait tout le marais situé entre Rorichove et la terre ferme de Merck. Six jours suffirent pour achever ce vaste ouvrage pour lequel toute la commune de Merck fut convoquée. Mais pendant une année entière le pays de Guines fut exposé aux insultes de ces hommes d'armes. La crainte qu'on avait du roi de France faisait qu'on n'osait plus comme autrefois leur résister. Ainsi se faisait la guerre à cette époque.

Mais l'année suivante (1210), il y eut un accord conclu par Louis de France, fils aîné du roi, entre le comte Renaud et Ide sa femme d'une part et Arnoul comte de Guines et Béatrix son épouse d'autre part, au sujet du château de Sangate et du marais commun situé entre la terre de Merck et la terre de Guines. Il est probable que les parties en litige s'en étaient remises au jugement du prince. Vers le même temps, le comte de Boulogne fit démolir le château de Rorichove avec le triple fossé qui l'entourait, les vignes et les vergers, et les prairies qui en dépendaient, détruisant ainsi en peu de temps ce qui avait coûté dix-sept ans de travail. La comtesse Béatrix avait consenti à cette destruction. C'est qu'elle n'aimait pas le possesseur de ce château, Manassès de Guines, frère de son mari.

« Au milieu de toutes ces querelles, Arnould, dit du Chesne, ne laissa pas de témoigner sa dévotion à l'endroit de plusieurs églises. Car celle de Saint-Bertin entre autres lui étant obligée en quelques droits à cause de sa châtellenie de Bourbourg, il les lui remit par lettres passées l'an 1210. A quoi consentit la comtesse Béatrix sa femme, à condition que l'abbé et les religieux du lieu feraient célébrer chez eux son anniversaire, quand elle serait décédée. — Il octroya aussi l'an 1211 à Luigarde, abbesse de St-Léonard de Guines sa tante l'amortissement de certaines portions d'un marais qu'elle avait acquises de Jacques dit Baron, Seigneur de Nieles qui les tenait de lui avec son autre fief. Et d'ailleurs Everdée abbé de saint Bavon ayant concédé à une autre de ses tantes nommée Marguerite, veuve de Roger châtelain de Courtrai, la maison de Laethem avec ce qui en dépendait pour en jouir sa vie durant, il déclara en faveur de l'abbaye qu'après la mort d'icelle, ni lui ni aucun autre de ses parents n'y prétendraient aucun droit. Ce qu'il scella de son sceau, où il se voit représenté à cheval avec l'écusson des armes de Guines en la main gauche et au contrescel un oiseau » (1). On voit aussi qu'en 1210 il avait signé comme témoin et confirmé une charte de son vassal Eustache de Campaignes en faveur de l'abbaye d'Ardre.

Cependant, de continuels démêlés existaient toujours entre les rois de France et le comte de Flandre. Les domaines de ce dernier étaient un objet continuel de convoitise pour les monarques, qui ne manquaient aucune occasion de s'agrandir aux dépens de leur puissant vassal. Baudouin VIII avait lors de son hommage cédé au roi les fiefs de Boulogne, de Guines et d'Oisy. Mais le traité de Péronne de 1197 avait laissé le fief de Guines à la Flandre (2).

De même qu'on ne connait pas d'une manière exacte quelles furent les circonstances qui forcèrent Baudouin père d'Arnoul, à se constituer prisonnier du roi pour la délivrance de sa terre, de même, il serait difficile de dire comment, lors de la guerre qui surgit entre Philippe-Auguste et le comte de Flandre Ferrand, le comte de Guines se trouvait du parti du roi de France, car Ferrand paraît n'avoir cédé à son suzerain, lors de son hommage, que les villes d'Aire et de St-Omer. La chronique d'Andre nous apprend seulement qu'Arnoul avait prêté serment de fidélité au roi et à son fils Louis de France, et s'était dégagé des liens de vassalité qui l'unissaient au comte de Flandre. Un historien de l'Artois dit que ce fut en 1212 que le comte de Guines reconnut la légitimité de l'hommage que réclamait de lui le roi de France.

(1) Voir la gravure dans Du Chesne, pag. 266.
(2) Du Chesne par une étrange erreur a interprété ce traité en sens opposé. *Hist.* p. 73.

Il est probable que le roi avait exigé ce serment d'Arnoul lorsqu'il eut rompu avec Ferrand, comme si dès lors le comté de Flandre n'eut plus existé. Arnoul sans doute n'osa résister au monarque et céda comme avait cédé avant lui son père. Quoi qu'il en soit, il ne fut pas longtemps sans éprouver les terribles effets de la colère des flamands.

C'était en 1214 (1213 v. st.) Ferrand avait reçu de nombreux renforts du roi d'Angleterre et se trouvait à la tête d'une puissante armée. A sa suite marchaient Renaud de Dammartin, comte de Boulogne, le vieil ennemi du comté de Guines, Simon de Dammartin, frère de Renaud, qui avait épousé Marie fille unique de Guillaume, comte de Ponthieu, Guillaume, comte de Salisbury, et Hugues de Boves qui soudoyait largement les troupes avec l'argent du roi Jean d'Angleterre. Les ennemis passèrent près du château de St-Omer, brûlèrent le village de Zouafques et toute la contrée voisine. Le samedi avant le dimanche des Rameaux, ils logèrent à l'abbaye d'Andre, et le lendemain, se souciant peu, remarque le chroniqueur, de porter des rameaux en l'honneur du Seigneur, ils portèrent le feu et la flamme par toute la contrée voisine. Ils s'avancèrent ensuite et laissant derrière eux le château de Guines où se trouvait alors renfermée la comtesse de Guines, ils commirent des dévastations dans tous les villages situés entre Guines et la mer, enfin le même jour, ayant traversé le territoire de Merck sans que personne les poursuivit, ils arrivèrent sains et saufs à Gravelines.

Ce n'était pas assez pour apaiser le courroux d'un prince animé à la vengeance. Un mois s'était à peine écoulé, que le comte Ferrand et ses gens, fachés d'avoir laissé quelque chose au comte de Guines et de n'avoir pas assailli les places fortes, reviennent de Gravelines avec de plus grandes forces qu'auparavant, traversent le territoire de Merck, et font passer tout ce qu'ils trouvent sur leur chemin par le fer et la flamme. Le comte Arnoul épouvanté, et craignant d'être trahi, sortit de ses terres et se retira à St-Omer, où il fut reçu honorablement par les habitants. La comtesse Béatrix, enfermée depuis quelque temps dans le château de Guines, en fut retirée par quelques seigneurs flamands, qui lui étaient unis par les liens de la parenté. Ainsi toutes les forteresses du pays demeurèrent à la merci des ennemis. Ceux-ci demeurèrent quatre jours à Andre, faisant de grands dégats autour de Bredenarde et ailleurs. Renaud, comte de Boulogne, qui n'avait point perdu le souvenir de ses querelles d'autrefois, brûla le château de Sangate bien qu'il fut de son fief, parce qu'autrefois il avait tenu contre lui et ses gens. Il mit aussi le feu au château de Colewido et en fit abattre le donjon. Puis il détruisit la ville de Guines avec le château et les maisons du comte. Il excitait à ces dévastations les anglais, qui étaient dans l'armée, en leur rappelant qu'eux et leurs compagnons avaient souvent en ce lieu payé le droit de péage. Enfin les princes de l'armée délibéraient entre eux de réduire encore en cendres la ville d'Ardre, avec la forteresse, mais Guillaume abbé de la Capelle, Guillaume abbé d'Andre et Guillaume curé d'Ardre les en détournèrent et rachetèrent la ville pour la somme de 250 livres.

Après cette expédition toute l'armée se retira et emmena la comtesse Béatrix avec ses enfants et ses domestiques dans le comté de Flandre, où elle resta l'espace de quatre ans séparée d'Arnoul son mari. Elle aimait mieux, disait-on, rester quelque temps en exil que d'être détenue contre sa volonté au château de Guines. Mais peu de temps après sa fille ainée Béatrix jeune personne d'une grande piété la quitta pour revenir auprès du comte; le fils ainé, Baudouin n'attendit pas non plus une année pour rentrer en grâce avec son père.

Arnoul, désormais attaché au parti du roi de France, l'accompagna à la fameuse bataille de Bouvines. Là, il eut le contentement de voir tous ceux qui avaient ravagé par deux fois son comté de Guines défaits misérablement et emmenés prisonniers en France. Il n'y eut que Hugues de Boves qui se sauva par la fuite mais qui bientôt alla périr sur le sable, auprès du port de Sandwic, au moment où il allait aborder en Angleterre.

Peu de jours après la bataille de Bouvines, Arnoul était de retour dans ses terres, et le 24 juillet, il confirmait par un acte solennel, une donation qu'en réparation d'anciens torts faisait à l'abbaye d'Andre un de ses vassaux, Baudouin de Bainghem sur le point de partir pour la croisade contre les Albigeois. Arnoul, comme patron de l'église d'Andre fondée par ses ancêtres, lui assura de nouveau, dans cette circonstance, sa haute protection et promit de veiller à la conservation de ses priviléges et au maintien de ses droits.

L'attachement du comte de Guines au parti de France était devenu tel qu'il ne put être ému par toutes les pertes qu'il avait faites, au point de se détacher de l'obéissance qu'il avait jurée au Roi. Nous voyons au contraire qu'il s'y affermit tellement qu'après la bataille de Bouvines, il passa en Angleterre à la suite du prince Louis de France, appelé dans cette ile par les barons du pays l'an 1215. L'auteur de l'ancienne chronique de Flandre dit qu'il y alla accompagné de 15 chevaliers. Il laissait ainsi de nouveau son comté de Guines exposé aux courses et aux ravages de ses ennemis. Et en effet, le roi Jean d'Angleterre y fit de grands dégats par le fer et le feu. C'est ce que rapporte Mathieu Paris dans sa chronique à l'an 1216. Il y remarque expressément qu'Arnoul tenait son comté en fief lige de Louis, fils ainé du roi.

Quel fut le sort de Tourcoing pendant toutes ces guerres? Il est possible que le comte de Flandre, sachant que c'était une terre du comte Arnoul, l'ait fait ravager par ses soldats, il est plus probable néanmoins qu'on l'aura épargnée, car c'était un domaine appartenant en propre à la comtesse Béatrix, et on ne lit pas que Bourbourg et les autres terres de cette noble dame aient été dévastées. Il y a même tout lieu de croire que Béatrix passa à Tourcoing une partie considérable du temps qu'elle vécut éloignée de son mari, et qu'elle habita le manoir où Baudouin-le-Gros un de ses aïeux avait jadis donné l'hospitalité à Arnoul d'Andre, un des ancêtres de son époux.

En 1217, on voit Arnoul donner une nouvelle preuve de son attachement à la France : Par lettres scellées de son sceau au mois d'avril il se constitue caution pour Gauthier de Formeselle et s'oblige, au cas que ce chevalier portât les armes contre le roi Philippe ou contre Louis son fils aîné, ou bien encore aidât quelqu'un à les combattre, de payer cinquante marcs d'argent, dans les quarante jours après qu'il en aurait été sommé. (1)

Cet acte semble du reste n'avoir été qu'une ratification d'un engagement antérieur pris vers la fin de l'année 1214. De plus à cette époque le comte de Guines s'était également porté caution pour Rasse de Gavre sous peine de 50 marcs, et pour Gauthier de Ghistelles sous peine de 200 livres.

Béatrix était encore en Flandre à cette époque et il existait d'elle une charte, datée de 1217, par laquelle elle fit quelques dons à l'abbaye de Tronchiennes pour le salut des âmes de Gautier châtelain de Bourbourg son père, et de Mahaut sa mère, sans y parler aucunement de son mari; mais peu de temps après, elle revint le trouver, car Arnoul, en octroyant à l'abbaye de S. Bertin une charte, à la date du mois de juillet 1218, déclare qu'il pose cet acte en présence de Béatrix son épouse, comtesse de Guines et châtelaine de Bourbourg, de Guillaume de Hondscoote, son clerc ou secrétaire et justicier de Calais, d'Eustache d'Elsecq et de plusieurs autres. Le noble comte termina aussi à l'amiable un différent qui existait entre Guillaume de Guines son cousin germain et le monastère d'Andre au sujet d'un vivier ou étang qui se trouvait entre Fontaines et Boquerdes. Il se porta même comme caution et comme garant de l'arrangement conclu par ses lettres expédiées au mois de mai 1219, « le jour même, écrit-il, où j'ai pris congé de mes amis et de mes hommes pour partir avec mon seigneur Louis contre les Albigeois. »

Arnoul prit part en effet à la croisade, au témoignage de Du Chesne. Peu après son retour, l'an 1220, il paya à la mort le tribut que nous lui devons tous, et fut inhumé dans l'église de l'abbaye d'Andre, lieu ordinaire de la sépulture de sa famille. La chronique rimée de l'abbaye d'Andre lui consacre deux vers latins et loue sa douceur et sa bonté qui le rendirent digne de la récompense céleste :

> Nobilis Arnoldus mitissimus atque benignus
> Postea successit cœlesti munere dignus.

(1) Voir le sceau gravé dans Du Chesne, pr. p. 272.

Avant de passer au comte Baudouin successeur d'Arnoul, nous devons rapporter tout ce qui concerne sa veuve Béatrix, d'autant plus que la seigneurie de Tourcoing lui appartenait d'une manière toute spéciale, comme ayant fait partie de sa dot, et qu'elle n'était venue à la maison de Guines que par son mariage.

Du Chesne nous apprend qu'elle donna une partie de ses biens à l'église de Saint Jean-Baptiste de Chocques, pour le salut de l'âme de son père Gautier châtelain de Bourbourg, de sa mère Mahaut de Béthune, d'Arnoul comte de Guines son mari et de son frère Henri châtelain de Bourbourg. L'acte fut passé à Térouane le 12 mai 1221.

L'énumération des biens accordés est assez singulière : en effet elle y donna 5,000 harengs secs à payer chaque année à la Sainte Anne sur ses revenus de Gravelines et une pensa de beurre à payer le jour de la translation de saint-Martin et à prendre sur certaines terres : on voit par là quelles étaient les principales richesses des seigneurs flamands de cette époque.

Béatrix eut avec son fils Baudouin des difficultés nombreuses au sujet de son douaire; pour les terminer un compromis eut lieu. La comtesse nomma pour arbitre le châtelain de Saint-Omer; le comte choisit de son côté Guillaume de Fiennes, et ces deux juges élurent à leur tour un troisième arbitre Michel de Harnes. Puis les parties jurèrent de s'en rapporter au jugement de ce tribunal et donnèrent des cautions. Les lettres contenant cet arrangement sont datées de Bapaume au mois de novembre 1223. Le sceau de cire jaune dont elles étaient revêtues a été reproduit par Du Chesne (1), on y voit la comtesse représentée non pas comme le sont sur d'autres sceaux les nobles dames, debout un lys à la main, mais à cheval tenant un oiseau sur le poing, et au revers se trouve un écusson aux armes de Bourbourg qui sont d'azur aux trois jumelles d'or avec un chef.

Au mois de décembre 1223, par un acte signé à St-Omer, elle donna, dans un but de piété et en vue du salut de ses parents défunts, cent mesures de terre situées entre sa maison et la mer avec le moulin qu'elle avait au même lieu de Bonham pour y fonder une abbaye de filles en l'honneur de la sainte Vierge.

Plus tard, en 1224, s'étant enfin réconciliée avec son fils, elle bâtit, de son consentement, à Bonham, le monastère qu'elle projetait. Sa fille ainée, Béatrix, qui en 1218 s'était échappée secrètement de la maison paternelle pour prendre le voile à Bourbourg, devint la première abbesse du nouveau monastère, comme nous l'apprend une donation que lui fit sa mère en 1224.

Enfin le moment de la mort arriva pour la pieuse comtesse. Elle termina le cours de sa vie à Bourbourg, au mois d'août 1224. Elle avait

---

(1) Page, 275

fait par son testament quelques legs à l'abbaye d'Andre, et avait demandé à être enterrée dans le nouveau monastère qu'elle avait fondé. Son fils n'eut pas égard à sa dernière volonté et força l'évêque de Térouane à l'enterrer dans le couvent des religieuses de Bourbourg. Mais il reconnût en même temps le droit qu'avaient les religieux d'Andre à ce que les membres de la famille de Guines fussent inhumés dans leur église.

Béatrix paraît avoir porté un grand intérêt aux moines d'Andre. Ceux-ci en parlent dans leur chronique avec reconnaissance et, entrant dans un détail qui nous fait bien connaître les mœurs du temps, racontent comment elle avait de son vivant fait transporter au monastère un tonneau de très-bon vin pour la pitance des frères. Il ne paraît pas que le fils de la comtesse ait eu pour les moines le même soin, du moins se plaignent-ils de ce qu'à leur détriment il n'avait exécuté le testament ni de son père ni de sa mère.

Nous avons déjà nommé les cinq filles de Béatrix, dont deux portèrent le même nom qu'elle. Chrétienne, épousa Salomon Belle, dont elle eût une fille Élisabeth.

Il y a peu de chose à ajouter à ce qui a été dit au sujet de Mahaut ou Mathilde, fondatrice de l'hôpital de Tourcoing, dans l'histoire de cette ville (p. 403) et dans la notice qui lui a été consacrée dans le recueil des Notices biographiques concernant Tourcoing (p. 19). Cette vertueuse dame eut un époux digne d'elle et illustre par sa piété. Ce fut en effet Hugues de Châtillon, comte de Saint-Pol, qui fit bâtir l'église de la royale abbaye de Notre-Dame du Pont-en-Brie au diocèse de Meaux et y érigea un autel à l'endroit qui lui avait été marqué en songe par la mère de Dieu à laquelle il consacra une statue d'ivoire illustrée plus tard par de nombreux miracles. Mahaut avait laissé d'elle en souvenir une étole brodée à Avennes-les-Dames dans l'abbaye transférée ensuite au château de Bellemotte près d'Arras (1).

Quant aux fils de Béatrix, elle eut, outre le comte Baudouin, Robert nommé dans le testament de Baudouin en 1244; Henri nommé dans un acte de 1240, et Arnoul bienfaiteur de l'abbaye de Clairmarais (1251), fondateur d'un monastère de Gulielmites à Nieulant, et qui paraît avoir accompagné saint Louis à la croisade.

(1) Et non pas à Avennes-le-Comte, comme le dit dans le corps de son ouvrage Du Chesne qui s'est corrigé à la fin lui-même.

BAUDOUIN III.

Baudouin de Guines, que Lambert d'Ardre régénéra dans les eaux du baptême, ce doux enfant auquel il donne affectueusement le nom de *mellifluus puer*, naquit à Ardre vers l'an 1198. Il était l'aîné des fils d'Arnoul II de Guines et de Béatrix de Bourbourg. Nous avons vu comment, emmené en Flandre avec sa mère, vers l'an 1214, il revint, peu de temps après, vers le comte Arnoul, qui l'admit de nouveau dans ses bonnes grâces.

Il parvint depuis au comté de Guines par la mort de son père, arrivée l'an 1220, et se trouva aussi dès lors possesseur de la seigneurie d'Ardre.

Les premières années de sa domination furent attristées par des démêlés qu'il eut avec sa mère au sujet du douaire de celle-ci, et qu'il vit se terminer heureusement au mois de novembre 1223.

Il contracta une alliance illustre en épousant Mathilde ou Mahaut de Fiennes. Cette noble dame avait pour père Guillaume, seigneur de Fiennes et de Tingry, et pour mère, Agnès de Dammartin, sœur de Renaud, comte de Boulogne; elle se trouvait en conséquence la cousine germaine de Mahaut, comtesse de Boulogne, mariée à Philippe de France, oncle du roi saint Louis et de Jeanne de Ponthieu, reine de Castille et de Léon. Elle avait aussi pour parent, du côté paternel, un des plus illustres chevaliers de l'époque, Eustache dit de Campagne, seigneur de Hames. Aussi l'acte le plus ancien qui nous soit parvenu de la part de son mari est-il une charte en faveur d'Eustache. Ce seigneur ayant abandonné à l'église d'Andre, en réparation de ses torts, une dîme qu'il possédait à Holdrekem, Baudouin, de qui il la tenait en fief, et qui était le patron de l'église d'Andre, ne se contenta pas d'approuver et de confirmer la donation, il y ajouta la remise de certaines dettes et de tous les droits féodaux qu'il pouvait exiger à cette occasion. Ceci se passait au mois de mai 1224. Au mois d'août suivant, la mort de la comtesse Béatrix faisait passer entre les mains de Baudouin la châtellenie de Bourbourg, et d'autres seigneuries, entre autres, celle de Tourcoing. Des terres considérables situées dans cette dernière localité furent données par lui à sa sœur Mathilde, lorsque celle-ci épousa le comte Hugues de Saint-Pol.

L'an 1226, le prieur de l'hôpital de Jérusalem en France céda à perpétuité au comte de Guines et à ses descendants la propriété de la maison de l'hôpital à Bourbourg.

Deux actes du 9 avril 1228, contenant différents arrangements, nous le montrent en bon rapport avec l'abbaye de Saint-Bertin qui possédait des terres dans le comté de Guines et dans la châtellenie de Bourbourg. Ils ne sont pas sans intérêt pour l'étude des usages féodaux. Le premier concerne la châtellenie de Bourbourg; on y voit que le châtelain devait veiller à ce que l'abbaye pût librement et facilement opérer le transport de ses dîmes et qu'en récompense il en recevait certaines redevances. La charte est latine, mais un usage local y est désigné par un terme flamand. La seconde charte a rapport à deux localités du comté, Sanghem et Audenfort, Baudouin en concède le *comitatus*, c'est-à-dire, les droits seigneuriaux, excepté la punition de certains crimes exprimés cette fois par des mots romans ou français (Rat, murdere, reube de chemin et arsin). De leur côté, l'abbé et les moines admettent le comte à la participation de toutes leurs bonnes œuvres et s'engagent à célébrer solennellement son anniversaire après sa mort.

Nous allons avoir maintenant à rapporter des faits d'un tout autre genre. En effet, le comté de Guines se trouvait menacé de nouveaux malheurs : car, comme le raconte avec tristesse le chroniqueur d'Andre, Ferrand de Portugal, comte de Flandre, sorti de la prison où il avait été jeté après la bataille de Bouvines, n'avait rien perdu de sa haine contre la maison de Guines. Non content d'avoir ravagé deux fois le comté avant sa captivité, il songea à le dévaster de nouveau, ainsi que les terres du comte de Boulogne. Il réunit donc, vers le mois d'août, une multitude de troupes à pied et à cheval, suivies d'un grand nombre de chariots et, passant par Gravelines, dévasta les villages d'Oye et de Merck, détruisit la nouvelle forteresse de Calais, puis, traversant le Nieulet, entra dans les terres du comte de Guines.

Mais les seigneurs les plus puissants de son armée, alliés de parenté avec Baudouin, refusèrent de le seconder. Il fut donc forcé d'abandonner son projet et de ramener son armée dans ses foyers. Il ne quitta toutefois le pays qu'après s'être fait payer 400 livres par les habitants du bourg de Widsant, qui n'obtinrent qu'à ce prix de n'avoir point leurs demeures incendiées par les flamands; Jean, abbé de Saint-Bertin, s'était fait caution pour eux dans cette triste occurrence. Ceci se passait pendant l'été de 1229.

L'hiver suivant, le comte Baudouin, débarrassé de la présence des flamands, songea à venger la mort d'un de ses oncles nommé Baudouin comme lui, en son vivant chanoine de l'église de Térouane. Il avait été tué à Embry, près de Hesdin, ce fut là que Baudouin conduisit ses troupes; il tomba à l'improviste sur les meurtriers et sur leurs proches, les cerna dans leurs demeures, éleva des tours et des machines, fit un siége en règle, et ne se retira qu'après avoir détruit leurs forteresses. Cependant, grâce à la médiation de Marie, comtesse de Ponthieu, Baudouin, qui avait eu quelques-uns de ses gens tués et un grand nombre de blessés, fit sa paix avec les meurtriers et avec quelques autres, à la condition que, dans l'intervalle de deux ans, ils feraient le pèlerinage de Terre-Sainte pour le repos de l'âme du défunt (1), et resteraient quelque temps en Palestine, suivant les conditions du traité. Cette expédition terminée, le comte revint joyeux dans sa patrie.

Mais dès l'année suivante, il prenait de nouveau les armes. Cette fois encore il s'agissait d'une vengeance privée, bien qu'il n'eut plus à venger un de ses proches. Le comte de Boulogne, Philippe de France, avait pris en suspicion le comte Thibaut de Champagne, pour divers motifs et entre autres, à cause de la mort du roi de France, Louis, son frère. Une expédition fut donc résolue. Baudouin y prit part, ainsi que le comte de Saint-Pol, et assista à la dévastation et au pillage de la malheureuse Champagne.

Ce fut un événement heureux pour le comté de Guines que la réconciliation de Baudouin avec le comte de Flandre, Ferrand ; mais Baudouin dut pour cela abdiquer les anciennes prétentions de sa famille à la possession du pays ou comté d'Alost. Un acte en fut dressé au mois de septembre 1231.

La même année il eut à s'occuper de ses vassaux de Tourcoing. En effet, quelques habitants de Tourcoing, de Roubaix et des environs, s'étant jetés à main armée sur le village de Wattrelos, y avaient démoli la maison d'Olivier Le Ariveil, un des vassaux ou hôtes de l'abbaye de Saint-Bavon, à laquelle ce village appartenait. Plusieurs des coupables ayant été convaincus de ce méfait dans une *franche vérité* (2), avaient été condamnés à constituer caution pour leur conduite future et il avait été déclaré que leurs biens seraient mis à la merci de l'abbé dans le cas où ils se livreraient à de semblables violences. Un ordre souverain de la comtesse Jeanne ordonnait aux seigneurs desdites *villes* de Tourcoing, Roubaix, etc., de mettre ce jugement à exécution et de contraindre les coupables à indemniser l'abbaye pour les pertes qu'elle avait essuyées.

Nous ignorons dans quelles dispositions se trouvait Baudouin pour une abbaye située à Gand, si loin de ses domaines. Ce que nous savons

(1) Il existait à cette époque plusieurs Baudouin de Guines, car, outre cet oncle de Baudouin III, on trouve encore un autre Baudouin, son fils, qui prit part à l'expédition entreprise pour venger sa mort et mourut peu après des blessures qu'il avait reçues, puis un Baudouin, fils de Baudouin III, chevalier, seigneur de Sangatte, qui vivait en 1280 ; Warnkœnig nomme en outre un Baudouin de Guines auquel le roi d'Angleterre, Henri III, donna un manoir pour son entretien, en 1221, et quelques revenus l'année suivante : c'est à coup sûr le même que celui dont Mathieu Paris rapporte les exploits contre le comte Maréchal, en 1233. Il pourrait bien être le même qu'un fils bâtard de Baudouin II que Lambert appelle Boldekin, nom qui semble être le diminutif de Baldewin ou Baudouin.

(2) Assemblée judiciaire.

c'est que l'abbaye d'Andre, placée sur ses terres, entre Guines et Andre, eut alors fortement sujet de se plaindre de lui. L'an 1232, il s'en déclara ouvertement l'ennemi, lui qui en était officiellement le patron et le défenseur. Une grave altercation s'était élevée, dit la chronique d'Andre, entre Baudouin et son beau-père, Guillaume de Fiennes, à l'occasion des fils de ce Guillaume qui avaient attaqué violemment des hommes de l'abbaye (1). Nous ignorons si cette dispute fut pour quelque chose dans les dispositions hostiles que le comte montra pour l'abbaye. Toujours est-il que le chroniqueur rapporte immédiatement que le comte Baudouin causa au monastère d'Andre de grands dommages, s'empara de ses prairies et de ses marais, altéra malicieusement ses chartes et ses priviléges authentiques, et accorda sa protection à presque tous ceux qui persécutaient cette église. L'église d'Andre fut, par suite de cette oppression, accablée de dettes et réduite au plus triste état.

Ainsi voyons-nous à cette triste époque régner partout le désordre et l'anarchie; guerre entre les empereurs et les rois, entre les comtes et les barons, assassinats des nobles par leurs ennemis, vengeances privées des seigneurs, violences des nobles et des vilains contre les hôtes des abbayes, et contre les abbayes elles-mêmes, telles sont les scènes affligeantes qui s'offrent de toutes parts à l'œil attristé. Aussi sommes-nous heureux de pouvoir reposer un moment le regard sur des scènes plus douces.

En 1234, Baudouin assista à la translation solennelle qui fut faite à Saint-Omer du corps de saint Bertin par Pierre, évêque de Térouane, à la requête de Jacques, abbé de Saint-Bertin, et en présence de l'évêque d'Arras et des abbés Jacques, de Saint-Bertin, Guillaume, de Saint-Winoc, et Jean, d'Auchi. Ce fait montre que malgré les excès commis par Baudouin envers le monastère d'Andre, il était alors en paix avec l'église.

Bien plus, tout porte à croire que ses égarements ne furent que passagers et qu'il répara largement les torts qu'il avait eus envers le monastère. Car un moine du couvent, auteur d'une généalogie en vers des comtes de Guines, fait de lui l'éloge le plus complet et le plus absolu. C'était, dit-il, un prince ami de la paix, miroir de prudence, équitable administrateur de sa terre (2).

Bien plus, il nous apprend, dans l'épitaphe qu'il lui consacre, que sous lui le pays de Guines a fleuri dans la paix, que par ses secours un

---

(1) Le texte de la chronique est fort obscur, et on serait tenté de croire qu'il y a une lacune. Dans l'incertitude, nous nous sommes contenté de traduire le texte presque mot à mot.

(2) Baldewinus... pacis amator, consilii speculum, probus in terra moderator.

empereur, un roi, un duc ont été réjouis, qu'Andre a été protégée (1).

Après la mort du comte Ferrand (27 juillet 1233), Baudouin resta fidèle au parti flamand. Aussi, lorsqu'on traita du mariage de Marie, fille unique de Ferrand et de Jeanne, comtesse de Flandre, avec Robert de France, frère du roi saint Louis, il fut le premier des seigneurs qui, par le commandement de la comtesse, jurèrent au roi d'en procurer l'accomplissement. L'acte en fut fait à Compiègne au mois de juin de l'an 1235, et scellé de huit sceaux dont le deuxième est celui de Baudouin, qui porte un écusson vairé sur son scel et son contre-scel.

« Il souscrivit aussi, dit Du Chesne, à la complainte que les barons de France adressèrent trois mois après au pape Grégoire IX contre les Prélats et leur juridiction. »

Après le traité conclu à Péronne, en 1236, entre le roi de France et la comtesse de Flandre, Jeanne, et ratifié à Compiègne, en 1237, par le nouveau comte de Flandre, Thomas de Savoie, Baudouin fut encore du nombre des seigneurs flamands qui se firent garants par des lettres spéciales de la fidélité du comte et de la comtesse aux promesses qu'ils avaient jurées.

Cependant, bien que conservant des relations amicales avec la Flandre, Baudouin était devenu baron français, relevant pour son comté du comte d'Artois et obéissant aux ordres du roi de France. C'est ainsi qu'en 1236 il fut du nombre de ceux que le roi manda à Saint-Germain-en-Laye, trois semaines après la Pentecôte, afin d'être prêt à le servir contre Thibaut, roi de Navarre et comte de Champagne, qui semblait méditer une révolte contre son suzerain.

L'année 1238 fut marquée par des réjouissances et des joutes qui eurent lieu à Compiègne avec une solennité extraordinaire. Le roi saint Louis y arma de sa main son frère Robert, chevalier. Là se trouvaient des chevaliers ruyers (peuples en deçà du Rhin), parmi lesquels Henri, duc de Limbourg, des brabançons à la tête desquels figurait Henri II, duc de Brabant, des hainuyers au nombre desquels se trouvaient, Jean d'Avesnes, comte de Hainaut, Henri et Valeran de Luxembourg, des flamands tels que Guillaume et Baudouin de Flandre, le comte de Namur, Jean de Dampierre, Gérard Vilain, châtelain de Gand, Arnoul d'Audenarde, Jean de Mortagne, etc., enfin des artésiens, commandés par Robert de France, premier comte d'Artois, le héros de la fête ; de

(1) Voici cette épitaphe :

    Hic Baldewinus comes inclytus intumulatur,
    Sub quo Ghisnia florida patria pacificatur,
    Cujus subsidiis Cæsar, rex, dux hilaratur,
    Andria protegitur. Super æthera suscipiatur.
    Annus millenus ducentenus quadragenus
    Quartus cum Christo stat in ejus funere plenus.

ce nombre étaient le comte de Guines, Baudouin de Guines, son fils, et Jean de Guines dont les généalogistes ne parlent pas.

Cette énumération confirme ce que nous avons dit de la position de Baudouin par rapport à la Flandre.

Nous ne connaissons des dernières années de sa vie que des actes de bienfaisance. Ce sont des lettres octroyées aux abbayes de Saint-Bertin (mai 1240) et de Clairmarais (septembre 1240), contenant la concession de certains revenus et de certains priviléges. Un autre diplôme atteste qu'il a pris sous sa protection et sous sa sauvegarde tous les biens de l'abbaye de Licques.

Enfin, il est un acte de la dernière année de sa vie, 1244, au mois de mai, par lequel il donne une partie de ses biens à sœur Béatrix, abbesse du couvent de Boneham, autrement appelé le nouveau lieu de Notre-Dame de Leibistadt. Ce dernier a cela de particulier qu'il est rédigé en roman ou français, chose encore bien rare et qui n'avait pas commencé depuis longtemps à être mise en pratique.

Il en est de même de son testament, pièce antérieure de quelques mois et remarquable au point de vue des mœurs et usages de ce temps-là, surtout en ce qu'il nous fait voir en quoi consistaient les richesses d'un grand seigneur du treizième siècle.

Nous ne nous arrêterons pas à l'énumération des différentes terres, bois, maisons ou dîmes, mais nous ferons observer que la plupart des immeubles légués à des parents ou amis le sont à condition qu'à défaut d'héritier, ils reviennent aux comtes de Guines, et qu'en certain cas le comte se réserve l'échevinage et la justice. Quant aux vêtements, on voit mentionner deux *hauberghs*, deux paires de *cauches*, une *couverture* de fer et en général toutes les armures du corps. Les chevaux que nous appellerions de luxe sont énumérés : il y a le cheval noir, le cheval vairon, le cheval bai, le cheval ferrant, le palefroi, le grand palefroi, le petit palefroi bai; mais on ne trouve indiqués que sommairement les chevaux qui servent à tirer les charrettes, pas plus que les porcs, les vaches et le menu bétail. Quant aux héritiers et légataires ce sont avant tout les parents, puis les amis, puis les abbayes, celle d'Andre où le comte veut être enterré, celle de Licques à laquelle il laisse son cœur et ses entrailles, le prieuré d'Ardre, les abbayes de Boneham, de Bourbourg, de Guines; viennent ensuite les hôpitaux et les maladeries du pays, aucune n'est oubliée; suit une liste de personnes du peuple qui paraissent pour la plupart être d'anciens serviteurs. De plus, outre les anniversaires fondés à Andre et à Licques, deux cents livres parisis sont assignées à un chevalier, à la condition de faire le voyage de Terre-Sainte pour l'âme du testateur. Robert de Guines, frère du comte figure parmi ses exécuteurs testamentaires et appose son sceau au testament à côté de celui de la comtesse, et des abbés d'Andre et de Licques. Enfin, Baudouin « prie l'évêque de Térouenne, son seigneur et son compère, » d'user de son autorité pour procurer l'exécution du testament. Cet acte était daté du lundi après l'Épiphanie de l'année 1211.

La mort de Baudouin arriva vers la fin de cette même année, et il fut inhumé, suivant son désir, à l'abbaye d'Andre.

Il laissa après lui deux fils, Arnoul III, comte de Guines, et Baudouin, seigneur de Sangatte, et deux filles, Adelvie, qui épousa Guillaume, châtelain de Saint-Omer, et Yde, qui eut pour mari Gérard de Prouny.

ARNOUL III.

Baudouin III eut pour successeur dans le comté de Guines, dans la seigneurie d'Andre, dans la châtellenie de Bourbourg, et dans la seigneurie de Tourcoing, ARNOUL, IIIe du nom, son fils aîné. Le moine poête de l'abbaye d'Andre, dont nous avons déjà cité les vers, termine une première pièce de vers sur les comtes de Guines, par des vœux pour ce noble jeune homme qui gouvernait alors la contrée, et se trouvait le treizième dans la série des comtes de Guines.

>Egregius juvenis Arnoldus nomine dictus
>Imperat huic terræ. Valeat, vivat benedictus,
>Tredecimusque comes extat, sit justus ad omnes.

Mais ensuite un autre poête ajouta deux vers qui ne résument malheureusement que trop bien la triste carrière de l'infortuné Arnoul, partout opprimé, accablé de toutes parts.

>Infortunatus Arnoldus postea natus,
>Undique vexatus, et ab omni parte gravatus.

« La première action que l'on trouve de lui, dit André Du Chesne, est une reconnaissance faite à Saint-Omer au mois de mai l'an 1218, par laquelle il confessa devoir à Monsieur Robert de France, comte d'Artois, quatre hommages liges, à savoir l'un pour la forteresse et toute la comté de Guines, le second pour la baronnie d'Andre, le troisième pour la châtellenie de Langle, et le quatrième pour la terre qu'il avait à Saint-Omer. ». L'acte porte que ces hommages avaient déjà été prêtés par ses ancêtres. Arnoul se trouvait donc, à cause de la majeure partie de ses possessions, sous la domination de la France. Bourbourg, Tour-

coing et quelques autres terres ne le rattachaient à la Flandre que par
de faibles liens.

Quant aux possessions relevant de l'Artois, Guines et Ardre nous
sont connus. La châtellenie de l'Angle (qu'on a depuis écrit Langle),
située sur le bord du delta que formait autrefois l'Aa à son embou-
chure, avait d'abord fait partie de la châtellenie de Bourbourg. On
ignore à quelle époque elle en fut distraite, et devint un fief du comté
d'Artois. Les comtes de Guines y construisirent une maison commune
à laquelle ils donnèrent, comme à celle de Bourbourg, le nom flamand
de Geisel-Hus (1). Nous n'avons pas trouvé qu'il fût mention ailleurs
de la terre de Saint-Omer. C'était sans doute un alleu de peu d'importance.

Le second acte cité par Du Chesne est une donation faite au mois
d'octobre 1249, à l'église de Saint-Léonard à Guines, de quelques
livrées de terre acquises autrefois par le comte. On sait qu'on entendait
par livrée de terre une rente d'une livre d'argent à prendre sur le revenu
d'une certaine terre.

L'histoire d'Angleterre, par Mathieu Paris, au règne de Henri III,
contient le récit d'une aventure qui n'est pas très-honorable pour
Arnoul. Il avait conservé la coutume établie par ses prédécesseurs,
d'exiger un droit de péage excessif de ceux qui venaient d'Angleterre
sur le continent. Les Anglais ne se soumettaient pas volontiers à un
tel tribut et déjà, sous l'aïeul d'Arnoul III, ils en avaient tiré une cruelle
vengeance sur le comté de Guines.

« L'an 1249, pendant l'avent, le comte de Guines traversait l'Angleterre, et se rendait auprès du roi, pour aller, selon toute apparence,
lui faire hommage des terres qu'il possédait dans la Grande-Bretagne.
Roger Bigod, comte de Northfolck et maréchal du royaume, sut qu'il
devait passer sur ses terres, et donna l'ordre de l'arrêter : Arnoul en
fut fort irrité, et en fit au roi des plaintes amères. Le comte Roger fut
appelé, et répondit au prince, avec franchise : « Seigneur Roi, lorsque
» j'étais envoyé en votre nom et au nom de tout le royaume au concile
» de Lyon, et que je passais par la terre du seigneur comte de Guines,
» sans causer de troubles, comme sans faire de grandes dépenses, je
» crus que, par respect pour vous, et eu égard à tous les bienfaits que
» nous lui avions accordés, il me recevrait avec honneur et courtoisie.
» Mais il en agit d'une façon bien différente ; car à ma honte et à mon
» détriment, ou plutôt au vôtre, il fit arrêter violemment mes chevaux
» et mes hommes, jusqu'à ce qu'il eut extorqué, je ne sais sous quel
» prétexte, le droit de péage, qu'il plut à ses gens de nous imposer.
» Sans égard aux lois de la civilité envers moi, à celles du respect

(1) La châtellenie de Langle, sous le nom de vicomté, passa plus tard aux
ducs d'Havré, seigneurs de Tourcoing.

» envers vous, il nous offensa tous deux également. Voilà pourquoi le
» comte, ayant traversé la mer, a reçu, en passant sur mes terres, la
» peine du talion, car je tiens ma terre aussi librement de vous, seigneur
» Roi, qu'il tient la sienne, du roi de France, et je suis comte comme
» lui. Et d'où vient une pareille violence, et un tel brigandage, que l'on
» vende aux passants les chemins et l'air. » Le comte de Guines, entendant
cela, rougit et se tut, car il ne pouvait rien répondre de raisonnable
à ce qu'on lui reprochait. Mais le très-pieux roi des Francs (St.-Louis),
ayant appris ce qui s'était passé (et la chose arriva peu de temps
après le concile), envoya au comte de Guines un sauf-conduit, afin
qu'on ne lui fît aucun tort à son retour, et lui ordonna de modérer à
l'avenir un droit de péage aussi honteux qu'injuste.

« Le comte Arnoul fut marié, d'après le livre du lignage de Coucy et
la chronique de Baudouin d'Avesnes, avec Alix ou Alips de Coucy, fille
d'Enguerran III, du nom de seigneur de Coucy, de Marie et de la Fère,
et de Marie de Montmirail, sa troisième femme, héritière des terres
d'Oisy, de Montmirail, de la Ferté-Ancoul, la Ferté-Gaucher, Vicomté
de Meaux, et châtellenie de Cambray; au moyen duquel mariage
toutes ces grandes seigneuries tombèrent dans la maison de Guines.
Alix avait eu pour aïeule paternelle, Alix de Dreux, fille de M. Robert
de France, comte de Dreux et de Braine, cousine germaine du roi
Philippe Auguste, autrement dit le conquérant, et tante de Philippe de
Dreux, comtesse de Bar-le-Duc, dont le fils Thibaut, comte de Bar, fut
compagnon de la mauvaise fortune qui, en l'année 1253, avint à notre
comte Arnoul (1). »

L'an 1253 fut, en effet, funeste au comte de Guines. Marguerite, comtesse de Flandre et de Hainaut, faisait alors une guerre acharnée aux enfants de son premier mariage, Jean et Baudouin d'Avesnes, qu'elle regardait comme les auteurs de la mort de son fils, Guillaume de Dampierre. Guillaume, comte de Hollande, élu roi des Romains, soutenait les sires d'Avesnes de toute sa puissance. Les plus intrépides barons de France étaient accourus au secours de Marguerite. Arnoul était du nombre. Le 4 juillet, une bataille, l'une des plus sanglantes du treizième siècle, fut livrée à West-Capelle, et près de l'île de Walcheren. L'issue en fut désastreuse pour les partisans de Marguerite. « Quel-
» ques récits, dit M. Kervyn, fixent le nombre de ceux qui y périrent à
» cinquante mille hommes, d'autres l'évaluent à cent mille dont cin-
» quante mille mis à mort et cinquante mille noyés dans l'Escaut.
» Parmi les prisonniers se trouvaient Gui de Dampierre, blessé au pied,
» et son frère, Jean de Dampierre, le comte de Bar, qui avait eu un œil
» crevé dans la mêlée, le comte Arnoul de Guines, le comte de Joigny,
» Siméon de Chaumont et plus de deux cents illustres chevaliers. »

(1) Du Chesne.

Le comte Arnoul paraît n'avoir pas été le seul de sa famille, qui ait fait partie de l'expédition contre la Hollande. Une nef commandée par son oncle Arnoul venait la dernière de toutes ; quand celui-ci, vit la déroute complète de l'armée, il donna l'ordre de rebrousser chemin, et s'en retourna en Flandre (1).

Cependant le comte Arnoul eut longtemps à essuyer les rigueurs d'une dure captivité, car ce ne fut qu'au mois d'octobre de l'an 1256 que, grâce à l'intervention du roi saint Louis, la paix fut rétablie en Flandre, et le comte Arnoul ainsi que les autres nobles, faits prisonniers à West-Capelle, furent rendus à la liberté.

Il semble de plus que le comte ait dû payer une assez forte somme pour sa rançon, car Du Chesne cite un acte du mois de mars 1254 (v. s. 1253), par lequel Arnoul « confesse devoir à ses échevins des quatres bans de la terre de Guines, c'est à savoir de Guines, d'Ardre, d'Audruick et de Bredenarde, vingt mille sept cent vingt livres parisis lesquelles ils lui ont prêté de leur propre catheu, et firent leur debte pour lui envers plusieurs bourgeois d'Arras, à son très-grand besoin, et pour le racheter de la prison de Hollande. »

Le comte Arnoul sut se montrer reconnaissant envers ses loyaux sujets et, pour n'en citer qu'une preuve en ce moment, on le voit, au mois d'août 1257, accorder entre eux ses vassaux d'Ardre et d'Audruick, qui avaient un différend au sujet de leurs marais.

L'an 1260, au mois d'avril, Arnoul posait, en sa qualité de seigneur de Tourcoing, un acte dont les effets subsistent encore aujourd'hui ; il confirmait la donation que sa tante Mahaut de Guines, veuve de Hugues de Châtillon, comte de Saint-Pol, faisait aux pauvres de Tourcoing, de cinq bonniers et demi de terre pour servir à l'érection d'un hôpital.

La copie de cet acte important se trouve dans le registre aux titres du couvent de Notre-Dame des Anges.

L'original, ainsi que l'acte de confirmation, de l'an 1262, par la comtesse de Flandre, Marguerite, dame souveraine de la terre de Tourcoing, se trouve aux archives de Lille (2).

---

(1) Nous tirons ce fait du récit de Baudouin d'Avesnes qui semble nettement distinguer monseigneur Ernoul de Ghignes du Quens de Chignes. Serait-ce le même Arnoul de Guines, que le comte d'Eu amena au roi saint Louis en Palestine ? Du Cange croit qu'il faut lire Ernoul de Guines, mais le texte porte Guminée, et il pourrait bien être question de Gueménée.

(2) En voici la copie revue par les soins obligeants du respectable M. le D^r Le Glay, le savant archiviste du Nord, à Lille : « Sacent tout cil ki sont et ki avenir sont ke jou Ernous, cuens de Ghisnes, chastelains de Bourboure, pour Dieu et le salu de m'ame et de mes ancisseurs, et espesciaument a le requeste me chiere antain Mahaut de Ghisnes, jadis contesse de Saint Pol, les ciunc bouniers et demy de tere ke li devant dite Mahaus a acatés en le parroche de Torcoing et donnés pour Dieu et en aumosne a le communité des poures de le parroche de Torcoing, feules, vieus et cartriers, a départir à aus les fruis et

Au reste, Arnoul ne se contentait pas d'approuver et de confirmer des actes de fondations pieuses, il en faisait lui-même, et les dettes qu'il avait contractées pour sortir de captivité n'empêchèrent pas qu'à son retour de Hollande, il ne fît des donations à diverses églises, suivant en cela l'exemple de ses prédécesseurs. En effet, au mois de novembre 1260, il donna six livrées de rente par an à la chapellenie de Bourbourg, fondée jadis par son grand-oncle maternel, Henri, châtelain de Bourbourg. — Au mois de mars de l'année suivante, (1260, v. st.) il confirma un don qu'Eustache dit Herckin, son parent et son homme-lige, avait fait, de concert avec son épouse, Julienne, à l'abbaye de Saint-Augustin, près Térouane. Il amortit aussi en faveur de l'abbaye de Saint-Léonard, de Guines, certains bois qu'elle avait acquis d'un nommé Gillon Malenthant, de Campagne, qui les tenait en fief de Baudouin, seigneur de Comines ; ce dernier avait prié Arnoul, seigneur souverain de ce franc-fief, de consentir à la *rente que le possesseur en avait faite pour cause de pauvreté*, et l'acte de confirmation en fut donné au mois de septembre de l'an 1264. Deux ans plus tard, au mois de juillet 1266 (1), il concéda à l'abbesse de Boneham, sa tante, cinq mesures de terre, situées sur la paroisse de la Bage, ou de la Baie, autrement de Sainte-Marie-Kerque, dans le pays de Langle. Arnoul résigna aussi en faveur de l'abbaye de Saint-Bertin, tous les droits qu'il prétendait sur les terres forfaites, ou confisquées, assises dans la seigneurie d'Escalles ; les lettres en furent passées au mois d'août 1266. — Il assigna ensuite sur son tonlieu d'Autrnick, quarante sous parisis de rente, que

proufis de cele tere, par le pourveance le prestre et les eschievins de Torcoing, cel don jou le gré et octroi et le conferme come ses sires et ses oirs, par tel maniere, ke le demy bounier ki gist dales le crois ke on apele le crois le commistre, sour quoi leur manoirs est fais, jou le franchis à tenir à tousjours après le décès me dame Mahaut m'antain devant noumée, de mi et de men oir, cuitement et en pais de toutes rentes et tailles et services, saure me signeurie et me justice, se ele i echiet dedens cel demi bounier de tere, ke jou retieng a mi et à men oir a tousjours. Et les autres ciunc bouniers de tere on les tenra et doit tenir del signeur de Torcoing à tousjours as us et as coustumes ke on a tenu les autres coumunes teres de le vile, dusques autant que ces letres furent faites, sans alever nouveles coustumes ne nouvians usages en leur grevance, ke jou leur quit des ore en avant, sauf çou ke on ne pora ne ne devra livrer point de leurs teres pour herberghier, ne pour faire hostes ne four hostes ne souffrir ne le voel.

» Et por çou ke ce soit ferme chose et estaule a tousjours, jou ai ces presentes letres confermées de men scel et le gré, come sires. Ce fut fait en l'an del incarnation Notre-Signeur mil deux cens et sixante, el mois d'avril. »

(1) Du Chesne dit en juillet 1270, mais Arnoul était alors parti pour la croisade ; l'acte, tel qu'il le transcrit porte *sissante dis*, il faudrait *selante* selon le style du temps, comme porte l'acte du mois d'avril de cette même année, il est donc clair qu'il aurait dû lire *sissante et sis* comme porte l'acte suivant.

son aïeule, Béatrix de Bourbourg, avait octroyées à l'église de Clairmarais, *pour le vin et les osties à chanter messe*. L'acte est du mois d'avril 1270. En gratifiant de ses dons les personnes consacrées à Dieu, le comte Arnoul, n'oublie pas les intérêts de son âme, et pose pour condition de ses concessions, qu'il aura part aux prières de l'église, et qu'on célébrera pour lui des anniversaires.

Au milieu de ces soins pieux, Arnoul ne laissait pas que d'avoir des démêlés avec des chevaliers de la contrée. Un extrait d'un ancien registre d'arrêts prononcés au Parlement de la Pentecôte, l'an 1268, nous apprend qu'il avait été en guerre, avec le seigneur Fastrede de Wanequerke, chevalier, et que le saint roi de France, Louis, ange de paix au milieu de ses sujets, les avait réconciliés. Mais le fils aîné d'Arnoul, Baudouin, épousant la querelle de son père, et renouvelant la guerre, avait dressé des embûches à Fastrede, l'avait poursuivi à main armée, et vexé à tel point que celui-ci n'osait plus sortir de la ville de Saint-Omer.

Aussi en avait-il porté plainte à Paris au Parlement qui sans doute apporta remède au mal.

Cependant on était encore à l'époque des croisades; et le vaillant et pieux roi de France avait su faire passer dans le cœur de plus d'un noble chevalier le zèle qu'il avait pour venger l'honneur du Christ et de son tombeau sacré. Arnoul fut du nombre de ceux qui s'engagèrent à accompagner saint Louis, au delà des mers. On trouve en effet, dans la liste des chevaliers inscrits pour partager les périls de l'expédition, le nom du comte de Guines. Il devait emmener avec lui neuf autres chevaliers, et recevoir pour sa solde 2,600 livres. Il avait de plus le privilége de manger à l'hôtel du roi.

Il partit au mois d'avril 1270, immédiatement après l'acte de justice posé en faveur de l'abbaye de Clairmarais. Les comptes de Gui de Dampierre (1), nous le montrent au retour de la croisade, en rapport avec ce prince et lui empruntant même de l'argent. Ce fut aussi vers la même époque, c'est-à-dire probablement en 1271, qu'il donna en mariage sa fille Alix à Gautier Bertout, chevalier, seigneur de Malines, comme l'indique un acte du mois de mars 1272 (n. st.), par lequel il lui assigne en dot dix sept cents quarante cinq mesures de son bois de Tournehem, pour la prisée de huit cents livres parisis de terre.

La reconnaissance qu'Arnoul avait pour les fidèles vassaux, qui l'avaient aidé à payer sa rançon, se manifesta, comme nous l'avons dit, de diverses manières. L'an 1272, en juillet, la veille de Sainte-Marie-Madeleine, il confirma, de concert avec son fils aîné Baudouin, les priviléges de ceux de Bredenarde, et leur reconnut le droit d'observer la

---

(1) *Inv. du Conseil de Flandre*, par M. V. Gaillard, p. 43.

loi de Bailleul, appelée en flamand *Meinschewic*. Le lendemain, jour de Sainte-Marie-Madeleine, il confirmait également les priviléges de la ville d'Audruick. Son fils Baudouin, investi dès lors de la châtellenie de Bourbourg, confirma à son tour les mêmes priviléges en 1279. On cite encore une charte de franchise octroyée par Arnoul III à ses hommes et barons en 1273, contenant la nomenclature des « barons de la comté et terre de Guines. »

L'année précédente, Arnoul avait aussi accordé « à Jean, abbé, et au couvent de Saint-Bertin, que leurs hôtes, qui demeuraient à Escalles, pussent aller vendre et acheter, teindre leurs laines, tistre et fouler leurs draps en tels marchés et lieux qu'il leur plairait. Ce qu'auparavant il maintenait qu'ils ne pouvaient faire sinon en ses villes et en sa comté de Guines. — Puis, en 1277, il affranchit aussi l'abbé et les religieux du Mont-Saint-Éloi de tous droits de vinage, de péage et autres sortes d'impôts pour les choses qu'ils achèteraient en sa même comté (1). »

A ces différents actes de piété envers Dieu et de bienfaisance envers ses peuples, il faut joindre un acte de piété fraternelle : c'est celui qu'Arnoul passa l'an 1280 en faveur de son frère Baudouin, chevalier, et par lequel il lui fit don de sept cents livrées de terre par an qu'il lui assigna en divers lieux de sa domination.

Cependant les dettes énormes que le noble comte de Guines « avait contractées le réduisirent enfin à une telle extrémité que les fruits et les revenus de ses terres ne suffisant plus pour entretenir sa maison et son état, il fut contraint de vendre au roi Philippe III, fils de saint Louis, les villes et territoires de Guines, de Montoire et de Tournehem, ensemble toute la terre et comté de Guines avec les châteaux, forteresses, bois, étangs, prés, terres, fiefs, arrière-fiefs, redevances, rentes et autres choses quelconques qui en dépendaient. Il en passa le contrat à Paris l'an 1282, au mois de février, moyennant le prix de trois mille livres parisis, que le roi promit de lui payer à divers termes et mille livres tournois de rente à prendre chacun an, tant qu'il vivrait, sur le trésor du Temple. A condition que si Arnoul mourait avant Alix de Coucy, son épouse, celle-ci pourrait jouir après lui de la même rente en renonçant au douaire qu'elle avait sur les choses vendues. Le roi promit aussi de l'acquitter de toutes les dettes et obligations auxquelles il était tenu envers les communautés des quatre bans de la terre de Guines, comme il a été marqué ci-dessus. Et moyennant ces conditions, il se dessaisit entre les mains du roi de tout le droit, propriété, domaine et possession qu'il avait aux villes et en la comté susdites (2). »

La même cause qui avait forcé Arnoul à vendre son comté de Guines, la partie principale de son héritage, le porta aussi à vendre sa terre de Tourcoing à Guillaume de Mortagne, qui, en 1291, en était possesseur à

(1) et (2) Du Chesne.

titre d'achat, comme nous l'apprenons d'un acte émané de lui à cette époque. Fils d'Yolende de Coucy, cousine-germaine de l'épouse d'Arnoul, Guillaume n'était pas étranger à la famille de ce dernier.

On ignore l'année de la mort du comte de Guines et d'Alix, son épouse (1).

L'histoire est muette sur les événements qui se sont passés à Tourcoing du vivant d'Arnoul III. Un acte de l'an 1278, analysé dans un des registres du chapitre de Tournai, nous apprend que toutes les dîmes de Tourcoing n'appartenaient plus dès lors au seigneur, car un certain Jean de Blaschat avait vendu au vénérable chapitre une partie des dîmes qu'il avait coutume de recueillir, à Tourcoing et à Roubaix, et cette vente avait été approuvée par le comte de Flandre.

La décadence de la maison de Guines fut, comme nous l'avons vu, bien rapide. Entre Arnoul II, ce prince si riche et si puissant, et son petit-fils Arnoul III, la différence est bien grande. Mais en même temps, comme nous l'avons vu dans différents actes, les communes acquéraient plus d'importance, le commerce prenait plus d'extension. L'élément communal va entrer en lutte avec l'élément féodal et finira par l'emporter. Un temps viendra où les fils des marchands achèteront ces fiefs que les fils des chevaliers vendront pour cause de pauvreté. Cependant les abbayes restent encore florissantes sous l'intelligente et douce direction des moines; leurs serfs ou hôtes cultivent les terres, fabriquent les étoffes, font le commerce, tandis que les lettres et les sciences trouvent à l'intérieur du cloître un asile sûr où se conservent pour les générations futures les trésors de l'antiquité sacrée et profane.

Jetons un dernier coup d'œil sur cette illustre maison de Guines, issue de la maison de Gand et qui subsiste encore aujourd'hui.

Le fils aîné d'Arnoul III, Baudouin de Guines, châtelain de Bourbourg, seigneur d'Antre, d'Audruick et de Bredenarde, fut le dernier de la seconde branche masculine des comtes de Guines, et fit de vains

---

(1) Du Chesne, p. 174. Arnoul portait, comme ses devanciers, les armes de Guines, vairées d'or et d'azur. Du Chesne (preuves, p. 290 et 293) a reproduit l'image de deux sceaux de ce comte. L'un, apposé à un acte du mois de novembre 1260, le représente à cheval, le casque en tête et la face découverte, tenant d'une main l'épée nue et de l'autre l'écu des armes de Guines de forme triangulaire, et au contre-scel le même écu avec la légende : *Sigillum Arnulphi (comitis) Gisnensis et castellani de Broborc.*

L'autre sceau, apposé à un acte du mois de septembre 1277, le représente aussi à cheval, la tête entièrement couverte par son casque, tenant d'une main l'épée nue et de l'autre l'écu des armes de Guines, dont les deux côtés sont arrondis; le cheval est caparaçonné des mêmes couleurs, et le contre-scel porte aussi l'écu arrondi. La légende est : *S. Ernulfi comitis Guinensis contra sigillum secreti.*

efforts pour retirer le comté de Guines des mains du roi. Le moine-poëte d'André l'a appelé Baudouin sans Terre :

Baldewinus facto patris sine terra.

Son épouse, sœur de Mathieu de Montmorency, ne lui donna que deux filles, Jeanne et Blanche. Mariée au comte d'Eu, Jean de Brienne, Jeanne recouvra le comté de Guines; son fils et son petit-fils, tous deux du nom de Raoul, furent aussi tous deux connétables de France, mais le dernier, accusé du crime de lèse-majesté, fut exécuté à Paris en 1350 et ses biens confisqués. Le comté de Guines fut annexé à la couronne de France, puis cédé à l'Angleterre par le traité de Brétigny (1).

Une destinée plus glorieuse était réservée aux descendants du second fils d'Arnoul III, Enguerrand de Guines ; au moment même où le comté de Guines passait aux Brienne par défaut d'hoir mâle de Baudouin IV, « Enguerrand recueillait l'héritage des Coucy, du chef de sa mère Alix, en prenait le nom et commençait cette illustre branche de Coucy, qui, après s'être alliée aux maisons d'Autriche, de Lorraine, d'Angleterre, d'Écosse, se fondit à la fin du XIVe siècle dans la maison de Bar. Jeanne de Bar, petite-fille de Marie de Coucy et de Henri de Bar, épousa Louis de Luxembourg; leur petite-fille, Marie de Luxembourg, épousa François de Bourbon-Vendôme et fut bisaïeule du roi de France Henri IV (2). »

La postérité mâle des comtes de Guines de la maison de Gand s'est perpétuée dans la branche des Vilain de Gand, d'où sont issus les Vilain XIIII. Siger, cinquième fils d'Arnoul Ier, comte de Guines (3), recueillit la châtellenie de Gand, la transmit à son fils Siger, dit le *Bon*, et celui-ci à Hugues Ier. De la maison de Gand, la châtellenie ou du moins le titre de châtelain et ensuite de vicomte de Gand passa successivement par des alliances à celles d'Enghien, d'Antoing, de Melun, etc.; Charles de Rohan, prince de Soubise et d'Épinoy, portait en 1762 le titre de vicomte de Gand comme descendant de toutes ces nobles familles.

(1) Le troisième fils d'Arnoul fut Jean de Guines, qui obtint la vicomté de Meaux avec les seigneuries des Fertés-Ancoul et Gaucher, par partage fait avec Enguerrand, son frère.
Des trois filles d'Arnoul, l'une, dont on ignore le nom, eut pour mari un seigneur du pays d'Irlande ; la seconde épousa successivement Gaucher, seigneur de Basoches, et le seigneur de Faillouel; la troisième, Alix, s'allia à Gautier Berfoul, seigneur de Malines.
(2) M. de Godefroy, pag. XXVII.
(3) M. de Godefroy, exact dans ses tableaux généalogiques, a confondu dans le texte ce Siger avec son oncle Siger, troisième fils du châtelain Winemar.

MAISON DE MORTAGNE-AUDENARDE.

Auteurs consultés :

Histoire de Tournai, par POUTRAIN, t. II, p. 624, 630, 634. — Idem, par COUSIN. — BAUDOUIN D'AVESNES, *Chronique*. — LECARPENTIER, *Hist. de Cambrai*, 3ᵉ p., p. 812. — *Miroir armorial*, par GUILLAUME CRÉTEAU, MSS. CCXXIII de la biblioth. publ. de Tournai. — *Archives du conseil de Flandre*, par V. GAILLARD, Gand, 1856, p. 43, 44, 46, 47, 56. — SAINT-GENOIS, *Monuments anciens*, voy. la table. — *Inventaire des chartes des comtes de Flandre*, par le baron JULES DE SAINT-GENOIS, voy. la table p. 543 et de plus les nᵒˢ 356, 365, 1038. — *Messager des sciences historiques*, Gand, 1854, p. 95. — DE REIFFENBERG, *Monuments de Hainaut*. — *Études sur l'histoire du XIIIᵉ siècle*, par KERVYN DE LETTENHOVE, p. 40 et p. 72. — *Hist. de Flandre*, par le même. — B..., articles sur les environs de Tournai, Rumes, dans les *Petites affiches de Tournai*. — DE L'ESPINOY, *Recherche des antiquités et noblesse de Flandre*, p. 265. — *Cod. diplom. de la chron. de* VAN HEELU, p. 453, 557. — MIRÆUS, *Notitia eccl. Belg.*, Ant., 1630. — OCT. DELEPIERRE, *Invent. des arch. de la Flandre orientale*. — VARNKŒNIG, *Hist. de Flandre*, t. III, p. 349. — *Cod. dipl. Loss.*, p. 181. — *Bull. de la comm. d'hist.*, t. XVI, 1850, p. 8. — *Mém. cour. de l'Acad. de Belg.*, t. XXII, 1848, p. 181. — DU CHESNE, *Hist. génal. des maisons de Gand*, etc., p. 316, 356, p., p. 512, 537. — *Hist. de la maison d'Eu*. — SANDERUS, *Flandria illustrata*, t. III, p. 274, *Aldenarda*. — *Tableau général des barons de Pamele, sires d'Audenarde*, à la fin des lettres sur Audenarde, par ED.-FR. VAN CAUWENBERGHE. — *Généalogie des sires et barons d'Audenarde et de Pamele, premiers bers de la comté de Flandre*, à la suite d'une dissert. sur l'étymologie d'Audenarde, par le même, 1859. — *Tablettes historiques, généal. et chronol.*, 7ᵉ partie, p. 381. — VINCHANT, *Hist. du Hainaut*. — NAMÈCHE, *Hist. nationale*, t. III, p. 199. — *Les hommes et les choses du nord de la France et du midi de la Belgique*, par M. DUTHILLŒUL, p. 387. — *Chroniques de Flandre*, t. III, p. 127. — 2ᵉ *cartulaire de Hainaut*, aux archives du royaume de Belg.

GUILLAUME Ier.

Le nom de Guillaume de Mortagne se rencontre à peine une ou deux fois dans l'histoire de Flandre ; et, cependant, le rôle qu'il a joué dans ce petit État si puissant au moyen âge est loin d'être sans importance. Fils cadet d'une noble famille, n'ayant recueilli pour sa part de l'héritage de ses pères que quelques terres d'une importance médiocre, il s'attacha à la fortune du souverain flamand ; il devint un de ses hommes, suivant le vocabulaire féodal, souvent il remplit pour lui les fonctions d'ambassadeur : il n'est sorte d'affaires pour lesquelles son maître ne l'ait employé, affaires de famille, d'administration, de justice, de finances. S'il nous était permis de transporter au XIIIe siècle les idées et les termes de notre temps, nous dirions que Guillaume fut l'un de ses ministres.

Des chartes, et, — avouons-le franchement, — des chartes seules sont venues nous révéler cette existence, si utilement et si noblement remplie. On regrettera toujours, sans doute, que quelque contemporain ne nous ait laissé, sur la vie de Guillaume, quelques-uns de ces détails intimes qui font si bien connaître un homme ; néanmoins, les cent et quelques documents, que nous avons consultés dans divers recueils, suffiront pour faire apprécier son caractère et la part qu'il a prise aux événements de son époque. S'ils témoignent hautement de l'estime dont l'entouraient ses contemporains, ils lui assurent aussi des droits à l'estime de la postérité, et lui assignent un rang honorable dans l'histoire. De plus, le caractère même des sources d'où nous tirons cette biographie la rendra propre à faire mieux connaître les mœurs et les usages du XIIIe siècle.

La plus puissante famille du Tournaisis, au moyen âge, était sans contredit celle de Mortagne. Elle possédait de nombreuses terres ; son chef était châtelain de Tournai et seigneur de Mortagne, et partout l'on respectait son noble écusson d'or à la croix de gueules.

On n'a malheureusement pas encore complétement éclairci l'histoire de cette maison. Miræus et Poutrain donnent, des sires de Mortagne, une généalogie qui ne s'accorde pas bien avec celle de Baudouin d'Avesnes. D'après ce dernier auteur, qui nous semble devoir être préféré, la fille cadette de Baudouin II, comte de Hainaut, avait épousé le châtelain de Tournai. Elle eut pour fils, Éverard Radoul ou Raduel, vaillant chevalier. Celui-ci, à son tour, fut père de Baudouin, seigneur de Mortagne, châtelain de Tournai et aïeul d'un autre Éverard Radoul, dont le fils aîné, Arnoul, fut père de notre Guillaume. Cet Arnoul de

Mortagne avait épousé la fille de Thomas, sire de Coucy et de Vervins, Yolende de Coucy, dont la cousine Alix fut femme d'Arnoul de Guines, IIIe du nom, dernier comte de Guines.

Il n'est donc pas étonnant que des rapports existassent entre les sires de Mortagne et les comtes de Guines. Plus tard (vers 1294) la terre de Tourcoing passera des mains de ces derniers dans la famille des premiers. Mais, dès l'an 1244, nous trouvons des lettres d'Arnoul de Mortagne, par lesquelles il déclare que Mahaut, sœur de Baudouin III, comte de Guines et châtelain de Bourbourg, avait renoncé à toutes les successions qui pourraient lui être échues tant du côté de son père que du côté de sa mère. Le motif de cet abandon était la cession que son frère lui avait faite de diverses terres à Tourcoing et ailleurs, à la condition, toutefois, que, si elle venait à mourir sans enfants, ces terres retourneraient audit frère ou à celui qui serait alors comte de Guines. Des lettres de même teneur avaient été données en même temps par Arnoul, sire de Cysoing, par Robert, avoué d'Arras, sire de Béthune et de Termonde, enfin par Thomas, comte de Hainaut, et Jeanne, son épouse.

Arnoul de Mortagne eut, de son mariage avec Yolende de Coucy, six fils et trois filles. L'aîné, Jean, fut châtelain de Tournai et épousa Marie de Conflans, dont il eut une fille, Marie, qui devint plus tard châtelaine de Tournai. Thomas, second fils d'Arnoul, dont nous rencontrerons plus d'une fois le nom, épousa la fille de Gilles ou Gilion de Trazignies, dit le Brun, connétable de France. Guillaume était le cinquième enfant mâle (1).

Nous ignorons en quelle année il perdit son père, dont on rencontre des actes jusqu'en 1266, et quelle fut la part qui lui échut de l'héritage de ses aïeux.

Le temps de la chevalerie et des croisades n'était pas encore passé. Guillaume ne dut pas tarder à porter les armes et à revêtir les insignes de chevalier. Jeune encore, il se mit avec ses frères au service du comte de Flandre, Gui de Dampierre, et l'an 1270, il l'accompagna dans la glorieuse, mais triste expédition de Tunis. Nous aimerions à nous le représenter chevauchant sous les yeux du saint roi de France, Louis IX, et recevant peut-être de lui l'ordre de chevalerie ; mais l'histoire est muette sur de tels détails, et c'est seulement par des registres de compte que nous savons que le comte de Flandre avait dans sa compagnie Guillaume de Mortagne, (2) son frère aîné, Jean, sire de Morta-

(1) Voici les noms des autres enfants. Raoul, troisième fils, mort dans la Pouille ; Arnoul, quatrième fils entré dans la cléricature. Les filles sont : Mahaut, qui épousa le châtelain de Lille ; Isabeau, qui épousa Arnoul de Diest ; Marie, qui épousa Jean Bertout, seigneur de Gramines. D'après M. de Reiffenberg, Guillaume fut, non le cinquième, mais le quatrième fils.

(2) Guillaume, non plus que ses frères ne figure parmi les gens aux gages

gne, châtelain de Tournai, et leur cousin Roger de Mortagne. D'autres documents nous commandent d'y ajouter Raoul ou Rodulphe, autre frère de Guillaume. Mais il ne fut pas donné à ce dernier, comme à ses frères, de revoir la douce terre de la patrie ; car le jeune seigneur mourut sans postérité dans la Pouille, au retour d'Afrique, dans ce lugubre voyage, où nos chevaliers escortaient les reliques vénérées de saint Louis.

Dès l'an 1275, le nom de Guillaume apparaît dans des actes publics d'une importance majeure. Ainsi, au mois d'août de cette année, Guillaume, en même temps que ses frères, Thomas et Baudouin, consentait à un acte, par lequel Jean, châtelain de Tournai, déchargeait et exemptait les habitants de la *ville* de Marquain de toutes tailles, corvées et impositions quelconques de sa part, et faisait un règlement de police et de justice tant en matière civile que criminelle. Ce premier acte est un bienfait dans l'ordre civil ; le suivant, daté de la même année, en est un dans l'ordre religieux : le même seigneur châtelain, du consentement de ses trois frères, et de son épouse, y déclare les abbé et religieux de Saint-Martin, à Tournai, exempts de tous les droits que ses prédécesseurs s'étaient réservés sur toutes les terres de l'abbaye dans le Tournaisis, et leur accorde, sur ces mêmes terres, toutes les prérogatives des seigneurs vicomtiers.

Dès cette époque aussi, Guillaume était certainement chevalier, et c'est en cette qualité qu'il signa, en 1275 et en 1278, des lettres de garantie pour le comte Gui de Dampierre, qui gouvernait alors la Flandre de concert avec sa mère Marguerite de Constantinople. Ce prince s'était engagé à observer les conventions conclues avec le roi saint Louis par le comte Thomas de Savoie et les comtesses Jeanne et Marguerite. Un grand nombre de chevaliers, tels que Jean, châtelain de Lille, et Jean de Roubaix, signèrent des lettres de ce genre.

Outre ces actes politiques, nous trouvons, en décembre 1276, une renonciation faite par Jean, seigneur de Mortagne et châtelain de Tournai, en faveur de Guillaume de Mortagne, chevalier, son frère, et d'Isabelle dame de le Wilde-Espele, son épouse, à tous les profits de la terre de Rumes, pour en jouir, par ledit Guillaume et sa femme, leur vie durant et celle de leurs hoirs, et ce, en acquit de ce qu'il leur devait.

Cet acte constate l'acquisition, faite par Guillaume, de la terre de Rumes, qui lui donna son premier titre seigneurial ; il nous fait connaître aussi le nom véritable de sa première épouse. Les généalogistes,

du comte ; nous trouvons seulement que le seigneur de Mortagne reçoit de la part du comte une fois X livr. VIII den. et une autre fois IX liv. IX sous et que XL livres sont remises pour lui à monseigneur Guillaume de Mortagne.

qui lui en donnent trois, sont peu d'accord sur leurs noms et sur l'ordre de leur succession.

Un acte de l'an 1283, cité par Du Chesne, nous apprend que Guillaume était, à cette époque, uni à Isabeau ou Élisabeth de Slote, ou Sloete, dite bonne-femme, fille de Leonius de Slote, bourgeois de Gand, et veuve de Gérard de Gand, dit le diable. Est-ce là une nouvelle épouse? Nous n'osons l'affirmer, car Sloete a pu être dame de le Wilde-Espele (1).

Poutrain rapporte que, quelque temps après la mort du châtelain de Tournai, Jean de Mortagne, arrivée en 1279, Guillaume et ses frères Thomas et Baudouin prirent part au gouvernement du Tournaisis, dont leur nièce, Marie, était devenue châtelaine; ce fut lorsque sa mère, Marie de Conflans, eut épousé, en secondes noces, Jean, seigneur de Hornes. Il était juste qu'alors ils veillassent avec un soin plus particulier aux intérêts de leur nièce.

L'année 1279 vit aussi la mort de la comtesse Marguerite. Gui de Dampierre devint alors seul administrateur ou souverain du comté de Flandre, et Guillaume de Mortagne fit, dès le commencement, partie de sa cour et participa aux actes de son gouvernement.

Ainsi le voyons-nous, en 1280, assister à Ypres, dans la chambre du comte, au prononcé de la sentence par laquelle Gui, comme arbitre, mettait fin au différend qui avait eu lieu entre l'abbé et les religieux de l'abbaye de Saint-Winoc. L'assemblée était solennelle; on y voyait l'évêque de Metz, Jean, le fils du comte, Guillaume, les abbés de Furnes et de Ham, le maréchal de Flandre, Siger de Bailleul, d'autres chevaliers et des clercs, parmi lesquels l'official de la cour épiscopale de Térouane, témoin requis pour une cause qui regardait ce diocèse. Ce n'était pas la première fois que les comtes de Flandre étaient appelés à ramener la paix dans le cloître de Saint-Winoc, et, l'an 1067, le comte Baudouin avait eu à juger un procès semblable.

Cependant Guillaume possédait déjà toute la confiance de son suzerain. En effet, en 1281, il passait la mer et se rendait en Écosse, avec Bernard, doyen de l'église de Messines, en qualité de procureur du comte Gui, pour y régler, avec le roi Alexandre, les conditions du mariage projeté entre Alexandre, fils aîné du roi, et Marguerite, fille aînée du comte et d'Isabelle sa femme. Le 4 décembre, à Rokebourc, il signa, de concert avec son compagnon, les conventions du futur mariage.

(1) Wilde est un mot flamand et il y a un hameau de ce nom dépendant de Landeghem. Espele pourrait bien n'être qu'une altération du mot Speel qui est aussi flamand. On pourrait donc conjecturer qu'Isabelle Sloete, bourgeoise de Gand, possédait, aux environs de Gand, une seigneurie appelée, en français du temps, de le Wilde-Espele.

Vers le même temps, il eut aussi l'honneur d'assister aux fiançailles, et le prince royal, Alexandre, fit la promesse d'épouser Marguerite, entre les mains de plusieurs seigneurs ecclésiastiques et séculiers et de « son cher cousin, Guillaume de Mortagne. »

Ces derniers mots semblent montrer qu'il existait des liens de parenté entre la famille royale d'Écosse et le seigneur de Rumes; ils pourraient cependant n'être qu'un témoignage de la haute considération du roi pour ledit seigneur.

Le mariage projeté eut lieu; mais, en 1285, Marguerite était veuve et ce fut Thomas, frère de Guillaume, qui eut la charge de vendre son douaire.

L'acte que nous allons mentionner maintenant est, comme le précédent, des plus honorables pour Guillaume. De graves difficultés existaient au sujet des villes de Lessines, Flobecq et de leurs dépendances, qui conservèrent longtemps, pour cette raison, le nom *de terres de débat*. Il s'agissait de savoir si ces territoires, appartenant à Jean, seigneur d'Audenarde, étaient des terres allodiales, franches de toute redevance, ou si elles étaient tenues en fief du comte de Flandre. On nomma deux arbitres : ce furent Robert, fils aîné du comte de Flandre, comte de Nevers, sire de Béthune et de Termonde, et Guillaume de Mortagne, *son pair*. La décision, qui était favorable au comte de Flandre, fut portée à Lille, au mois de mars 1282 (v. st.).

Quelques années après (21 septembre 1284), Guillaume intervenait de nouveau, avec Robert de Flandre, dans une cause qui concernait Jean d'Audenarde. Le sire de Cysoing et lui, en qualité de pairs, ajournaient le sire d'Audenarde, et le sommaient de comparaître devant le comte de Flandre, à la cour de Maele, pour transférer à son fils Arnoul 1,500 livrées de terre. Jean ne comparaissant pas, Robert de Flandre et le sire de Boulers adjugeaient à Arnoul le revenu que son père lui avait promis.

Guillaume était destiné à avoir des rapports nombreux et intimes avec Arnoul d'Audenarde. Quelques mois plus tard (11 janvier 1285), il ratifiait, avec les autres *bers* de Flandre, Rason, seigneur de Boulers, Arnoul, seigneur de Cysoing, et Jean, seigneur d'Eyne, diverses dispositions faites par Arnoul, alors veuf d'Isabelle de Hainaut, à l'occasion de son nouveau mariage avec Jeanne, sœur de Raoul Flamenc. Cet acte remettait pour un temps la baronnie de Flobecq entre les mains du comte de Flandre, mais une clause particulière en réservait 300 livrées de terre comme part de l'héritage d'Isabelle, née du premier mariage d'Arnoul, et qui devait plus tard devenir l'épouse de Guillaume.

Tous les actes auxquels Guillaume prenait part n'étaient pas, comme on le voit, d'une égale importance. Ici, il sert de caution, lui, son frère Thomas et Jean de Beaumont, neveu du comte, pour le fils du châtelain de Lille, qui refuse d'épouser la fille du seigneur de Maldeghem, mais qui s'en remet dans cette affaire à l'arbitrage du comte de Flandre (1282, v. st.); là, il assiste simplement à la présentation d'une requête que le doyen et le chapitre de Seclin adressent au comte pour leur ami M⁰ Jean de Houplines (1283); ailleurs, il est témoin, comme *homme* du comte de Flandre, d'une sentence arbitrale de son suzerain, au sujet de Gilles de Douai (février 1285, v. st.); une autre fois, il figure comme membre du conseil du comte avec le maréchal de Flandre et les baillis ou sous-baillis d'Alost, d'Audenarde et de Grammont, et termine, en cette qualité, les différends qui existaient entre les échevins d'Audenarde et l'hôpital de cette ville (1286); ou bien encore, il est présent à une sentence du comte, déterminant par qui doivent être entretenues les digues des environs de Bruges (1288); enfin (1288), ce qui est d'une tout autre portée, il se joint au comte de Flandre et à ses frères pour se porter caution, vis-à-vis du duc Jean de Brabant en faveur du comte Renaud de Gueldre, fait prisonnier par le duc à la célèbre bataille de Woeringen. Ces choses se passent en divers lieux; car le tribunal même du comte n'a point de siége fixe, c'est tantôt à Lille, tantôt à Gand, à Bergues-Saint-Winoc, ou bien au château de Maele.

Mais Guillaume revient parfois dans le Tournaisis, sa patrie, et l'on trouve de lui une série d'actes qui ont rapport à cette contrée. Ce sont des lettres concernant une rente de cent sols, due par la *ville* du Bruile (1283); Guillaume avait des droits à percevoir dans ce quartier de la ville de Tournai, ancien séjour des châtelains; la ville l'ayant acheté de la châtelaine Marie et de ses oncles Thomas et Guillaume, avec l'approbation du comte de Flandre, Guillaume fit, en 1288, la cession de tous ses droits particuliers et renouvela, en 1290, son consentement à la vente. Vers l'an 1282, Watier d'Antoing, ayant vendu à l'église cathédrale de Tournai des terres tenues en partie du comte et en partie d'Hellin, seigneur de Cysoing, Guillaume de Mortagne, « chevalier, bail de l'hoir de Mortagne, » fut, avec Arnoul d'Audenarde, témoin officiel de la ratification faite par le comte, et y figura en qualité « d'homme du comte, de baron de Flandre et de pair du seigneur de Cysoing »; d'autres nobles seigneurs, tels que Baudouin d'Avesnes, sire de Beaumont, et Henri de Louvain, sire de Gaesbeke, assistaient aussi à cet acte, mais en qualité seulement d'hommes du conseil des barons de Flandre (1).

(1) Il y a quelque chose d'étrange dans la qualification de pair attribuée ici à Guillaume et dans les trois actes cités plus haut au sujet de Jean et d'Arnoul d'Audenarde. On sait qu'il y avait en Flandre quatre bers ou barons, qui étaient : le sire de Paniele, dit sire d'Audenarde, les sires d'Eyne, de Bouiers et de Peteghem-lez-Audenarde, auquel fut substitué le sire de Cysoing, quand ce dernier, possesseur de Peteghem, eut vendu cette seigneurie au comte de Flandre. Différents actes montrent que ces seigneurs étaient considérés comme *pairs* entre eux. Mais comment Guillaume a-t-il pu être appelé

Un acte plus important est le concordat que Guillaume conclut avec les prévôts de Tournai (1284), et qui fut vidimé par le comte de Flandre. Il y est stipulé qu'à l'avenir on n'accordera plus de franchise ni d'asile aux criminels réfugiés sur les terres respectives des parties contractantes, excepté dans certains cas fixés par la convention.

En 1288, Guillaume agissait encore officiellement comme tuteur de sa nièce Marie, et ce fut en cette qualité qu'il se joignit à son frère Thomas, sire de Romeries, pour assurer au comte de Hainaut la possession du fief de Feignies, acheté par ce dernier à Jean d'Audenarde, en même temps que l'exemption de l'hommage que le comte eût dû, à ce titre, prêter aux seigneurs de Mortagne.

Cependant les actes qui ont rapport au Tournaisis sont bien moins nombreux dans la carrière de Guillaume que ceux qui regardent la Flandre ; et, parmi ceux-ci, il en est plusieurs qui concernent en particulier les intérêts domestiques du comte. Gui de Dampierre ne négligeait rien pour que sa famille fût dans l'état le plus prospère. Guillaume fut le témoin et parfois l'instrument des divers actes que nécessitaient les desseins de son maître. Ainsi, il est, en 1284, au château de Maele, témoin de la donation que Gui faisait à Jean de Namur, son fils, de la seigneurie de Roulers (1). En avril 1286, au château de Namur, il assiste à la confection des lettres par lesquelles Jean, évêque de Liége, déclare que sa sœur Marguerite, veuve du fils du roi d'Écosse, a renoncé aux 1,500 marcs sterling de son douaire, en faveur du comte Gui, son

pair des sires de Cysoing, de Boulers et de Pamele, en même temps que de Robert de Flandre, et cela à l'exclusion de princes, tels que Baudouin d'Avesnes et Henri de Louvain ? Était-ce comme représentant de l'héritière de Mortagne, et la seigneurie de Mortagne, jointe à la châtellenie de Tournai, avait-elle été mise sur le même rang que les quatre béries ou baronnies de Flandre ? Nous n'avons rien trouvé qui pût éclairer ce doute. Il est de plus à remarquer que l'analyse de l'acte du 11 janvier 1286 (v. st.), donnée par M. Jules de Saint-Genois (Inv. de Rupelmonde n. 366), place explicitement Guillaume, seigneur de Mortagne, au nombre des *bers* de Flandre ; mais on peut soupçonner une inexactitude dans cet énoncé, par la raison qu'on ne rencontre jamais Guillaume, seigneur de Mortagne, mais bien monseigneur Guillaume de Mortagne avec ou sans addition d'autre titre. Un acte latin de 1218, analysé aussi par M. Jules de Saint-Genois (Inv. de Rup. n. 12), donne comme *barons* de Flandre Arnoul d'Audenarde, Everard de Mortagne, Arnoul de Landast, Jean de Cysoing et Hugues d'Aubigny. Faut-il supposer d'après cela que le nombre des barons ou bers de Flandre n'était pas encore définitivement réglé au commencement du XIIIe siècle ?

(1) M. de Reiffenberg a donné le dessin du sceau de Guillaume, appendu à la charte qui contient cette donation. Il est rond et représente seulement un écu légèrement arrondi de chaque côté, portant une croix en relief, surchargée de quatre étoiles. Rien n'indique les couleurs. Ces armes sont celles de Mortagne, sauf les étoiles qui ont été ajoutées, comme brisure, pour désigner une branche cadette. La légende est : S. *Willarme de Mortagne, chevalier, seigneur de Rumeis*.

père. Au mois d'août suivant, Guillaume, avec deux des fils du comte et plusieurs chevaliers, se constitue caution pour Gui et engage tous ses biens pour assurer le payement d'une somme de 39,017 livres 10 sous tournois, empruntée à la ville de Bruges. Si Gui avait eu besoin d'argent, c'était principalement pour former à chacun de ses fils de riches apanages. Aussi, dès la même année, Guillaume de Mortagne est du nombre des chevaliers qui *adhéritent* Guyon, fils du comte, de la seigneurie de Petèghem, appartenant naguère à Arnoul, sire de Cysoing, qui s'en était *déshérité* en présence du même Guillaume, son *pair*, et d'autres chevaliers. Ces actes féodaux, accomplis à Lille, furent depuis confirmés à Winendale. L'année suivante, il concourait d'une semblable manière à la donation que le comte faisait à ce même Guyon de la terre et seigneurie de Bailleul. Lors du mariage projeté entre Jeanne, fille aînée de Robert, héritier présomptif du comté de Flandre, et Enguerran, sire de Coucy, d'Oisy et de Montmirail, Guillaume fut du nombre des témoins qui s'engagèrent à se constituer prisonniers à Arras, si le premier payement de la dot n'était pas fait au terme fixé. Des stipulations de ce genre caractérisent bien les mœurs de l'époque.

Au reste, il n'était sorte d'affaire pour laquelle le comte n'eût recours à son zélé et fidèle agent. Ainsi, nous apprenons, par une quittance de Guillaume de Flandre, que le comte, son père, s'était servi de l'entremise de « noble homme, monseigneur Willaume de Mortaigne, sire de Rumeis, » pour lui faire remettre une somme de 600 livres tournois qui lui était due (janvier 1288, v. st.).

Mais il faut dire aussi que le comte Gui se montrait reconnaissant envers son loyal serviteur. Nous ne parlons pas ici de la paye qu'il recevait, comme attaché au service militaire du prince flamand; à ce titre, Guillaume, réuni aux chevaliers Gérard de Diest, Goswin d'Erpe, Gérard de Potes et Baudouin de Mortagne, recevait, pour quarante-deux jours de service, 382 livres 12 sous 2 deniers. Nous voulons parler des bienfaits considérables que le comte accorda, en divers temps, à Guillaume et aux siens, et que nous allons énumérer ici pour éviter des répétitions fastidieuses.

Ainsi, Guillaume était, en février 1285, l'heureux témoin de la donation faite par le comte d'un revenu de 100 livres tournois, à recevoir sur les renenghes (1) de Flandre, à Marie, dame de Romeries, fille de feu Gilles le Brun de Trazegnies, et femme de Thomas de Mortagne. Les deux époux avaient ensuite prêté hommage au comte, car de pareilles

---

(1) On entendait par renenghe ou rennengue, du flamand *redenyng*, qui signifie *compte*, le revenu que le comte de Flandre avait le droit de percevoir sur certaines terres. Les diverses recettes de ces princes portaient aussi les noms de briefs et d'espiers. Voy. *Mess. des sciences*, 1840. p. 289.

(2) Cette rente pourrait bien être la même que la précédente.

rentes formaient ce que l'on appelait des fiefs de bourse. Comme son frère et sa belle-sœur, Guillaume fut, en récompense de ses services, investi, à diverses époques, de fiefs du même genre : 100 livres tournois par an sur le tonlieu du Dam, qu'il possédait en 1288 ; 120 livres parisis de rente, constituant un fief en vertu duquel il était homme de Jean de Namur, et dont il donnait quittance en 1290 (2) ; une somme égale, à recevoir, pendant sa vie, sur la renenghe de Flandre, et que le comte lui assigne, en juillet 1290, en récompense de ses services ; une autre rente viagère de même somme sur l'espier des briefs de Lille, donnée, au mois de novembre suivant, en échange de la prévôté de Lille et de ses revenus, qui avaient été l'objet d'une gratification antérieure ; et enfin 24 livres d'une pension sur Mme de Beaumont, qui lui sont payées en 1298 : telles sont les sources de revenus, considérables pour l'époque, que Guillaume possédait et qu'il tenait de la gratitude de son maître.

Gui ne s'en tint pas là, il contribua aussi à augmenter la fortune immobilière de son zélé serviteur. Ainsi, on le voit, par une lettre du 27 décembre 1288, donner « à son cher et féal, monseigneur de Mortagne, chevalier, et à ses hoirs à toujours, tout ce qui lui appartient à Gruisons, tant en rentes, viviers, hommages qu'en toutes autres choses » ; Guillaume devait en jouir comme en avait joui, de son vivant, Alard de Landast, et les tenir du comte en accroissement du fief de Glanchon qu'il avait acheté de l'héritière de Mortagne, sa nièce. En outre, le comte, comme bon seigneur, promettait de le garantir contre tous ceux qui le troubleraient dans sa possession, et mandait aux hommes de Gruisons de lui faire hommage. On voit, par cette charte, que Guillaume se trouvait propriétaire, à Glanchon et aux environs, d'une seigneurie considérable ; nous ne trouvons pas cependant qu'il en ait porté le titre. Plus tard, en 1296 (v. st.), le comte chargeait son bailli de recevoir le déshéritement que Guyot d'Audenarde faisait de sa terre de Soredenghes, et d'en adhériter Guillaume, en séparant cette terre du fief d'Acrene que Guyot tenait du comte à cause de sa seigneurie de Renaix.

Il n'est pas jusqu'au clerc de Guillaume qui ne soit bien traité par le comte, et Philipot de Wanebrechies obtint, en 1288, la recette des briefs de l'espier de Lille.

Au reste, le sire de Rumes ne jouissait pas seulement de l'estime et de la faveur du comte de Flandre : le comte Henri de Luxembourg le nomme son *ami*, dans une lettre où il prie le comte de Flandre de remettre à Guillaume une somme qu'il lui avait promise (1er novembre 1286). Guillaume allait bientôt épouser une parente du comte de Luxembourg : veuf de sa première femme Isabelle, dame de le Wilde-Espele, dont il ne paraît pas avoir eu d'enfant (1), il se maria en secondes

(1) On trouve, il est vrai, dans un acte, un Thomas de Mortagne, héritier

noces à « la noble demoiselle Pentecoste, fille de noble homme, le seigneur de Durbui, » et appartenant à l'illustre famille de Luxembourg.

Les actes qui nous fournissent la preuve de ce fait ont rapport aux démarches que Guillaume dut faire pour assurer à sa femme un douaire et la jouissance des biens de son mari jusqu'à sa mort. Les lois féodales exigeaient, pour obtenir ce but, qu'il remit, entre les mains des seigneurs dont il était vassal, les terres et les rentes qu'il tenait d'eux, et ceux-ci, à leur tour, les faisaient passer en la possession de sa future épouse et l'en adhéritaient, après avoir reçu son hommage.

Nous ne pouvons nous dispenser de donner l'énumération de ces actes, si propres à nous faire connaître l'état de fortune et les diverses possessions de Guillaume. Il commença par remettre, entre les mains de « Sohier, li maires, bailli de l'évêque de Tournai », le fief et la justice de Saint-Brice, qui rapportait par an 60 livres tournois; il reporta de même, entre les mains du comte Gui de Flandre, les bois de Glançon et la terre de Gruisons qu'il avait achetée de sa nièce, Marie de Mortagne, au prix de 220 livres de Tournai; et, de plus, cent livrées de terre sur le tonlieu du Dam, qu'il tenait en fief dudit comte. Il rendit encore, à Watier de Nivelles, bailli de l'héritière de Mortagne, sa nièce, tous les revenus des fiefs qu'il tenait d'elle, savoir : une partie du bois de Glançon, le winage de Tournai, des biens situés à Froyenne et au Bruile, des redevances qu'il percevait des abbayes de Saint-Amand, de Saint-Martin de Tournai et de Saint-Nicolas, près de la même ville; le tout ensemble rapportait annuellement 420 livres tournois. Enfin, il se déshérita, entre les mains de Watier de Warielles, bailli de Watier d'Enghien, de son fief de Rumes et de ses appendances, de la valeur de 200 livres de rente annuelle. Watier, afin d'opérer la translation voulue, avait emprunté *pièce de terre* de Gui de Flandre, pour *faire loi*. Ces formalités s'accomplissent à Winendaele, en Flandre, et certains fiefs dépendant du Hainaut et du Tournaisis, il fallait, pour ces derniers, des cérémonies particulières prescrites par la coutume locale; et, de plus, il était requis en strict droit que la translation de propriété eût lieu sur la terre même dont on suivait la coutume. Mais le comte suppléait à cette dernière condition, en cédant pour un moment un certain espace de terrain qui cessait alors, en vertu d'une fiction de droit, d'être terre de Flandre et devenait terre de Hainaut ou de Tournaisis, aussi longtemps qu'il était nécessaire.

de Guillaume, mais le titre d'héritier peut, ce semble, s'appliquer au frère aussi bien qu'au fils. En tout cas, si Guillaume a eu un fils du nom de Thomas, il a dû le perdre fort jeune encore. Le Carpentier assigne pour seconde épouse à Guillaume, Isabeau Sloote, et Du Chesne, Isabeau de Fiennes; ils lui donnent tous deux pour première épouse Pentecôte de Durbui qui fut la seconde, ou la troisième suivant ce qui a été dit plus haut de la dame de le Wilde-Espele.

Tous ces actes sont datés du mercredi après le 20ᵉ jour de Noël, au mois de janvier de l'an 1288, c'est-à-dire, d'après notre manière actuelle de compter, de l'an 1289, l'année commençant autrefois à Pâques. Il est à croire que le mariage fut célébré peu de temps après, et qu'il fut honoré de la présence du comte de Flandre.

En prenant tant de précautions pour assurer après lui un douaire à son épouse, Guillaume de Mortagne était, sans doute, loin de penser que leur union devait durer quelques années à peine, et qu'il chercherait, par un troisième mariage, à perpétuer son nom dans ses descendants. C'est cependant ce qui arriva : nous ignorons à quelle époque précise Guillaume perdit sa seconde épouse, et à quelle époque il s'unit à la troisième ; mais nous savons qu'il obtint la main d'Isabelle, fille d'Arnoul, seigneur d'Audenarde (1). Un acte du 11 mai 1291 atteste que, depuis quelque temps, les deux époux avaient acheté de Charon de Dossemer et de ses frères et sœurs, enfants de feu Roger, seigneur de Ruines, des alleux dont alors ils se dessaisissaient au profit du comte de Flandre.

On ne peut douter que, par son dernier mariage, Guillaume n'eût accru ses possessions et vu augmenter son pouvoir. D'après un acte d'Isabelle, de l'an 1297, le fief de Nokere, dans la châtellenie d'Audenarde, dépendait de lui, et il y avait alors Jean de Gavre pour vassal. C'est ainsi encore qu'au mois d'août 1289 il avait acheté de Thomas de Lille, fils du feu châtelain de Lille, la terre de Moulebeque dans la châtellenie de Courtrai. L'acte en fut passé à Courtrai, en présence de Jean de Bruncastel, bailli de Robert de Béthune.

A l'année suivante se rapporte une acquisition plus importante, celle de la seigneurie de Dossemer, près de Templeuve, dont Guillaume commença, en 1290, à prendre le titre dans différents actes, titre qu'il porta même souvent seul à la fin de sa vie. Trois ans plus tard, au dire de Poutrain, la seigneurie de Tourcoing vint s'ajouter aux autres, et il en porta aussi le titre.

Membre de la famille des châtelains de Tournai, qui soutenaient avoir été jadis les seigneurs propriétaires du Tournaisis tout entier, Guillaume prétendait percevoir le dixième denier sur le produit des ventes de terres dans le Tournaisis, et une enquête fut ouverte, en 1290, pour mettre fin à cette prétention.

A la même époque, il fut sur le point de voir sa famille unie à celle de Flandre par les liens les plus étroits ; car, en mars 1290 (v. st.), un contrat de mariage se négociait entre Gui, fils du comte de Flandre, et

---

(1) C'est ce qui conste de deux testaments d'Arnoul, rapportés par Saint-Genois. Il est donc inutile de rechercher pourquoi le miroir armorial manuscrit dit : « Isabelle, fille de Jean d'Audenarde, baron de Pamele, et de Mathilde, vicomtesse d'Amiens. »

Marie de Mortagne, châtelaine de Tournai. Mais cette union n'eut pas lieu et Guillaume y renonça, le 2 février 1291 (v. st.), au nom de sa nièce (1). Marie n'en contracta pas moins une alliance des plus honorables, car elle épousa Jean de Vierson, fils du duc de Brabant, et le comte de Flandre lui donna une forte somme d'argent, en dédommagement de la peine que lui avait causée la rupture de l'alliance projetée.

Guillaume ne cessait pas de s'intéresser aux affaires de sa nièce et à l'administration du Tournaisis. Au mois de février 1290, un accord, qui terminait de long débats, se concluait entre l'abbé de Saint-Pierre à Gand et la châtelaine. De plus, une *loi* était donnée par eux à la *ville* de Hollain, pour le bien commun. Guillaume ne fut pas seulement le témoin officiel de cet acte; il est à croire qu'il avait pris lui-même une grande part à sa confection.

L'année suivante (27 avril 1291), Guillaume et Thomas de Mortagne, et Marie de Conflans faisaient, en présence du comte et de la comtesse de Flandre, l'évaluation des terres et constataient l'état des dettes de Marie de Mortagne, qui sans doute commençait à jouir des droits de sa majorité. Guillaume était un de ses créanciers; des actes postérieurs montrent Marie lui permettant, avec l'agrément du comte, de vendre une rente qu'il tient d'elle en fief (1293), puis assignant sur ses bois de Glançon et de Castel et son winage de Maude, les 6 ou 7,000 livres qu'elle lui doit à cause de son père (1296).

Une autre nièce de Guillaume, Alix de Diest, dame de la Royère, ayant, avec son fils aîné Jean, vendu certaine terre féodale à Gui de Flandre, fils du comte, Guillaume fut requis, lui et ses frères, pour

---

(1) Au traité du futur mariage assistaient : le comte et la comtesse de Flandre, Marie de Conflans, mère de Marie de Mortagne, Anseaus, sire d'Offenmont, Béatrix, comtesse de Luxembourg, trois oncles de Marie, Thomas, sire de Romeries, Guillaume, et Arnoul, prévôt de Notre-Dame à Cambrai, Jean de Mortagne, sire d'Espierre, et les deux fils du comte de Flandre, Robert et Guillaume. L'acte de 1291 est donné seulement au nom d'Eustache de Conflans, oncle maternel de Marie, et de Guillaume, son oncle paternel. M. de Reiffenberg (*Mon. du Hainaut*, p. 276) donne la description du sceau de Guillaume, tel qu'il se trouve sur cette dernière charte, conservée aux archives du royaume de Belgique. La voici : « *S. Willi de Mauritania militis dni de Rumeis*. Sceau équestre... L'écusson, que le cavalier porte au bras gauche, est à la croix de Mortagne, chargée de cinq coquilles. La couleur ou le métal de la croix semble indiquée par des hachures losangées. Le cavalier porte un écu semblable, mais plus petit, sur l'épaule droite. Une grande plume y est attachée en manière de panache, et le casque est surmonté d'un griffon pour cimier. Nous remarquons dans ce sceau que l'épée du cavalier est retenue par une chaînette à sa ceinture. Le contre-scel, qui porte l'écusson ci-dessus décrit, a pour inscription : *Contra S.' Willi de Mauritania militis.* » M. de Reiffenberg aurait dû mentionner deux plumes au lieu d'une seule. Le petit écusson dont il donne le dessin est, comme nous l'avons dit plus haut, un peu différent.

approuver cette vente et déclarer qu'elle n'était point préjudiciable à sa parenté.

De même, il eut à régler, de concert avec Alard d'Antoing, sire de Brifuel, les affaires de la femme de son frère Baudouin, « madame Béatrix de Landas » et de « demoiselle Ydain », sœur de celle-ci. Une lettre des deux arbitres, du mois d'août 1295, faisait connaître au comte de Flandre l'arrangement conclu.

Guillaume était lié de parenté avec la famille des sires d'Enghien, son aïeul, Éverard Radoul, ayant épousé la sœur de Siger d'Enghien; aussi le voyons-nous intervenir (1289) dans les arrangements au sujet du mariage de Gautier, sire d'Enghien, dont il était vassal pour certains fiefs, avec la petite-fille du comte Gui, Yolende, fille de Robert de Béthune, comte de Nevers. Il était désigné par lui pour fixer, de concert avec le comte de Flandre, le terme du payement de la dot et terminer les difficultés qui surviendraient au sujet du douaire. Plus tard (1290), il fut aussi témoin de la promesse, faite par Gautier à son beau-père, de ne vendre aucune des terres de Flandre du vivant de sa femme. Ce fut encore en qualité de parent du côté paternel que, dix ans après, en présence de Robert, alors administrateur du comté de Flandre, il consentit à l'échange, fait par Hugues d'Enghien-Sottenghem, de la terre et des droits seigneuriaux qu'il possédait dans la ville de Gand, contre le château de Saftingen et quelques revenus (1).

Mais, comme nous l'avons déjà observé, Guillaume est, avant tout, l'homme du comte, et la plupart des démarches qu'il fait ont rapport soit à la famille de son suzerain, soit à ses États.

Nous n'entrerons pas dans le détail des affaires pécuniaires; nous dirons seulement qu'on voit les officiers du prince, en Flandre ou dans le pays de Namur, payer certaines sommes, soit par ordre de Guillaume, soit à lui-même pour lui, ou pour son frère Thomas, ou pour le comte de Luxembourg. Ils vont jusqu'à rappeler dans leurs comptes de recettes et de dépenses que certain emprunt a été contracté avec son assentiment. Guillaume, à son tour, se constitue caution pour des sommes dues par Gui, soit à un prince étranger (1290), soit à des marchands de Florence (1290, 1292), soit à un usurier de Bois-le-Duc (1291), soit à un bourgeois de Lille (1292), soit aux usuriers d'Arras (1293), soit à des habitants d'Ypres (1299), soit à Gilles de Berlaimont pour l'achat du château de Fain (1299) : il prête à l'évêque de Liége, Jean, différentes sommes au nom du comte de Flandre (1291), il promet aux Lillois de s'interposer auprès du comte pour leur obtenir prolongation du droit de lever *malelote*, en compensation d'une somme que la cour de Flandre leur devait (1295), il assure l'exécution d'un jugement prononcé par les hommes du comte en faveur d'un de ses

---

(1) De l'Espinoy, p. 265, donne ce fait d'une manière tout à fait inexacte.

créanciers (1297), il reconnaît des emprunts faits aux Lillois par les Brugeois (1297), il est prié de payer à certains personnages des sommes dues par le comte de Flandre (1299), lui-même fait à l'évêque de Constance, Henri, le payement des sommes dues par le comte et par le duc de Brabant (1299). Il ne se passe guère d'année que le sire de Rumes ne prenne une part, souvent très-grande, à des actes qui sont parfois de la plus haute importance. En 1288 (15 décembre), Waleran, sire de Fauquemont, se trouvant en contestation avec le comte de Flandre auquel il avait remis le château de Limbourg, s'en était remis *de haut et de bas*, pour la conclusion d'un arrangement, à l'arbitrage de Guillaume de Mortagne et de cinq autres seigneurs. En 1289, Guillaume est témoin de la promesse, faite par le comte de Flandre, d'exécuter ce que la cour impériale aurait décidé au sujet des différends qu'il avait avec son neveu Jean d'Avesnes. On sait que la Flandre impériale, attribuée aux comtes de Hainaut par les empereurs, était depuis assez longtemps le sujet de vives réclamations de la part des comtes de Flandre. L'année suivante (janvier 1289, v. st.), le sire de Rumes reçoit de son suzerain une marque de haute confiance. Gui, ayant fait un traité d'alliance avec Jean, évêque de Liége, son fils, voulut que Guillaume fit serment de leur prêter conseil à tous deux concernant les clauses de ce traité, et le désigna pour terminer, de concert avec lui-même et avec son fils Guillaume, les difficultés que l'évêque pourrait avoir avec quelques-unes de ses villes ou avec ses voisins. Plus tard, il prononce, de concert avec Pierre, prévôt de l'église de Béthune, une sentence arbitrale sur une contestation que Gui, en qualité de marquis de Namur, avait avec l'église de Liége, au sujet du bois de Calenges près de la forêt de Marlagne.

Bientôt un nouveau traité d'alliance se conclut à l'avantage de la Flandre; cette fois, c'est avec Béatrix, comtesse de Luxembourg, fille de Baudouin d'Avesnes; et Guillaume est désigné par Gui pour terminer, avec « Joffrois, sire d'Aisse, » toutes les difficultés de détail, et en particulier ce qui regarde le fameux château de Poilvache.

Vers la même époque, Guillaume entreprenait, avec Jean de Menin, un voyage en Allemagne dans l'intérêt de son maître. Il existe un compte fait, jour par jour, de ses dépenses. On y trouve en détail son itinéraire. Bruxelles était le point de départ, Nuremberg, le terme du voyage. Il y arriva après treize jours de route, ayant traversé les villes de Louvain, Hasselt, Maestricht, Rode, Kerpen, Cologne, Blankeberghe, Halzeberghe, Francfort, Asschaffembourg, Werchem, Ohem et Harlebac ; après neuf jours passés à Nuremberg, il s'en retourna en passant par Francfort, où il rencontra plusieurs compatriotes, tels que les sires de la Marck, de Kuyck, de Sotteghem et autres. Là, furent distribués, ainsi qu'il convient de faire, 5 sous 3 deniers à des ménétriers qui avaient fait honnêteté au noble seigneur. Comme on le voit, le clerc diligent, qui gardait la bourse, a tenu note de tout; seulement il ne nous a pas indiqué quel fut le but même du voyage. S'il est permis de hasarder une conjecture, nous supposerons qu'il s'agissait d'aller trouver le nouvel empereur, Adolphe de Nassau, et de le rendre favorable au comte de Flandre, son vassal, pour la partie du pays appelée la Flandre impériale.

Homme prudent et de bon conseil, Guillaume est de nouveau, en octobre 1291, choisi pour arbitre et adjoint à Arnoul, sire de Walehaing, pour terminer les difficultés qui avaient surgi entre le comte de Flandre et le comte Godefroi de Vianden, au sujet des limites du comté de Namur et de la terre de Corroit.

Au reste, il semble que le duc de Brabant ait eu dans le chevalier flamand non moins de confiance que le comte de Flandre lui-même. En effet, le 8 juin 1292, le duc Jean de Brabant s'en remet à l'arbitrage de ses *cousins*, « messeigneurs Willaume de Mortagne, sire de Rumels et de Dossemer, et Jean de Kule, ses féaux », au sujet d'une somme d'argent qui lui avait été remise par le comte de Flandre et qui provenait originairement d'une dette dont était chargé envers lui le comte Renaud de Gueldre. Il paraît bien, d'ailleurs, que le prince flamand l'avait envoyé à la cour du duc de Brabant, sans doute, pour s'assurer, son alliance contre le roi Philippe-le-Bel, dont il avait beaucoup à se plaindre; car nous voyons que, le 14 septembre 1292, Guillaume est à Utrecht, en compagnie du duc de Brabant, de Rasse de Gavre et de Libert de Vitinghoven, et qu'il assiste, dans la maison de Renier de Hackenhoven, chanoine de Saint-Servais, à une prestation d'hommage que le comte Évrard de la Marck faisait au comte de Flandre pour un fief de bourse.

Les affaires dont nous avons à faire mention maintenant n'ont pas, comme les précédentes, rapport à la politique et ne sont pas d'un intérêt aussi général.

Des troubles venaient d'éclater à Saint-Amand, non loin de Tournai : messire Gérard de Saint-Amand avait permis à un banni de revenir sur la « terre-Dieu-et-Saint-Amand »; mais l'abbé du monastère s'en était plaint comme d'une violation de ses droits et avait fait emprisonner le banni. Gérard avait à son tour porté plainte; et Baudouin de Mortagne et Jean de Haudion s'étant entremis, l'abbé avait remis la décision de cette affaire à Baudouin et Guillaume de Mortagne, Jean de Haudion et Thierry du Rieux. Mais sur ces entrefaites, les gens du parti de Gérard avaient tué un homme et commis dans Saint-Amand de graves désordres. Telle était l'affaire sur laquelle Guillaume et quelques autres étaient appelés à prononcer aux plaids généraux de Noël de l'an 1292.

Nous avons vu combien de fois on avait recours à lui en qualité de juge et d'arbitre. En 1293, il était, en compagnie de plusieurs autres, chargé de terminer les contestations qui s'étaient élevées entre Jean de

Namur, Isabeau, dame de la Wastinne, et Jean, sire de Ghistelle, au sujet des jets de mer et *uldis*, du côté de Dam et de Biervliet. Plusieurs *journées* furent tenues pour déterminer les possessions de chacun sur cette plage nouvellement conquise sur la mer et qui déjà fournissait matière à bien des procès.

Nous ne pouvons passer sous silence l'acte par lequel Jean de Rumes fait de son franc-alleu de Neuville, près Willem, un fief relevant du comte de Flandre. Cet acte, dont Guillaume, seigneur de Rumes, fut naturellement le premier témoin, nous fait voir que la féodalité n'avait pas encore envahi toutes les parcelles de notre territoire; mais on voyait disparaître de plus en plus ces alleux ou francs-fiefs qui ne relevaient, disait-on, que de Dieu et du soleil.

En 1293, la châtelaine Marie et ses trois oncles, Baudouin, Thomas et Guillaume, mettent fin aux débats qui existaient entre eux et les autorités de Tournai, en accordant aux Tournaisiens plusieurs franchises sur leur terre de Mortagne. L'année suivante (1294), Guillaume mettait aussi fin aux débats qui avaient existé entre « les bonnes gens » de Tourcoing et leurs anciens seigneurs, au sujet de leurs usages. Il était juste qu'ayant acquis et acheté la terre de Tourcoing au comte de Guines, Arnoul III, il songeât au bien « des manants » de cette ville qui, depuis l'année précédente, se trouvaient devenus ses vassaux. Après donc s'être informé des anciens usages et en avoir acquis une connaissance certaine, il fixa, de l'assentiment des Tourquennois, différents articles qui devaient servir de loi à l'avenir, et donna, le lendemain de Noël, un concordat dont une copie nous a été conservée dans le registre aux titres de l'hôpital de Tourcoing. Cet acte, dont il a été fait mention dans l'histoire de cette ville, n'est pas sans intérêt pour la connaissance des coutumes et du droit féodal. Nous allons en analyser les principales dispositions.

Le premier article exempte les bonnes gens de Tourcoing de tout droit de main-morte ou de succession; ils ne doivent rien payer pour tout ce qu'ils vendent et achètent à Tourcoing, ne sont point tenus à héberger leur seigneur et n'ont à lui payer le dixième que lorsqu'ils vendent des terres qui ne dépendent pas de lui et que la vente excède un quartier de terre.

Ils peuvent planter des arbres le long des chemins seigneuriaux, mais à condition que la moitié en appartienne au seigneur.

La Saint-Remy, le jour de Noël, le jour de Pâques et la Saint-Jean-Baptiste sont les quatre termes fixés pour payer les rentes seigneuriales, qui s'élèvent par bonnier à une rasière de blé, un havot d'avoine et neuf parisis. Les chapons et poules doivent être payés à la Saint-Remy.

Le troisième mercredi avant la Saint-Remy, les échevins de Tourcoing et les sergents du seigneur doivent aller à Lille et déterminer à valeur du blé dû au seigneur, d'après le prix moyen des trois meilleures charrettes de blé vendues au marché ce jour-là. Ensuite, on doit le dimanche annoncer à l'église, pendant la messe paroissiale, quel est le prix fixé et en quel lieu doit se faire le payement. Trois jours sont accordés chaque fois pour le faire.

Une dernière disposition concerne ceux qui ont fait défaut au terme fixé et n'ont pas payé leur terme. On peut, dans ce cas, les condamner à une amende de trois sous parisis pour chacun des trois premiers termes; pour le quatrième terme, qui est celui de Saint-Jean-Baptiste, ils doivent, s'ils sont en défaut, payer double rente.

Ce dernier article, avec quelques nouvelles dispositions, constitua plus tard la coutume particulière de la seigneurie de Tourcoing, homologuée par le gouvernement et insérée dans le recueil intitulé : *Coustumes et usages généraux de la salle, bailliage et chastellenie de Lille, confirmées et décrétées par Sa Majesté Catholique, avec les coustumes locales* (1). On y fait remarquer que le seigneur ne peut reprendre une terre à un censitaire, à cause d'une rente non payée; mais on y indique aussi les moyens que le receveur, officier ou commis du seigneur, peut prendre pour se faire adjuger l'amende infligée, c'est-à-dire la vente des meubles situés sur l'héritage chargé de la rente, avec faculté de rachat pendant sept jours et sept nuits; ou même, à défaut de meubles, la vente d'une portion de l'héritage peut servir à procurer le payement de toute la dette.

Revenons maintenant aux rapports que Guillaume de Mortagne eut avec son suzerain. Ils ont d'autant plus d'intérêt que le moment approche où l'infortuné comte de Flandre, victime du ressentiment du roi de France, aura plus que jamais besoin du dévouement de ses fidèles vassaux.

Les bourgeois de Valenciennes s'étaient, en 1296, soustraits à l'obéissance de Jean d'Avesnes, comte de Hainaut, et donnés au comte de Flandre qu'ils promettaient de reconnaître à l'avenir pour leur « droit seigneur, » même contre la volonté du roi. Gui de Dampierre accepta l'offre et donna Valenciennes à son fils Robert, en promettant de l'assister; et comme cette nouvelle possession devait entraîner des frais pour le jeune prince, il se soumit d'avance pour la somme qu'il devrait lui payer, à ce que d   'eraient Guillaume et Thomas de Mortagne.

Le comte se   .a à la décision de Guillaume pour une affaire bien plus importante. Le comte de Flandre et son fils, Philippe de Flandre, avaient pris part à la mort de Robert, frère d'Arnoul d'Audenarde (2), et

_____

(1) Li   , 1673, p. 85. Cet ouvrage a été réimprimé sous un autre titre en 1723

(2) Saint-Genois, p. dccclxv. Les généalogies des sires d'Audenarde ne mentionnent pas ce Robert, ni comme frère, ni comme beau-frère d'Arnoul.

il en était résulté une inimitié profonde entre les deux familles. Waleran, sire de Montjoie et de Fauquemont, et Guillaume de Mortagne furent constitués juges et arbitres de toute l'affaire : ils firent la paix entre Gui et Arnoul, ordonnèrent des réparations aux fils du comte, et firent promettre à Arnoul de servir son souverain dans la guerre qu'il avait avec le roi de France et le comte de Hainaut, et de lui prêter même une de ses deux forteresses de Flobecq ou de Lessines. La sentence fut portée à Lille, le 25 juin 1297, lorsque l'armée française était aux portes de la ville.

L'année suivante, pendant une trêve que le malheureux comte, dépouillé déjà d'une partie de ses États, avait été contraint d'accepter, un traité d'alliance fut heureusement conclu entre Gui et le duc Jean de Brabant. Là encore Guillaume de Mortagne intervint, et fut l'un des quatre arbitres, nommés pour terminer les difficultés qui pourraient survenir au sujet des secours que devaient se fournir mutuellement les parties contractantes. Il en fut de même pour les différends qui existaient entre Gui et le comte Renaud de Gueldre : Guillaume fut, à la demande de son maître, adjoint, en qualité de conseiller, aux arbitres que l'on avait nommés primitivement (1298). Guillaume avait dû, par suite de ces diverses négociations, suivre son maître en Brabant, et on les trouve tous deux parmi les témoins du mariage conclu à Bruxelles entre Jean de Louvain, seigneur de Herstal, et la comtesse Félicité de Luxembourg.

Un nouveau traité ayant été conclu, l'année suivante, avec Jean, comte de Hollande, le sire de Dossemer fut encore appelé à servir d'arbitre et signa, avec plusieurs autres seigneurs, les lettres par lesquelles Gui remettait au comte de Hollande l'hommage des cinq îles de la Zélande.

Il n'y a pas lieu de s'étonner, après tout cela, que ce dévoué serviteur ait été nommé le premier, parmi les exécuteurs testamentaires du vieux comte, dans le testament qu'il fit à Peteghem, en 1298.

Les fils du comte de Flandre, Robert, Philippe et Jean, étaient, à la même époque, partis pour Rome, afin de réclamer la liberté de leur sœur, emprisonnée par Philippe-le-Bel, et celle des prisonniers faits à la bataille de Furnes. Le vieux comte leur écrivait de Peteghem, le 23 juillet, leur disant, entre autres choses, de faire en sorte que le comte de Savoie fit connaître au pape les empiétements du roi de France sur les domaines des comtes de Flandre. Le comte de Savoie, ajoutait-il, n'avait qu'à se rappeler ce que Guillaume de Mortagne lui avait dit à ce sujet pendant son séjour en Flandre. Ce témoignage est précieux : il nous révèle que Guillaume avait une grande expérience des affaires, une connaissance exacte de l'état du pays et de la politique des monarques français, enfin un grand attachement aux intérêts de son seigneur immédiat, le comte de Flandre. Aussi ne devons-nous pas nous étonner que Gui l'ait chargé de conduire ses fils, Gui et Jean, à l'empereur d'Allemagne, Albert d'Autriche, pour plaider sa cause contre le comte de Hainaut, Jean d'Avesnes. Les trois députés se présentèrent à l'empereur, le 25 avril 1299, dans la cour royale de Boppart. Là, ils lui montrèrent les lettres que le comte de Hainaut avait obtenues à Spire, le 4 mars 1299, et l'assurèrent que ce dernier n'avait pas observé les conditions du compromis dressé par Godefroi de Brabant et Jean de Dampierre, arbitres nommés pour terminer toutes les contestations existantes entre les deux comtes. L'empereur les écouta favorablement et, en conséquence de leur demande, cassa et annula toutes les sentences qui avaient été rendues à ce sujet par l'empereur Rodolphe, son père, en même temps que celle qu'il avait rendue lui-même à Spire, le 4 mars 1299. On ne pouvait certes remporter un plus complet succès.

Cette affaire n'était pas la seule que Guillaume eût été chargé de traiter suivant l'occurrence ; car il existe des lettres du 7 janvier précédent qui lui donnent, à lui et à Jean de Menin, plein pouvoir de traiter avec Albert au sujet d'un certain mariage, qui n'est pas explicitement désigné. Il est permis de croire que le vieux comte, fort zélé pour l'agrandissement de sa famille, portait ses vues assez haut, et n'aurait pas trouvé ses enfants déplacés sur les marches du trône impérial ; mais nous ignorons s'il y eut même des négociations entamées sur ce point.

Qu'on nous permette de relever dans le compte du receveur de Gui à la suite de cette ambassade un petit détail qui montre dans le comte de Flandre et ses hommes de la sollicitude pour les malheureux. Jakemes de Donze déclare devoir entre autres choses à Guillaume de Mortagne « 30 livres parisis pour pertes remboursées à de pauvres hommes. » Sans doute l'on aime à voir comment, chez le prince flamand, tout est réglé jusqu'au moindre détail, et comment on y tient compte à Guillaume non-seulement des chevaux qu'il lui a fallu employer, mais encore des draps et *pennes* dont il a dû se fournir, mais on est bien plus agréablement affecté, quand on y voit qu'une place y est réservée aux sentiments d'humanité et de bienfaisance.

Quelques mois après son retour d'Allemagne (3 septembre 1299), Guillaume dirigeait, de concert avec le comte de Nevers, une enquête au sujet des forfaits commis par Jean Delepierre, bailli de Damme, affaire longue et épineuse où comparurent jusqu'à 47 témoins (1).

Plus que jamais, il était alors opportun, en Flandre, de chercher à faire régner la justice et à venger les citoyens opprimés. Mais, hélas ! tout ce que faisait Gui, soit pour se concilier la faveur de l'empereur et des princes étrangers, soit pour s'attacher ses propres sujets, ne pou-

---

(1) M. V. Gaillard a imprimé une partie de cette enquête dans ses *Recherches sur les monnaies des comtes de Flandre*. Gand, 1852, pièces justif. p. 20.

vait plus le sauver de sa ruine et le moment était venu où le vieux comte de Flandre, vaincu par les armes de la France, se résignait à aller, pour épargner à son pays de plus grands maux, demander grâce en personne à son cruel et déloyal vainqueur.

Un conseil avait eu lieu, dans lequel Gui s'était décidé à cette démarche : Guillaume y avait assisté. Lorsque son maître exécuta sa résolution, le 24 mars 1300, il était du nombre des cinquante chevaliers qui s'offrirent pour l'accompagner, prêts à partager son sort. Les historiens de la Flandre n'ont pas assez d'éloges pour ces cinquante amis fidèles et dévoués, en qui semblait, disent-ils, en ce moment se personnifier toute la nationalité flamande, pour ces héros de la fidélité, pour ces martyrs de l'indépendance nationale, dont les noms doivent être signalés avec respect à la postérité.

Outre le seigneur de Dossemer et de Tourcoing, on y trouvait Arnoul d'Audenarde, son beau-père, Alard de Roubaix, Jean de Bondues, Jean de Menin, Jean de Gand, Sohier de Courtrai, Antoine de Bailleul, Jean de Valenciennes.

Il ne paraît pas cependant que Guillaume ait quitté la Flandre en même temps que son maître ; car il figure parmi les témoins de trois actes importants, conclus en faveur de la ville de Gand, le 1er avril 1300 (n. st.), par Robert de Béthune, comte de Nevers et régent de Flandre pendant l'absence de son père. Nous avons indiqué plus haut la renonciation d'Hugues d'Enghien à ses droits seigneuriaux ; Rasso de Gavre renonçait de même à toutes ses *justices*, et Robert, lui aussi, vendait à la ville les terres de Mude et de Sainte-Marie. Mais après cette coopération prêtée à des mesures qui tendaient à assurer le repos intérieur du pays, Guillaume s'était hâté d'aller rejoindre son prince et de se ranger parmi les otages que Gui devait présenter au roi.

Le comte de Flandre ayant été fait prisonnier avec toute sa suite, contre la promesse faite au nom du roi par Charles de Valois, nos chevaliers restèrent 10 jours à Paris, pendant qu'on célébrait les noces du duc d'Autriche avec Blanche de France ; mais bientôt Philippe-le-Bel jugea à propos de les éloigner. Le comte de Flandre fut enfermé à Compiègne, et le seigneur de Dossemer eut pour prison, comme l'indique le rapport des commissaires du roi, la forteresse de Janville. Il y avait pour compagnons Jean de Rodes, Guillaume de Cockelaere et Sohier de Courtrai, et pour principal gardien Jean de Montrejau, sergent d'armes. Au reste, il paraît n'y avoir pas été mal traité : l'un de ses neuf gardiens n'était pas inexorable et se laissait gagner par les présents. On lit, dans les mémoires conservés aux archives de Paris, qu'il reçut, de Guillau   son compagnon, un autour, deux faucons et un chien c   chaît; et q   même la femme de Guillaume et celle de Jean de   odes envoyèrent c acune une vache aux femmes des geôliers Totenc   rf et Montrejau. Pou rain nomme le fort où Guillaume

7.

fut enfermé Haut-Villiers, en Bausse, et il croit que ce seigneur obtint la permission d'aller vaquer à ses affaires, sur la parole de sa nièce; c'est ce qu'il conclut d'un acte de l'an 1303, conservé au trésor des chartes de la Sainte-Chapelle, à Paris, et par lequel Marie de Mortagne, dame de Vierson et de Mortagne, s'engage à payer au roi 1,000 livres, si son oncle, Guillaume de Mortagne, ne se remet en prison à Mont-le-Héri, dans le temps marqué par cet acte. Il est bon de faire observer que, parmi les chevaliers morts à Courtrai, à la sanglante bataille des Éperons, en 1302, au service du roi de France, se trouvait Jean de Vierson, l'époux de Marie de Mortagne. Il y a lieu de croire qu'il avait, avant la bataille, joint ses prières à celles de son épouse, en faveur de son parent.

Guillaume se trouvait encore prisonnier, sinon de fait du moins de droit, lorsqu'il fut nommé, en septembre 1302 et en juillet 1303, exécuteur testamentaire d'Arnoul V d'Audenarde, son beau-père. Arnoul VI, son beau-frère, avait combattu à Courtrai contre les Français.

L'année 1303 voyait s'éteindre la descendance masculine des premiers sires d'Audenarde, car un ancien chroniqueur rapporte à cette année la fin tragique du ber d'Audenarde mis à mort de la propre main de son cousin, le comte de Hainaut. Le fils d'Arnoul V d'Audenarde et d'Isabelle de Hainaut était bien le cousin du comte de Hainaut et le titre de *ber* ne pouvait lui appartenir qu'après la mort de son père. Il y a donc tout lieu de croire, qu'à partir de 1303, Guillaume devint seigneur d'Audenarde et ber de Flandre du chef de sa femme Isabelle.

Au mois de juin de l'an 1305, le traité d'Athles-sur-Orge, conclu entre Philippe-le-Bel et Robert de Béthune après la bataille de Mons-en-Pévèle, mit fin à la captivité des seigneurs flamands. Ce qu'il y a de plus honorable pour Guillaume, c'est qu'il y est désigné parmi les six seigneurs chargés d'éclairer les doutes et les obscurités de la convention. Les autres sont : Louis, comte d'Évreux, Robert, duc de Bourgogne, Aimé, comte de Savoie, Jean, comte de Dreux, et le duc de Brabant. On voit en quelle noble société se trouve notre seigneur.

Il n'est pas étonnant qu'appelé à interpréter les traités signés par les souverains, Guillaume ait continué à être invoqué pour décider des causes moins graves. Au mois d'août de cette même année, Robert, comte de Flandre, et six nobles seigneurs flamands promettaient de remettre dans les prisons du comte de Hainaut Gilles de Crenninghe et Gérard de la Malstède, ou de lui payer, pour leur rançon, 3,200 livres tournois, si ceux-ci ne pouvaient prouver par-devant Mgr Guillaume de Mortagne, seigneur de Dossemer, et Mgr Sausset, seigneur de Boussoit, qu'ils étaient alliés aux flamands avant d'avoir été faits prisonniers.

A quelle époque Guillaume termina-t-il une vie si noblement et si glorieusement occupée, c'est ce que nous ne pouvons déterminer d'une manière certaine. On pourrait croire qu'en 1310 il n'était plus de ce monde, car il n'est pas nommé dans un acte où sa nièce énumère ses oncles et ses tantes. Ce qui est certain, c'est qu'en 1311 il était mort : nous en avons la preuve dans un acte de cette année, par lequel Marie de Mortagne, châtelaine de Tournai, donne à Marie de Dossemer, sa cousine, fille de *feu* Guillaume de Mortagne, son oncle, 100 livres de rente, qu'elle lui assigne en fonds de terre. Cependant, dans un acte du lundi avant la Saint-Clément (1311), où il s'agit de l'anniversaire de Pentecôte de Durbui, Marie nomme simplement Guillaume son très-cher et bien-aimé oncle ; ce qui pourrait faire croire qu'il ne mourut qu'à la fin de l'année 1311.

La veuve de Guillaume, Isabelle d'Audenarde, épousa en secondes noces Gérard de Granpreit, seigneur de Houffalize. Elle avait eu trois enfants de son premier époux, Guillaume, dont nous parlerons bientôt, Marie et Isabelle. Marie, tantôt nommée Marie de Dossemer et tantôt Marie d'Audenarde, nous est connue par plusieurs actes où elle est l'objet de la libéralité de ses parents. Nous venons de citer celui de sa cousine, la châtelaine de Tournai, en 1311. Dix ans plus tard (23 novembre 1321), elle reçoit de son beau-père, Gérard, et de sa mère, Isabelle, 200 livres tournois de revenu, en accroissement, est-il dit, de son mariage. Ces 200 liv. lui étaient assignées sur le bois de Porteberge. Il en sera question de nouveau plus bas à l'occasion de la vente de Flobecq et de Lessines ; ainsi que de sa sœur Isabelle, dame de Ribeumont (1).

Dans la longue énumération des faits et gestes du sire de Rumes, de Dossemer et de Tourcoing, nous avons dû, pour éviter des répétitions fastidieuses, omettre le plus souvent les noms des seigneurs qui signèrent avec lui les actes auxquels il prit part. Cependant, ces noms ont aussi leur importance historique. Ils montrent que Guillaume était sans cesse en rapport avec la première noblesse de Flandre et des pays limitrophes. Ce sont les fils du comte de Gui ; ce sont ses officiers, tels que Sohier de Bailleul, maréchal de Flandre, plusieurs des bers de Flandre, comme Arnoul, sire de Cysoing, Rasse, sire de Boulers, Jean, sire d'Eyne, le panetier de Flandre Danekins, le receveur du comte Jakemes de Donze, prévôt de Notre-Dame, à Bruges ; ce sont les châtelains des différentes villes, comme Jean, de Lille, Hugues, de Gand, Wautier, de Courtrai, Ghillebert, de Berghes, Wau-

---

(1) Les généalogistes nomment une troisième fille de Guillaume, et d'Isabelle, Yolende, qui aurait épousé Fastré de Berlaimont, seigneur d'Assembourg et donné naissance à une nombreuse postérité. S'il en était ainsi, il serait fort difficile d'expliquer comment, lors de la vente de Flobecq, lorsqu'il est fait mention de tous les héritiers de Guillaume I et d'Isabelle, on ne parle que de deux sœurs germaines et d'une sœur utérine de Guillaume II.

tier, de Douai ; ce sont, enfin, les seigneurs du plus haut rang ou les membres des familles les plus illustres, tels que Henri de Louvain, sire de Gaesbeek, Baudouin d'Avesnes, sire de Beaumont, Gillion de Berlaimont, Jakemes de Werchin, sénéchal de Hainaut, Jean de Gavre, sire de Hornes, Rasse de Gavre, Wautier, sire d'Enghien, Gérard d'Enghien, Gérard, sire de Vianden, Gérard, sire de Rodes, Baudouin, sire de Comines, Robert de Wavrin, sire de Saint-Venant, Robert, sire de Monteigni, Rasse, sire de Liedekerke, Philippe, sire de Maldeghem, Philippe, sire d'Axele, Hugues, Wautier et Olivier de Halewyn, Gilles et Jakemes de Lokeren, Michel d'Auchy, sire du Maisnil, Jean, sire de Ghistelle, Roger de Ghistelle, Colard de Pouckes, Philippe de Bourbourg, Alard de Roubaix, Gilles d'Antoing, Jean de Menin, Jean du Wes, Érard, sire de Beverne, Jean de Baudimont, Henri de Bourghelle, Sohier de Haudion, etc., etc.

GUILLAUME II.

Guillaume de Mortagne, deuxième du nom, n'a pas laissé dans l'histoire de traces nombreuses. En 1321, son beau-père, Gérard de Grandpreit, et sa mère, Isabelle, s'étaient dessaisis en sa faveur de la terre et baronnie d'Audenarde, en s'en réservant toutefois l'usufruit pour le reste de leurs jours (1). Ce titre de seigneur d'Audenarde donnait à Guillaume le droit d'intervenir dans les contestations toujours existantes, entre la Flandre et le Hainaut, au sujet de Flobecq et de Lessines, dont le territoire se nommait à si juste titre la *terre de débat*. Aussi, voyons-nous que, dans deux traités faits en 1333 et 1334 (n. st.), à Cambrai et à Valenciennes, entre les deux parties en litige, on réserve toujours les droits de Guillaume sur ces fiefs, sauf à lui de les faire valoir devant la cour de Flandre.

Entre ces deux actes des comtes de Flandre et de Hainaut, il en était intervenu un autre qui devait assurer au dernier la jouissance pleine et entière du territoire contesté En effet, au commencement de juillet 1333, Thomas de Lille, au nom de son cousin, Guillaume de Mortagne, seigneur de Dossemer, s'était engagé à remettre Flobecq et Lessines entre les mains du comte de Hainaut et à obtenir le consentement des deux sœurs germaines de Guillaume, ainsi que du seigneur de Houffalize et de sa fille.

L'affaire se prolongea encore quelque temps et plus d'un diplôme

(1) Ce fut à cette occasion que sa sœur Marie reçut l'accroissement de mariage dont il a été parlé plus haut. Le nom de l'époux de Marie n'apparaît nulle part.

fut confectionné à ce sujet. Gérard de Grandpreit avait renoncé à tous ses droits moyennant une rente de 100 livres; sa fille Marguerite en avait reçu une de 150 pour prix de son désistement. Son épouse, Isabelle, avait fait aussi son acte de vente moyennant un revenu annuel de 400 livres, mais elle n'avait pas fait mention de 200 livres de revenu assignées à sa fille Marie sur les bois de Porteberge; Marie réclama auprès du comte de Hainaut, et ce prince lui assura 100 livres à déduire des 400 dues à sa mère.

Enfin, le premier mai 1336, Guillaume de Mortagne donnait quittance à Guillaume, comte de Hainaut et sire de Frize, de la somme de 3,800 livres qu'il avait reçue pour la vente des châteaux, châtellenies et terres de Flobecq, Lessines et appartenances, éclissés (1) du fief de Pamele-lez-Audenarde; puis, selon toutes les formes voulues, il s'en *déshéritait* et en *adhéritait* Gérard d'Enghien, châtelain de Mons et sire d'Havré, qui tenait la place du comte de Hainaut. Cet acte est aussi daté du 1er mai 1336. Il fut passé en grande solennité à l'hôpital de Lessines devant Yenwains de Waernewich, bailli du comté d'Alost, ainsi que devant le sire de Boulers et la dame de Cysoing, hors de Flandre et pairs de Guillaume. Ce dernier agissait du consentement de Marie de Mortagne, sa fille ainée et son héritière (2), et était assisté de son cousin, Jean de Mortagne, seigneur de Landas et de Bouvegnies.

Un autre acte fut encore passé, le même jour, pour attester le consentement qu'Isabelle de Mortagne, dame de Ribeumont, sœur germaine de Guillaume, et Marguerite de Houffalize, demoiselle de Roussy, sa sœur utérine, avaient donné à la vente.

Ces actes nous apprennent que Guillaume était déjà marié depuis plusieurs année en 1336. La dénomination qu'il y prend de sire de Dossemer semble indiquer que la dame d'Audenarde, Isabelle, sa mère, vivait encore. Il n'en devait plus être ainsi en 1341, car, cette année-là, Marie de Mortagne, dame d'Audenarde, approuvait et ratifiait toutes les ventes faites dans la ville de Tournai par ses auteurs. Son père, Guillaume II, fils de celui qui avait accompli ces ventes, c'est-à-dire de Guillaume I, vidima, approuva et agréa l'acte de sa fille.

Cinq ans après, le noble seigneur tombait sous les coups des Anglais à la sanglante bataille de Crécy, le 26 août 1346. On sait que le comte de Flandre Louis eut le même sort.

Il laissa après lui deux filles, Marie et Yolende (3).

---

(1) C'est-à-dire détachés.
(2) C'est cette Marie que les généalogistes ont confondue avec Marie, sœur de Guillaume II. Il a été parlé suffisamment de cette dernière qui ne figure pas dans les actes du premier mai 1336, soit qu'elle eût encouru la disgrâce de ses parents, comme on serait tenté de le croire, soit pour toute autre raison.
(3) D'après les généalogistes il mourut sans hoirs. On a vu quelle était la fausseté de cette assertion. On en verra plus bas des preuves nouvelles.

MAISON DU FAY.

Auteurs consultés :

L'Espinoy, *Les antiquités de Flandre.* — Du Chesne, *Hist. de la maison de Gand,* p. 359. — *Inventaire des archives du département à Lille. Chambre des comptes,* t. X, p. 331-378. — *Inventaire des archives de Tourcoing.* — *Généalogie des sires d'Audenarde.*

JEAN.

Nous n'avons pas hésité à placer au nombre des seigneurs de Tourcoing Guillaume II de Mortagne, bien que nous n'ayons rencontré de lui aucun acte où il en prenne le titre. La raison en est que cette seigneurie a fait partie de l'héritage de ses filles.

Quant à Jean du Fay nous le mentionnons parce qu'il a eu au moins des prétentions fondées à la seigneurie et que les draps fabriqués à Tourcoing ont porté l'empreinte de ses armes. Il était chevalier et seigneur de Tilletoy; il semble aussi avoir porté le titre de Villain qui devint, comme on sait, le nom distinctif d'une branche illustre de la maison de Gand (1).

Il épousa Marie de Mortagne, héritière de la seigneurie de Pamele et des riches possessions de la puissante maison d'Audenarde. Cette union fut loin d'être toujours heureuse. Que se passa-t-il entre les deux époux ? C'est ce que nous n'avons pas voulu éclaircir, mais il est certain qu'ils se séparèrent avant l'an 1360, et que Marie de Mortagne, prétendant que son mariage était nul, en contracta un second avec le

---

(1) Du moins André Du Chesne parle d'une charte de l'église de saint Spire de Corbeil, où il est fait mention de Jean dit Villain, chevalier; et ensuite d'un amortissement, consigné dans les registres de la chancellerie de France, accordé par le roi Jean, en 1355, à Villain de Fay, chevalier, qui par d'autres lettres postérieures se nomme Jean de Fay, dit Villain. Les dates et la similitude des noms permettent de supposer, avec une grande vraisemblance, que ce Jean de Fay dit Villain est le même que le seigneur du Fay.

chevalier Pierre Pascharis ; ce dernier appartenait à une ancienne famille de Flandre qui a compté, dit l'Espinoy, plusieurs chevaliers renommés dans les histoires, et qui a rendu de grands services au comte de Flandre et à la ville de Gand.

De son côté Yolende, sœur de Marie, avait épousé, en 1349, Gossuin, seigneur du Quesnoi, de Loire et de Braffe.

Le divorce de Marie devint, comme on le comprend fort bien, une occasion de querelles et de procès. Un des principaux sujets de dispute fut la seigneurie de Tourcoing, localité dès lors fort importante par son industrie et son commerce. Pierre Pascharis, en sa qualité d'époux de Marie, la réclamait. Gossuin, époux d'Yolende, s'opposa à ses prétentions, de concert avec Jean du Fay, qui soutenait la validité de son mariage.

Ce fut à l'occasion de ce procès qu'il intervint un arrêt du roi de France Jean-le-Bon, daté de Térouane le 6 novembre 1360, par lequel, voulant passer outre au débat qui existait entre les deux parties, il autorisait le bailli de Lille ou son lieutenant d'octroyer aux habitants de Tourcoing une marque ou signe pour marquer les draps qui se fabriquaient en cette ville.

En conséquence de cet ordre Jacques Liquidème, lieutenant du souverain bailli à Lille, désigna pour marque et scel de la draperie de Tourcoing, d'un côté les armes du *seigneur du Fay*, et de l'autre celles du *seigneur du Quesnoy*. Quelles que pussent être les prétentions particulières de ces deux seigneurs entre eux, l'arrêt leur était favorable. Il était contraire à Pascharis.

La dame d'Audenarde, de son côté, s'était adressée à Rome pour obtenir une sentence au sujet de son double mariage. Le 6 mars 1368, fut prononcée à Rome, par l'auditeur commis pour cela, une sentence par laquelle « le mariage de Jean du Fay, chevalier, avec Marie de Mortagne dame d'Audenarde est déclaré nul, et celui contracté depuis par ladite dame avec Pierre Pascharis, chevalier, du vivant dudit Jean du Fay, déclaré valable. »

Nous ne savons rien de plus de ce triste procès.

MAISON DU QUESNOY (1).

Auteurs consultés :

M. Roussel, *Hist. de Tourcoing*. — Saint-Genois, *Monum. anciens*, p. 895-896. — *Archives de Tourcoing. Registre aux titres de la manufacture.* — *Archives du département à Lille. Inventaire de la Chambre des comptes*, t. X, B, p. 378; t. XI, p. 139-140. *Table alphab. des chartes comprises dans les volumes* VI-IX, B, 16, M, 1er cah., f. 9 r°, f. 10 r°. — Chotin, *Hist. de Tournai*, I, 363.

GOSSUIN.

Marie de Mortagne avait eu un fils du nom de Jean (2), auquel revenait la part principale de l'héritage des sires d'Audenarde. Le comte de Flandre, Louis de Maele, veilla sur lui d'une manière toute particulière. En effet, son oncle, Gossuin du Quesnoy, s'étant mis en possession de la terre de Tourcoing et de quelques autres terres, comme formant la part qui lui revenait de l'héritage paternel, en vertu d'un partage fait

---

(1) Il existe plusieurs localités du nom de Quesnoy; nous avons trouvé : le Quesnoy, près d'Avesnes ; le Quesnoy-sur-Deule, près de Lille (Nord); le Quesnoy près de Beauvais, ou le Quesnel-Aubry (Oise) ; le Quesnoy-sur-Blaru (Seine-et-Oise), le Quesnoy près d'Hesdin (Pas-de-Calais) ; le nôtre est en Picardie et passa de la famille Blondel à celle de Bournonville, puis à celle de Monchy, c'est celui qui est situé à une lieue 3/4 de Rosières ; nous le croyons du moins, car il y a encore, en Picardie, Quesnoy-sur-Airaines qui nous paraît avoir appartenu au 16e siècle à la famille de Quiéret.

(2) Quel était le père de cet enfant qu'un acte de 1371 nomme seulement Jean d'Audenarde ? Les généalogistes le disent fils de Jean du Fay, dont ils font l'époux de Marie, sœur de Guillaume II, tandis qu'il en épousa la fille. Le nom de Jean semble indiquer un père du même nom. Néanmoins nous sommes portés à croire qu'il était fils de Pierre Pascharis. En effet, il était encore mineur en 1371, la séparation de Jean et de Marie ayant eu lieu déjà en 1360, il est difficile d'admettre qu'il fût né du premier mariage, dont sa naissance eût d'ailleurs dû empêcher la dissolution.

par des amis communs, les officiers du comte de Flandre la saisirent au profit dudit Jean d'Audenarde attendu, disait l'arrêt, la minorité de cet enfant. Mais Gossuin et Yolende réclamèrent; un accord fut conclu, et le sire du Quesnoy put jouir paisiblement des fruits et des revenus de la terre de Tourcoing, jusqu'à ce que, la majorité de Jean étant arrivée, le partage des biens communs pût se faire selon l'usage et les coutumes du pays. Le 16 septembre 1371, ils promirent solennellement, devant le bailli et les hommes de fief de la salle de Lille, d'observer cette convention; ils en donnèrent les lettres scellées de leur sceau et le bailli de Lille Michel de Dierfaut, mettant à néant l'arrêt de saisie, leur fit délivrance de la terre de Tourcoing (1).

Ce fut en conséquence de ce nouvel arrêt, que, le 8 juin de l'année suivante, les deux époux accordèrent un scel aux habitants de leur seigneurie de Tourcoing, réglèrent les draps fabriqués dans cette ville, fixèrent les amendes à l'égard des contrevenants et nommèrent des *égards*. Dès lors Tourcoing eut ses armoiries fixées d'une manière définitive, et porta d'argent à la croix de sable (2), chargée de cinq besans d'or. La croix était aussi l'insigne héréditaire de la famille de Mortagne, mais leurs couleurs n'étaient pas les mêmes, car ils portaient d'or à la croix de gueules (3). Peut-être le seigneur du Quesnoy eut-il sa part à la formation de l'écusson tourquennois, et, tandis que son épouse lui communiquait la forme de ses armes, lui donna-t-il, de son côté, ses propres couleurs; mais nous ignorons les couleurs de la maison du Quesnoy et nous savons seulement qu'un échiquier couvrait son écu.

Les généalogistes ont attribué à Yolende les titres de dame d'Audenarde, de Pamele, des terres d'Entre Marck et Rosne, de première bère de Flandre et d'avouée d'Eenhaeme, qui appartenaient en propre aux chefs de la famille d'Audenarde. Ces titres ne figurent pas néanmoins dans plusieurs actes qui nous restent d'elle, mais cette absence peut avoir plusieurs causes. Son neveu Jean était mort en 1379, sans laisser de postérité; Yolende dut, sans nul doute, recueillir son héritage (4), ainsi que celui de sa sœur Marie, mère du jeune seigneur, mais elle a pu ne pas tarder à remettre l'héritage des sires d'Audenarde entre les mains de son fils Louis du Quesnoy (5), et après la mort de ce dernier, entre celles de sa fille Marie du Quesnoy, épouse de Jean Blondel.

(1) Il est à remarquer que l'acte porte : dame Yolende de Mortagne, sœur germaine de la dame d'Audenarde, fille de feu messire Guillaume de Mortagne, seigneur d'Audenarde, ce qui contredit formellement les généalogies audenardaises.
(2) Noir.
(3) Rouge.
(4) En 1383, Yolende relevait un fief à Templeuve, qui lui était échu de son neveu, messire Jean d'Audenarde.
(5) D'après une généalogie, Louis du Quesnoy aurait succédé immédiatement en 1379, à son cousin dans la seigneurie de Pamele.

Quoi qu'il en soit, il est certain qu'elle porta les titres de dame du Quesnoy, de Longvillers (1), de Templeuve-en-Dossemer, et de Tourcoing (2), et qu'elle posséda des fiefs nombreux ; ainsi en 1383, le 23 juin, elle prêtait hommage au comte Louis, pour quatre fiefs qu'elle possédait à Tourcoing, à Templeuve, à Douriers, et à Aire. En 1389 et en 1392, elle relevait de même quatre fiefs à Templeuve, deux à Tourcoing et le fief des Wasiers à Wavrin. En 1386, le 30 septembre (3), elle vendait les terres de Longvillers, de Recques et de Marguise à Jean Blondel, seigneur de Méry et de Canteleu, dont le fils Jean avait épousé, en 1583, sa fille Marie.

Nous avons déjà nommé deux des enfants d'Yolende et de Gossuin du Quesnoy. Il faut y ajouter deux filles, Philippote et Yolende (4). Avant de parler de son second mari, disons quelques mots de son fils Louis du Quesnoy, qui paraît avoir recueilli, en 1379, les titres et les seigneuries de son cousin, Jean de Mortagne.

Sire du Quesnoy, de Pamele, des terres d'Entre-Marck-et-Rosne, d'Elst et de Castre, etc., dit sire d'Audenarde, premier Per de Flandre, il épousa Jacqueline de Helly.

Il est probable que c'est lui que l'on désigne, sous le titre de sire du Quesnoy, comme ayant assisté, le 31 juillet 1391, en compagnie de seize autres chevaliers et de vingt-quatre écuyers, aux magnifiques obsèques célébrées dans l'église de l'abbaye de Saint-Martin à Tournai, pour le repos de l'âme de Gérard de Mortagne, sire d'Espierre.

Comme son aïeul, Guillaume II de Mortagne, il mourut sur le champ d'honneur. Tué, le 25 octobre 1415, à cette funeste bataille d'Azincourt où périt la fleur de la noblesse de France, il ne laissa point après lui d'héritier de son nom, et sa sœur Marie recueillit la part principale de son héritage.

Sa mère Yolende lui survécut, car elle se trouve mentionnée comme dame de Tourcoing, et de Templeuve, dans un compte de l'an 1417.

Nous avons à parler maintenant du second mari de cette dernière.

(1) Le registre porte Louvillers.
(2) C'est bien à tort, croyons-nous, que les généalogistes lui attribuent le titre de dame de Rumes, cette seigneurie, cédée ou vendue par Guillaume 1er à sa sœur Isabeau, devenue veuve d'Arnoul V seigneur de Diest, passa dans la maison de Diest, par le mariage d'Isabeau avec Arnoul V, sire de Diest et châtelain d'Anvers, puis dans les maisons d'Ailly, de Launay, de Berghes, de Grimberghe, de Lannoy, de Beauffort, et de Croy. (Voir *Chron. de Baudouin d'Avesnes*, Butkens, I, 456, II, 93, Reiffenberg, *Mon. de Hain*, I, 638-647, *Souvenirs et lég. de l'anc. Tournaisis. Chronicon Diestense*).
(3) Du Chesne, d'autres disent le 30 décembre.
(4) Philippote du Quesnoy, d'après la généalogie des sires d'Audenarde, aurait été dame de Rumes. Elle épousa 1° Grignard d'Esene, seigneur de Damuchy, 2° Jacques Monton, baron d'Harchies. Le nom d'Yolende de Quesnoit, dame de Templeuve, figure dans un compte de l'an 1443.

MAISON DE VILLE-AUDREGNIES.

Auteurs consultés :

LE CARPENTIER, *Hist. de Cambrai*, t. III, p. 126. — VINCHANT, *Annales du Hainaut*, t. VI, p. 111; t. III, p. 308; t. IV, p. 5, 86. — *Archives hist. et litt. du nord de la France et du midi de la Belgique* (nouv. sér.), t. V, p. 532-537.

JEAN.

Yolende de Mortagne avait épousé en secondes noces Jean de Ville (1), seigneur d'Audregnies. Elle prend le titre de son épouse dans un acte du mois de mars 1389. Six ans s'étaient alors passés,

---

(1) Le Carpentier (Hist. de Cambrai, 3ᵉ partie, p. 125) distingue deux Jean de la famille d'Audregnies, savoir : 1° *Jean* de Ville, surnommé d'Audregnies, époux d'Yolende de Mortagne, troisième fils de Gérard I, seigneur d'Estrepy et frère de Gérard II, seigneur de Ville, etc., grand-bailli de Hainaut en 1351, et de Guillaume de Ville, seigneur d'Audregnies, grand-bailli de Hainaut, en 1388; 2° *Jean*, seigneur d'Audregnies, mort sans hoirs, fils de Guillaume. Nous croyons qu'il s'est trompé et qu'il n'y a qu'un seul Jean de Ville d'Audregnies; nous nous fondons pour cela sur l'acte de 1389, où l'époux d'Yolende est appelé Jean de Ville, seigneur d'Audregnies; Guillaume de Ville, ayant eu plusieurs enfants, n'a pas dû transmettre son titre seigneurial à son frère; de plus il devait être vieux, en 1388, pour avoir succédé dans la charge de grand-bailli à son frère qui en était investi en 1351. Nous pouvons donc sans invraisemblance supposer qu'il mourut à cette époque. Le grand-bailli de Hainaut était, en 1405, Gérard de Berlaymont, et le seigneur d'Audregnies était, en 1423, Guillaume de Sars.

semble-t-il, depuis qu'elle avait perdu son premier mari. Ce nouveau mariage était des plus honorables.

La famille d'Audregnies, l'une des plus nobles et des plus anciennes du Hainaut, avait pour auteur Alard, seigneur d'Audregnies et d'Estrepy, qui s'illustra en terre sainte sous Godefroid de Bouillon. Elle possédait un grand nombre de seigneuries, entre autres, celle de Ville, qui donna son nom à plusieurs de ses membres, et en particulier à l'époux d'Yolende de Mortagne, bien que cette seigneurie appartînt, dès l'an 1388, par suite d'un mariage, à Jean de Berlaymont, seigneur de Floyon.

Jean de Ville était, croyons-nous, fils de Guillaume de Ville, seigneur d'Audregnies et grand-bailli du Hainaut, jusqu'en 1388. Il portait habituellement le titre de Jean d'Audregnies; c'est de cette manière qu'il est désigné par l'abbé de Saint-Aubert, Nicolas Brassart, comme ayant logé dans son abbaye au mois d'avril 1385, ainsi qu'un grand nombre d'autres princes et seigneurs, à l'occasion du double mariage de Guillaume de Hainaut avec Marguerite de Bourgogne, et de Jean de Bourgogne avec Marguerite de Hainaut.

Jean d'Audregnies assista aussi, le 3 avril 1388, avec plusieurs autres chevaliers et seigneurs, à la prestation de serment que fit, sur la place publique de Mons, le duc Albert de Bavière, en qualité de comte de Hainaut. L'année suivante, il se trouvait possesseur de la seigneurie d'Audregnies, dans laquelle il avait succédé à son père, soit par suite de la mort de celui-ci, soit à l'occasion de son propre mariage avec Yolende de Mortagne.

En 1396, il prit part, avec Persan, son frère, à la glorieuse expédition du duc Albert de Bavière contre les frisons. Y périt-il? C'est ce que nous ignorons. Mais nous n'avons plus trouvé aucune mention de lui après cette époque.

Les seigneurs de Ville portaient d'or à cinq bâtons de gueules.

MAISON BLONDEL DE JOIGNY-AUDENARDE.

Auteurs consultés :

Table gén. des barons de Pamele. — *Généal. des sires et barons d'Audenarde.* — *Annuaire de la noblesse de Belgique*, 1859, p. 184 et suiv. — *Audenaerdsche Mengelingen*, t. I, p. 460-461, 5; t. II, p. 42, 395; t. IV, p. 154, 202, 469. — *Lettres sur l'hist. d'Audenarde*, par Ed.-Fr. Van Cauwenberghe, p. 149, 63, 179, 353. — *Messager des sciences historiques*, 1846, p. 46 et suiv., 295 et suiv., 1834, p 35 et suiv. — Wauters, *Hist. des envir. de Bruxelles*, t. III, p. 260. — *Chroniques de* Monstrelet, éd. Buchon, t. V, xxix, p. 339, 343, 344, 349; t. VI, xxx, p. 8, 69, 161, 167-171, 205. — *Mémoires de Pierre de Fenin*, 1837, p. 171, 217, 218, 298, 299. — Anselme, *Hist. des grands off. de la Couronne*, t. V, p. 828; t. IV, p. 212. — Du Chesne, *Hist. de la maison de Béthune*, t. IV, p. 295, 297. — De Dynter, *Chronique du Brabant*, éd. De Ram, t. III, p. 435, 850. — *Chroniques de Flandre*, éd. De Smet, t. III, p. 699.

JEAN.

Une grande fortune ne met pas à l'abri de grandes douleurs. C'est ce qu'éprouva dans sa personne Marie du Quesnoy. Elle avait épousé, comme nous l'avons indiqué, en 1383, Jean Blondel, seigneur de Méry et de Longvillers, descendant des comtes de Joigny, premiers pairs de Champagne. Huit ou neuf enfants étaient venus resserrer les liens qui unissaient les deux époux. Mais dans quelle mortelle inquiétude elle dut être, lorsque parvint à ses oreilles le désastre de l'armée française à Azincourt ! Son frère, son époux, deux de ses fils avaient suivi les drapeaux du roi de France. Plus de quinze jours après ce tragique événement, le 14 novembre, on n'avait point encore eu de nouvelles de son frère Louis, sire d'Audenarde; et Philippe le Bon, alors comte de Charolais, dut, au nom du duc, son père, autoriser Jean Danoit, bailli à Pamele de Louis du Quesnoy, à dresser les actes divers d'administration conditionnellement au nom du « sieur du *Quesnois*, » s'il était vivant, ou s'il était mort, au nom de celui auquel appartenait sa succession.

Cependant, après quelque temps, Marie reçut la triste nouvelle que non-seulement son frère, Louis du Quesnoy, mais encore son mari, Jean Blondel et son fils aîné, Charles (1), avaient succombé. Son second fils, Jean, allait subir le même sort, quand le roi d'Angleterre fit cesser la boucherie, et le jeune seigneur fut conduit, avec le duc de Bourbon, le maréchal Boucicault et plusieurs autres, en Angleterre, où, pendant six ans, loin de sa patrie et de sa mère, il subit les ennuis et les rigueurs d'une dure prison.

Pendant sa longue captivité, il écrivit une lettre à son oncle, Guillaume Blondel, le priant de s'adresser aux audenardais pour obtenir une somme de cent écus. Mais Guillaume était mort, et la mère de Jean écrivit elle-même cette lettre touchante que l'on trouve encore en original aux archives d'Audenarde :

« Tres chiers et grans amis, je me recommande à vous tant comme je puis ne say : plaise vous savoir comment Blondel mon fils, liquels est prisonnier en Engleterre ait escript à Guillaume Blondel son oncle liquels est alés de vie à trepas, Dieu li fache merchi, en lui remonstrant piteusement plusieurs de ses nécessités et paines et travaulx, et que pour l'amour de Dieu, on lui volsist faire fin à vous de le somme de C escuts lesquels vous baillerez à ung marchant d'Engleterre qui bien brief retournera ou pays d'Engleterre; pourquoy je vous prie tant affectueusement comme je puis, que pour l'ayde et confort de mon dit fis, il vous plaise à respondre et faire fin audit marchant de la dite somme de C escuts, ad le fin que mon fils les puist avoir; et je vous promes par me foy de les vous rendre à vostre volonté et ad ce je oblège moy meismes et tous mes biens ou qu'ils soyent, et promes, à me obleger partout où il vous plaira pour vostre seureté. Je vous prie que ad ce besoing ne me voelliez falir. En tesmoing de verité j'ay chi mis mon propre scel, le XXIe jour du mois de decembre l'an mil IIII^c et dix-huit. »

Celle qui écrivait cette lettre portait, disent les auteurs, les nombreux titres de dame du Quesnoy, d'Audenarde, de Rumes, de Templeure-en-Dossemer, de Douriers, de Sauchoy, des terres d'Entre-Marck-et-

---

(1) Les trois fils aînés de Marie du Quesnoy étaient Charles, Jean et Oudart. Quant aux autres, les généalogistes ne sont pas bien d'accord entre eux. Au reste nous n'hésitons pas à dire que les généalogistes des sires d'Audenarde se sont trompés au sujet des Blondel, aussi bien qu'au sujet des Mortagne ; ils ont confondu deux cousins-germains du même nom. Nous les avons redressés sur plusieurs points en nous appuyant sur Monstrelet et sur les actes cités dans les *Mélanges audenardais* et dans l'*Annuaire de la noblesse*.

Rosne, de Toutencourt, de Loire, de Chastelet, de Bipars, de Tourcoing, de Braffe, elle était en outre baronne de Pamèle, première bère de Flandre et avouée d'Eenhaeme, et malgré tous ces titres, malgré toutes les seigneuries qu'elle possédait, elle s'était vue réduite à s'humilier devant les bourgeois de la ville dont elle se disait dame, et à leur demander une aumône de cent écus pour adoucir le sort de son fils.

Cependant une guerre terrible avait éclaté en France par suite de l'assassinat de Jean sans Peur, duc de Bourgogne (1419). Philippe le Bon, son fils, s'était allié aux Anglais, et les contrées du nord de la France étaient surtout ravagées par les incursions continuelles des dauphinois et des bourguignons.

Jean Blondel, toujours prisonnier en Angleterre, appartenait tout naturellement au parti du duc de Bourgogne dont il était vassal. Il était donc à présumer que ses possessions seraient en butte aux attaques des partisans du Dauphin. C'est ce qui arriva en effet. Seigneur de Douriers, en Picardie, il en possédait le château et y tenait garnison. Lancelot de Douriers et Pierre Blondel en étaient capitaines, lorsque, au mois de juillet 1420, Jacques de Harcourt vint à la tête d'un millier de soldats piller et incendier la ville de Douriers et se présenta devant le château pour sommer la garnison de se rendre. Lancelot de Douriers, Pierre Blondel et un bâtard du Quesnoy se concertèrent avec les soldats du château, et l'on convint d'envoyer Lancelot et Pierre, comme parlementaires, à Jacques de Harcourt, afin de lui dire que leur maître, Jean Blondel, chevalier et seigneur de Douriers, se trouvant prisonnier en Angleterre, et n'étant nullement en guerre avec les dauphinois, leur intention était de garder seulement le château qui leur avait été confié, sans faire la guerre à qui que ce fût. Dans le cas où l'ennemi ne voudrait pas reconnaître leur neutralité, ils étaient décidés, vu leur petit nombre et le peu d'espoir qu'ils avaient de recevoir du renfort, de livrer le château aux dauphinois, à condition qu'ils eussent la vie sauve et la jouissance de tous leurs biens.

Un sauf-conduit fut donc demandé, et les deux parlementaires s'acquittèrent de leur mission. Mais Jacques de Harcourt, sans leur répondre, les fit prisonniers, contre toute justice, et envoya dire à leurs compagnons de se rendre et de se retirer avec corps et biens, sinon, l'on trancherait la tête à leurs chefs. Un nouveau parlementaire, Pierre Loys, fut envoyé pour réclamer en faveur des biens de Jean Blondel; il eut le sort des précédents, mais l'ennemi, en s'emparant du château, accorda aux serviteurs de Jean Blondel la conservation de leurs biens et de ceux de leur maître. Dès lors la garnison dauphinoise de Douriers fit de nombreuses incursions contre les bourguignons dans la direction de Montreuil et d'Hesdin.

Il y avait près de deux ans qu'on se combattait avec acharnement, lorsque, à la fin du mois de juillet 1421, Philippe, avec ses bourguignons, alla mettre le siége devant Saint-Riquier.

L'entreprise se poursuivit quelque temps sans grand succès. Il arriva même que les dauphinois dans leurs sorties firent aux bourguignons plusieurs prisonniers. De ce nombre étaient messire Edmond de Bomber, que le duc estimait fort, et Jean Blondel, seigneur de Grévillers, cousin-germain de Jean Blondel, prisonnier en Angleterre (1). Tout à coup le duc de Bourgogne apprend que les dauphinois s'assemblent en grand nombre vers Compiègne et s'apprêtent à venir vers lui pour le forcer à lever le siége. Dans l'inquiétude où cette nouvelle le jette, il écrit à ses vassaux pour réclamer du secours, et le dernier jour d'août 1421, son ami et féal écuyer Oudart Blondel, seigneur de Genets, fils de Marie du Quesnoy, recevait à Gand une lettre du bon duc lui mandant « de venir ou d'envoyer hastement jour et nuit vers lui. » Oudart obéit aux ordres de son prince en lui envoyant un de ses hommes, « étoffé de deux lances » ce qui faisait un contingent de douze à treize hommes. Mais le jour même où la lettre était arrivée à sa des-

(1) Monstrelet (Collect. de Buchon, t. 29, p. 330) ne nomme pas Jean Blondel, mais voici ce qui nous autorise à l'ajouter à ceux qu'il nomme. Il n'en désigne en cet endroit que quatre : *Edmond Bomber*, Henri l'Allemant, Jean de Courcelles, *Jean de Crèvecœur*, un nommé d'Avelet et, ajoute-t-il, aucuns autres hommes nobles. Plus bas (p. 349), parlant d'une négociation entamée avec les dauphinois enfermés dans Saint-Riquier, il parle des prisonniers faits par le duc, « c'est à savoir, dit-il, messire *Edmond de Bomber*, messire Jean Blondel, Ferry de Mailly, Jean de Beaurevoir, *Jean de Crèvecœur*, et aucuns autres; » il y a là évidemment une lacune dans le texte, puisque 1° parmi ces prisonniers se retrouvent Edmond de Bomber et Jean de Crèvecœur, et que 2° quelques lignes plus bas Monstrelet dit qu'Edmond de Bomber mourut à St-Riquier même et que le duc en fut si triste qu'il voulut rompre le traité. Aussi quiconque lira avec attention tout le passage dira qu'on ne peut l'expliquer à moins d'admettre que le texte primitif portait que le duc consentait à renvoyer sans rançon les prisonniers faits par lui à Mons, en Vimeu, à condition qu'on lui livrerait la ville de Saint-Riquier et tous les prisonniers de son parti. C'est ce qui fut en effet exécuté. Quant à ce Jean Blondel, il ne peut être le fils de Marie du Quesnoy, puisque, d'après Monstrelet (p. 344), ce dernier avait, pendant la captivité de l'autre, repris Douriers aux dauphinois. Voici maintenant ce qui nous autorise à le regarder comme son cousin-germain : 1° Monstrelet (t. 30, p. 161) parle d'un Jean Blondel, tué en 1426, et de son cousin-germain du même nom; 2° l'auteur de l'*Annuaire de la noblesse de Belgique* (1859, pp. 185, 186) distingue quatre Jean Blondel : 1° Jean Blondel (I), époux d'Isabeau de Béthune; 2° Jean Blondel (II), fils du précédent, époux de Marie du Quesnoy, dont le frère Guillaume forma la branche des *seigneurs de Grévillers*; 3° Jean dit le Grand (III), second fils de Marie du Quesnoy, frère d'Oudart Blondel; 4° Jean Blondel, *seigneur de Grévillers*, auquel Oudart Blondel vendit, en 1431, la seigneurie de Longvillers. Ce dernier Jean est suffisamment désigné comme le fils de Guillaume et le cousin-germain de Marie du Quesnoy. Nous avons donc le droit, jusqu'à preuve du contraire, de le regarder comme le prisonnier de Saint-Riquier.

tination, le duc de Bourgogne avait remporté, près de Saint-Riquier, une victoire signalée sur les dauphinois. Parmi les prisonniers qu'il y fit se trouvait un Jean de Joigny, parent probablement des sires d'Audenarde, mais d'une autre branche.

Ainsi, à cette époque désastreuse, les membres d'une même famille se trouvaient-ils souvent dans des rangs opposés. Le fils des sires d'Audenarde, Jean Blondel, se montrait, lui, tout dévoué à la cause du duc de Bourgogne, il était « naguères, dit Monstrelet (1), retourné des prisons des Anglais, » et il se trouvait à Montreuil quand il apprit la nouvelle des succès de son suzerain; aussitôt il se mit à la tête de plusieurs gentilshommes de Montreuil et des environs parmi lesquels on comptait messire Olivier de Brimeu, « moult ancien chevalier » ainsi que plusieurs « compagnons » n'appartenant pas à la noblesse et rassemblés à Montreuil et ailleurs.

Jean les mena tous devant la forteresse de Douriers « que tenoient, dit l'historien, les gens de Poton de Sainte-Treille, auxquels il parlementa, et les servit de si belles et subtiles paroles, qu'ils furent contents de lui rendre ladite forteresse, par condition qu'il les feroit conduire sauvement jusques à Saint-Riquier, et ainsi en fut fait; » après ce succès, Jean établit ses gens dans la forteresse pour la faire servir de place frontière contre les dauphinois. Nul doute qu'il ne soit resté lui-même au milieu d'eux.

En même temps, son cousin du même nom que lui, et qui avait été fait prisonnier, comme nous l'avons dit, au siége de Saint-Riquier, recouvrait sa liberté par suite d'un échange. La fortune leur souriait alors à tous deux et le sire d'Audenarde ne tarda pas à recevoir la récompense des services qu'il avait rendus à la cause de Bourgogne, car pendant l'automne de l'an 1422, Jacques de Harcourt ayant remis entre les mains des bourguignons la ville de Saint-Valery, « messire Jean Blondel en demeura gouverneur. »

Hélas! tout venait bientôt changer de face pour les deux cousins. En 1424, le seigneur de Longueval, Jean Blondel, seigneur de Douriers et plusieurs chevaliers des environs, fatigués des brigandages exercés sur leurs terres et dans les villes qu'ils gardaient, par les soldats de Jean de Luxembourg, se réunirent à Roye et finirent par se ranger du côté du roi Charles. Toutes leurs terres furent immédiatement confisquées au profit du roi d'Angleterre et leurs personnes proscrites.

La même année, le 24 avril, Jean Blondel, seigneur de Grévillers (2),

(1) Tom. 20, p. 344.
(2) Nous hésitons d'autant moins à reconnaître le seigneur de Grévillers dans le Jean Blondel, cité dans la chronique de Jean de Dynter, que son père, Guillaume Blondel, était chambellan du duc de Brabant. D'ailleurs, tous les faits rapportés par les chroniqueurs s'expliquent fort bien de la sorte, sans qu'il soit nécessaire de recourir à un troisième Jean Blondel.

8.

mettait à mort à Stockel, le receveur général du duché de Brabant, Jean Vandenzype. Tel était son crédit auprès du duc de Brabant qu'on ne chercha point à le punir. Toutefois il paraît qu'il crut prudent de s'éloigner du théâtre de son crime, passa dans le parti du roi Charles, et se joignit à son cousin, dont il partagea dès lors les disgrâces et les malheurs.

Exilés et sans ressources, nos deux chevaliers errants, parcoururent divers pays, cherchant moins à redresser les torts d'autrui, qu'à faire eux-mêmes fortune. La vie des chevaliers de cette époque ne ressemblait que trop souvent, il faut le dire, à celle des brigands. Messire Jean Blondel, seigneur de Douriers, se trouvait donc en Provence, dans le courant de l'année 1426 avec son cousin-germain, Jean Blondel, seigneur de Grévillers, et huit autres compagnons de guerre. La forteresse d'Oripecte se trouva être à leur convenance. Maître Jean Cadart la gardait, ils séduisirent son chapelain, parvinrent ainsi à le faire jeter en prison et cherchèrent à obtenir de lui une rançon considérable. Mais la chose leur tourna fort mal ; ceux du pays eurent connaissance de ce qui s'était passé, le château fut bientôt cerné et nos aventuriers serrés de si près, qu'ils s'estimèrent heureux qu'on leur accordât de sortir de la forteresse sans rien emporter, mais avec un sauf-conduit pour aller où il leur plairait.

Par malheur pour le chef de l'entreprise, la capitulation ne fut pas bien observée, et Jean Blondel fut tué par les paysans au sortir de la forteresse ; le chapelain qui avait livré le fort fut aussi saisi et décapité sans miséricorde. Tel fut le sort de l'infortuné fils de Marie du Quesnoy ; ses deux aînés avaient péri aussi de mort violente, mais sur le champ d'honneur, en combattant pour leur patrie, et il eût mieux valu assurément pour sa gloire qu'il eût été égorgé comme eux après la défaite d'Azincourt.

Les généalogistes paraissent l'avoir confondu avec son cousin. C'est ce qui ne permet pas de déterminer sûrement les titres qu'il a portés. S'il était, comme on le dit, plus âgé que son frère Oudart, il dut porter les titres particuliers au chef de sa maison, tels que ceux de sire de Pamele, d'Entre-Marke-et-Rosne, etc. Mais il est possible que sa mère Marie, se les soit réservés et les ait conservés jusqu'après sa mort. Toutefois, on peut sans crainte, lui attribuer avec ces auteurs, outre le titre de seigneur de Douriers, ceux des seigneuries de Tourcoing et de Templeuve. Car son frère Oudart les ayant portés en 1448, ils n'ont pu appartenir à son cousin (1).

(1) L'*Annuaire de la noblesse de Belgique*, (1859 p. 185, 186), le titre : seigneur de Longvillers, de Tourcoing, de Templeuve, de Marguise, de Dourières, de Toutencourt, Sénéchal de Ponthieu, gouverneur de Milan où il se maria avec Catherine de San-Severino, dont il n'eût pas d'enfants. La généalogie des sires d'Audenarde lui donne les seigneuries de Canteleu et de Méry. Nous croyons que c'est son cousin qui devint gouverneur de Milan, la chose

Rien n'empêche encore qu'il n'ait eu la seigneurie de Longvillers, que le même Oudart vendit en 1431 à son cousin, du même nom que lui.

Ce dernier continua, semble-t-il, à mener une vie pleine d'aventures; il s'empara de la forteresse de la Malle-Maison qui appartenait à l'évêque de Cambrai, la restitua à condition de rentrer en grâce avec le duc de Bourgogne et le roi d'Angleterre (1427), échoua devant la tour de Montorgueil (1428) et devint plus tard, à ce qu'il paraît, gouverneur de Milan.

OUDART.

Oudart Blondel ne paraît pas avoir eu un caractère aussi fougueux et aussi aventureux que son cousin et que son frère, et nous ne connaissons de lui que des actes fort honorables.

Il avait épousé le 3 février 1419, Marie Allaerts, fille de Daniel, président de Flandre, seigneur de Caprycke et de Genets, dont il eut deux filles (1).

Il dut à cette première alliance la seigneurie de Genets, dont il portait le titre en 1421, lorsqu'il envoya des secours au duc de Bourgogne.

En 1431, il vendit la seigneurie de Longvillers à Jean Blondel, seigneur de Grévillers, son cousin-germain, et la seigneurie de Douriers à Jean de Créquy.

En 1433, il faisait don à son oncle, Pierre Blondel, de la seigneurie de Recques.

En 1437, il fit restaurer, à ses propres frais, le cloître de Groenendael dans la forêt de Soignes, près de Bruxelles. Ce cloître, où régnait encore l'esprit du bienheureux Jean de Ruysbroeck, était habité par des religieux aussi pieux qu'instruits et la prédilection d'Oudart pour une telle maison est très-honorable pour sa mémoire.

Nous avons trouvé de lui un acte du 8 juillet 1448, par lequel il accorde à Daniel de l'Espierre, un fief situé à Tourcoing et appelé le fief de l'hôpital (2).

Il prend dans cette charte (3) les titres suivants : Oudard Blondel,

n'ayant pu avoir lieu entre 1421 et 1426. Monstrelet ne détermine pas, il est vrai, celui des deux Jean Blondel, qui mourut en 1426. Mais ce ne peut être que Jean, fils de Marie du Quesnoy, s'il est vrai, comme dit l'*Annuaire*, que Jean de Grévillers, fut encore en vie en 1431.

(1) 1° Marie, 2° Isabeau, dame de Genets, morte en 1470, alliée à Jacques de Sainte-Aldegonde, seigneur de Noircarnes.

(2) « Ce fief resta quelque temps dans la famille des de l'Espierre, et passa successivement aux descendants de Daniel, savoir : Jean, en 1458; Oste, en 1519; et Eloy en 1526. Il existe de plus des lettres pour une fondation faite, en 1519, « par sire Gilles de l'Espierre, en l'église paroissiale de Tourcoing. » (Archives du départ. du Nord, à Lille.)

(3) Le sceau de cet acte porte un écu fascé de six pièces, surmonté d'un heaume, et ayant pour support deux hommes sauvages. Ce sont les armes

escuyer, seigneur de Pamele, de Torquoing et de Templeuve lez-Dossemer, ber de Flandre et dit seigneur d'Audenarde. Remarquons en passant ces derniers mots usités du reste, longtemps auparavant. C'est qu'en cessant d'exercer leur juridiction sur la commune d'Audenarde, qui jouissait de ses franchises et ne relevait que des comtes de Flandre, les barons de Pamele voulaient conserver le souvenir honorable de leur puissance d'autrefois et garder au moins le titre lorsque la chose leur avait échappé.

Il existe encore un acte tout semblable au précédent, rédigé en flamand et daté du 24 septembre de la même année. *Oudaerd Blondeel* y est appelé seulement seigneur de Pamele, ber de Flandre et dit seigneur d'Audenarde. Une pièce de terre située au bourgschelde à Audenarde, y est donnée en fief au cher et très-féal Robert Van den Vivere.

Le sire de Pamele semble avoir été fait chevalier et avoir exercé les fonctions honorables de conseiller et de chambellan du duc de Bourgogne. Il avait épousé en secondes noces Isabeau de Gavre, fille d'Arnoul, baron d'Escornaix, et d'Isabeau de Ghistelles. Cette noble demoiselle comptait parmi ses ancêtres paternels ou maternels, des ducs de Luxembourg et de Brabant, et même des rois de France. Oudart eut de ce dernier mariage un fils Josse, qui perpétua son nom et une fille, Marguerite, qui épousa Jean de Herzelles, seigneur de Lillaere.

Il mourut, d'après l'opinion qui nous paraît la plus probable, en 1456 (1).

de Pamele ou d'Audenarde, qui étaient : fascé de gueules et d'or de six pièces. Oudart avait abandonné les armes des Blondel, qui étaient de gueules à l'aigle éployée d'argent, membrée d'or. Son fils les reprit en les écartelant au 1 et au 4 avec celles d'Audenarde.

(1) La généalogie des sires et barons d'Audenarde cit qu'Oudart fut fait prisonnier des anglais à la bataille de Ronnanville. Comme on ne trouve nulle part de bataille de ce nom, nous croyons 1° qu'il y a eu erreur de copiste, et qu'il faut lire *Roussiaurille* ou *Roussiaurille*, nom donné dans divers documents à la bataille d'Azincourt, 2° qu'on a attribué à Oudart ce qui regarde Jean. Car, outre qu'Oudart, s'étant marié le 3 février 1410, ne semble pas bien pouvoir être le captif mentionné dans la lettre du 21 décembre 1418, Monstrelet nous dit expressément que Jean Blondel fut prisonnier en Angleterre. Le savant auteur de la brochure intitulée : *Historie van O. L. V. ten Kerzelaer* §. 3, n. 14, dit que d'après deux lettres de Charles-le-Téméraire qui se conservent à l'hôtel de ville d'Audenarde, il semble qu'Oudart vivait encore en 1463. On trouve en effet dans les *Audenaerdsche Mengelingen* (t. I, p. 5.) une lettre de Charles-le-Téméraire adressée le 23 décembre 1463 « à notre très-cher et bien-aimé, le seigneur de Pamele *chevalier*, conseiller et chambellan de mon très-redoubté seigneur et père, » tandis qu'une lettre du même, du 12 mars 1465 porte « à Josse Blondel *escuier*, » Mais on peut opposer à ces deux pièces, 1° les anciennes histoires de la Vierge du Cerisier qui mentionnent en 1450 le bailli de Josse de Joigny, 2° un acte de 1458 reposant aux archives départementales à Lille dans lequel Gauthier de Halewyn agit en qualité de tuteur de Josse Blondel. Nous supposons donc que Charles-le-Téméraire qui, en 1463, était en disgrâce avec son père et qui écrivait, au sujet de sa réconciliation, une lettre semblable à divers seigneurs, a pu fort

JOSSE.

Josse Blondel, qui prit plus tard le nom de Joigny, pour mieux marquer sa descendance des comtes de ce nom, était en 1458 sous la tutèle de « Monseigneur Gauthier, seigneur de Hallewyn, de la Capelle et de Lauwe (1). »

Depuis plusieurs années (1453) on avait élevé dans ses domaines, au village d'Edelaere, sur une colline qui domine Audenarde une petite chapelle en l'honneur de la Ste-Vierge et la toute-puissance divine s'y manifestait par un grand nombre de miracles opérés en faveur des pèlerins qui y venaient prier la Mère du Sauveur. Notre-Dame du Cerisier (Onze-Lieve-Vrouw ten Kerselaer), tel était le nom que le peuple avait donné à la statue de Marie qu'une main pieuse avait attachée dans le principe à un cerisier près de la route.

La foule des pèlerins fut bientôt telle qu'il fallut songer à bâtir un nouveau sanctuaire, et le 21 juillet 1459, le seigneur de Pamele envoya son grand-bailli à Edelaere, pour y poser en son nom la première pierre de la chapelle. L'année suivante, elle se trouvait heureusement terminée et la consécration solennelle en fut faite, le 3 mai 1460, jour de l'invention de la Sainte-Croix, par Godefroy, évêque *in partibus* suffragant et vicaire-général de l'évêque de Cambrai.

La chapelle de Notre-Dame du Cerisier resta chère à la famille des Blondel; le fils de Josse, du même nom que lui, y suspendit, plus tard en ex-voto, le squelette d'un crocodile qu'il avait rapporté à la suite d'un pèlerinage en Terre-Sainte, et un siècle après sa construction (1570), Jacques de Joigny, petit-fils du fondateur, la fit agrandir et lui donna la forme qu'elle conserva jusqu'en 1830, époque où elle fut modernisée.

Cependant le jeune seigneur d'Audenarde ne se signala pas tout d'abord par des exploits qui rendissent son nom célèbre, puisqu'en 1463, le fils de son souverain, Charles-le-Téméraire, ignorait qu'il eut succédé à son père dans la seigneurie d'Audenarde. Il est vrai qu'à cette époque le jeune comte de Charolais était sous le poids de l'inimitié de « son très-redouté seigneur et père » et qu'il pouvait fort bien ignorer les noms de quelques-uns des vassaux du duc Philippe. Au reste, c'était pour demander les bons conseils du Seigneur de Pamele qu'il lui envoyait, ainsi qu'à tous les membres des États, une lettre par laquelle il le priait de se rendre le 3 janvier 1464 à Anvers, où devaient se trouver

---

bien ignorer quel était alors le sire d'Audenarde, dont au reste, il n'articule pas le nom, et que par conséquent, on peut assigner à la mort d'Oudart la date de 1456 indiquée dans la généalogie des sires d'Audenarde.

(1) Ce seigneur avait épousé Jacqueline de Wisch, héritière de la Chapelle, dame de Westcapelle, Aspre, etc, fille de Martin, seigneur des dits lieux. Le père Anselme et Moréri, paraissent s'être trompés doublement, 1° en assignant le 8 octobre 1441 pour la mort de Gauthier; 2° en mettant Tourcoing au nombre des seigneuries possédées par Jacqueline de Wisch et son père Martin.

réunis les nobles, les prélats et les députés des bonnes villes de Flandre.

L'assemblée eut lieu, sans que nous sachions si le seigneur de Pamele y a pris part. Quelque temps après, Charles se réconcilia pleinement avec son père et il portait le titre de son lieutenant-général lorsque, en 1466, il écrivit à Josse une lettre dont le sujet, cette fois, était loin d'être aussi sérieux que celui de la première.

Le comte Palatin avait demandé au comte de Charolais un certain nombre de chiens courants. Or, Josse Blondel avait la réputation d'en être fort bien pourvu. Un messager lui est donc envoyé avec une lettre fort pressante (1) par laquelle il est prié de remettre au porteur « deux bons chiens courans, qui soient beaulx, fermes et duiz à chasser cerf, ensemble une lisse portant », le comte au reste promettait de se montrer reconnaissant. On peut, sans témérité, affirmer que le couple demandé fut livré aussitôt et que le sire de Pamele, encore écuyer à cette époque, se regarda comme fort heureux de pouvoir faire sa cour à celui qui devait bientôt succéder au vieux duc Philippe dans son comté de Flandre et toutes ses autres provinces.

Josse contracta une alliance honorable avec une famille du pays d'Audenarde en épousant Jossine de Rokeghem ou Rocquenghien, dame de Rokeghem, de Kerckhem et d'Etichove, fille de Robert de Rokeghem, franc bourgeois d'Audenarde et d'Isabeau Vander Gracht de la famille du bienheureux Idesbald, abbé des Dunes au treizième siècle. Il en eut cinq ou six enfants (2), nous avons déjà parlé de l'aîné qui porta son nom et lui succéda; sa fille aînée Jacqueline épousa Claude de Carondelet, fils de l'illustre chancelier de Bourgogne. Un fils du nom de Christophe embrassa l'état ecclésiastique et fut prévôt du chapitre de Nivelles. Les autres contractèrent des alliances honorables.

Malheureusement le seigneur de Pamele imita quelque peu les scandaleux exemples du duc Philippe; et il a laissé de Catherine de la chapelle un fils du nom de François, dont la descendance s'est continuée jusqu'à nos jours, et de Catherine de Vischere, un fils Georges, qui ne laissa qu'une fille après lui.

Ami des plaisirs, Josse de Joigny eut cependant aussi des goûts guerriers. Il prit l'ordre de la chevalerie, pour nous servir de l'expression alors en usage. Il donna aussi son nom à la fameuse Gilde de St-Georges, qui soutint longtemps à Audenarde le renom de valeur qu'elle avait acquis sur plus d'un champ de bataille, et il lui avait engagé pour être donné après sa mort aux confrères, son meilleur cheval ou 24 livres parisis.

Il prit quelque part aussi aux événements politiques et exerça des charges honorables. C'est ainsi que la ville et la châtellenie d'Audenarde

(1) Ecrite en 1466, d'après le style actuel, elle est datée du 12 mars 1465, d'après le style ancien, l'année ne commençant qu'à Pâques.
(2) L'*Annuaire de la noblesse de Belgique*, indique six enfants mais n'en nomme que cinq.

ayant été assignées, après la mort de Charles-le-Téméraire, pour faire partie du douaire de sa veuve, Marguerite d'Yorck, il fut nommé par elle, en 1477, gouverneur ou capitaine militaire de la ville. Lui, de son côté, empressé à faire sa cour à la princesse, lui avait préparé de somptueux appartements dans son vaste château donjonné, afin de l'y recevoir, en attendant que les magistrats de la ville lui eussent préparé, aux frais de la commune, une habitation convenable.

Après la mort de Marie de Bourgogne, Josse, qui jouissait d'une grande considération parmi la haute noblesse, fit partie de l'ambassade qui partit de Bruges le 18 juin 1482, sous la direction de l'abbé de Saint-Bavon, pour aller trouver le roi de France, de la part des trois membres de Flandre : il était un des trois députés du quartier de Gand. L'ambassade en grand habit de deuil passa par Lille, Arras, Amiens, trouva Louis XI à Cléry, obtint une réponse favorable et reçut à Paris de grands honneurs.

A son retour, Josse vit avec peine les Gantois se mettre à la tête des affaires et vouloir gouverner seuls tout le pays. Ainsi que Marguerite d'Yorck il restait attaché à Maximilien, auquel on avait ravi la tutelle de son fils Philippe. Aussi lorsqu'au mois d'août 1482, Audenarde envoya par ordre de la régence de la Flandre son contingent de vingt soudoyers et d'un trompette à cheval à l'armée d'observation qui s'était réunie contre les Français aux environs de Poperinghe, il s'excusa d'en prendre le commandement. Il semble même que peu de temps après il quitta la ville, laissant l'exercice de sa charge au premier échevin, Gilles Cabilliau, lequel était d'ordinaire son suppléant en cas d'absence du haut bailli.

Les États de Flandre ne tardèrent pas à lui donner un successeur dans la personne de Daniel de Gavre ou d'Escornaix, haut-bailli d'Audenarde que les magistrats de la ville rejetèrent et auquel ils substituèrent Gauthier Van Rechem.

Ce fut ce dernier qui, gagné par les promesses de Maximilien, remit, en 1485, à ce prince le château fort de la ville (1).

Au milieu de tous ces troubles, le seigneur de Pamele ne gagnait point en autorité. La bourgeoisie au contraire accroissait chaque jour sa puissance. Il en était ainsi par toute la Flandre, et à Audenarde en particulier. Depuis longtemps, les bourgeois de Pamele jouissaient, comme ceux d'Audenarde, des droits de bourgeoisie qui leur avaient été octroyés par leurs seigneurs. Cependant deux juridictions différentes subsistaient toujours dans l'enceinte des mêmes murs. Des conflits devaient en résulter nécessairement. Ce fut pour y mettre un terme qu'une convention en 27 articles fut conclue « entre les eschevins et conseil de la ville d'Audenarde d'une part et messire Josse Blondel, cheva-

---

(1) Distinct du château des barons de Pamele et appelé le nouveau château ou le château de Bourgogne.

lier, seigneur de Pamele d'aultre, pour raison et à cause des bourgeoisies, franches vérités et de la cognoissance des matières civiles et criminelles de la seigneurie d'Audenarde. » Elle fut confirmée à Bruxelles le 8 décembre 1486 par Maximilien, nouvellement élu roi des romains.

Josse ne conserva pas non plus jusqu'à la mort toutes les seigneuries que lui avaient léguées ses pères, car en 1491, Baudouin de Lannoi, seigneur de Molembais, se trouvait possesseur, probablement par suite d'un achat, de la seigneurie de Tourcoing, qui depuis près de deux siècles avait appartenu aux seigneurs d'Audenarde.

Si l'acquisition de titres honorifiques peut servir de compensation pour la perte de droits réels, il paraît que Josse Blondel eut du moins cette consolation, et il est à croire que c'est de Maximilien ou de son fils, Philippe-le-Beau, qu'il obtint de pouvoir prendre le titre de baron de Pamele plus relevé que celui de seigneur qu'il avait d'abord porté. Nous ignorons à quelle époque il prit le nom de Joigny de préférence à celui de Blondel.

Le 7 avril 1497, il assistait à la joyeuse entrée de Philippe-le-Beau à Audenarde. Il ne peut être en effet question que de lui dans les comptes de la ville où il est dit que quatre mesures (stoepe) de vin furent offertes à « Monseigneur d'Audenarde. » Il y retrouva dans l'entourage de l'archiduc Baudouin de Lannoi, seigneur de Molembais et de Tourcoing.

En 1498, il perdit son épouse Jossine de Rokeghem; quatre ans auparavant (1494), il avait vu mourir son beau-père Robert; il mourut lui-même en 1504. Son corps repose dans le chœur de l'église de Notre-Dame à Pamele lez-Audenarde. Un superbe monument fut érigé sur sa tombe avec sa statue et celle de son épouse. Brisé en 1576 par les hérétiques iconoclastes, il fut restauré en 1619 par les soins de Philippe de Locquenghien, alors baron de Pamele et fut, il y a peu d'années, transporté du chœur dans la nef. En voici l'inscription d'après les Mélanges audenardais :

Sepvltvre de messre Joos de Joingny le premier dict sire d'Avdenarde ber de Flandres baron de Pamele des terres d'entre Marcq et Ronne etc mort l'an 1504 et de noble dame Josine de Rokeghem F^a Mer Robrecht Sr De la Haye Kerchem etc morte l'an 1498. La qvelle sepvltvre ayant esté brisée av ravagis des églises l'an 1576 at esté renovvellée par le Sr Moderne l'an 1619.

Les quartiers sont : Joingny, Escornay, Qvennoy, Gistelle, Rokeghem, Van der Gracht, Heessene, Halewin. Les armes de Joigny sont celles des anciens Blondel écartelées avec celles de Pamele. Une inscription en tête du tombeau porte : L'an 1817, le baron Godefroi de Joingny de Pamele fit restaurer ce tombeau par J.-B. Peeters.

MAISON DE LANNOY-MOLEMBAIX.

Auteurs consultés :

Hist. généal. et chronol. de la maison royale de France, des Pairs, etc., par le P. ANSELME, t. VIII, p. 78 et suiv.; t. III, p. 608; t. V, p. 655. — *Dictionnaire de* MORERI. — *Le blason des armoiries de tous les chevaliers de la Toison d'Or*, par MAURICE, p. 100, 209. — *Histoire des ducs de Bourgogne*, par M. DE BARANTE. — *Histoire de Flandre*, par M. KERVYN DE LETTENHOVE. — LE CARPENTIER, *Hist. de Cambrai*, 3e partie, p. 724, 389. — DE STEIN D'ALTENSTEIN, *Annuaire de la noblesse de Belgique*, t. VI, 1852, p. 202. — *Mémoires du sire* DE HAYNIN, t. I, p. 12, 15, 30, 91, 103, 104, 186, 201. — *Le second livre des mémoires de messire* OLIVIER DE LA MARCHE, Bruxelles, 3e édit., p. 497, 505, 589, 623, 634. — PONTUS HEUTERUS, *Rerum Austriac.*, p. 87, 93, 128. — *Chroniques de* JEAN MOLINET, collection de Buchon, t. XLIII, p. 33, etc.; t. XLIV, p. 95, 156 et suiv., 205, 289, 316, 380; t. XLV, p. 117 et suiv., 166 et suiv., 250, 251, 307, 412, 428; t. XLVI, p. 12, 45, 57, 113 et suiv., 130. — BUTKENS, *trophées du Brabant*, Suppl. t. II, p. 44, 199, 275. — VINCHANT, *Annales du Hainaut*, t. IV, p. 417. — *Chronique de Maximilien* translatée par OCTAVE DELEPIERRE, p. 449, 323. — *Lettres sur Audenarde*, par ED.-F. VAN CAUWENBERGHE, p. 170, 246, 249. — GACHARD, *Rapport sur les archives de Lille*. — Le même, *Bull. de la comm. d'histoire*, 1860, p. 322, 326-328. — DE REIFFENBERG, *Histoire de l'ordre de la Toison d'Or*, p. 113, 117, 126-160, 170, 175, 189 et suiv., 247 et suiv., 380. — *Notice sur Marguerite d'Autriche*, par M. LE GLAY; *corresp. de Max. et de Marg.*, t. II, p. 423. — *Mémoires de* PHILIPPE DE COMMINES. — *Manuscrit contenant les noms, etc., des gouverneurs de Lille*, à la Bibliothèque de Lille. — BUZELIN, *Gallo-Flandria*, p. 488, 491. *Annales Gallo-Flandriæ*, p. 465, 471-474, 478, 479. — *Kalendrier des guerres de Tournai*, par JEHAN NICOLAY, p. 105. — *Documents relatifs aux troubles de Liége*, publiés par Mgr DE RAM, p. 808, 809. — DAVID LINDANUS de Teneræmunda, l. I, c. 7, n. 133. — GELDOLPH A RYCKEL, *Hist. S. Gertrud.*, p. 715. — *Inventaire des archives d'Ypres*, par DIEGERICK, t. III, p. 205. — *Audenaerdsche Mengelingen*, t. II, p. 420, 422;

t. I, p. 204, 219. — V. DERODE, *Histoire de Lille*, p. 317. — *Histoire de Tourcoing*, par M. ROUSSEL-DEFONTAINE, p. 353. — *Discours de la vie de feus Philippe de Lannoy, seigneur de Molembaix, Solre-le-Château, Tourcoing, etc...... et de dame Françoise de Barbenson, dame desdits lieux sa seconde femme*, fait par D^{lle} DU BRECCQ. Mss. de la bibl. de M. le comte de Ribaucourt. — VREDIUS, *la maison de Flandres*, preuves, 2e partie, p. 408. — BRASSEUR, *origines omnium Hannoniæ cœnobiorum*, p. 371. — *Archives hist. et litt. du Nord de la Fr. et du Midi de la Belg.*, nouv. série, t. V, p. 228. — PIÉRART, *recherches hist. sur Maubeuge*, p. 264. — COUSIN, *Hist. de Tournai*, t. IV, p. 287. — *Bulletins de la comm. royale d'hist.*, 1860, p. 155. — *Mémoires de* JEAN D'HOLLANDER *sur la révolte des gantois en 1539*, dans les *Analecta Belgica* de HOYNCK VAN PAPENDRECHT, p. 313, 441, 443. — *Relation des troubles de Gand sous Charles-Quint, suivie de documents*, par M. GACHARD, p. 53, 65, 239, 245, 433, 613, 614, 686, 696, 708. — *Rapport sur les archives de Lille*, p. 264. — *Recueil des anciens tombeaux*, par MALOTAU, Mss. de la bibl. de Douai, p. 223. — *Lettres pour le relief du fief dit de l'hôpital*, aux archives du départ. à Lille.

BAUDOUIN.

La maison de Lannoy a pour auteur un chevalier nommé Jean, qui vint en Flandre au commencement du XIVe siècle, où il épousa, en 1312, Mahaud, dame de Lannoy et de Lys, héritière de l'ancienne et illustre maison de Lannoy.

A l'époque qui nous occupe, c'est-à-dire vers le milieu du XVe siècle, il existait plusieurs branches de cette illustre lignée : celle des seigneurs de Lannoy, qui était l'aînée, celle des seigneurs de Maingoval, dont un puîné, Charles, le vainqueur de Pavie, fut la tige des princes de Sulmone, et enfin celle des seigneurs de Santes. De cette dernière en étaient issues deux autres : celle des seigneurs de Molembaix, qui va nous occuper maintenant et celle des seigneurs de la Moterie par laquelle le nom et les armes de Lannoy se sont perpétués jusqu'à nos jours.

Baudouin de Lannoy, deuxième de ce nom, dans la série des nobles chevaliers de sa maison, se montra digne de ses illustres aïeux, et porta noblement leur écusson d'argent aux trois lions de sinople. Chevalier de l'ordre de la Toison d'Or, second chambellan et grand-maître d'hôtel des ducs de Bourgogne et de Brabant, gouverneur de Lille, Douai et Orchies, il figura au premier rang parmi les grands officiers de la cour des Pays-Bas, et jouit d'une réputation méritée comme guerrier et comme diplomate. Seigneur de Molembaix, du chef de son père, de Solre-le-Château, du chef de sa mère, et plus tard de Tourcoing, par suite d'un achat, il a surtout bien mérité de cette dernière commune à laquelle il procura l'établissement d'une *franche foire* avec ses *prérogatives* et ses *libertés*.

Fils de Baudouin de Lannoy, dit le bègue, et d'Adrienne de Berlaymont, dame de Solre-le-Château, il naquit entre les années 1431 et 1437.

Les premiers exploits que nous connaissons de lui se rapportent à l'époque de la ligue du bien public (1461). Le sire de Haynin, qui, dans ses Mémoires, nous a conservé le souvenir de sa bravoure, le désigne par le diminutif peu harmonieux de Baudechon. C'était alors l'usage que les jeunes seigneurs fussent distingués par de semblables diminutifs et le nom de Baudouin était réservé à « Monsieur le Bègue de Lannoy » père de notre vaillant guerrier.

Charles-le-Téméraire, encore comte de Charolais, venait de déclarer la guerre au roi de France, Louis XI, et avait rassemblé au Quesnoy les plus nobles chevaliers de ses provinces. Le comte de Saint-Pol était le chef principal de l'entreprise ; il commandait l'avant-garde où se trouvait le comte de Charolais en personne ; le seigneur de Ravestain, Adolphe de Clèves, avait sous ses ordres la *bataille* ou corps d'armée ; le bâtard de Bourgogne, Antoine, était à la tête de l'arrière-garde. Ces mêmes chefs avaient aussi chacun leur compagnie d'hommes d'armes, mais ils n'étaient pas les seuls capitaines, Monsieur de Luxembourg et le sieur de Fiennes avaient, comme eux, leurs compagnies. C'était à l'avant-garde, sous l'étendard du sieur de Fiennes, que marchait Baudechon de Lannoy en compagnie d'Antoine de Hallewyn, du sire de Haynin et de bien d'autres gentilshommes de renom.

Le chef de toute sa famille, Jean, sire de Lannoy, partageait alors la disgrâce des Croy auxquels il appartenait par sa mère. Mais il ne s'en trouvait pas moins plusieurs Lannoy dans l'armée bourguignonne; outre Baudouin on y voyait encore le seigneur de Santes, Philippe de Lannoy, et son frère Jacques.

Cependant le 15 mai, on se trouvait près de Péronne, lorsque tout à coup une alerte eut lieu. On avait aperçu se dirigeant vers Péronne une compagnie de gens de guerre, et de fait, le comte de Nevers se trouvait là avec Joachim Rouault, maréchal de France.

Le cri d'alarme fut poussé et les guerriers se mirent à cheval, étendards et guidons déployés. A Baudouin de Lannoy échut l'honneur de porter l'étendard de son capitaine. Il s'avançait soutenant noblement la riche bannière aux couleurs noire et violette et aux ornements d'or et d'argent, et se promettait sans doute un beau succès, quand tout à coup l'on reçut avis que les ennemis étaient entrés dans Péronne et chacun s'en retourna dans sa tente. Mais Baudouin retrouva bientôt l'occasion qu'il avait perdue de signaler sa bravoure. Le 16 juillet, avait lieu à Montlhéry, entre le comte et le roi, un combat où les deux partis prirent la fuite, mais où le champ de bataille resta à Charles. Après deux engagements où le sire de Brezé du côté des français, puis le comte de Saint-Pol du côté des bourguignons, s'étaient trouvés trop faibles, le comte de Charolais, accourant au secours des siens, avait donné l'ordre de mettre le feu au village de Montlhéry ; mais il fallut pour lui obéir surmonter une courageuse résistance de la part des français qui s'y trouvaient. Il y eut là, dit le sieur Haynin « grande apertise d'armes d'un costé et d'autre. » Deux hommes, ajoute-t-il, se signalèrent dans cette occurrence et « s'y portèrent vaillamment » ; ce furent Antoine de Hallewyn, frère du sire de Hallewyn, et Baudechon de Lannoy, fils du bègue de Lannoy (1).

Leur bravoure fut utile au comte, car le vent ayant porté la flamme du côté des français, ils se troublèrent, prirent la fuite et Charles put se mettre à leur poursuite. L'aile gauche bourguignonne n'avait pas aussi bien réussi, et elle faillit amener la perte du comte, qui courut de grands dangers, et ne dut peut-être qu'à la timidité du roi de pouvoir enfin s'attribuer la victoire.

Ce ne fut que quelques années après, lorsque Charles-le-Téméraire eut succédé à son père Philippe-le-Bon, dans tous ses États, que Baudouin de Lannoy reçut, avec le grade de chevalier, la récompense que tout noble de cette époque ambitionnait avant tout.

La guerre s'était renouvelée entre le duc de Bourgogne et les liégeois, toujours secrètement excités à la révolte par Louis XI. Charles était allé au secours du prince-évêque, avait assiégé Saint-Trond et remporté, à Brustem, sur les liégeois une grande victoire. Nul doute que Baudouin de Lannoy n'ait fait partie de cette expédition. Ce fut le 3 novembre, jour de saint Hubert, le lendemain de la prise de Saint-Trond, qu'il reçut l'accolade au nom de Dieu et de saint Georges. Plusieurs autres seigneurs de haut rang reçurent cette marque de distinction en même temps que lui. Ils se trouvaient alors devant Velm, village des environs de Looz, où quelques liégeois s'étaient fortifiés. La cérémonie était à peine terminée qu'on sonna l'assaut, mais les liégeois prirent la fuite et les bourguignons pillèrent le village et le livrèrent aux flammes, cruelle coutume qui répugnait si fort à Jacques de Lalaing, le bon chevalier.

Baudouin accompagna sans doute son prince dans la triomphante entrée qu'il fit à Liège après sa victoire. Ce qui est certain, c'est qu'il se trouvait peu de temps après à Mons, lorsque Charles-le-Téméraire prit solennellement possession, suivant la coutume, du noble comté de Hainaut. Parmi les seigneurs qui étaient réunis là en grand nombre, on remarquait Jean de Lannoy, seigneur de Maingoval, le père du vain-

---

(1) Le texte du sire de Haynin porte : Antoine de Hallewyn fils et frère du sieur de Hallewyn et Baudechon de Lannoy frère du beygue de Lannoy. Il est évident qu'il y a là une faute et qu'il faut corriger comme nous l'avons fait.

queur de Pavie. Quant à Baudouin il y figurait comme vassal du comte de Hainaut, car il y avait déjà quelque temps qu'il avait été investi de la seigneurie de Solre-le-Château.

Franchissons quelques années pour assister à de nouveaux faits d'armes du chevalier hainuyer. La guerre avait recommencé entre Louis XI et Charles-le-Téméraire (1471). Le roi, violant les traités de Conflans et de Péronne, avait repris au duc un grand nombre de places. Celui-ci s'avançait pour les reprendre. Il avait mis le siége devant Amiens, et s'était logé lui-même à Saint-Acheul. Il y passa tout le carême de l'an 1471. Mais les opérations du siége ne se poursuivaient pas avec beaucoup de vigueur et le mardi, 26 mars, une trêve avait été conclue entre les deux partis. C'était une belle occasion pour les chevaliers français et bourguignons de faire preuve de leur valeur, et l'on sait combien les joutes étaient en honneur à cette époque. Un tournoi eut donc lieu et il s'ouvrit par une passe d'armes entre Baudouin de Lannoy et le seigneur de Saint-Simon. Ils firent l'un contre l'autre plusieurs courses de lances à fer émoulu, et, au témoignage d'Olivier de la Marche, juge compétent en cette matière, ces armes furent bien accomplies. Le sire de Haynin assure que Baudouin s'en tira très-bien à son honneur et qu'il en eut *le plus bel*. Le succès de Claude de Vauldrey, autre chevalier bourguignon, qui jouta contre le cadet du Bueil, n'effaça pas celui de Baudouin de Lannoy. Le jour était donné pour de nouvelles joutes, où le cousin de Baudouin, Pierre de Lannoy, devait paraître. Mais sur ces entrefaites, les Français eurent l'air de vouloir attaquer les Bourguignons, le tournoi ne put avoir lieu, et bientôt une trêve plus sérieuse ayant été conclue avec le roi lui-même, le duc alla passer les fêtes de Pâques à Corbie.

Ce ne fut que l'année suivante qu'il fut donné à Baudouin de signaler de nouveau sa bravoure, non plus par des exercices de parade, mais par des actions véritablement utiles à son prince.

La guerre avait repris avec vigueur. Entré en France avant même l'expiration de la trêve, le duc de Bourgogne s'emparait de Nesle et de Roye, mais échouait devant Beauvais. Baudouin prit part à cette expédition et assista en particulier au siége de Beauvais, à la tête d'une compagnie d'ordonnance qu'il commandait; Charles, témoin de l'inutilité des efforts de ses gens contre la ville, fit venir d'Abbeville 300 lances qui s'y trouvaient et envoya, pour les remplacer, Baudouin de Lannoy et sa compagnie. Ce lot eût paru fâcheux à Baudouin, s'il ne lui eût pas été permis de faire d'excursion au profit de son maître; mais bientôt il partit, ayant avec lui Gilles de Harchies, seigneur de Bellignies, et d'autres nobles seigneurs, et il prit d'assaut la ville de Gamache. Ce succès fut suivi de la prise plus importante encore de la ville de Saint-Valery; mais il ne la tint pas fort longtemps, et on lui conseilla de l'abandonner; ce qui eut lieu, lorsque le duc s'en retourna dans ses États après avoir ravagé toute la Normandie et que les troupes du roi parurent sous les murs de la ville.

L'année suivante (1473), Baudouin accompagna le duc dans son expédition contre le duché de Gueldres dont il fit la conquête; il passa aussi avec lui le Rhin, lorsqu'il se rendit maître du comté de Zutphen : il fut même laissé par le duc à Zutphen, en qualité de gouverneur, avec le Veau de Bousanton et plusieurs vaillants hommes d'armes.

Il ne put donc accompagner son maître en Lorraine, mais il se retrouva avec lui, lorsque le duc alla mettre le siége devant Neuss, au mois de juillet 1474. Il figura honorablement dans la superbe armée du duc, où s'étaient réunis les meilleurs guerriers de l'époque, et voici comment le chroniqueur Jean Molinet mentionne sa présence : « En front de la porte où se prend le chemin pour aller au pays de Julliers, tint son siége sire Bauduwin de Lannoy, chef et conducteur honorable de trois cens lances ordinaires, de trois cens archers et de trois cens hommes de pied. »

On sait quelle fut l'issue de ce siége. Après avoir livré une bataille sans résultat à l'armée impériale qui était venue au secours de la ville assiégée, Charles quitta le camp où il avait passé onze mois entiers, durant lesquels, dit M. de Barante, sa puissance et sa fortune s'étaient écroulées autour de lui, sans pouvoir vaincre son obstination, ni dissiper son aveuglement.

Ce fut à la même époque (1474) que Baudouin perdit son père, Baudouin dit le Bègue; il devint par là seigneur de Molembaix et en prit le titre. Il était aussi dès lors premier maître d'hôtel du duc Charles. Prit-il part aux funestes expéditions de son prince en Lorraine et en Suisse? c'est ce que nous ignorons. Ce que nous savons, c'est qu'il occupa dès le principe un rang distingué à la cour de Marie de Bourgogne, lorsque celle-ci succéda, en 1476, à son infortuné père.

Cependant son rôle change et ce sera moins comme capitaine que nous le verrons se distinguer que comme conseiller et ambassadeur.

Marie avait déclaré aux États assemblés que son désir était de suivre les intentions de son père et d'épouser le fils de l'empereur. Il fut donc décidé que le mariage aurait lieu, et Baudouin de Lannoy, maître d'hôtel de la duchesse, fut dépêché vers l'empereur Frédéric, pour obtenir son consentement ainsi que celui de son fils, Maximilien, et pour ramener le prince en Belgique.

D'après Vinchant, ce furent les États qui le députèrent; d'après Jean Molinet, ce fut la princesse elle-même qui « envoya son maistre d'hostel vers son futur époux, pour coinquer avec lui sur ses affaires. » Ceci se passait vers le mois de juin 1477; le 18 août, Baudouin assistait à Gand à la signature des conditions anténuptiales entre Maximilien et Marie. L'année suivante, la naissance d'un fils couronnait cette union qui promettait au pays une ère de bonheur, et le 28 juin, l'enfant était baptisé dans l'église de Saint-Donat, en grande solennité, par l'évêque de Tournai. Le seigneur de Molembaix, Baudouin de Lannoy, avait tout naturellement une place d'honneur à la cérémonie. Nous ne suivrons pas le chroniqueur dans la longue description qu'il en donne.

Lorsque la procession, composée des prélats et des seigneurs du pays, fut entrée dans l'église, Baudouin se plaça auprès des fonts baptismaux avec l'évêque, le sire de la Gruthuse, chevalier d'honneur, le doyen de Saint-Donat et les personnes de la maison de l'archiduc et de l'archiduchesse. Puis le chant du *Veni Creator* préluda à la collation du Sacrement, celui du *Te Deum* le suivit et l'on s'en retourna au palais avec la même pompe qu'on en était venu. « Et ce jour, continue le chroni-
« queur, Monseigneur de Molembaix semait or et argent avant les rues
« et à travers du marché en très grande abondance. Pourquoy les
« trompettes demenant grand rejouyssement, ensemble les hérauls
« cryoient haultement : Largesse ! »

Cependant le nouveau duc de Bourgogne eut à combattre pour défendre l'héritage de son épouse. Une bataille qu'il gagna à Guinegate sur les Français, le 7 août 1479, contribua beaucoup à affermir sa situation.

En bon chevalier, Baudouin a suivi son prince et la chronique donne son nom parmi « les grands personnages » qui accompagnent Maximilien, « bons vassaux et léaulx subjects, qui plutôt la mort choisiroient que reproche de leur honneur. »

Les nouveaux souverains avaient dû, suivant l'usage, se faire inaugurer dans chacune des provinces et dans la plupart des bonnes villes des Pays-Bas. On ne peut nullement douter que Baudouin, comme maître d'hôtel de la duchesse, ne l'ait accompagnée dans toutes ces cérémonies ; il est du moins nommé parmi ceux qui formaient le cortége de la princesse, lors de sa joyeuse entrée à Audenarde, le 30 mai 1480.

Le 2 décembre suivant, il est convoqué pour assister aux États qui doivent s'ouvrir à Mons le 2 janvier 1481. Peu de temps après, vers le carême, il fait partie d'une ambassade envoyée en France au roi Louis XI, « sur espérance de trouver bonne paix. »

Il était chargé de redemander au monarque la restitution des villes de Hesdin, d'Aire et de Béthune, dont ce prince s'était emparé pendant la minorité de la duchesse.

Le 5 mai, il rejoint Maximilien à Bois-le-Duc où l'archiduc faisait célébrer « en présence de l'ambassade de l'empereur, la fête et solennité de la Toison d'Or. » C'est là qu'il devait recevoir le digne prix des services qu'il avait rendus à la famille de ses princes.

En effet, le 9 mai, il était élu chevalier de l'ordre de la Toison d'Or, honneur qu'avaient eu avant lui son père et plusieurs seigneurs de sa famille. Le 17, Jean de Berghes et lui prêtaient entre les mains du souverain le serment ordinaire et recevaient de ses mains le riche collier de l'ordre.

Peu de temps après, Maximilien ayant assemblé un conseil à Bruxelles, Baudouin de Lannoy, qui y assistait, fut du nombre des seigneurs qui jurèrent d'être fidèles au duc et exprimèrent tout leur mépris pour la conduite de Philippe de Crèvecœur, seigneur d'Esquerdes, élevé à la cour de Bourgogne et alors si acharné contre elle, qu'il empêchait par ses intrigues le roi Louis de conclure la paix.

Baudouin ne cessera pas de servir la cause de son prince, et ses ambassades vont se succéder désormais à plusieurs reprises. Celle de 1482 mérite quelques détails que nous empruntons tout à la fois aux anciens chroniqueurs et aux historiens modernes (1).

Maximilien d'Autriche qui venait de perdre son épouse, la bonne et douce princesse Marie, Maximilien sans argent, sans appui, sans aucun conseiller habile, forcé de soutenir la politique astucieuse de Louis XI, donna à 48 députés, que lui désignèrent les États, le pouvoir de traiter de la paix avec le roi de France et de conclure le mariage de mademoiselle Marguerite, sa fille, avec le dauphin (novembre 1482). Parmi les députés, on remarquait Jean de Lannoy, abbé de Saint-Bertin, chancelier de la Toison d'Or, Jean, seigneur de Lannoy, de Rumes et de Sebourg, Jean de Berghes, seigneur de Wallain, *Baudouin de Lannoy, seigneur de Molembaix*, chevalier dudit ordre, conseiller et chambellan.

Les conférences eurent lieu à Arras, et le traité fut signé le 23 décembre 1482.

L'ambassade des États de Flandre et de l'archiduc Maximilien se rendit auprès du roi pour recevoir sa ratification du traité et son serment. La ville de Paris fit à la députation un pompeux accueil; il y eut en son honneur *Te Deum*, procession, feux de joie dans toutes les rues, fête à l'hôtel de ville, sotie et farce chez le cardinal de Bourbon, qui avait fait dresser un théâtre dans la cour de son hôtel.

Après avoir assisté à ces fêtes brillantes, les ambassadeurs se rendirent au château du Plessis, c'était la résidence ordinaire de Louis XI, triste séjour, espèce de prison, où l'on ne pénétrait qu'après bien des formalités et des précautions. Ce fut le soir qu'on les y introduisit. Dans le coin obscur d'une chambre mal éclairée, ils aperçurent le roi assis dans un fauteuil. Maigre et débile, il s'affaissait sur lui-même, sa voix était tremblante, mais conservait encore quelque chose de railleur et de sardonique. Il s'excusa de ne pouvoir se lever pour saluer *Messeigneurs de Flandre* (c'était le nom qu'il donnait aux ambassadeurs), après avoir causé peu d'instants avec eux, il se fit apporter le livre des

---

(1) Philippe de Commines, M. de Barante, M. Kervyn de Lettenhove, M. Le Glay, etc.

Saints Évangiles. Sa main droite était paralysée; soulevant avec peine le bras soutenu par une écharpe et touchant le livre avec le coude, il fit serment d'observer la paix.

Les ambassadeurs se rendirent ensuite à Amboise, pour recevoir le serment du dauphin. Il jura le traité sur le sacré corps de Jésus-Christ et sur le bois de la vraie Croix; puis les ambassadeurs retournèrent à Tours. Le roi donna alors sa ratification définitive, et leur fit remettre trente mille écus d'or et une magnifique vaisselle d'argent.

Ils revinrent à Paris et le Parlement, après les avoir reçus avec beaucoup de distinctions, enregistra le traité devant eux. De nouvelles fêtes leur furent encore données, et avant de partir ils assistèrent à un repas somptueux que leur offrit le bailli de Rouen dans son superbe hôtel de la rue Quincampoix.

Bientôt après, les députés de France vinrent à Gand recevoir le serment par lequel le duc Maximilien jura d'observer la paix d'Arras et, sur leur demande, Marguerite, sous la garde des Gantois, se mit en route pour Hesdin en Artois. Là elle fut reçue solennellement par madame de Beaujeu, fille du roi, et par plusieurs autres personnages distingués. On reprit ensuite la route vers Paris, où la jeune dauphine, âgée de 3 ans, fit son entrée solennelle; le 2 juin 1483, on se rendit à Amboise où se tenait la cour. Presque en même temps y arriva une nouvelle ambassade de Flandre dont faisait aussi partie le seigneur de Molembaix, Baudouin de Lannoy. L'abbé de St-Bertin, chef de la députation, fit une belle harangue au dauphin, compara ce mariage à celui d'Esther et d'Assuérus, et il assura que toutes les Marguerite avaient porté bonheur à leur mari et à la Flandre (1).

Baudouin assistait encore, le 23 juin, aux fiançailles (2) qui furent célébrées avec une pompe extraordinaire. On sait que plus tard le mariage fut rompu et que le dauphin, devenu le roi Charles VIII, préféra à Marguerite d'Autriche la duchesse Anne de Bretagne.

D'après le témoignage de Maurice, dans son Blason de la Toison d'Or, Baudouin de Lannoy, fidèle à ses serments, tint constamment le parti de l'archiduc dans la guerre qu'il eut avec les Gantois qui s'attribuaient à eux seuls le droit d'avoir la garde noble et la gouvernance de ses enfants. La Flandre, en effet, toujours agitée avait sans cesse de graves contestations avec Maximilien relativement à la tutelle de son fils Philippe-le-Beau. L'ordre même de la Toison d'Or, qui formait à cette époque le

---

(1) Marguerite de France, fille de Philippe-le-Long, avait apporté en dot à Louis, comte de Flandre, l'Artois et le comté de Bourgogne; Marguerite de Bavière avait eu en mariage le Brabant et le Limbourg, et c'était d'elle qui les avait tenus Louis, second comte de Flandre; enfin Marguerite de Flandre avait épousé Philippe-le-Hardi, et avait commencé la puissante et glorieuse maison de Bourgogne.

(2) M. Le Glay, par distraction sans doute, dit le mariage.

conseil du souverain, se trouvait divisé en deux partis, et plusieurs chevaliers résidaient à Gand auprès du jeune archiduc. Tels étaient les seigneurs de Ravestein, de la Gruthuse, de la Vère et de Beveren.

Ce fut à l'occasion de la convocation du prochain chapitre qui devait avoir lieu au mois de mai 1484 que la discussion se manifesta. L'archiduc ayant invité, au mois de novembre 1483, les quatre chevaliers nommés plus haut, à se rendre à Bruxelles pour la Saint-André (30 novembre), ceux-ci commencèrent par demander des saufs-conduits tout en se plaignant de la conduite du prince à leur égard. Plus tard une assemblée préparatoire ayant été indiquée pour le 20 janvier à Valenciennes, les chevaliers résidant à Gand s'excusèrent d'y assister et il y eut le 21 à Mons une réunion de huit chevaliers du nombre desquels était, selon toute apparence, Baudouin de Lannoy. On y fixa le chapitre au 2 mai suivant à Bruxelles.

Mais il n'y eut au mois de mai qu'une assemblée préparatoire dans laquelle on reçut communication des griefs qu'avaient contre Maximilien les partisans de la Flandre. On l'accusait d'avoir entrepris considérablement sur les droits, hauteurs et prérogatives du duc son fils, premièrement en retenant, depuis la mort de la duchesse Marie, les noms, titres et armes des pays qu'il tenait d'elle, et en administrant ces pays en son propre nom et non pas seulement comme père et mainbourg du jeune prince; en second lieu, de ce qu'il continuait aussi de s'attribuer les titres et prérogatives de souverain de l'ordre de la Toison d'Or, jusqu'à se proposer d'assembler en cette qualité un chapitre solennel.

Ce n'était pas à Bruxelles, mais à Gand, ce n'était pas sous la présidence de Maximilien mais en présence de son fils que les chevaliers consentaient à ce qu'on fît ce chapitre. Ils menaçaient de voies de fait et même de l'ouverture d'une guerre, si l'on osait le tenir ailleurs.

Nous n'entrerons pas dans tout le détail des discussions et des négociations qui eurent lieu à la suite de cette missive. Le huit mai, huit chevaliers, parmi lesquels devait encore se trouver Baudouin de Lannoy, répondirent à Maximilien qu'en réalité il n'était plus chef de l'ordre, mais qu'il convenait qu'il en exerçât les fonctions pendant la minorité de son fils.

Plus tard les chevaliers des deux partis choisirent d'un commun accord la ville de Termonde pour siége de leurs délibérations. Le 9 juin, sept chevaliers s'y rendaient de Bruxelles avec les officiers de l'ordre, c'étaient le comte de Nassau, les seigneurs de Lannoy, de Toulonjon, de Boussu, de Ligne, de Polheim et notre Baudouin qu'on trouve souvent désigné comme les autres par le seul titre de sa principale seigneurie. Ils trouvèrent à Termonde messieurs de Ravenstein, de la Gruthuse, de la Vère, de Beveren et de Romont, ainsi que le président de Flandre et d'autres gens du conseil du duc Philippe.

Les douze chevaliers furent d'avis que Maximilien n'avait plus droit à ses anciens titres, mais on proposa un expédient qui sauvegardait son honneur, c'était de faire deux tableaux, un pour lui et un pour son fils et d'y peindre les mêmes armes, de lui donner le titre de père, chef de l'ordre de la Toison d'Or, et à son fils celui de fils, chef et souverain du même ordre. On l'engageait en outre à prendre dans ses actes à la suite de ses autres titres celui de père et de mainbourg de son fils, et on le priait d'envoyer des députés à Termonde pour terminer, s'il était possible, tous les différends qu'il avait avec les États de Flandre.

Messieurs de Nassau, *de Molembaix*, de Polheim ainsi que le roi d'armes furent députés pour aller communiquer à Bruxelles ces arrangements à l'archiduc et lui demander son assentiment. Antoine, le grand bâtard de Bourgogne, les accompagna.

Le 14 juin, ils arrivèrent à Bruxelles où ils rendirent compte à l'archiduc de la commission dont ils étaient chargés. Ce prince les reçut favorablement et sur la réponse qu'il leur donna, l'assemblée décréta et approuva les points et les articles qu'elle avait proposés, choisissant en conséquence l'archiduc pour présider à l'ordre pendant la minorité de son fils, vrai chef et souverain de l'ordre.

Là s'arrêtait la juridiction des chevaliers : les difficultés commencèrent lorsqu'ils voulurent aborder, en présence des députés de Maximilien et de ceux des États de Flandre, la discussion des autres questions litigieuses. Il fut impossible de s'entendre. Les prétentions des Flamands paraissant exorbitantes, on envoya, le 24, une seconde députation à Bruxelles. Messieurs de Nassau, de Boussu, *de Molembaix* et de Polheim la composaient.

Le lendemain 25, ces députés s'acquittèrent de la commission dont ils avaient été chargés la veille, et l'archiduc, après avoir examiné l'affaire, leur fit remettre sa réponse par écrit. Le 27, ils rendaient compte à l'assemblée de Termonde du résultat de leur mission. L'archiduc n'ayant pas consenti à faire toutes les concessions que les Gantois exigeaient, ceux-ci déclarèrent ne vouloir se relâcher en rien de leurs prétentions. En vain leur proposa-t-on de remettre les conférences à une autre époque. Guillaume Rym, un des commissaires de Flandre, déclara « qu'ils n'avaient point d'ordre d'accepter une autre journée » et montra par son discours qu'on était prêt à en venir à une rupture complète.

Ceci se passait le matin, une dernière conférence eut lieu l'après-diner. Monsieur de Molembaix, avec quelques autres, proposa quelques tempéraments pour renouer les négociations, tout ce qu'on put dire sur ce sujet fut inutile. Le lendemain on se sépara et Baudouin alla retrouver à Bruxelles son souverain avec les chevaliers de son parti. Il y assista, le 4 juillet, à une nouvelle réunion qui eut lieu chez le seigneur de Lannoy, son parent, et prit part, à n'en point douter, à d'autres assemblées du même genre qui se tinrent les jours suivants.

Lassé de ces discussions, l'archiduc avait pris la résolution de recourir aux armes pour recouvrer la tutelle de son fils et le retirer des mains des rebelles gantois. Décidé à porter la guerre en Flandre, il avait réuni son armée à Malines où Jean de Berghes, *Baudouin de Lannoy* et le seigneur de Chanteraine l'avaient rejoint. Sa première entreprise fut dirigée contre Termonde. Deux chariots remplis d'hommes d'armes déguisés en marchands, en moines et en religieuses arrivèrent à Termonde, le 26 novembre 1484, au point du jour : mais dès qu'on les eut laissés entrer dans la ville, les guerriers tirèrent leurs armes et se précipitèrent vers une porte dont ils s'emparèrent. Maximilien, qui s'était placé en embuscade avec 800 hommes d'armes à cheval, se hâta d'accourir. Les bourgeois tentèrent en vain de se défendre, ils furent poursuivis jusqu'à la place du marché et entièrement culbutés. L'archiduc demeura quelque temps à Termonde et y laissa pour gouverneur Jean de Melun.

Le 6 juillet, Maximilien revoyait enfin son fils, qui ne le reconnaissait même plus, tant leur séparation avait été longue.

L'archiduc se trouvait à peine à Gand qu'une sédition y éclatait de nouveau. Tout porte à croire que Baudouin de Lannoy en fut témoin et qu'il n'avait point cessé jusqu'à ce moment d'accompagner l'archiduc. Du moins le voyons-nous aller en compagnie de Jean de Berghes, traiter avec un corps de rebelles gantois qui s'était retiré à Tournai au nombre d'environ quatre cents.

Les deux mêmes seigneurs se voyaient peu de temps après chargés d'une mission plus honorable encore : Maximilien les envoyait à Termonde où avait été conduit d'abord son fils Philippe, afin de mener le jeune prince à Bruxelles.

Au comble de la faveur, Baudouin recevait de son souverain une récompense nouvelle des loyaux services qu'il lui avait rendus. Maximilien le nommait gouverneur et capitaine des villes et châtellenies de Lille, Douai et Orchies. Ce fut le 18 août 1485 qu'il prêta serment à la ville de Lille. Il succédait en cette double qualité à Jean de la Gruthuse, seigneur d'Espierre.

Il est à remarquer que le catalogue des gouverneurs de Lille ne lui donne pas seulement le titre de seigneur de Molembais et de Solre-le-Château, mais encore de Tourcoing.

Tout porte à croire qu'il avait acheté cette dernière seigneurie à son dernier possesseur, Josse Blondel de Joigny, baron de Pamele. Il n'est pas étonnant que ce dernier ait songé à se défaire d'une terre qui devait lui avoir procuré fort peu de revenus au milieu des guerres et des troubles de cette époque. Tourcoing, en effet, avait été saccagé deux fois par les Français à peu d'années d'intervalle. Le premier désastre arriva en 1477, après la mort de Charles-le-Téméraire. Louis XI, qui convoitait la succession du duc de Bourgogne, avait mis dans Tournai une garnison française. De leur côté les flamands et les bourguignons pour se défendre contre ses incursions continuelles, avaient fortifié Tourcoing. Ils y furent assiégés, la ville fut prise, pillée, livrée aux flammes, et les ennemis se retirèrent emmenant avec eux à Tournai un grand nombre de prisonniers, une immense quantité de draps et les meubles les plus précieux des habitants. Quatre ans après (1482), après la mort de Marie de Bourgogne, deux troupes de Français, d'environ quinze mille hommes, firent irruption, vers la fin d'avril, dans la châtellenie de Lille. Une de ces troupes se dirigea du côté de Lannoy, de Flers et de Roubaix, l'autre du côté de Lille et vers Marquette et Wambrechies; toutes deux se rencontrèrent à Tourcoing et en firent le centre de leurs déprédations. Elles y prirent six cents pièces de drap et de grandes sommes d'argent qu'on avait mises en dépôt dans l'église comme dans un lieu sûr.

Après de tels désastres on comprend combien il était utile pour cette commune si cruellement désolée d'avoir pour seigneur le gouverneur même de la châtellenie et nous verrons que Baudouin lui procura de grands avantages.

Il ne faut pas croire cependant que Monsieur de Molembaix fît toujours sa résidence dans la capitale de son gouvernement. Il n'en était pas ainsi d'ordinaire et nous voyons Baudouin, dès le 7 octobre 1485, à Anvers à la cour de Maximilien, signant avec lui « la gagière de la ville de Huy vers monseigneur l'archiduc pour 12,000 livres. »

Quand un homme distingué occupe une haute position et qu'il est comblé d'honneurs, il est bien souvent en butte à la jalousie et à la calomnie de tous ceux que la fortune n'a pas également favorisés ou que l'incapacité rend orgueilleux et envieux. Ainsi, nous apprend Molinet, « des tourbillons d'envie et de l'horrible vent soubtil de court, qui incessamment travaille les nobles vertueux haults hommes, fut angoissement accueilli sire Bauduyn de Lannois seigneur de Molembais, et de Sorre, chevalier de la Thoison d'Or, chambellan de monseigneur l'archiduc d'Autrice, gouverneur de Lisle et de Bouchain. » Pendant que le noble chevalier, quittant la cour, était allé se reposer du fracas des affaires dans sa belle résidence de Solre-le-Château, des murmures et des détractions s'élevèrent contre lui. On l'accusa d'entretenir des intelligences avec les français et même de recevoir une pension annuelle du roi de France et l'on mit encore à sa charge d'autres griefs non moins considérables.

Enfin « tant se alluma cette haine couverte embrasée de secret vengement, par le soufflement d'aulcuns mauvais esprits que les grands personnages en sceurent à parler. » Et de fait quelques seigneurs de la cour qui, autrefois, lui avaient montré de l'amitié, le prirent en dédain et dirent qu'on avait eu en lui trop de confiance et que le prince lui avait laissé trop longtemps l'exercice de sa charge.

Maximilien, informé des accusations portées contre son chambellan, lui fit signifier de ne plus se présenter à sa cour sans y avoir été appelé.

Les rumeurs de la calomnie parvinrent en même temps que cet ordre si dur aux oreilles de Baudouin. Noble et preux chevalier, ayant plus à cœur l'honneur que la vie, il éprouva une profonde douleur en apprenant les griefs dont de perfides envieux voulaient le charger. Il n'omit rien pour déjouer leurs ruses, s'adressa à ses parents et à ses amis et par leur entremise fit humblement supplier son prince de vouloir bien l'écouter et entendre sa justification.

Maximilien, qui revenait alors de son voyage d'Allemagne, où il avait été élu roi des Romains, le 16 février 1486, assigna à l'accusé une époque pour comparaître devant lui à Malines ou à Bruxelles. Le seigneur de Molembaix ne voulut pas comparaître seul, mais il se fit accompagner de ses parents les plus distingués; « très-haults et puissants princes, chevaliers et barons, » qui se firent un devoir de venir l'assister, soutenir son bon droit, et confirmer son innocence.

Peu de jours après son entrée triomphale à Bruxelles, Maximilien donna audience à Baudouin en présence de monseigneur le chancelier et de quelques autres princes et seigneurs. L'accusé était accompagné de l'abbé St-Bertin, chancelier de l'ordre de la Toison d'Or, des seigneurs de Lannoy, de Fiennes et de Boussu, chevaliers du dit ordre, du seigneur de Maingoval, grand maître d'hôtel du roi, des seigneurs de Brimeu, de Roubaix, de Santes, d'Estrée, de Fontaine et de Melun. Bientôt survinrent messire Philippe de Clèves, le prince de Chimay, le seigneur de Sempy et plusieurs autres nobles et chevaliers. Une pareille entrée ressemblait plus à celle d'un triomphateur que d'un accusé. Baudouin, après avoir salué avec respect le roi, obtint la parole. D'une voix ferme et sonore, au milieu d'un silence profond, il fit valoir les services qu'il avait rendus à la maison de Bourgogne, son dévouement et sa fidélité pour son prince; puis discutant les griefs qui lui étaient imputés, il demanda qu'on le mit en présence de ses vils accusateurs, disant qu'il était prêt à défendre à outrance son bon droit et son innocence.

Naturellement éloquent, animé d'ailleurs par le désir de venger son honneur, il parla avec tant de force et de conviction, que tout l'auditoire éprouva en sa faveur une émotion visible; et « chacun jugeait en son couraige qu'il estoit à tort molesté. » Alors son parent, Jean de Lannoy, « fort honorable personnage, riche d'amis et de bonnes mœurs, » se leva et dit que lui et les nobles seigneurs de sa parenté n'auraient pas voulu accompagner et défendre Baudouin, s'ils avaient pu soupçonner un instant sa culpabilité, qu'au contraire, ils auraient cru alors de leur devoir d'aider à le corriger et à le punir; mais que, puisqu'il était innocent, ils suppliaient très-humblement Maximilien de lui restituer son honneur.

La cause de Baudouin était gagnée; personne n'osa l'accuser et le roi, qui le premier l'avait suspecté par suite de perfides accusations, le réintégra dans ses offices, « où il se conduisit fort bien et vertueusement à l'exaltation de son honneur et au grand reboutement et confusion de ses secrets émulateurs. »

Il est beau de voir, quelques temps après Baudouin, à peine rentré en grâce, n'avoir rien de plus pressé que de défendre la cause d'un de ses confrères malheureux.

Une réunion de chevaliers de la Toison d'Or avait eu lieu, à Bruxelles, le jour de la Saint-André, fête de l'ordre (30 novembre 1486); il y avait eu messe solennelle, repas splendide et assemblée chez le roi des romains. Le seigneur de Molembaix profita de la circonstance pour faire connaître au souverain que monsieur de la Gruthuse, son confrère comme chevalier de la Toison d'Or, relégué pour la part qu'il avait prise aux événements de Flandre à Wourkem (Gorcum ?) place située sur les frontières de la Hollande, demandait qu'eu égard à ce que ce séjour insalubre altérait sa santé déjà fort affaiblie par son grand âge, il lui fut permis de se rendre à son hôtel à Malines pour y rester jusqu'au chapitre prochain de la Toison d'Or, époque où il pourrait répondre aux accusations qu'on avait portées contre lui. Le roi remit sa décision sur cette requête jusqu'à l'arrivée du chancelier de l'ordre, qu'il attendait de jour en jour. Mais bientôt il accorda ce que le seigneur de Molembaix avait demandé et le seigneur de la Gruthuse, Louis de Bruges, put se rendre à Malines qu'on lui donna pour prison, avec défense expresse d'en sortir.

Maximilien était alors arrivé au faîte de la puissance. Les rêves de l'ambition, les flatteries de ses courtisans, les prophéties de ses astrologues et de ses devins, tout contribuait à lui donner le vertige. Il conçut le projet d'envahir la France, de marcher à la conquête du royaume de Naples, de faire retentir le monde du bruit de ses exploits et de placer son nom parmi les héros et les vainqueurs les plus glorieux.

Mortagne, Honnecourt, l'Écluse et Térouane tombèrent successivement au pouvoir du roi des romains et dans son vain orgueil, il datait ses mandements de Lens, « *première ville de nostre conquête.* »

Cependant les intelligences qu'il avait avec quelques seigneurs de France n'aboutirent à rien, ceux-ci ayant reculé devant le déshonneur de la trahison qu'ils allaient commettre; les allemands et les suisses qu'il avait recrutés abandonnèrent ses drapeaux à défaut de solde, de sorte qu'il fut réduit à implorer l'appui de ses sujets de Flandre et d'Artois. Mais les bourgeois de St-Omer, de Lille et de Douai voulurent conserver une stricte neutralité; encore cette neutralité fut-elle de courte durée pour St-Omer qui tomba au pouvoir des français, le 27 mai 1487. Deux mois après, le sire de Crèvecœur s'empara de la forteresse de Térouane.

Les seigneurs du parti de Maximilien étaient dans l'impatience de réparer ces échecs, mais en même temps le seigneur d'Esquerdes songeait à profiter de leur ardeur pour leur tendre un piège. Il y réussit au delà peut-être de ses espérances, et une entreprise tentée par eux contre Béthune lui fournit l'occasion de leur faire subir des pertes considérables. Ici, nous devons l'avouer, le rôle que joua Baudouin de Lannoy démentit quelque peu la haute réputation de prudence et d'habileté dont il jouissait; mais un grand nombre d'autres braves chevaliers furent aussi dupés dans cette fameuse journée, qu'on appela dans la suite, la journée des fromages, à cause des fromages de Béthune fort renommés à cette époque.

Un aventurier nommé Ruelle, natif de Lille, qui avait un frère dans le château de Béthune, vint trouver en secret le lieutenant du gouverneur, le gouverneur lui-même Baudouin de Lannoy, et enfin Philippe de Clèves. Rusé et artificieux, il se fit fort de leur livrer le château et la ville de Béthune. Ceux-ci se laissèrent persuader et préparèrent une expédition à laquelle voulurent s'associer les plus nobles seigneurs et les plus valeureux guerriers du pays.

Le comte de Nassau surtout y prit une grande part, fournit un grand nombre de soldats, et engagea dans l'entreprise Charles de Gueldres et le seigneur de Boussu. C'était le seigneur de Molembaix qui conduisait toute l'entreprise sous les ordres du seigneur de Ravestein, Philippe de Clèves. L'issue de l'expédition fut des plus malheureuses, les bourguignons tombèrent dans une embuscade; une terrible mêlée eut lieu, le comte de Nassau et avec lui ses nobles et valeureux compagnons combattirent à outrance, soutinrent vaillamment les piétons et s'efforcèrent d'arrêter les fuyards. Mais la lutte était trop inégale, la déroute fut complète. Neuf cents bourguignons et allemands restèrent sur le champ du combat. Le comte de Nassau, blessé à la jambe d'un coup de lance, fut fait prisonnier et avec lui plusieurs seigneurs distingués, entre autres Charles de Gueldres, Gérard de Boussu, Jean de Comines, Jean d'Overschelde, bailli d'Ypres, etc.

Ces faits se passaient vers le commencement du mois d'août 1487; le chroniqueur qui les rapporte s'étonne, à juste raison, que tant de nobles personnages se soient laissés engager dans une entreprise si mal concertée. « Mais quoi? conclut-il naïvement, brief conseil les surprint, convoitise la main y tint, oultrecuider y laboura, et peu de sens les abusa. »

Les revers de tout genre se succédaient pour Maximilien. Ainsi la Flandre était sans cesse agitée par les insurrections; le roi, de son côté, peu fidèle à ses serments, voulait dominer par la force et ne cessait d'être en lutte avec ses sujets. Il se trouvait à Bruges, quand la révolte éclata et bientôt il se vit prisonnier de ses propres sujets. Baudouin ne suivait pas la cour en ce moment, mais il eut la douleur d'apprendre l'emprisonnement de ses parents Jean de Lannoy, abbé de Saint-Bertin et Jean de Lannoy, seigneur de Maingoval; c'était de quoi le remplir d'inquiétudes, car plusieurs amis du prince étaient envoyés au supplice et la terreur régnait dans Bruges.

Cependant le jeune duc Philippe n'omettait rien pour obtenir la délivrance de son père. Le 28 février 1488, il avait réuni à Malines, pour réclamer leur appui et leurs conseils, les députés des trois États de Brabant et de Hainaut. Comme dans toutes les circonstances graves, le seigneur de Molembaix accompagnait le prince à cette réunion, dont les conférences ne purent aboutir par suite du mauvais vouloir des Gantois.

Pendant que l'insurrection était maîtresse des villes, la campagne était infestée par des bandes de pillards qui, pour la plupart du temps, n'étaient autres que les soldats auxquels était confiée la garde des châteaux-forts. La garnison du château de Liedekerke, composée d'hommes d'armes français, au service du parti des États de Flandre, s'était en particulier rendue célèbre par ses méfaits et ses brigandages ; elle infestait les routes à tel point qu'on n'osait plus aller de Mons à Bruxelles, si ce n'est accompagné d'une forte escorte. Baudouin de Lannoy apprit par sa propre expérience à connaître ces bandits, et il y eut, à la fin de cette année, entre eux et lui, une « dure rencontre. »

Le roi des romains, délivré de prison, mais toujours en guerre avec ses sujets, avait assemblé à Malines, dans l'intérêt de la paix commune, les députés des provinces wallonnes. L'assemblée terminée, Baudouin s'en retournait, après la solennité de la Toussaint, en compagnie de nobles, d'abbés et de députés de la bourgeoisie, lorsque des marchands du Hainaut, qui, « après la froide feste d'Anvers, » avaient séjourné quelque temps en Brabant de crainte des soldats ennemis, demandèrent à se joindre aux députés pour s'en retourner ainsi sûrement dans leur province.

Ils chevauchèrent ensemble vers Alost où les marchands arrivèrent les premiers au nombre d'une quarantaine. La garnison de Liedekerke y avait ses espions qui donnèrent avis au château de l'arrivée des marchands, ne sachant pas qu'ils étaient suivis des nobles et de leur escorte de gens de guerre. Là-dessus une troupe considérable part de Liedekerke et se place en embuscade, à une lieue du château, dans une vallée, sur le chemin d'Alost à Ath ; il y avait là, attendant leur proie, trente à quarante cavaliers bien équipés et bien armés, et une centaine de soldats à pied, armés de piques, d'arbalètes et de couleuvrines. Bientôt la troupe des Hainuyers part d'Alost en belle ordonnance, nobles, prélats, députés de la bourgeoisie, gens de guerre, marchands, etc., s'avançaient prudemment, précédés d'avant-coureurs chargés d'explorer la route, lorsque tout-à-coup ces avant-coureurs rencontrent les ennemis, plusieurs sont arrêtés, mais les autres s'échappent et avertissent les nobles, qui aussitôt se mettent en ordre de bataille. Le hérault de la Toison d'Or, qui faisait partie de la troupe, revêt sa cotte d'armes ; messire Baudouin de Lannoy, messire Robert de Melun, et ceux qui connaissaient le métier des armes font alors preuve d'habileté et de courage. Ils rangent tout leur monde, donnent bon courage aux prélats et aux marchands qui n'avaient jamais été témoins de pareilles scènes, puis font une vigoureuse décharge sur les ennemis ; ils se jettent au milieu des soldats à pied et mettent les cavaliers en désarroi ; ils dispersent les hommes armés de piques, d'arbalètes et de couleuvrines, délivrent leurs avant-coureurs, tuent sur place plusieurs des brigands, et font une cinquantaine de prisonniers qu'ils emmènent à Ath, où plusieurs succombent par suite de leurs blessures ; les autres avaient pris la fuite, et s'étaient sauvés dans un bosquet du voisinage. Ces malheureux durent leur défaite en grande partie à la position qu'ils avaient choisie, une colline leur ayant dérobé la vue de la troupe considérable qui arrivait et avec laquelle ils eussent peut-être évité de se mesurer s'ils l'eussent tout d'abord aperçue.

Au milieu de l'effrayante anarchie qui désolait la Flandre, les habitants de Lille, Douai et Orchies, plus exposés aux attaques des français et n'ayant que peu d'espoir d'être efficacement défendus par les bourguignons, se lièrent de nouveau par un traité de neutralité, qui ne pouvait que leur être favorable (13 nov. 1488). Baudouin était, comme nous l'avons vu, gouverneur de Lille, et en cette qualité, il lui appartenait de signer le traité avant tous les autres ; mais lié, comme il l'était, par un serment de fidélité à son prince, il craignait de trahir ses intérêts en approuvant le traité, et malgré toutes les instances qui lui furent faites, il refusa constamment d'y apposer sa signature.

Cependant, il parut dans la suite qu'il aurait pu, sans manquer à son devoir, poser cet acte de prudente condescendance, car la démarche des flamands-wallons fut approuvée par le roi et l'archiduc qui trouvaient leur avantage après tout, à ce que les trois châtellenies, sans cesser de leur appartenir, ne fussent pas continuellement foulées par les incursions des troupes du roi de France.

Cependant les soldats du Hainaut n'en continuaient pas moins à ravager les villages de la châtellenie de Lille, pillant les métairies, enlevant les animaux, rançonnant les habitants et les molestant de mille manières. Les lillois se plaignirent à Maximilien qui, fort ému, écrivit au gouverneur Baudouin de Lannoy et au grand-bailli du Hainaut, de proclamer partout en son nom, que l'on pendrait les pillards ; attendu, disait-il, qu'il avait en amitié les lillois, qui avaient toujours été fidèles à lui et à ses ancêtres et qui avaient beaucoup souffert à cause de lui pendant le temps des dernières guerres. Cette mesure énergique mit fin aux déprédations, et la Flandre wallonne, si longtemps éprouvée par les maux de la guerre, jouit pendant quelque temps des douceurs de la paix.

Toutefois, dit l'historien de Lille, « les partisans reparaissaient encore et la milice lilloise dut prendre personnellement le soin de les poursuivre. Pendant longtemps un détachement de vingt-cinq bourgeois, munis de hallebardes, fit chaque jour, après l'ouverture des portes, une tournée dans la banlieue. La continuité de ce pénible service exigea de justes représentations; le magistrat offrit au gouverneur une somme de 800 livres, pour que cet officier se chargeât désormais de ce soin. »

Nous ignorons si c'est du gouverneur qu'il s'agit ici ou bien de celui qui habituellement tenait sa place. Du moins Baudouin de Lannoy paraît avoir pris pendant plusieurs années une part moins grande aux événements publics; mais nous trouvons une preuve de la haute considération dont il jouissait dans le témoignage qu'en sa qualité de noble, il fut appelé à rendre, en 1489, à la noblesse de Jean de Curuigen, qui aspirait à devenir chanoine du collége noble de Liége.

Deux ans plus tard, il assistait à la fête de la Toison d'Or qui fut célébrée à Malines, en présence de Philippe-le-Beau, témoin pour la première fois de cette auguste solennité. Baudouin arriva à Malines le 19 mai 1491, ainsi que son parent le seigneur de Lannoy et quatre autres chevaliers. Tous les six, accompagnés de quatre officiers de l'ordre, allèrent, le même jour, « faire la révérence au duc Philippe qui les reçut avec bonté. » Le lendemain, à l'heure des vêpres, ils se rendirent chez lui en grand costume de l'ordre, revêtus de leurs longues robes de velours cramoisi et de leurs manteaux doublés de satin blanc, et ornés d'une bordure de fusils d'or qui en rehaussait le velours.

Ensuite, ils se rendirent, avec le prince, revêtu des mêmes insignes qu'eux, au chœur de Saint-Rombaut où ils prirent place dans les stalles qui leur étaient destinées et au-dessus desquelles pendaient leurs nobles armoiries.

Quelques jours plus tard (24 mai) avait lieu le chapitre; le seigneur de Molembaix eut la satisfaction d'entendre proclamer que sa conduite avait été irréprochable et qu'il était digne des plus grands éloges. Le même témoignage était rendu à messieurs de Walhain, de la Bastie et de Lannoy.

Nous n'avons pas à entrer dans le détail de toutes les affaires qui furent traitées dans ce chapitre; nous dirons seulement que Baudouin put se réjouir de voir un troisième membre de sa noble maison, Pierre de Lannoy, seigneur du Fresnoi, prendre rang parmi ses confrères dans l'ordre de plus en plus illustre de la Toison d'Or.

Il est beau de voir cet homme si distingué, au milieu des honneurs qui l'environnent, ne pas perdre de vue l'intérêt de ses vassaux. Nous n'avons, il est vrai, rien trouvé concernant Molembaix et Solre-le-Château, mais Tourcoing lui doit de la reconnaissance.

Cette commune avait acquis à cette époque une grande importance. Il s'y faisait un grand commerce de draps, qui, depuis la décadence de Bruges, étaient portés à Anvers où les marchands de Lubeck et de Brême venaient les chercher (1).

(1) *Pétition... au roi des belges par la commission de la 5ᵉ section et des faubourgs d'Anvers, suivie d'une notice historique*, 1854.

Un acte daté de Malines du mois de juillet 1491 (1) fait connaître que Maximilien avait reçu l'humble supplication de son « amé et féal chevalier de son ordre de la Toison d'Or, second chambellan (2), et gouverneur de Lille, Douay et Orchies, messire Baudouin de Lannoy, seigneur de Molembaye et de Tourcoing; » et il avait octroyé à Tourcoing une franche foire annuelle, durant trois jours, à partir du 25 juillet, jour de St-Christophe, avec les prérogatives, libertés et franchises et aussi avec les charges attachées aux autres foires du pays de Flandre.

Comme gouverneur de Lille, Douai et Orchies, Baudouin avait à intervenir dans les affaires publiques. La part qu'il y prit pendant les années 1492 et 1493 fut pour lui agréable et honorable tout à la fois. Tout s'acheminait enfin vers la conclusion de la paix, et le seigneur de Molembaix recevait une lettre écrite le 21 mars 1492 par les membres du grand conseil à Malines, au nom du roi des romains, dans laquelle on lui annonçait la conclusion d'une trêve entre le duc de Saxe, au nom du roi des romains, et Philippe de Crèvecœur, seigneur d'Esquerdes, au nom du roi de France. Toute hostilité avait cessé en conséquence à dater du 31 mars, et le gouverneur de la Flandre wallonne fit à cet effet lire la lettre dans les trois chefs-lieux de son gouvernement.

Bientôt l'ambitieux Maximilien se trouva heureux, après les nouvelles guerres qu'il avait si inutilement suscitées, de pouvoir signer, le 23 mai 1493, le traité de Senlis par lequel Charles VIII renonçait à la main de Marguerite et restituait à son père les comtés de Bourgogne, d'Artois, de Charolais et de Noyon. Baudouin, en sa qualité de gouverneur de Lille, fut nommé, de concert avec le comte de Nassau, conservateur de cette paix, pour les marches de Flandre et d'Artois.

Comme nous avons pu le remarquer déjà plus d'une fois, les dignités du seigneur de Molembaix l'obligeaient à paraître dans toutes les grandes cérémonies.

Quand l'archiduc Philippe-le-Beau, parvenu à sa majorité, se fit inaugurer dans toutes les provinces, il l'accompagna dans plusieurs villes. Il était avec lui à Louvain, le 10 septembre 1494, quand ce prince prêta serment devant l'Hôtel de Ville en qualité de duc de Brabant, et jura de respecter les priviléges du duché. Il l'accompagnait encore lorsque, le 22 juillet de l'année suivante, il fit sa joyeuse entrée à Bruxelles et il fut témoin du spectacle assez nouveau pour la circonstance que lui donnèrent les bouchers de la ville en chassant un cerf en sa présence.

Il fut peut-être moins agréable au seigneur de Molembaix d'accompa-

---

(1) Il a été imprimé dans l'Histoire de Tourcoing par M. Roussel-Defontaine, p. 353.

(2) Il paraît que Baudouin n'était pas, du moins à cette époque, maître-d'hôtel du roi, quoique plusieurs auteurs lui en donnent le titre; cette charge était exercée en 1486, par son parent, le seigneur de Maingoval.

gner son prince dans le voyage assez long qu'il fit en Allemagne, en 1496, pour voir son père. On parvint à Ulm le 30 mai au matin et le roi des romains y arriva le même jour à 9 heures du soir; Maximilien se montra fort affable et après avoir embrassé son fils, il prit par la main chacun des nobles personnages qui l'accompagnaient.

L'archiduc séjourna à Lintz pendant le mois d'août, et il est à croire que Baudouin continua à faire partie de sa cour, et qu'il fut témoin du mariage de Philippe avec Jeanne d'Aragon, qui fut béni à Lierre le 21 octobre par l'évêque de Cambrai, Henri de Berghes.

Déjà Baudouin, ainsi que nous l'avons vu, avait été en ambassade en France. Il y fut envoyé de nouveau au commencement de l'année 1497 (1). Chef de la députation, il avait à sa suite plusieurs nobles personnages.

Le but de sa mission n'était rien moins que de réclamer du roi Charles VIII la restitution du duché de Bourgogne, des villes d'Aire, d'Hesdin et de Béthune et en général de tous les domaines que le roi et son père avaient injustement ravis à Marie de Bourgogne aussitôt après la mort de Charles-le-Téméraire. Baudouin de Lannoy fut accueilli par le roi avec beaucoup d'honneurs, exposa le sujet de sa venue en présence du conseil royal et reçut de belles paroles. Mais lorsqu'il fut au moment du départ, il n'obtint qu'une lettre fort froide et l'on put conclure plus que jamais que les français ne céderaient la Bourgogne que par la force des armes.

A son retour de France, Baudouin assista, vers les fêtes de Pâques, (1497 ou 1498) à la joyeuse entrée de Philippe-le-Beau, à Courtrai, et ce fut à lui que l'envoyé des magistrats d'Audenarde s'adressa pour savoir si le prince persistait à vouloir se rendre dans leur ville, où Baudouin l'accompagna en effet, le 7 avril, et où, comme tous les grands seigneurs de la suite du prince, il reçut en présent son lot de vin, qui fut de huit cannes.

Charles VIII était mort sur ces entrefaites, et avait eu pour successeur Louis XII. Maximilien avait profité de cette circonstance, pour faire irruption dans la Bourgogne, et chercher à s'en emparer; mais il échoua dans son entreprise, abandonné qu'il fut par les mercenaires qu'il conduisait. Un nouveau traité fut signé à Paris, le 20 juillet 1498, Philippe y renonçait à la Bourgogne, et le roi à Lille, Douai et Orchies. On y confirmait en outre les dispositions du traité de Senlis, et le roi de France devait rendre au duc Aire, Béthune et Hesdin, à condition que celui-ci lui prêterait hommage pour ses comtés de Flandre et d'Artois.

(1) C'est la date assignée expressément par Haræus, Pontus Heuterus et Buzelin, mais nous sommes tentés de croire que Vinchant a eu raison en reculant cette ambassade jusqu'à l'année suivante.

Philippe pouvait donc, à la faveur de la paix, poursuivre son voyage triomphal à travers ses provinces. De nouveau Baudouin l'accompagna et à Valenciennes, et à Douai, où l'on offrit au prince une coupe d'or du poids de trois marcs remplie de pièces d'or à la croix de saint André. C'était le 22 juin 1499. Un peu plus tard, le 2 juillet 1499, il entrait avec lui à Arras, et trois jours après il était témoin officiel de la prestation d'hommage que fit l'archiduc entre les mains du chancelier de France, tenant la place du roi son maître. Le nom du seigneur de Molembaix termine les lettres que le roi délivra au prince en témoignage de l'hommage par lui rendu.

Acteur obligé de toutes les pompes officielles, il se voyait adresser, le 24 février 1500, en même temps que plusieurs grands seigneurs du Hainaut, une lettre par laquelle on l'invitait à se rendre à Cambrai au-devant de la princesse de Castille qui revenait d'Espagne.

Bientôt après, il avait l'honneur de recevoir son souverain dans son château de Soire, et de lui donner un splendide festin. C'était en 1500, aux fêtes de Pâques ; l'archiduc s'y était rendu, après avoir assisté, à Chimay, au baptême de Philippe de Croy, fils du prince de Chimay. Les jours suivants, il alla à Aymeries, au Quesnoy, à Valenciennes, à Saint-Omer, à Cassel, à Bergues et à Dunkerque, et il est bien possible que Baudouin ait continué à faire partie de sa suite. L'année suivante (1500 v. st.) au mois de janvier, Baudouin de Lannoy assistait pour la dernière fois à la fête de la Toison d'Or. C'était le seizième chapitre que tenait cet ordre célèbre.

« Le duc de Luxembourg (Charles V), qui était encore fort jeune, fut porté au lieu capitulaire par Marguerite d'Angleterre, douairière de Bourgogne, accompagnée de l'archiduchesse sa mère et de plusieurs dames de distinction. Ce jeune prince, introduit par les plus anciens chevaliers, fut placé au milieu de l'assemblée sur un siège préparé à cet effet. Immédiatement après, Baudouin de Lannoy dit au souverain, au nom des chevaliers assemblés, que dans l'espérance que son fils croîtrait en vertu et en sagesse, ils l'avaient élu membre de leur compagnie, le priant en conséquence de vouloir bien lui donner les marques de l'ordre, après l'avoir armé chevalier. » L'archiduc fit les cérémonies et le jeune chevalier fut, pour le moment, dispensé du serment que son jeune âge ne lui permettait pas de prêter.

Dans ce même chapitre « les chevaliers réclamèrent entre autres choses le privilége d'un pot de vin chaque jour, lorsqu'ils se trouvaient à la cour du souverain, et en outre l'émolument d'une tasse d'épices les jours de jeûne ; sur quoi le chef et souverain ayant fait lecture de ces priviléges les confirma et ordonna en conséquence à Baudouin de Lannoy, son grand maître-d'hôtel, de faire fournir à tous les chevaliers et aux officiers de l'ordre, le vin et les épices qui leur compétaient. (1) »

---

(1) De Reiffenberg.

Nous voyons reparaître ici le titre de maître-d'hôtel que Baudouin avait porté sous Marie de Bourgogne, mais qu'il ne portait plus sous Maximilien. C'est une preuve nouvelle de la haute considération dont il jouissait à la fin de sa carrière.

Mais enfin pour lui, comme pour tous les autres, les honneurs allaient avoir aussi leur terme. Il se trouvait à Bruges, où sans doute il avait accompagné son prince lorsqu'il paya le tribut à la mort le 7 mai 1501. Son corps fut transféré à l'église de Solre-le-Château, et l'on plaça sur sa tombe l'épitaphe suivante :

Cy gist Baudouin de Lannoy, seigneur de Molembaix et de Solre, chevalier de la Toison d'Or, conseiller et chambellan et grand maître-d'hôtel de notre sire l'archiduc d'Austriche qui trespassa à Bruges en l'an de grâce 1501, le 7 de may, priez Dieu pour son âme et de lez lui, gist noble dame Michielle d'Esne, dame du dict lieu, sa chère campagne et espeuse qui trespassa l'an de grâce 1511, le 22 avril, P. D. P. son âme.

Nous ignorons quelle fut l'époque de son mariage avec Michelle d'Esne ; il était des plus honorables. Fille d'Amé seigneur d'Esne et d'Isabelle d'Occoche dite de Neuville, elle fit passer entre ses mains les seigneuries de Cauroy et de Beauvoir, ce qui lui valut encore le titre de pair de Cambrésis. Elle lui donna quatre enfants, Philippe, qui lui succéda dans ses trois principales seigneuries de Molembaix, de Solre et de Tourcoing; Françoise qui épousa Antoine de Montmorency, seigneur de Croisilles; Madeleine, qui devint femme de Jean Roisin, seigneur de Rongnies et de Cordes, et Jacqueline qui s'unit à Claude Bouton, seigneur de Corbaron.

Les historiens modernes se sont assez peu occupés de Baudouin de Lannoy, seigneur de Molembaix, et cependant il s'est, comme on l'a vu, rendu recommandable à plus d'un titre. Brave et généreux, il se signala, jeune encore, dans les tournois et les batailles ; prudent et habile, il fut chargé des plus importantes missions diplomatiques ; éloquent et persuasif, il mérita le surnom de *l'orateur Molembais* ; instruit et ami des lettres, il perpétua, dans sa famille, le goût du savoir (1); mais ce qui peut-être le rend plus digne du respect de la postérité, c'est son attachement constant à ses souverains. A cette époque Louis XI, par ses intrigues et ses séductions, avait su attirer à son service les hommes

(1) Le *Bulletin de la commission historique du département du Nord*, 1860, t. X, p. 338, dit que la bibliothèque de Valenciennes contient divers manuscrits qui lui ont appartenu, et qui lui provenaient de Françoise de Barbançon, douairière de Molembaix, sa parente. Il y a nécessairement quelque chose d'inexact dans cet exposé, vu que Françoise de Barbançon fut l'épouse de son fils Philippe. Peut-être s'agit-il de son petit fils Baudouin qui avait hérité sa bibliothèque de sa mère, et de son aïeul.

les plus distingués de la Flandre. Philippe de Commines, historien et diplomate, était allé mettre son talent au service de la France. Le sire de Crèvecœur, l'un des plus grands capitaines de son siècle, avait trahi Marie de Bourgogne pour embrasser le parti de Louis XI. Mais Baudouin de Lannoy, noble et preux chevalier, resta toujours fidèle à la pieuse Marie, à Maximilien et à leur fils Philippe-le-Beau. La calomnie, en s'attaquant à une vie si pure, ne fit que rehausser le mérite de son inaltérable dévouement. Fidèle aux antiques traditions de l'honneur chevaleresque et au primitif esprit de l'institution de l'ordre de la Toison d'Or, il sut toujours et partout se montrer digne de la confiance de ses princes et s'attirer l'estime des hommes vertueux. C'est assez dire qu'il sut échapper à la contagion des vices de son époque et qu'il eut les sentiments religieux que l'on retrouve à un haut degré dans les seigneurs issus de son sang.

PHILIPPE.

Si la position sociale qu'occupa Philippe de Lannoy, seigneur de Molembaix, ne fut pas moins élevée que celle de son père Baudouin, la part qu'il prit aux événements publics ne fut pas tout-à-fait aussi considérable. Du moins, n'avons-nous trouvé aucun détail sur les diverses ambassades dont il fut chargé. Il ne paraît pas non plus avoir pris part à aucune expédition guerrière, et d'ailleurs il faut dire que les Pays-Bas furent moins agités de son temps que du vivant de son père. Mais, en revanche, nous avons trouvé des détails curieux et circonstanciés sur sa vie intime. Ils ont été recueillis par une personne qui avait été seize ans témoin de ses actions, la demoiselle du Bruecq, femme de chambre, pendant trente-deux ans, de sa seconde épouse. Nous nous permettrons de puiser largement à cette source et de transcrire des passages du « Discours » qu'elle a écrit, sur la vie de ses maîtres et qu'elle a dédié à leur petite-fille, Jeanne de Halewin, duchesse d'Arschot (1). Il existe fort peu de vies semblables des personnages de cette époque, et le tableau des vertus domestiques, toujours consolant pour le chrétien et utile pour l'homme, ne peut rien avoir qui soit indigne de la plume d'un historien.

Né en 1487, Philippe de Lannoy hérita, en 1501, des domaines de son père Baudouin, et en 1511 de ceux de sa mère Michelle d'Esne; il posséda

---

(1) Le manuscrit qui renferme ce curieux Discours appartient à M. le comte de Ribaucourt, qui a eu l'extrême obligeance de nous le communiquer, par l'entremise de son fils, M. le comte Adolphe de Ribaucourt.

les seigneuries de Molembaix, de Solre-le-Château, de Tourcoing, de Cauroy et de la Clite. Il avait été, sous Philippe-le-Beau, attaché à la cour en qualité d'échanson du prince. Il devint ensuite successivement chevalier de la Toison d'Or, conseiller et chambellan de l'empereur Charles-Quint, chef des finances, et grand-maître d'hôtel de sa sœur Marie, reine douairière de Hongrie et de Bohême, gouvernante des Pays-Bas.

Il épousa, en premières noces, Marguerite de Bourgogne, fille de Baudouin, seigneur de Falais, de Brédam et de Somersdyck (1), et par lui petite-fille de Philippe-le-Bon, qui fut, comme on sait, le père de nombreux bâtards. Elle descendait par sa mère, Marie-Manuel de la Cerda, de l'infant Manuel, l'un des fils de Ferdinand II, roi de Castille.

Un seul fils naquit de cette union : Jean de Lannoy, seigneur de Molembaix et de Solre-le-Château, chambellan de l'empereur Charles V, nommé, en 1547, chevalier de la Toison d'Or, dont nous verrons plus tard les biens passer à la famille de Croy avec ceux de ses frères consanguins.

Marguerite de Bourgogne mourut le 14 janvier de l'an 1511 et fut enterrée à Solre.

Philippe prit pour seconde épouse, le 18 février 1516, Françoise de Barbançon, fille de Jean, seigneur de Cany et de Varennes, et de Gabrielle de Bossu. Cette noble personne n'était âgée que de 17 ans, mais elle possédait à un haut degré toutes les vertus qui devaient en faire une bonne épouse et une bonne mère. La demoiselle du Bruecq, pour faire voir combien elle s'était rendue chère à son mari, rapporte ingénûment, que Philippe de Lannoy, ayant dû faire plusieurs voyages en Espagne, en Allemagne et en Gueldre, affirmait au retour « de n'avoir fait tort à madame à l'endroit de ses promesses de mariage, et que ladite constance procédoit par la grâce de Dieu et de l'amitié qu'il avoit vers elle. » Elle ajoute, d'après le témoignage d'une personne qui avait été 26 ans au service des deux époux, qu'ils vivaient dans un tel accord qu'on ne les vit pas une seule fois aller prendre leur repos ayant des sujets de mécontentement l'un contre l'autre.

Ils faisaient leur résidence habituelle à Solre dans leur château seigneurial, et ils s'appliquaient au gouvernement de leurs vassaux dans cette petite ville. Ils « y mettoient telle police qu'ils estoient crains et aymés, tenans les bons en leurs droits et punissans ceux qui le méritoient, estans grands zelateurs de la justice et de la république. » Ils exerçaient aussi les actes de la charité chrétienne. Chaque jour une foule de pauvres venaient chercher leur nourriture à la porte du château. Le vin et la viande de la table du seigneur étaient généreusement partagés avec les malades, les femmes en couche et les autres nécessi-

---

(1) Tels sont les titres que lui donne Lecarpentier, Vredius le nomme baron de Baignoles, seigneur de Manilly.

teux. Des serviteurs du château étaient-ils malades, ils étaient sûrs de recevoir la visite de leurs maîtres avec leurs soins empressés.

Une peste ou maladie contagieuse qui survint sur les entrefaites, leur fournit l'occasion de faire éclater leur ardente charité. Le fléau désola Solre durant trois ans et enleva un grand nombre de personnes. On crut remarquer qu'il y avait sur les habitants du château une providence toute particulière. Des enfants de la ville avaient joué avec ceux du château et étaient morts le lendemain. Un homme avait remis à la dame de Solre une bourse qu'il avait tirée de dessous son bras et était mort le même jour; et cependant personne n'avait été victime du fléau à l'intérieur de la forteresse.

Cependant les gens de la maison du seigneur de Molembaix, et en particulier les gentilshommes qui étaient à son service commençaient à ne plus se croire en sûreté et à se laisser dominer par la frayeur. Philippe avait déjà trois enfants, Jean, alors seigneur de Zoetlande, issu comme nous l'avons dit, de sa première union, Baudouin, et Jossine. Une seconde fille, Marie, vint au monde sur ces entrefaites. C'était de quoi redoubler les inquiétudes de toute la noble maison. Mais il sembla qu'on eut plus d'égards pour les serviteurs que pour les membres mêmes de la famille, et dix ou douze jours seulement après la naissance de sa fille, madame de Molembaix se fit mettre dans une litière et porter au château de Liessies, « non, dit sa suivante, qu'elle n'eust bonne fiance que Notre-Seigneur estoit puissant de les garder dorénavant au lieu, mais comme dame affable et débonnaire vers ses gens, se partit du lieu en tel estat. »

Ceci se passait en l'an 1521. Le sire de Molembaix n'avait pas tardé à s'apercevoir que la mortalité n'était si grande à Solre que parce que ses vassaux étaient destitués des soins nécessaires surtout au commencement de la maladie. Il résolut donc, de concert avec sa vertueuse épouse, de fonder un hôpital, où les malades de l'endroit pussent trouver un abri convenable et tous les soins qui leur étaient nécessaires. On fit donc venir des religieuses du tiers-ordre de saint François, appelées Sœurs Grises, et on leur bâtit à l'entrée de la ville un couvent et une chapelle. La fondation date de l'an 1523. Dotées suffisamment par le pieux seigneur, les Sœurs avaient l'obligation d'aller dans toutes les terres et seigneuries de leur bienfaiteur soigner et panser les malades, de quelque maladie qu'ils fussent atteints (1).

Dieu cependant, dit la demoiselle du Bruecq, ne cessait de montrer

(1) « Ces Sœurs, dit M. Piérart, étaient au nombre de trente lorsqu'on les supprima en 1790. Il ne reste plus de cette fondation qu'une chapelle et un petit bâtiment y attenant où sont logés cinq indigents auxquels on fait des distributions quotidiennes de vivres. Les Sœurs Grises de Solre avaient leur établissement dans une rue qui a conservé d'elles le nom de *rue des Sœurs*. C'est la plus importante de la localité. » D'après les Archives historiques, les

de plus en plus qu'il était le protecteur de la bienfaisante et pieuse famille, selon ce qui est écrit : si le seigneur ne garde la cité, celui qui la garde veille en vain. Elle en cite ensuite un exemple que nous allons rapporter dans son style propre, croyant qu'on verra avec plaisir ce spécimen de l'œuvre d'une femme auteur du XVI° siècle. Il est fâcheux sans doute que l'acteur principal du fait odieux qu'on va lire soit un ecclésiastique ; mais les fautes d'un membre du clergé qui fait exception parmi ses confrères ne peuvent retomber, sans une injustice flagrante, sur le clergé lui-même, et bien moins encore sur la religion qui condamne toute déloyauté et toute perfidie.

Voici ce récit, adressé, comme tout le discours, à la duchesse d'Arschot :

« Come n'est possible de pouvoir plaire à tous principalement les bons aux mauvais, il y eut un Pbre françois qui conceut vers mondit seig^r et dame de Molembaix vostre grand pere et mere une haine couverte a raison de quelque convoitise d'argent duquel on luy gardoit d'avoir l'entremise, come il cogneut depuis et leur en donna la conoissance par l'entreprise. Mais le bon Dieu ne voulant permettre sy grande cruauté sortir son effect car par luy-mesme fut dit et donné à conoistre le faict et la trahison qu'il avait traitée avec Monsr de la Roche-humaine par ce temps-là capitaine de la ville de Guise quy estoit de luy livrer le chasteau de Solre-le-Chasteau quy leur faisoit grand empescement de ne pouvoir faire leurs courses et pilleries à l'endroit de leurs limites détruisant le pauvre peuple, car le bon seigneur avec ses voisins estoit journellement aux champs et avoit nombre de compagnons pour faire guet tant de jour que de nuict. Mais le malveillant cherche tout moien pour parvenir à son desir, comme fit le susdit Pbre, car au temps qu'avoit esté la trefve, dormant le portier luy print les clefs, les imprima dedens de la cire, gardant cette pensée jusques les guerres survenantes, qui fut tôt après. Par quoy luy fut comandé de se retirer en France come est de coustume, mais n'estoit pas tout qu'il eut les clefs des portes du chasteau, car lui falloit adherens pour deserrer les barres et verroux de dedens fermans lesdites portes et fenestres. A raison de quoy s'advisa ledit Pbre de venir pour gaigner des compagnons quy fisent le guet la nuict à celle fin de luy faire l'entrée, come sy Dieu luy eût osté l'entendement de ne penser que sa trahison seroit descouverte, car se veint adresser au chapelain de la maison luy disant qu'il estoit envoié du capitaine susdit vers Monsr. de Molembaix luy priant de luy envoyer quelque pièce d'oiseau. Monsr. entendant cette harenghe le fit venir au chasteau vers lui disant : Monsr. le chapelain, je pense bien que le sieur De la Roche-humaine ait autre passetemps que de voler et qu'il

---

Sœurs s'étaient cloîtrées, et l'on ne fait que chaque mois une distribution de pain aux cinq pauvres qui occupent leur place.

y a autre occasion de votre venue. Et pour luy donner une géhenne douce, le fit mener en une chambre en la grosse tour, ou fit mettre le banquet à son chapellain et ses gentilshommes pour luy faire bonne chere faisant tirer du plus fort vin et cervoise de mars, et quant le boire luy fut monté à la teste comence à dire au chapelain : mon confrere, mon amy, sy avez quelque chose de bon en ce chasteau tirez le hors, oïant ce en fut fait le rapport à monsieur et madame, laquelle estoit en couche de mademoiselle Françoise vostre tante. Led*t* traistre fut livrez es mains de la court spirituelle et portoit sa confession qu'il estoit conclud de tout tuer ce qu'on trouveroit au chasteau reservé Mons*r*. lequel seroit mesné prisonnier en France, ce grand pitié ne plut a Dieu laisser advenir, mais bien que sy le traitre pouvoit boire toute l'eaue de la Lis (ou il fut jetté) qu'il retournoit dont estoit venu, ce advint l'an xv*e* xxvii au mois de may, moy estant venue nouvellement au service de la bonne dame. »

La demoiselle du Bruecq, dans sa foi simple et confiante, n'hésite pas à voir, dans toute cette aventure, un trait de la protection toute spéciale que Dieu accordait à la maison de ses maîtres, protection que ceux-ci avaient méritée par la pratique de toutes les vertus chrétiennes. Nous allons, d'après elle, esquisser un tableau du bel ordre qui régnait dans la petite cour du seigneur de Molembaix et qui la rendait presque semblable à une maison religieuse.

Avant toute chose on y avait à cœur le culte de Dieu et l'observance de ses lois ainsi que celles de son Église. Il arrivait bien rarement que M. de Molembaix sortit de chez lui sans avoir ouï la messe; c'est ce qui le mettait en droit de recommander aux gentilshommes de sa maison d'assister tous les jours au saint sacrifice. Il prenait aussi garde à ce que tous les siens observassent fidèlement le Carême et les jeûnes prescrits par l'Église, lorsqu'ils avaient atteint l'âge voulu et que leurs forces le leur permettaient. Il les exhortait instamment à se confesser à l'époque des grandes solennités. Il était du reste le premier à se conformer aux lois de l'Église et à pratiquer les œuvres de pénitence, et l'on disait même qu'il allait parfois jusqu'à se revêtir de la haire, comme l'eût fait un anachorète. En outre, on voyait les deux époux s'approcher des sacrements à toutes les solennités et aux fêtes de la sainte Vierge. Par une dévotion spéciale pour la Mère de Dieu, ils faisaient servir leur table en maigre la veille de ses fêtes. Le Carême et la Semaine-Sainte surtout amenait chez eux un redoublement de ferveur. Ainsi madame de Molembaix ne manqua pas, pendant tout le temps de son séjour à Soire, de faire chaque année, le Jeudi-Saint, la cérémonie de la Cène dans une des salles de son château ; elle lavait alors les pieds à douze pauvres femmes, auxquelles elle donnait ensuite un repas et une aumône. Le Vendredi-Saint, M. de Molembaix et toute sa famille se trouvaient de grand matin à la prédication de la Passion et au service divin. On ne servait ce jour-là dans sa maison ni poisson, ni rien qui eût eu vie, et l'on passait l'après-dînée à visiter, en grande dévotion, les diverses églises, pour y gagner les indulgences.

On comprend facilement quel ordre et quelle régularité devaient régner dans une maison présidée par de tels maitres. Au-dessus de la table dans la salle à manger se trouvait un tableau où étaient écrits les vers suivants :

> Personne à ma table ne vienne
> Que de cinq points ne lui souvienne ;
> Premier, ne mesdis des absens,
> Et ne reproche les présens,
> Se garde de vilain language,
> Des biens de Dieu ne fasse outrage,
> Et s'y comande par mots exprés
> De louer Dieu devant et après.

Le seigneur de Molembaix était sobre. Françoise de Barbançon racontait qu'une seule fois elle avait vu son mari, après avoir fêté un seigneur qui lui faisait visite, sortir de table assez troublé par les fumées du vin pour désirer se trouver sans témoins. Il avait alors fait retirer de son appartement son valet de chambre et son page, et s'était mis au lit avec l'aide de sa femme, disant qu'il ne voulait pas donner mauvais exemple à ses gens et qu'il lui en faudrait rendre compte.

Bien loin d'être pour qui que ce fût un sujet de scandale « il ne donnoit à personne occasion que de toute vertu ! »

Se trouvait-il, parmi ses domestiques, des gens adonnés à l'ivrognerie, ou aux jeux de hasard, blasphémateurs, médisants, menteurs ou infectés de quelque autre vice, il ne manquait pas de les reprendre. Son épouse les faisait de même avertir par leur maître d'hôtel et s'ils ne se corrigeaient pas, ils étaient renvoyés à leurs parents.

Ce bel ordre, la demoiselle du Bruecq l'avait vu régner constamment tout le temps que ses maîtres s'étaient tenus à Soire, et cependant, comme elle le remarque, ils étaient encore tous deux dans leur jeune âge. « O quel miroir, s'écrie-t-elle, à ceux qui descendent de cette noble génération, aussy à tous leurs sujets et seigneurs voisins ! »

On comprend en effet que les bons exemples de pareils seigneurs ne devaient pas être renfermés dans l'enceinte de leur château, mais qu'ils devaient être utiles à toutes les personnes de leur entourage.

Anges de paix pour toute la contrée, ils n'usaient de leur influence que pour le bien.

Survenait-il quelque différend parmi les nobles des environs, aussitôt ils se rendaient auprès d'eux pour les remettre en bon accord, disant fort chrétiennement : « Il faut aymer les gens selon leur manière, s'ils ne sont parfaits, aussy ne sommes nous. »

Les guerres incessantes qui avaient lieu à cette époque étaient, comme toujours, pour bien des gens, l'occasion d'une foule de vexations et de misères. C'étaient des religieux, de pauvres campagnards pillés et ruinés, des habitants des frontières forcés de fuir et réduits parfois aux plus cruelles extrémités. Philippe de Lannoy était la providence d'un grand nombre de ces malheureux; il présentait leurs requêtes au gouvernement, rachetait leurs prisonniers et n'omettait rien pour leur venir en aide.

Mais c'était pour leurs vassaux surtout que les bons seigneurs se montraient charitables et compatissants : ils les visitaient dans leurs maladies et leurs infirmités graves, ils accompagnaient le prêtre dans leur demeure lorsqu'on leur portait les derniers secours de la religion. La pieuse dame, en particulier, se faisait un devoir d'assister à leur enterrement, de jeter de la terre sur leur tombe et de prendre part à toutes les cérémonies funèbres, se mêlant au peuple pour aller déposer son offrande pour le repos de leur âme.

Adonnée à toutes les œuvres de miséricorde, elle exerçait un véritable apostolat dans les prisons de ses domaines. Une pauvre femme condamnée au supplice du feu se trouvait renfermée au château de Soire, Françoise l'instruisit des vérités du salut qu'elle ignorait, lui porta un livre où se trouvaient représentées, en image, les souffrances du Sauveur, et la consola tellement par ce moyen qu'elle accepta son supplice en esprit d'expiation et dit à son dernier instant que « madame de Molembaix, avec la bonté de Dieu, estoit cause de son salut. »

Se rencontrait-il dans les domaines de cette vertueuse dame des ecclésiastiques peu édifiants, elle les faisait venir vers elle et les avertissait « en toute douceur et révérence, ce qu'elle portoit à tous gens d'église. » Ses avis avaient coutume de produire leur effet; quand ils n'étaient pas suivis, les supérieurs ecclésiastiques étaient avertis. Car les seigneurs de Molembaix se croyaient encore plus obligés de veiller au bien des âmes de leurs vassaux qu'à celui des corps.

Celle qui nous a laissé le tableau de leur vie édifiante ne peut s'empêcher d'admirer d'autant plus leur « lumineux exemple, resplendissant parmy leurs subjects et domestiques » qu'elle regrette « le temps passé » et s'attriste des désordres du temps présent, où elle ne voit plus que des seigneurs « mondains et déréglés, délaissant toutes les bonnes coutumes et cérémonies, suivant à grands pas la volupté et liberté. » L'histoire est là pour nous dire qu'à cette époque il en était ainsi en réalité dans les Pays-Bas et que le relâchement des mœurs dans les classes de la société qui eussent dû donner l'exemple préparait dès lors la Belgique aux funestes révolutions qui la bouleversèrent si longtemps.

Le bon seigneur de Molembaix, ajoute la demoiselle du Bruecq, et la bonne dame son épouse « eurent regret de le voir. » Et cependant, élevé par son mérite à un plus haut rang, Philippe de Lannoy allait aussi se trouver forcé d'être le continuel témoin du luxe des grands seigneurs de son siècle. Dans le chapitre de la Toison d'Or, tenu à Tournai au mois de décembre de l'an 1531, il reçut le collier de l'ordre des mains de l'empereur Charles-Quint. Un autre Philippe de Lannoy, son parent, le seigneur de Santes, gouverneur de Tournai, fut en même temps que lui associé à cet ordre illustre. Ce fut selon toute apparence vers le même temps que l'empereur conféra au seigneur de Molembaix la charge de chef des finances et de grand-maître d'hôtel de la reine de Hongrie; mais en même temps il lui donna l'ordre d'aller fixer sa résidence à Bruxelles. Malgré le spectacle du luxe qu'y étalait plus d'un grand seigneur, Philippe y conserva toutes ses habitudes d'ordre et de vertu.

Son intégrité et son désintéressement méritent les plus grands éloges. Jamais il ne recevait de présents de ceux qui sollicitaient des places, des dignités ou des bénéfices. Il se contentait de présenter à la nomination du prince les personnes qu'il jugeait les plus dignes et il disait sagement : « Celuy qui prend dons, s'oblige à ceux dont il les prend. »

Un jour un personnage qui venait d'obtenir de la cour une abbaye lui fit présent de quelques pièces d'or, il les refusa; les pièces d'or furent alors portées à madame de Molembaix, qui, ne comprenant pas le flamand, envoya sa suivante demander à la porte de quoi il s'agissait; celle-ci revint apportant la bourse et croyant recevoir bon accueil; on lui fit reporter bien vite le présent en l'avertissant de ne plus s'avancer si fort en pareille conjoncture. Obstiné dans sa reconnaissance, le nouvel abbé fit faire une belle coupe d'argent doré et l'envoya présenter à Philippe; mais son obséquiosité n'aboutit qu'à lui valoir un nouveau refus.

Arrivait-il que la reine voulût jouer aux cartes avec son grand-maître d'hôtel, celui-ci faisait donner aux pauvres tout l'argent qu'il gagnait.

Philippe de Lannoy avait cependant une nombreuse famille et il devait songer à établir ses enfants; mais il disait que si ses enfants étaient vertueux, ils auraient assez de bien et que Dieu prendrait soin de les pourvoir.

C'est en effet, remarque la demoiselle du Bruecq, ce qui est advenu; on en jugera par l'énumération suivante :

Jean, l'aîné des fils, seigneur de Molembaix et de Solre, après la mort de son père, épousa Jeanne de Ligne, fille de Louis, seigneur de Barbançon et de Marie de Berghes, et fut chambellan de Charles-Quint et chevalier de la Toison d'Or.

Baudouin, seigneur de Tourcoing, épousa Adrienne de Hornes et fut décoré comme son frère du collier de l'ordre.

Jossine, l'aînée des filles, s'unit à Jean, seigneur de Halewyn et de

Commines (1); Marie, la seconde, à François seigneur de Noyelles; Catherine, la troisième, à Gabriel de Jauche, seigneur de Mastaing et Yolende, la quatrième, à Jacques de Croy, seigneur de Sempy, et ce n'est pas sans raison que l'historien ajoute à quatre reprises, au nom de chaque époux, le titre de « vertueux seigneur, héritier de grands biens. » Louise de Lannoy devint religieuse au couvent de sainte Agnès à Gand, Françoise et Anne (2) furent chanoinesses de Mons. Philippe de Lannoy, seigneur de Beauvoir, épousa Jeanne de Blois, fille de Louis, seigneur de Treslong, et se signala par sa bravoure dans les guerres contre les Provinces septentrionales. Seul Louis embrassa la carrière ecclésiastique et devint protonotaire de la sainte Église. (3) Mais ce ne fut qu'après la mort de ses parents, qui, bien que fort pieux, ou plutôt par cela même qu'ils étaient pieux, ne voulurent jamais engager leurs enfants à entrer dans le clergé et encore moins les y contraindre.

Nous omettrons ici le détail des soins que la dame de Molembaix surtout prenait pour inspirer la piété à ses enfants. Mais nous mentionnerons, par rapport à cette vertueuse personne, une particularité qui étonnera ceux qui savent jusqu'où on portait à cette époque le luxe des habillements : c'est que, à partir de l'âge de trente-deux ans, elle cessa de porter des étoffes de soie; et quand on lui disait qu'elle était trop jeune pour laisser ce genre de parure, elle répondait, d'après l'histoire de sa vie :

« Je ne me soucie de m'accoustrer, veu que je plaids à Monsieur et qu'il m'ayme bien sobrement accoustrée. »

Toutefois elle se revêtit d'habits de soie, pour obéir à la reine, lorsque l'an 1538, elle dut accompagner cette princesse dans le voyage qu'elle fit à Compiègne pour conférer avec le roi de France. Mais au retour de ce voyage, elle se retira dans sa maison, s'éloignant le plus possible d'un monde dont elle avait appris à connaître la perfidie. Mais elle savait vaincre ses ennemis et ses envieux en leur montrant bon visage et en leur témoignant plus d'amitié.

Tel était aussi le vertueux seigneur de Molembaix. Doux en son parler, dit son historien, il gagnait facilement les cœurs, et ce fut pour cette raison que la reine l'envoya en Frise, dans le pays de Liége et dans d'autres lieux pour ramener le peuple à l'obéissance et faire renaître la tranquillité dans les provinces.

(1) Elle mourut, d'après Joseph de Saint-Génois, le 30 juillet 1630 et fut enterrée à Tournai dans l'église de saint Brice. Elle avait eu pour fille unique Jeanne, dame de Halewyn et de Commines, vicomtesse de Nieuport, qui porta ses riches domaines à Philippe de Croy, duc d'Arschot, dont elle fut la première femme, et à qui la demoiselle du Bruecq dédia le Discours sur la vie de Philippe de Lannoy.

(2) Les généalogistes ne parlent pas de ces trois dernières.

(3) C'est ce que disent les généalogies. La demoiselle du Bruecq dit seulement qu'il n'était pas marié. Elle finit son ouvrage après 1550.

Fidèle et loyal sujet, ce bon seigneur, qui ne voulait pas même que ses enfants s'alliassent à des familles de France, ne cessa jusqu'à la mort de s'employer au service de l'empereur son maître, et nous ne pouvons nous empêcher de regretter que l'histoire ne nous ait laissé que fort peu de détails sur sa carrière administrative. On ne pouvait les attendre de la suivante de son épouse qui ne pouvait guère nous faire connaître autre chose que les détails de sa vie intime. C'est cependant d'elle seule que nous tenons la mention de ses voyages en Espagne et en Allemagne; sans que nous sachions quel en fut l'objet précis et quel succès il y obtint. Toutefois, nous savons par quelques documents contemporains que Philippe de Lannoy jouissait à la cour d'une grande influence. Peu de temps après le voyage de Compiègne dont on vient de parler, les hommes d'État anglais, MM. Wriothesley et Vaughan, inquiets des résultats de l'entrevue de la reine avec le roi de France, écrivaient au duc d'Arschot et au seigneur de Molembais, les priant de faire reprendre les négociations le plus tôt possible.

L'histoire de l'ordre de la Toison d'Or mentionne plusieurs assemblées particulières des chevaliers qui eurent lieu vers ce temps-là à Bruxelles et auxquelles Philippe de Lannoy doit avoir pris part.

Nous avons vu comment la reine de Hongrie l'admettait à partager familièrement ses amusements. Cette princesse avait, en 1540, fait placer dans son cabinet le portrait de son grand-maître d'hôtel ainsi que celui du seigneur de Sempy, son chevalier d'honneur, et du seigneur de Corbaron, son grand écuyer (1).

Le seul événement politique où nous connaissions quelques détails, peu importants du reste, sur le rôle joué par Philippe de Lannoy, est la révolte des Gantois en 1537 et 1540.

On sait quelle fut l'occasion des troubles qui éclatèrent à Gand à cette époque. La reine de Hongrie avait demandé aux États assemblés un secours extraordinaire d'argent pour entretenir une armée destinée à protéger le pays contre les entreprises des Français. Le secours avait été voté, et le tiers en devait être payé par la Flandre; trois des membres de cette province, Bruges, Ypres et le Franc obéirent; mais Gand manifesta la plus vive opposition.

Des arrestations ayant été faites par suite du refus de payer l'impôt demandé, les gantois portèrent leurs plaintes à la reine et finirent, le 31 décembre 1537, par dresser un acte d'appel à l'empereur. Une démarche aussi grave mettait la gouvernante dans un grand embarras; aussi voulut-elle avoir par écrit l'avis des membres du grand conseil et de

(1) Compte rendu de Jean de Ghyn, penninck-maistre de la reine, en 1540. Antoine de Croy, seigneur de Sempy, eut pour fils Jacques de Croy, qui épousa Yolende, fille de Philippe de Lannoy, seigneur de Molembais; Claude Bouton, seigneur de Corbaron, avait épousé Jacqueline de Lannoy, sœur du même Philippe (Hoynck van Papendrecht).

II.

ceux du conseil privé. Le seigneur de Molembaix est nommé parmi ceux qui se trouvaient au mois de janvier 1538 à la séance importante du conseil d'État où la reine examina les deux avis formulés, et où elle décida la réponse qu'elle voulait faire aux députés de Gand (1).

Au mois d'août de l'année suivante, Philippe de Lannoy se trouvait dans les provinces septentrionales à la suite de Marie d'Autriche, lorsque éclatèrent à Gand les troubles les plus sérieux. Le 19 août, on arrêtait Liévin Pym et un autre magistrat qui passait comme lui pour être trop dévoué à l'empereur. Le même jour, Antoine de Croy écrivait à la reine pour lui demander quelle ligne de conduite il avait à suivre; mais en même temps il s'adressait à Philippe de Lannoy, et, supposant bien que celui-ci serait consulté par Marie sur la lettre reçue par elle, il le prie, sans entrer dans le détail des événements, d'user d'activité et de zèle pour lui obtenir une prompte réponse. Il demande en outre au seigneur de Molembaix qu'il le fasse avertir promptement du chemin que prendra la reine à son retour afin qu'il puisse la rejoindre. C'est ainsi que ces dévoués serviteurs n'omettaient rien de ce qu'ils croyaient être du bien de l'État et du service de l'empereur leur maître.

Une lettre de la reine de Hongrie au seigneur de Courières, datée de Malines le 22 septembre 1539, montre que ce dernier s'était adressé directement à Philippe pour avertir la gouvernante de l'état des choses et en recevoir les ordres nécessaires.

Peu de temps après, le 7 octobre, le même seigneur de Courières avertissait par un de ses laquais la gouvernante, que les bourgeois d'Audenarde, complices de la révolte des gantois, avaient pris les armes et assiégeaient dans le château de leur ville les sires de Lalaing et d'Escornaix. A cette nouvelle, bien qu'il fût plus de neuf heures du soir, Marie se hâta de convoquer auprès d'elle les seigneurs qui étaient à Malines afin de prendre leur avis dans une conjoncture aussi critique. Elle leur adressa un discours touchant, leur exposant l'embarras où elle se trouvait, n'ayant nulles troupes à sa disposition et ne pouvant se dispenser de secourir ces seigneurs qui ne s'étaient renfermés dans cette citadelle que pour le service de l'empereur, d'autant plus qu'en les abandonnant on s'exposait à voir les mutins redoubler d'audace et mettre tout le pays en révolution. Ce discours fit impression et aussitôt le prince d'Orange et le seigneur de Molembaix offrirent leurs services pour rassembler quelques troupes; René de Châlon donnait l'espoir que dans l'espace de trois ou quatre jours il rassemblerait trois cents cavaliers; Philippe de Lannoy espérait rassembler dans le même temps cent cinquante ou deux cents cavaliers, tant des gentilshommes de la maison de la reine que d'autres hommes d'armes.

La reine parla alors des secours qu'elle attendait du duc d'Arschot

---

(1) Hoynck van Papendrecht, t. III, p. 2, pag. 313.

et congédia les seigneurs en leur disant de se trouver auprès d'elle le lendemain à six heures, pour recevoir d'elle des instructions par écrit sur la manière dont ils devaient organiser les secours dont elle avait besoin. Mais le lendemain matin, avant six heures, le laquais du seigneur d'Escornaix vint, de sa part, avertir la reine, que son maître était sur le point de succomber, lui et son frère, si on ne venait promptement à leur secours. Alors Marie fit partir en toute hâte le prince d'Orange et le seigneur de Molembaix pour Bruxelles, les priant de lever autant de chevaux qu'ils pourraient et d'avertir de leur venue le seigneur de Courières qui était à Alost, et le duc d'Arschot qui se trouvait en Hainaut.

Les deux seigneurs partirent en effet pour Bruxelles et de là pour Alost, et le 10, la gouvernante écrivant au duc d'Arschot, lui disait de rassembler ses troupes à Ath, « tant, ajoutait-elle, qu'ils auront de nouvelles de mon cousin le duc d'Arschot et du seigneur de Molembaix, qui partent présentement vers Alost et leur ordonneront ce qu'ils auront à faire. Et ay despeché un placcart, afin qu'ils obéissent à ce que lesdits seigneurs, ou l'ung d'eulx leur ordonnera, vous pryant aussy de leur commander ainsy le faire. »

Heureusement ce fut en vain que la reine avait investi de ses pouvoirs les deux seigneurs, et leur démarche n'eut d'autre effet que de mettre en relief leur fidélité et leur zèle; car peu de temps après, le seigneur d'Escornaix trouva moyen de s'entendre avec les bourgeois d'Audenarde et il fit savoir à la gouvernante qu'il se trouvait hors de danger. L'expédition fut donc contremandée et l'on n'eut plus à s'occuper que des gantois. Ceux-ci persévéraient dans leur révolte et l'empereur crut que sa présence seule pouvait mettre un terme au désordre. On sait comment il traversa la France, se confiant à la loyauté de son captif d'autrefois. Le 21 janvier 1540, il arrivait à Valenciennes où il était reçu dans la maison nommée *la Salle*, par la reine sa sœur, accompagnée, comme de coutume, du seigneur de Sempy et du seigneur de Molembaix.

Les évêques d'Utrecht et de Tournai, les comtes d'Hoogstraeten et de Mérode, et la duchesse douairière de Milan, nièce de Charles-Quint, faisaient aussi partie de l'auguste réunion. Le 14 février, Philippe de Lannoy se trouvait dans le cortége de l'empereur entrant à Gand, dans tout l'appareil de sa puissance et s'apprêtant à punir sévèrement, comme il le fit, ce peuple si longtemps turbulent et rebelle.

Quelques mois après, Philippe de Lannoy avait à s'occuper de nouveau des audenardais, non plus cette fois pour aller les combattre, mais au contraire pour intercéder en leur faveur.

Les magistrats de cette ville, qui sans doute connaissaient la bonté de son cœur, avaient recours à lui, dans la frayeur où ils se trouvaient, par suite de leur participation à la révolte des gantois.

Dans une lettre du 2 juin 1540 (1), ils lui parlent des remontrances qui doivent lui être faites, à leur instance, par le protonotaire Lalaing, « remontrances concernant grandement le bien et honneur de ceste povre et désolée ville d'Audenarde » et comme, pour le moment, ils ont grand besoin « de l'assistence, adresse et aydes de aucuns bons et nobles personnaiges, comme vous, lui disent-ils, et plusieurs autres, » ils lui écrivent dans leur urgente nécessité, les priant de vouloir bien avoir en recommandation ce que lui exposera le seigneur protonotaire.

Nous ignorons de quel poids fut l'intercession de Philippe de Lannoy auprès de l'empereur; mais Charles-Quint modéra quelque peu les rigueurs de sa justice, et si quelques-uns des mutins furent punis, si une amende honorable fut exigée, des lettres d'abolition et de pardon furent accordées à la malheureuse ville.

Philippe, en sa qualité de chef des finances et domaines, dut encore intervenir pour ce qui regardait les suites de la sédition des gantois. L'empereur ayant accordé aux gantois une réduction de l'aide de 200 écus, consentie par les États de Flandre, M. de Molembaix apposa, le 10 juillet 1540, aux lettres impériales, sa signature et l'acte de consentement qu'il donnait à la concession de son maître, de concert avec les autres officiers préposés aux finances (2). Il signa de même des lettres de quittance pour les amendes que les gantois avaient dû payer en punition de leurs excès (14 et 16 octobre 1540). On voit par ces détails que la charge de chef des finances était d'une importance majeure.

L'année suivante, par une nouvelle faveur de son prince, Philippe se voyait, par des lettres patentes du 18 août, investi de l'office de capitaine châtelain du château de Vilvorde; c'était une charge qui, dit Butkens, ne se conférait jamais qu'aux seigneurs de la première noblesse. Il porta aussi le titre de grand veneur du Brabant. Retenu pour l'ordinaire à la suite de la cour par ses importantes fonctions,

---

(1) M. Van Cauwenberghe (*Lettres sur Audenaerde*, p. 246), d'accord avec les *Audenaersche mengelingen* (p. 204), parle d'une autre lettre adressée à Philippe de Lannoy, le 12 janvier 1540, par les magistrats, pour demander comment ils seraient accueillis de l'empereur s'ils allaient à sa rencontre; M. Gachard (*Relation des troubles de Gand*, p. 706) la croit adressée au comte du Rœulx. Ce dernier était grand-maître de la maison de l'empereur et il semble dans cette circonstance que c'était à lui qu'il convenait de s'adresser plutôt qu'au seigneur de Molembaix, grand-maître de la maison de la reine. De plus, la lettre est simplement adressée à Mgr le Grand-Maistre, tandis que celle du 2 juin qui suit, porte : à Mgr de Molembaix.

(2) Une apostille à la requête des gantois demandant de ne point payer les amendes à eux imposées est attribuée dans la relation des troubles de Gand à Philippe de Lannoy, mais dans le texte, p. 696, on lit Philippe de Croy; et comme ce dernier était aussi chef des finances, il est impossible de savoir quel est le vrai signataire.

il est à croire, que, à l'exception de Solre-le-Château, il visita fort rarement ses diverses seigneuries. Nous n'avons trouvé aucun acte de lui concernant Molembaix, Cauroy et la Clyte. Quant à Tourcoing, nous ne connaissons que deux reliefs du fief de l'hôpital, en 1519 et en 1526. Ils nous apprennent les noms des baillis ou lieutenants qu'y avait Philippe de Lannoy : c'étaient Oste de l'Espierre et ensuite Jacques de l'Espierre, d'une famille toute dévouée aux seigneurs de Tourcoing. Ce que nous savons de la piété de Philippe et de son épouse ne nous permet pas de douter qu'ils n'aient tous deux contribué à l'agrandissement de l'église paroissiale, qui recevait, en 1525 (1), ses derniers embellissements extérieurs.

Nous ignorons par suite de quelles circonstances il se trouvait à Louvain, lorsqu'il vit s'approcher la fin de sa carrière. Il avait vécu en chrétien, il mourut en chrétien. C'est dire qu'il reçut, avec une véritable piété, les sacrements qui préparent l'homme à paraître sans crainte devant son créateur. Se soumettant de grand cœur à tout ce que la divine volonté ordonnait de son sort, il envisagea la mort sans frayeur, comme un homme qui n'avait attaché son cœur ni aux honneurs du siècle, ni aux faveurs des hommes, ni aux biens de ce monde. Il avait contracté la sainte habitude d'élever son cœur à Dieu chaque fois qu'il entendait sonner l'heure et d'implorer la pitié du Dieu qui a souffert pour les hommes : *qui passus es pro nobis, miserere nobis*, disait-il alors. Le 12 septembre de l'an 1543, lorsque sonna la douzième heure du jour, on entendit le pieux gentilhomme répéter une dernière fois son invocation accoutumée; environ trois heures après, il s'endormait dans la paix du Seigneur. Il n'était âgé que de 56 ans.

Le seigneur de Halewyn, époux de sa fille Jossine, fut témoin de sa mort chrétienne et de la douleur de sa veuve désolée. Épouse fidèle, Françoise de Barbançon avait trop aimé son mari pour ne pas sentir vivement sa perte, mais femme chrétienne, elle trouva dans les espérances que donne la foi les motifs d'une résignation parfaite, et elle répondit aux consolations que lui donnait son gendre : « Mon fils, mon amy, j'ay beaucoup perdu, mais espérant le bien qu'il possède, ne le voudrais ravoir. »

Cependant la douairière de Molembaix eut soin qu'on rendît à son mari les honneurs funèbres, et quelle que fût son aversion pour les pompes mondaines, elle permit qu'on suivît en tout point les usages reçus pour les seigneurs de sa qualité. Le corps du seigneur de Molembaix fut donc revêtu d'une robe de drap de soie, avec le grand collier de la Toison d'Or au cou, placé sur un lit de parade et exposé aux

---

(1) Cette date se trouvait sculptée sur la dernière pierre du cordon de la nef du Saint-Nom de Jésus. Un octroi d'agrandissement avait été concédé en 1469.

regards de tous ceux qui voulurent venir offrir une prière pour son âme, auprès de ses restes mortels.

Le corps fut ensuite déposé dans un cercueil de plomb, et transporté à l'église de Soire-le-Château, où les deux époux avaient fait plusieurs fondations pieuses; on grava sur la tombe l'inscription suivante :

Cy gist Messire Philippe de Lannoy, Sr de Molembaix de Soire-le-Château de Couroye en Cambresis et de Tourcoing, et chevalier de l'ordre de la Toison d'Or conseiller chambellan et chief des finances de l'Empereur Charles V, grand veneur de Brabant, grand et premier Mre d'hostel de la Royne douagière de Hongrie et de Bohême Régénte et gouvernante des Pays de Pardecha, qui trépassa le XIIe jour de septembre mil Ve XLIII. Et lez luy Marguerite de Bourgogne sa première femme qui trépassa le XIIIIe de janvier mil Ve XI. Et aussy dame Françoise de Barbançon, fille du sieur de Cany sa IIe femme qui trépassa [le XXVe jour de may de l'an mil Ve IXj. Priez Dieu pour leurs ames.

Nous avons transcrit toute l'inscription telle qu'elle nous a été transmise, en y ajoutant la date de la mort de Françoise de Barbançon. Nous ne pouvons nous dispenser de résumer ici le récit un peu diffus que la demoiselle du Bruecq nous a laissé des œuvres vertueuses de cette admirable veuve.

Aussitôt après les obsèques de son mari, madame de Molembaix retourna à son logis de Bruxelles pour y *tenir son deuil* pendant trois mois, suivant la coutume des dames nobles de cette époque. L'empereur et la reine de Hongrie l'y envoyèrent visiter de leur part et lui firent porter leurs condoléances sur la perte de leur loyal serviteur. Des seigneurs et des dames, parents ou amis du défunt, des chevaliers de l'ordre et d'autres personnes vinrent par leur visite témoigner de l'affection qu'ils portaient à l'illustre mort, et il est vrai de dire qu'il fut fort regretté surtout des pauvres et des malheureux auxquels il avait prêté secours. Françoise de Barbançon était demeurée veuve avec dix enfants dont deux seulement établis; il restait de plus un fils issu du premier mariage; elle commença par remettre à ce dernier, qui était héritier de la plupart des seigneuries de la famille, tout ce qui lui appartenait sans dettes, ni procès, ni charges autres que celles que son père avait déterminées en faveur des enfants issus du second mariage. Ensuite elle se retira auprès de ses enfants tantôt à Commines près de madame de Halewyn, tantôt à Tournai près de M. de Tourcoing et sans doute aussi parfois dans quelqu'un de ses domaines.

Dès lors elle commença à tenir la vie des saintes veuves telle que saint Paul en a tracé le tableau.

Ame d'élite et depuis longtemps désabusée des vanités du monde, elle sentait toutes ses aspirations se porter vers la vie religieuse, et son désir le plus ardent était de revêtir l'habit des filles de sainte Claire; mais ceux qu'elle consulta sur ce sujet, parmi lesquels il faut placer sans doute le vénérable abbé de Liessies, Louis de Blois, lui firent comprendre qu'il serait plus méritoire pour elle de veiller sur ses enfants dont plusieurs se trouvaient fort jeunes, et qui tous, même ceux qui étaient mariés, avaient besoin des conseils de son expérience. Elle obéit à ces sages avis, mais sa vie ne fut guère différente de celle qu'elle eût menée en religion.

On en jugera par son ordre du jour ordinaire que nous a laissé sa suivante et dont il faut donner une idée, ne fût-ce que pour faire voir comment de tout temps et dans toutes les conditions Dieu a trouvé de bons serviteurs, qui, pour s'être avant tout montrés fidèles dans les petites choses, n'en ont été que plus capables d'en opérer de grandes, et dont la sphère d'action, resserrée en apparence dans les limites étroites d'une famille ou d'une cité, s'est étendue par l'influence des conseils et des bons exemples jusque sur une nation et une contrée tout entière.

La douairière de Molembaix se levait donc tous les jours à cinq heures au plus tard, bien qu'elle eût coutume de se coucher tard, disant qu'il n'y avait de temps perdu que celui où l'on dort. Elle allait ensuite à l'office des matines, en hiver comme en été, qu'il y eût neige, grêle, pluie ou vent, n'ayant pour l'accompagner que sa femme de chambre portant une petite lanterne pour l'éclairer, détail minime, mais qui rappelle la légende de sainte Gudule. Françoise recevait la sainte communion pour l'ordinaire tous les quinze jours, mais tous les dimanches en Carême et en Avent, sans omettre les grandes solennités. On la voyait, au moment de s'approcher de la sainte table, se prosterner humblement et baiser la terre.

Après avoir prolongé ses prières jusque vers huit heures, elle retournait chez elle et commençait presque aussitôt une lecture spirituelle qu'elle faisait à haute voix pour la rendre utile aussi à ses femmes. A neuf heures, elle assistait aussi à la grand'messe, et après le dîner, se rendait aux vêpres.

Pour bien entrer dans les vues de l'Église, elle tenait compte des fêtes des saints et se remettait alors en mémoire leur vie sainte. De même chaque dimanche elle lisait l'Évangile du jour et se rendait au sermon lorsqu'il se faisait en français. A Tournai, elle assistait parfois à trois sermons le même jour. Lui arrivait-il alors de se trouver portée au sommeil, elle se tenait debout ou à genoux afin de mieux entendre. Après le sermon et les vêpres elle se rendait chez les Sœurs Grises, à l'hôpital et au *geesthuys* pour y gagner des indulgences; ensuite elle rentrait dans sa chambre où elle se remettait de nouveau à prier Dieu. Le dimanche elle ne s'occupait même pas de sa correspondance à moins qu'elle n'eût d'urgence quelque courte réponse à faire ou bien encore quelque consolation ou quelque avis à donner soit à ses enfants, soit à ses amis.

Ce n'était que le soir après le souper qu'elle se permettait une petite récréation; « lorsqu'il faisoit doux la bonne dame s'en alloit promener au jardin ou elle contemploit la beauté des herbes, fleurs et fruits, » où elle écoutait « le chant tant divers des oyselets, louant le Créateur. »

Certes, il n'y avait pas un petit mérite à s'astreindre à un pareil genre de vie. Ce n'est là cependant pour ainsi dire que l'écorce extérieure de la sainteté et Françoise de Barbançon visait au solide. Son désir d'avancer dans la vertu était extrême. Dans ce but, elle s'était procuré une collection choisie de bons livres et avait fait transcrire pour son usage plusieurs sermons de Carême et d'Avent et elle-même rédigeait de sa propre main des notes sur les discours sacrés qu'elle venait d'entendre. Elle avait, outre cela, toujours sur elle un petit livre, rempli de saintes maximes qui lui servait à se rappeler les vérités du salut et aussi à employer utilement le temps, car elle ne craignait pas d'y jeter les yeux pendant les conversations qui avaient lieu devant elle dans la salle du château.

Elle avait su puiser avant tout dans les auteurs spirituels la doctrine fondamentale de l'humilité, et elle comprenait que cette vertu est la gardienne de toutes les autres. Les mauvaises inclinations qu'elle sentait en elle-même faisaient qu'elle se regardait comme vicieuse et perverse. « Je suis plus mauvaise que vous ne pensez, » disait-elle à ses suivantes. Elle ne désirait pas qu'on eût de l'estime pour elle et elle était la première à faire honneur non-seulement à ses égaux, mais même à ses inférieurs. Pendant son séjour à la cour, il lui coûtait de se voir entourée d'hommages et de prévenances, et elle s'y dérobait le plus qu'elle pouvait. Loin de chercher à avoir autour d'elle, quand elle sortait un cortége nombreux et brillant, suivant la coutume des grands seigneurs de l'époque, elle souffrait de ce que l'étiquette ne lui permit pas de se rendre seule dans les églises pour y prier, ou chez les pauvres et les infirmes pour les assister.

Nous avons déjà parlé de sa modestie dans ses vêtements. Son humilité la portait à se vêtir pauvrement, n'ayant « qu'une cotte et une robe de drap, laquelle restoit tant qu'elle estoit fort pelée, devant en vouloir faire faire une autre. » Cela était l'occasion de dialogues curieux qui ne laissaient pas cependant d'être édifiants. « Je pensois mourir, disait-elle au sujet de ses robes, et que je n'en aurois affaire d'autres. Hélas! me faudra-t-il encore tant vivre en ce misérable monde qu'en user une nouvelle. » Et quand on lui répliquait que s'il plaisait à Dieu elle pouvait encore durer bien longtemps en ce monde, elle répondait : « Je suis inutile, et ne sers plus de rien ; mes accoustrements sont bons assez et meilleurs qu'il ne m'apertient. » Oyant cela, la demoiselle du Bruecq s'avisa de lui dire : « Madame, n'êtes-vous pas honteuse d'avoir et porter les choses tant mauvaises? » Non, mamye, répondit-elle, ne faut avoir de la honte qu'en ce que Dieu est offensé. Je resamble à monsieur saint François mon parin. »

Françoise de Barbançon ne se rendait pas seulement semblable à son saint patron par l'appareil extérieur de la pauvreté, elle en prenait les sentiments et, à son exemple, elle se regardait comme la plus grande pécheresse du monde, se disant que si Dieu ne l'eût prévenue de sa grâce, elle eût fait plus de mal que le plus grand pécheur qu'il y eût au monde, et que si ce pécheur eut reçu de Dieu les mêmes grâces qu'elle, il les eût bien mieux employées. « Par quoy, concluait-elle, je crains qu'il ne me soit reproché comme au serviteur inutile de n'avoir augmenté son talent. »

Une personne qui avait de pareils sentiments ne pouvait manquer de travailler sans cesse à mortifier ses passions. C'est ce qu'elle faisait avec le plus grand soin, n'ayant rien de plus à cœur que d'éviter l'offense de Dieu. D'après le témoignage de sa suivante elle craignait toujours et en tous lieux de déplaire à Dieu, ce qui lui faisait dire quelquefois : Je voudrais être en purgatoire, afin de ne plus pouvoir offenser mon créateur. Elle disait encore qu'il ne fallait pas perdre le temps, parce que s'il n'était pas bien employé, il faudrait en rendre compte; et de même qu'elle évitait les paroles oiseuses, elle rappelait qu'elles doivent faire la matière de notre jugement et qu'il valait mieux par conséquent peu parler que beaucoup parler.

La demoiselle du Bruecq lui donne encore ce bel éloge qu'elle « démontroit en toutes ses affaires avoir grande attempérance, de sorte qu'on ne sçavoit guerre appercevoir ce quy lui plaisoit ou non; mais avoit ses affections tout reglées que son maintien ne se changeoit en rien tant en ses ennuis qu'en ce quy luy estoit agréable. » On comprend d'après cela qu'elle devait se montrer patiente et toujours prête à pardonner. C'est ce qui avait lieu en particulier au sujet de ses affaires et des procès qui pouvaient surgir à leur sujet. Elle prenait toujours en bonne part ce qui se faisait et paraissait constamment portée à croire que tous procédaient selon l'équité et la justice, non pas qu'elle ne s'entendît fort bien aux affaires, car douée, comme elle l'était, d'une grande intelligence, elle s'apercevait fort bien de ce qu'il y avait d'irrégulier dans les actions qu'on lui intentait; mais elle ne voulait se plaindre de personne, et disait en fin de compte que puisque la chose était faite, il valait mieux l'oublier.

A la mortification intérieure Françoise de Barbançon joignait la mortification extérieure sans laquelle l'autre ne pourrait subsister. Aux jeûnes prescrits par l'Église elle en ajoutait trois par semaine. Elle jeûnait aussi la veille des fêtes de saint Martin, de la Circoncision, de l'Épiphanie et les trois jours du Carnaval, qu'elle passait dans sa chambre à prier Dieu. Bien loin de vouloir assister aux festins de noces ou autres semblables, lors même qu'ils avaient lieu chez des personnes de sa famille, elle se retirait alors chez elle, répétant ce mot de l'Écriture qu'il est mieux de se trouver dans un lieu de deuil que dans un lieu de joie. Elle ne consentait pas même à se réjouir avec ses amis le jour de saint François son patron, elle préférait l'honorer par une communion fervente et de saintes prières.

D'une sobriété parfaite, elle ne se nourrissait que de viandes communes et n'admettait rien de recherché dans ses aliments, et ne mangeait que ce qui lui semblait nécessaire pour se soutenir. « Le corps, disait-elle, est nourri pour vivre et vit pour mourir. O qu'il vaut beaucoup mieux mourir pour bien vivre que vivre pour mourir! Vivre donc plus l'esprit que le corps et rendre grâces à celui duquel a le tout reçeu. » La demoiselle du Bruecq remarque cependant que sa maîtresse ne poussait pas si loin ses austérités lorsqu'elle se trouvait dans l'état de mariage. Son mari ne lui eût pas permis, et elle-même alors ne se refusait de ce qu'elle croyait pouvoir contribuer au bien-être des enfants que Dieu destinait à naître d'elle. Mais dans l'état de viduité son abstinence fut poussée fort loin, puisque l'on a pu dire d'elle que « par ses grandes abstinences, elle estoit tant maigre que les os lui perçoient la chair. » Elle s'en réjouissait en disant qu'elle donnerait moins de pâture aux vers du tombeau; et quand on lui disait qu'elle allait se rendre malade, elle répondait : « Il faut faire du bien quand on peut. Il faut mater ce corps qui est tousjours tant rebelle à porter le fardeau comme l'asne quant il se trouve bien nourry. » Nous omettons le détail des souffrances que son abstinence lui occasionnait pendant les longues nuits d'hiver et de la peine qu'on eût à lui faire accepter quelque soulagement. Dans le paroxysme de la crampe, elle disait : « C'est peu de chose au regard de ce que Dieu et les saints ont souffert. » Du reste, elle cachait autant que possible ses austérités et portait sur elle quelques fruits confits pour prévenir les évanouissements auxquels l'exposaient les longues heures qu'elle passait à genoux dans les églises.

Cependant une vie si sainte n'aurait attiré que l'admiration à la douairière de Molembaix, si elle n'avait joint à ses autres vertus une charité tendre qui lui conquit l'affection et l'amour de tous ceux qui l'approchaient. Devançant au XVIe siècle les pratiques des Dames de la Miséricorde et des confrères de Saint-Vincent de Paul au XIXe siècle, elle allait visiter les familles pauvres et secourir les malades. A l'aumône matérielle elle joignait toujours de sages conseils et de suaves exhortations à la patience. Douce et aimable dans ses paroles comme dans ses manières, elle savait d'autant mieux se faire écouter qu'elle avait dans son cœur des trésors de bonté, de compassion et de tendresse. S'offrait-il à elle quelque malheureux couvert de plaies, elle surmontait les répugnances de la nature et les pansait de ses propres mains, alors même que leur infection révoltait les femmes de sa maison qui l'accompagnaient. Si c'était aux pieds ou aux jambes que le malade était attaqué, on la voyait se prosterner par terre et dans cette humble attitude manifester d'autant mieux son respect pour Jésus-Christ que la foi lui faisait découvrir dans la personne des pauvres. Faut-il ajouter qu'elle ne quittait pas la maison qu'elle visitait sans y laisser une bonne aumône? Sa libéralité était excessive et excitait l'étonnement des personnes de sa maison qui voyaient l'argent se multiplier, pour ainsi dire, entre ses mains. Elle avait mis par écrit plusieurs remèdes qu'elle administrait en temps opportun et elle savait en particulier se rendre utile aux femmes qui devenaient mères. Si quelqu'une de ces pauvres femmes se trouvait maltraitée par son mari, elle la faisait venir chez elle et lui apprenait à supporter patiemment les défauts de cet époux coupable. Elle faisait aussi avertir les maris, leur avançait de l'argent pour les aider à mettre en train leur métier ou leur petit négoce et plaçait leurs enfants dans des écoles où, tout en se pénétrant de la crainte de Dieu, les garçons pussent se former à un métier et les filles apprendre à coudre.

Son désir de voir Dieu connu et aimé la portait à faire aller aux sermons les personnes qui avaient le plus besoin de s'instruire et de se corriger. Le jour du Carême où l'on prêche sur l'Évangile de la Madeleine, on la vit, à Tournai, faire donner de l'argent à certaines filles de mœurs peu chrétiennes, à condition qu'elles assistassent au sermon, et il paraît qu'il y en eut par suite de cela plusieurs qui se convertirent.

Son zèle et sa charité eurent l'occasion de s'exercer sur des villages entiers. Ainsi les habitants de sa terre de Clerfay se trouvaient sans église et devaient faire une lieue pour recevoir les Sacrements. Elle ne put supporter de les voir longtemps dans cette pénurie de secours spirituels; et elle obtint du Pape et de l'évêque de Cambrai la permission d'élever une église paroissiale, ce qu'elle fit de concert avec son fils Baudouin, seigneur de Tourcoing et aussi de Clerfay, et avec le secours de ses autres enfants qui y contribuèrent pour leur part. Elle y fonda une messe journalière et tout le service divin, ce qui lui coûta des sommes fort considérables. Mais elle n'épargnait rien quand il s'agissait du service de Dieu, et elle eut la consolation de voir cette église achevée et consacrée avant sa mort, ce qu'elle avait vivement désiré.

Que dirons-nous de son zèle pour les personnes de sa maison sur lesquelles sa charité avait à s'exercer tout d'abord? Elle se montrait fort patiente avec eux lorsqu'elle n'avait à se plaindre que de leur négligence; mais elle savait les punir quand elle voyait dans leurs manquements une véritable offense de Dieu. D'ailleurs elle était pleine de reconnaissance et savait récompenser en temps utile les services qu'on pouvait lui avoir rendus. « Ses promesses estoient un arrêt, » dit sa suivante.

Elle commandait le respect par son maintien noble et digne et elle avait d'autant plus le droit d'exiger de ses gens une conduite irréprochable qu'elle donnait toujours et partout le bon exemple. C'est à quoi elle s'attachait fortement, disant que les personnes de sa condition avaient souvent mauvaise grâce dans leur joie comme dans leur courroux, parce qu'elles n'avaient personne pour les avertir et qu'on aimait mieux rire en cachette de leurs défauts.

Mais c'était surtout au sein de sa propre famille que cette veuve vraiment chrétienne exerçait une sorte d'apostolat et se montrait pleine de charité et de tendresse.

Lorsque quelqu'un de ses enfants ou de ses petits-enfants tombait malade, elle s'empressait d'aller le trouver et veillait nuit et jour à son chevet, avec la plus vive sollicitude. Les peines des siens étaient aussi les siennes; cependant elle disait ne pas s'affliger de ce que Dieu leur envoyait des tribulations, parce que la tribulation patiemment supportée était une occasion et un présage de salut, et la prospérité souvent une occasion de damnation, si l'on ne se tenait pas fort sur ses gardes.

Elle eut la douleur de voir sa fille Catherine, dame de Mastaing, enlevée de ce monde à l'âge de 32 ans. Cette bonne mère assista à la mort de son enfant, l'exhortant jusqu'à la fin à avoir foi et espérance au pardon que Jésus a obtenu en mourant sur la Croix, pour tous les pécheurs. Ces paroles elle les disait d'un cœur magnanime, montrant par sa constance et sa fermeté qu'elle avait toujours aimé pour ses enfants, non pas seulement le bien du corps mais celui de l'âme.

Du reste, si la pensée des souffrances du Sauveur lui servait à inspirer aux autres la confiance, c'est qu'elle-même en était toute pénétrée. Son principal exercice était de contempler la passion du Sauveur et plus d'une fois elle fut aperçue, devant son crucifix, priant avec une grande ferveur et versant des larmes en abondance.

L'amour qu'elle avait pour son Dieu ne lui permettait pas de rester indifférente aux outrages faits à sa divine majesté; son cœur s'attristait à la vue des désordres de son époque, du luxe effréné des nobles dont les dépenses excédaient l'avoir, des pillages et des meurtres occasionnés par les guerres; mais surtout elle versait des larmes lorsqu'elle apprenait les irrévérences et les profanations dont les luthériens et les calvinistes se rendaient coupables envers le plus auguste des Sacrements. Elle était à Tournai auprès de son fils M. de Tourcoing, alors grand-bailli du Tournaisis, lorsque, le jour de Noël, à la messe solennelle célébrée dans la chapelle de la paroisse, un homme du peuple s'avança vers l'autel après le *pater*, arracha la sainte hostie des mains du célébrant et la foula aux pieds en présence de tout le peuple. De tels excès pénétraient de douleur la sainte veuve, elle se répandait alors en larmes devant le Seigneur, lui demandait pardon pour les pécheurs et lui offrait en expiation des jeûnes plus austères et des aumônes plus abondantes.

Ce zèle pour la religion, madame de Molembaix cherchait à l'inspirer à ses enfants. Ce fut en particulier sur sa fille Jossine, douairière de Halewyn, qu'elle exerça une salutaire influence. Jean de Halewyn, après avoir accompagné Charles-Quint en Afrique et en Espagne, était mort des suites d'un coup de canon au siège de Saint-Dizier en 1543. Chargée du gouvernement des importantes seigneuries de Commines et d'Halewyn pendant la minorité de sa fille Jeanne, Jossine de Lannoy avait besoin d'aide et de conseils. Pour les lui donner, sa mère fit, comme nous l'avons dit, sa demeure presque habituelle à Commines. Là, elle n'épargna rien pour sauvegarder les intérêts de la foi catholique. Grâce à ses exhortations et au zèle de sa vertueuse fille les entreprises des hérétiques furent réprimées, les blasphémateurs du nom de Dieu punis, les désordres prévenus; en un mot on y vit régner la piété, l'ordre et la justice.

Un intérêt tout particulier devait attacher la douairière de Molembaix à Jeanne de Halewyn, sa petite-fille. Héritière unique des riches domaines des sires de Halewyn et de Commines, elle devait nécessairement occuper dans le monde un rang distingué et par suite être en état d'exercer pour le bien une grande influence. Son union avec Philippe de Croy, duc d'Arschot, l'éleva en effet au rang princier et lui valut le titre d'excellence. La demoiselle du Bruecq lui rappelle dans son Discours et les soins de son aïeule pour elle dans ses maladies et les avis toujours pleins de douceur qu'elle lui donna jusqu'à l'époque de son mariage. On sait quelle fut pendant les troubles de la fin du siècle la conduite noble et religieuse du duc d'Arschot. Ce fut lui qui donna le signal de l'opposition aux envahissements du parti de l'hérésie et qui, en qualité de chefs des malcontents, contribua puissamment à conserver la vraie foi dans les Pays-Bas. Qui peut douter qu'il n'ait été puissamment encouragé et soutenu dans sa courageuse persistance par les exemples et les discours de sa vertueuse épouse? Si donc Françoise de Barbançon a puissamment contribué à former Jeanne de Halewyn, n'a-t-on pas le droit de lui attribuer une influence réelle et sérieuse sur toute la conduite du duc d'Arschot et la gloire d'avoir ainsi contribué pour sa part à la conservation de la religion catholique dans la Belgique. C'est là, sans nul doute, ce qu'avait compris sa pieuse suivante qui, pénétrée du même esprit qu'elle, n'a consigné par écrit le souvenir de ses vertus que pour exciter au bien ses descendants et leur faire mieux comprendre par son exemple que « la principale noblesse procède de vertu. »

Le mariage de Jeanne de Halewyn causait à la douairière de Molembaix une joie d'autant plus grande qu'il lui donnait la liberté d'exécuter le projet qu'elle avait formé depuis longtemps de se retirer à Solre chez les Sœurs Grises. Elle avait pris conseil pour cela du vénérable abbé de Liessies, Louis de Blois, envers qui elle professait la plus grande estime et la plus profonde vénération. Ce saint prélat n'était pas d'avis qu'elle revêtît l'habit de Saint-François, ne pouvant plus à cause de son grand âge pratiquer les austérités de la religion. Elle prit donc la résolution de donner à son costume, déjà fort peu mondain, une forme un peu plus religieuse encore et de se retirer dans une chambre du couvent pour y devenir la commensale des Sœurs. Elle écrivit, le 5 février 1558, à la mère supérieure une lettre admirable d'humilité, dans laquelle elle lui annonçait d'abord que les noces du duc d'Arschot et de sa petite-fille de Halewyn s'étaient « passées de bonne sorte et en bonne amitié entre les parents tant d'un côté que d'autre » ce dont elle louait Dieu; ensuite elle formulait sa demande et le désir qu'elle avait d'être reçue comme fille familière de la maison, promettant, avec une simplicité toute religieuse, de ne point être désobéissante et de ne point donner de scandales au couvent, ce dont elle espérait que Dieu la garderait. Elle se réservait cependant ses petites seigneuries jusqu'à ce que toutes ses affaires fussent terminées et l'église de Clerfay achevée.

Dieu ne permit pas que ces bons et fervents désirs fussent mis aussitôt à exécution; car il lui envoya une maladie qui la retint treize mois sur un lit de douleur et la conduisit enfin au tombeau. Il y avait longtemps qu'étant en bonne santé elle avait fait son testament en présence de sa famille et distribué à ses enfants tous ses joyaux. La maladie fut longue et cruelle; mais Françoise supporta ses souffrances avec une patience digne des plus grands saints. Elle allait jusqu'à prier Dieu, en esprit d'humilité, d'augmenter encore ses souffrances : « Ah! Seigneur, si je n'ai pas du mal assez, envoyez m'en davantage, comme à celle qui l'a bien mérité. » Lorsque ses maux de tête devenaient insupportables, elle se mettait à penser aux épines qui percèrent le chef auguste du Sauveur et elle se trouvait soulagée, comme elle l'apprit à d'autres en leur conseillant ce remède d'un genre si nouveau pour les gens du monde.

Au lieu de se plaindre de ce qu'elle souffrait, elle plaignait seulement les femmes de sa maison qui la servaient et elle leur disait avec bonté : « Je vous donne tant de travail, allez vous reposer; vous deviendrez malades de tant travailler. » Mais ces bonnes personnes se souvenaient des soins que leur maîtresse avait pris d'elles dans leurs maladies et elles se dévouaient volontiers à son service.

La maladie avait commencé en Carême et l'on vit alors quel esprit animait la vertueuse malade, car autant elle s'était montrée scrupuleuse auparavant pour observer les lois du jeûne et de l'abstinence, autant alors elle se montra obéissante et soumise aux ordres des médecins et des supérieurs, tant pour l'âme que pour le corps. La fête de Pâques ayant amené la belle saison, et la malade se trouvant moins souffrante elle se fit mettre sur un char et partit de Commines le 1er août 1550, accompagnée des regrets du pauvre peuple. Arrivée à Solre-le-Châ teau, elle fut conduite à l'église du couvent où la communauté chanta le *Veni Creator*.

Grande fut la joie de la « bonne dame » de voir enfin accomplis les désirs qu'elle avait formés depuis si longtemps. Mais ses douleurs ne l'avaient point quittée et le mal qu'elle avait depuis longtemps au côté, joint à une certaine affection au cœur, ne lui laissait pas un quart d'heure de soulagement. En vain, dit la demoiselle du Bruecq dont nous allons nous contenter de moderniser un peu le récit, en vain les médecins d'ici-bas lui prescrivaient-ils des remèdes, le seul médecin d'en haut pouvait lui apporter aide et secours. C'est vers lui qu'elle se tournait sans cesse, aspirant toujours vers la fin de sa vie, mais non pas cependant dans le désir de voir la fin de ses peines. Elle disait : O Seigneur! si j'ai trop peu de souffrances, je me soumets à en supporter davantage. Lorsque sa fin approchait, elle se trouvait tellement faible et oppressée qu'elle pouvait à peine proférer trois mots l'un après l'autre. Elle se contentait donc de répéter : O mon Dieu! je n'en puis plus, je vous donne ce cœur, il est vôtre ; et en s'exprimant ainsi, elle semblait embrasser en quelque sorte celui auquel elle présentait sa bonne affection.

Quand les seigneurs et les dames ses enfants, présents près de son lit de douleur, lui témoignaient la peine qu'ils éprouvaient de ne pouvoir procurer quelque allégement à ses peines, la bonne dame leur répondait : Oh! mes enfants, ce cœur a bien encore mérité plus de châtiments (1), et ce bon Dieu me traite bien doucement. Et certes, c'était une consolation et presque une joie que de la voir amasser ainsi des trésors de mérites et que de lui entendre répéter : O Seigneur Dieu! comme le cerf désire après les sources des eaux vives, ainsi mon âme désire être unie à vous qui êtes la fontaine de vie.

Quand la malade se sentit fort affaiblie, elle demanda à recevoir l'extrême-onction, ajoutant toutefois qu'elle ne mourrait pas encore, ce qui était vrai, car elle survécut de huit jours à cette cérémonie. Elle était assistée par un père cordelier, lecteur de théologie au couvent d'Avesnes. Ce bon religieux ne quittait pour ainsi dire pas sa chambre, et ne l'abandonnait pas un instant. Le soir du 25 mai 1560 à 9 heures, il lui avait donné sa bénédiction et s'en retournait pour se reposer quelques heures, lorsque l'on s'aperçut que la malade touchait à sa fin, mais conservait encore cependant une pleine connaissance. On rappela donc le père et tous les assistants. La vertueuse dame adressa à ses enfants ses derniers avis, leur donna sa bénédiction et rendit son âme à Dieu, à l'âge de 60 ans 4 mois environ. Sa fin avait été sainte comme sa vie, et la mort ne l'avait pas surprise parce qu'elle s'y était toujours tenue préparée.

(1) Textuellement : « a bien encore deservy pire. »

Elle avait demandé en grâce qu'on ne fît aucun frais pour ses funérailles, mais qu'on l'ensevelît sans pompe et qu'on évitât des dépenses inutiles, et qu'on employât plutôt de l'argent à faire prier pour son âme et pour celles de ses amis défunts. Car de même qu'elle avait fait célébrer un grand nombre de messes pendant sa vie, de même elle désirait qu'on lui appliquât les mérites du saint sacrifice après sa mort.

Elle ne laissa pas après elle des monceaux d'or et d'argent puisque, comme nous l'avons vu, elle s'était amassé un trésor dans le ciel par les mains des pauvres, mais elle légua à ses enfants de grands exemples de vertu dont, pour leur bonheur, ils surent profiter.(1)

(1) Disons un mot de quelques livres qui passèrent des mains de Françoise de Barbançon à ses enfants et de ceux-ci à la maison de Croy. La bibliothèque de Valenciennes en possède six sur lesquels M. Hédon de Saint-Amand a eu la bonté de nous procurer des renseignements. Le n° 233 a pour titre : *Second mariage et espousement entre Dieu le fils et l'âme pécheresse faisant pénitence en la personne de Marie Magdelaine.* Une note placée au bas du dernier feuillet porte : « Escript et fine le derrenier jour de feburier l'an M.CCCC.IIIIxx XI par l'ordonnance et commandement de Monss^r Baulduin de Lannoy, seigneur de Molenbais, de Sorre et de Torcoing..... » Le feuillet de garde porte : « Ce livre est à Françoise de Barbanchon dame douagière de Molembaix. Anno 1491. » Cette date, certainement fautive, puisque Françoise n'était pas née en 1491, a été ajoutée sans doute par quelqu'un qui l'avait lue au dernier feuillet, de là l'inexactitude que nous avons relevée plus haut à la fin de la notice sur Baudouin de Lannoy. La confection de cet in-folio qui est magnifique fait honneur au seigneur de Molembaix, dont il porte les armes peintes en miniature au premier feuillet. — Le n° 200 contient : 1° *Un traitié du Saint-Sacrement de l'autel*; 2° *les 12 fruits du Saint-Sacrement*; 3° *une belle et proufitable doctrine pour ensuivir... Jhesu crist par vertus et bonnes mœurs*; 4° *quatre considérations sur la question de savoir, s'il est licite de désirer gloire et honneur humain*. Une note du dernier feuillet porte qu'il appartient à Baudouin de Lannoy, une note du premier indique qu'il a passé à Françoise de Barbançon. Le n° 232 contient *le miroir de la mort et le miroir des pécheurs*; il a appartenu à Baudouin de Lannoy et sans doute aussi à sa belle-fille. Le n° 221 renferme outre deux sermons sur la Passion, la traduction de trois livres de l'Imitation de Jésus-Christ. Le blason de Baudouin de Lannoy qu'il porte, et l'attestation qu'il a appartenu à la maison de Croy indique suffisamment qu'il faisait partie de la bibliothèque de Françoise de Barbançon. Le n° 201 est intitulé : *Doctrina utilis tam pro confessoribus quam pro pænitentibus*. Même remarque que pour le précédent. Ce livre était sans doute destiné au chapelain du seigneur. Le n° 234 : *La forteresse de la foy*, provient de la maison de Croy qui, probablement, l'avait reçu comme les autres de la maison de Lannoy.

MAISON DE LANNOY-TOURCOING.

Auteurs consultés :

ANSELME. — MORERI. — GOETHALS, *Dict. généal. et hérald.*, art. Hornes-Baucignies. — BUTKENS, *Trophées de Brabant.* — JOS. DE SAINT-GENOIS, *Monum. anciens*, 2ᵉ partie, p. 100. — *Recueil des épitaphes de Tournai*, par les soins de MESSIRE ANTOINE D'AVESNES, seigneur de Roncy, manuscrit de l'an 1776, fait par H.-J. Meurin. — *Audenaerdsche mengelingen*, t. III, p. 189. — DE REIFFENBERG, *Hist. de l'ordre de la Toison d'Or*, p. 451, 479. — *Mémoires inédits sur la vie du P. Quentin Charlart et du P. Bernard Olivier*, par le P. ELEUTHÈRE DU PONT. — DU CHESNE, *Hist. de la maison de Gand*, p. 429, pr. p. 646. — DU LAURY, arrêts notables. Brux., 1717, p. 136. — HOVERLANT, *Hist. de Tournai*, t. XXVIII, p. 255. — ANDRÉ SCHOTT dans la *Dédicace de son Aurelius Victor, de viris illustribus.* (Douai, 1577) et dans son *Aurelius Victor. Hist. Rom. Brev.*, p. 181. — JUSTE LIPSE. *Epist. select.*, cent. 1ᵃ Ep. XXII — M. BAGUET, *Mém. sur André Schott*, dans les Mém. de l'Acad. de Brux., t. XXIII. — M. VAN HULST, dans la *Revue de Liége*, t. II, p. 253. — *Registre aux titres du couvent de Notre-Dame des Anges à Tourcoing.* — M. WAUTERS. *Hist. des environs de Bruxelles*, t. III, p. 523.

BAUDOUIN.

Baudouin de Lannoy, second fils de Philippe de Lannoy, seigneur de Molembaix, reçut en partage la terre de Tourcoing et fut le premier qui mit en tête de tous ses titres celui de seigneur de Tourcoing, comme de sa plus importante seigneurie. Il posséda aussi les terres de Clerfayt et de Beauvoir; mais Tourcoing fut, comme nous le verrons, sa terre de prédilection, et le P. Buzelin a pu dire avec raison qu'il fit rejaillir, comme son illustre père, le plus grand éclat sur cette commune.

Deux ans environ après la mort de son père, il s'unit en mariage à une personne d'une illustre noblesse et d'une haute piété, Adrienne de Hornes, fille de Philippe, baron Boxtel, et de Claire de Renesse (1). Cette dernière ratifia le mariage de sa fille par acte passé à Bréda le 9 septembre 1515.

Nous ignorons le nombre exact des enfants qui naquirent de cette union.

Mais on trouve l'épitaphe de son troisième fils Philippe, mort le 22 novembre 1554, et enterré dans l'église de Saint-Jacques à Tournai, près du maître-autel. Deux autres fils François et un second Philippe survécurent à leur père.

Baudouin de Lannoy occupa un rang distingué et fut élevé à des charges importantes. Dès l'an 1516, il était gentilhomme de la bouche de l'empereur; en 1519, il était chevalier, conseiller de sa majesté et grand-bailli (2) de Tournai, Tournésis, Mortagne, Saint-Amand appartenances et dépendances. Plus tard, en 1558, il était devenu capitaine du grand château de Gand.

C'était un seigneur d'un rare mérite; honoré de la confiance de son prince. Il fut nommé à quatre reprises différentes (3) comme remplaçant du gouverneur de Flandre pour renouveler le magistrat de la ville d'Audenarde. Son courage et la connaissance qu'il avait de l'art militaire lui avaient gagné les bonnes grâces de Philippe et lui valurent enfin l'honneur d'être décoré du collier de la Toison-d'Or, que son frère Jean avait reçu à Utrecht l'an 1547.

Dès l'an 1555, il avait été jugé digne de cet honneur et il suivait immédiatement, pour le nombre des suffrages, le dernier chevalier élu au chapitre de cette année. Il fut élu à son tour le 3 août 1559, et reçu le 6 ou le 7 du même mois, à Gand, dans le dernier chapitre de l'ordre qui ait été tenu en Belgique.

Mais ce qui doit nous rendre surtout Baudouin de Lannoy recommandable, c'est qu'il était d'une piété et d'une charité peu communes. On en jugera par ce qu'il faisait lorsque quelque malfaiteur était condamné au dernier supplice. Obligé par le devoir de sa charge de faire exécuter les arrêts des tribunaux, il songeait avant tout à sauver les âmes des malheureux condamnés; lui avait-on communiqué la sentence d'un criminel, aussitôt il envoyait des aumônes dans tous les couvents de Tournai, pour qu'on offrît le saint Sacrifice de la messe à l'intention du coupable et qu'on l'assistât par de ferventes prières, dans le dernier combat qu'il allait livrer contre l'ennemi du salut.

Baudouin de Lannoy accueillait avec le plus grand empressement les hommes apostoliques qui travaillaient à la conversion des pécheurs. Il

(1) Goethals; d'autres disent Anne.
(2) C'est par erreur qu'Anselme, Moreri et de Reiffenberg le nomment gouverneur de Tournai. Les historiens de cette ville ne le comptent point parmi les gouverneurs.
(3) Le 25 mai 1556, le 24 mai 1557, le 25 mai 1558 et le 26 mai 1559.

y avait alors, à Tournai, un chanoine de la cathédrale, qui joignit ensuite à ce titre celui de membre de la compagnie de Jésus, et qui, comme saint Ignace de Loyola à Rome, s'employait avec autant de zèle que de prudence à ramener dans la bonne voie les âmes les plus enfoncées dans le bourbier du vice. Ce saint homme, nommé Quentin Charlart, avait souvent recours à monsieur de Tourcoing pour qu'il l'aidât dans sa difficile entreprise; et le noble seigneur, condescendant à ses désirs, contribuait par ses aumônes à faire réussir les pieuses industries du saint prêtre.

Un autre Jésuite faisait vers le même temps, dans la contrée, de grands fruits dans les âmes, par ses prédications éloquentes. C'était Bernard Olivier, natif d'Antoing, que saint Ignace avait renvoyé dans sa patrie pour y rétablir sa santé et qui voyait partout une foule immense se presser autour de sa chaire. Monsieur de Tourcoing était un de ses auditeurs les plus assidus; mais il n'était pas le seul personnage distingué qui admirât l'éloquence apostolique du zélé missionnaire. Un jour que le P. Bernard prêchait la passion de Notre-Seigneur, dans l'église de Saint-Jacques, Baudouin se rencontra parmi ses auditeurs en compagnie des principaux seigneurs de la ville, lorsque tout-à-coup le peuple qui ne pouvait entendre assez distinctement le prédicateur de toutes les parties de l'enceinte, le pria à haute voix de quitter la chaire et de monter à la tribune de l'église.

Cependant le P. Olivier prêchait le plus souvent dans la paroisse de la Madeleine, une des plus pauvres et des moins peuplées de la ville. Un motif d'humilité et de prudence lui avait fait choisir cette église retirée et presque ordinairement déserte. Il savait d'ailleurs quelle consolation il procurait par-là au digne pasteur de cette paroisse, maître Jean Destombes (1), natif de Tourcoing, homme d'une rare vertu et grand ami des gens de bien, mais à qui Dieu n'avait point accordé le don de l'éloquence.

Ce digne prêtre ne tarda pas à se réunir dans une même pensée avec le seigneur de son bourg natal. Tous deux s'affligeaient des désordres

---

(1) On voit encore aujourd'hui la pierre sépulcrale de ce bon prêtre à l'extérieur de l'église, du côté gauche. Elle porte cette inscription :

> « Cy gist venerable
> Hôme M. Jean Des-
> tombes natif de Tor-
> qvoin en son vivàt
> pasteur de ceste Pa-
> roisse leqvel tres-
> passa le dixsepties-
> me de may 1579.
> Priez Dieu
> pour son âme.

qui régnaient alors à Tourcoing et des progrès qu'y faisaient les nouvelles erreurs.

Ils crurent que la présence du P. Olivier contrebalancerait l'influence des sectaires et ils le supplièrent d'un commun accord d'aller y exercer son zèle.

Le père se rendit à leurs désirs et prêcha à Tourcoing dès l'année 1553 et dans le courant des années suivantes. Il y opéra des conversions aussi nombreuses que durables (1) et mérita le titre d'apôtre de Tourcoing.

Mais la peste s'étant déclarée à Tournai en 1556, Baudouin de Lannoy eut la douleur de voir le P. Charlart emporté en quelques heures par le fléau et le P. Olivier atteint bientôt aussi lui-même par la contagion. Il ne négligea rien pour sauver une vie si précieuse, il lui envoya son médecin et lui fournit, ainsi qu'à ses compagnons, des remèdes et des préservatifs contre la peste. Mais sa pieuse sollicitude n'obtint point l'effet désiré et le P. Bernard mourut dans les premiers jours de septembre de cette même année.

Baudouin de Lannoy paraît avoir quitté Tournai l'année suivante pour fixer sa résidence à Gand, où il avait été préposé, comme capitaine, à la garde de la citadelle. Le 29 août 1549, peu de temps après sa promotion au grade de chevalier de la Toison d'Or, il assistait, au château de Brugelette, à la confirmation du traité de mariage de sa nièce, Philippe de Jauce, dite de Mastaing, avec Maximilien de Gand, dit Villain, baron de Rassenghien et d'Isenghien.

Il ne survécut pas longtemps à cette fête de famille, car il mourut le 11 octobre suivant.

Nous ignorons où fut déposé son corps, mais il avait voulu que son cœur et ses entrailles fussent déposés au pied du maître-autel de l'église de Saint-Christophe, au milieu des habitants de Tourcoing, auxquels il avait donné des marques si sincères de son affection.

Ces vénérables restes furent déposés dans une caisse de bois et ensuite dans un cylindre de plomb portant l'inscription suivante :

>Hic jacent intestina cum
>Corde Illustrissimi dni,
>Balduini de Lanoy equitis,
>Velleris aurati dni III,
>Temporalis de Torcoing,
>Obiit ano 1559 XI oct.,
>   Orate pro illo.

(1) Nous avons donné le détail de ses travaux apostoliques dans un autre ouvrage qui contient sa notice et celle de Baudouin de Lannoy auxquelles nous avons fait ici quelques emprunts.

Voici comment nous la traduisons :

Ici reposent les entrailles avec le cœur de Monseigneur Baudouin de Lannoy, chevalier de la Toison d'Or, seigneur temporel de Tourcoing. Il trépassa le 11 octobre 1559. Priez pour lui.

Triste sort des grandeurs humaines ! depuis plus de trois siècles, ces derniers restes du haut, noble et puissant seigneur étaient restés oubliés, et toutefois respectés par suite de leur oubli même ; mais un jour vint où ils reparurent pour être dispersés par la main d'ouvriers ignorants et mêlés aux cendres du dernier de ses vassaux. Le 11 septembre 1860, des travaux entrepris pour le chauffage de l'église ramenèrent au jour l'urne funéraire de Baudouin de Lannoy, et le plomb seul en a pu être conservé. Le temps avait réduit le reste en poussière.

Baudouin de Lannoy laissa après lui deux enfants mineurs, Philippe et François, qui furent placés tous deux sous la tutelle de leur mère, Adrienne de Hornes, douairière de Tourcoing.

Du Laury, dans son recueil des arrêts notables du grand conseil de Malines, nous apprend que cette noble dame, héritière des sentiments de bienveillance de son mari pour la compagnie de Jésus, avait disposé par donation et par testament en faveur des Jésuites et pour la fondation d'un noviciat à Tournai, de plusieurs parties de terre et d'une rente féodale de 500 florins par an, assise en Brabant et en Hollande, pour par eux en jouir héréditairement et à toujours, etc.

Mais les comtes de Solre et de Marle, et la comtesse douairière de Meghen, héritiers de messire François de Lannoy, seigneur de Tourcoing, et héritiers de la donatrice arguèrent cet acte de nullité, et obtinrent, le 17 novembre 1618, un décret qui leur permettait de conserver les biens, fonds, héritage, ainsi que la rente féodale. Cependant les intentions de la pieuse dame ne furent point frustrées, car un arrêt postérieur adjugea aux PP. Jésuites l'estimation de tous les biens qu'elle leur avait légués.

Adrienne de Hornes avait fait son testament à Saint-Omer, le 8 février 1582. Nous ignorons la date précise de sa mort. Son cœur fut déposé, comme celui de son mari, dans l'église de Tourcoing près du maître-autel.

PHILIPPE.

Un intérêt tout particulier s'attache au nom de Philippe de Lannoy, seigneur de Tourcoing. Vertueux et ami des lettres il avait l'estime des plus savants hommes de son temps ; mais la mort l'enleva dans la fleur de l'âge, avant qu'il eut pu remplir les brillantes espérances que l'on avait conçues de lui.

C'était en 1576, la ville d'Anvers, cette métropole du commerce du monde entier, cette cité si florissante, avait été assiégée (1) par une troupe de soldats indisciplinés, prise d'assaut et livrée au pillage et aux flammes. Cinq cents maisons, et le magnifique Hôtel de Ville, avaient été ruinés par l'incendie, cinq mille bourgeois avaient péri, égorgés par les Espagnols furieux, ou jetés dans les flots de l'Escaut; d'immenses richesses étaient devenues la proie du plus odieux brigandage. Alors se trouvait à Louvain, dans le collège du Château, un jeune professeur de rhétorique, plein de talent, et épris du plus vif amour pour les chefs-d'œuvre de l'antiquité. André Schott était l'ami de Juste-Lipse, d'Auger de Busbecq, de Scaliger, de Casaubon et de tous les humanistes de l'époque. Mais l'amour des lettres n'avait en rien diminué dans son cœur l'amour de la patrie, et le sac d'Anvers, sa ville natale, l'avait jeté dans la plus profonde tristesse. Il a raconté, dans un latin digne du temps de Cicéron, comment on avait vu des troupes rebelles et félonnes, qui, lorsqu'elles auraient dû repousser les armes à la main les attaques des ennemis communs, avaient causé des maux immenses et inouïs jusqu'à ce jour. Anvers, cet abrégé du monde habitable (ainsi que Palémon appelait jadis la ville de Rome), Anvers, cette patrie qui lui était si chère, avait été, grâce à leur fureur, souillée par le fer et la flamme et presque renversée de fond en comble. Aussi ses yeux n'avaient pu voir plus longtemps cette ville auguste couverte de débris fumants, dépouillée de toutes ses richesses, et le Brabant, cette province autrefois si florissante, maintenant dévastée de toutes parts. Il avait donc résolu de quitter Louvain, pour se rendre à la célèbre Université de Paris, afin de trouver, dans l'éloignement, quelque soulagement à sa douleur. Car le malheur de sa patrie, toujours présent à ses yeux, toujours retentissant à ses oreilles, était pour lui un continuel supplice.

Déjà le savant avait réuni tout son mobilier, sans doute bien modeste, et s'était mis en route lorsque soudain il apprit que de nouveau la guerre civile avait éclaté en France. Que faire? Pour ne pas paraître avoir entrepris en vain ce voyage il continue sa route jusqu'à Douai. Là s'offre à lui, amené sans doute par quelque bon ange, un noble jeune homme, Philippe de Lannoy, dont souvent Juste-Lipse, son ami de cœur, lui avait fait l'éloge dans leurs entretiens familiers dont il exaltait le zèle pour l'instruction, et l'incroyable amour pour l'étude de l'histoire et de l'antiquité. Cet illustre seigneur que Juste-Lipse mettait au-dessus de tous ceux de son rang et qu'il appelait le prince de la jeunesse belge, avait amicalement prié André Schott de venir demeurer avec lui et de l'aider dans ses études. Le savant anversois avait cédé bien volontiers à des offres si courtoises, et il s'était fait le précepteur

(1) Le 4 novembre.

de Philippe d'autant plus volontiers qu'il savait quels remarquables progrès ce nouveau disciple avait faits déjà dans l'étude des belles-lettres.

L'année suivante, il dédiait à son noble et généreux Mécène (1) le premier ouvrage sorti de sa plume. C'était une édition de l'ouvrage, resté inédit, d'Aurelius Victor sur les hommes illustres de la ville de Rome enrichie de savantes notes de sa composition.

Il y parlait, dans son épître dédicatoire, de l'utilité de l'histoire surtout pour ceux qui, sortis d'un sang illustre, pouvaient étaler aux regards les portraits d'une longue suite d'aïeux, déplorait la perversité des hommes de son temps, cause funeste du discrédit où étaient tombées les études historiques et ouvrait son âme à l'espoir d'une paix que la renommée annonçait comme prochaine.

C'est de cette épître que nous avons tiré tous les détails qu'on a lus plus haut.

Peu de temps après Schott éditait un autre ouvrage du même auteur sur l'histoire romaine et il y rappelait dans ses notes le souvenir de « Philippe de Lannoy, seigneur de Tourcoing, qui lui était, disait-il, pour bien des motifs extrêmement cher. »

André Schott ne fut pas le seul savant protégé par Philippe. Pierre Pantin, né à Thielt, philologue habile, qui se fit connaître plus tard par de bons travaux sur les Pères grecs et sur Thémiste, avait suivi Schott, son maître, à Douai et participé avec lui aux bienfaits du seigneur de Tourcoing.

Nous ignorons combien de temps nos deux savants restèrent à Douai avec leur noble ami, mais déjà en 1578, Philippe songeait à se rendre en Italie pour s'y perfectionner dans la connaissance des antiquités romaines et y contempler les chefs-d'œuvre des arts qui y abondent.

A cette occasion Juste-Lipse lui envoya à Douai une longue épître, « petit chef-d'œuvre d'une sagesse aimable, dit un écrivain, qu'on pourrait prendre pour guide à bien des égards quand on va visiter cette terre classique. »

Il ne nous appartient pas d'analyser, encore moins de traduire cet opuscule. Juste-Lipse y loue son disciple de ce qu'il ne cherche pas dans son voyage en Italie le plaisir seulement mais encore l'utilité. Il réduit à trois chefs tous les conseils qu'il lui donne : Prudence (ou si l'on veut expérience), science, bonnes mœurs.

Il lui trace jusqu'à un certain point son itinéraire, Rome, Bologne, Padoue, Venise, Milan doivent être vues et visitées, mais il faut s'arrêter à Naples, et demeurer plus longtemps à Florence ou mieux encore à Sienne.

Sans doute le noble jeune homme portait avec lui le germe d'une

(1) Nobiliss. Juveni Philippe La-Noyo d. de Tourcoigne And. Schottus Lib. Mec. d. d.

maladie funeste, et Juste-Lipse le savait, puisqu'il termine son épître en lui disant : Je prierai Dieu avec instance qu'il vous conserve et que vous observiez mes conseils. Adieu, noble jeune homme, adieu, adieu. Veuille le Seigneur ne pas accomplir les présages que forme mon âme attristée. Anvers le trois avril 1578.

Plus tard en publiant cette lettre Juste-Lipse fit ajouter en marge que ses présages avaient été vrais.

Philippe de Lannoy était en effet parti pour l'Italie. André Schott et Pierre Pantin s'étaient rendus à Paris chez le célèbre Auger Ghislain de Busbecq, tous deux poursuivirent leur carrière littéraire et Schott devint membre de la compagnie de Jésus qu'il illustra par ses savants ouvrages.

Quant au seigneur de Tourcoing, il mourut à Rome en 1594 (1) et fut enterré à Lavinia. Il avait voulu que son cœur fût transporté à Tourcoing et déposé auprès de celui de sa mère.

Ce fut pendant qu'on faisait des fouilles dans toute la partie du sanctuaire à droite de l'autel pour retrouver le cœur de la dame de Tourcoing que l'on découvrit, dans un état de parfaite conservation, le corps du vénérable curé de Tourcoing Pierre Famelart, mis à mort en haine de la foi par les hérétiques plus de vingt ans auparavant.

FRANÇOIS.

Un acte du 14 juin 1597 nous fait connaître que « Messeigneurs, Messire Gérard de Hornes baron et seigneur de Bassigny et Paul de Noyelle, seigneur dudit lieu, chevalier » étaient alors tuteurs et curateurs de François de Lannoy seigneur de Tourcoing, Beauvoir, Clerfay, etc. De plus en 1602, Gérard de Hornes comte de Bassigny, comme tuteur de messire François de Lannoy, seigneur de Tourcoing, son cousin-germain, releva la seigneurie de Ten-Broecke à Rosières près de Bruxelles qu'il avait achetée pour son cousin et qu'il réunit ensuite à ses domaines. Baudouin de Lannoy, seigneur de Tourcoing, étant mort dès l'an 1559, François de Lannoy ne pouvait plus être mineur en 1602. Il y a donc tout lieu de croire que si Philippe de Lannoy avait été heureusement doué du côté de l'intelligence, il en avait été tout autrement de son frère et que ce dernier était resté dans un état voisin de l'enfance.

Quoi qu'il en soit, il avait terminé en 1603 sa vie, sur laquelle l'histoire est restée muette. La preuve en est que, le 17 septembre de cette année

---

(1) C'est ce que nous apprend Scohier cité par Anselme. Le P. Dumonin dans la notice de Pierre Famelart dit aussi que Philippe mourut en Italie. Anselme et Moréri se trompent quand ils disent que ce fut en Espagne.

Yolende de Lannoy, sa tante, portait les titres de dame de Quenoy, Tourcoing, etc.

Yolende avait épousé, le 18 février 1560, Jacques de Croy, seigneur de Sempy, de Tour-sur-Marne et de l'Écluse, veuf pour la seconde fois, ayant eu en premières noces Anne de Hennin et en secondes noces Anne de Hornes. Ce seigneur mourut en 1587 (1).

Sa veuve hérita successivement des principales seigneuries de la famille de Lannoy-Molembaix. Marie de Lannoy, sa nièce, fille de Jean de Lannoy, avait porté les seigneuries de Molembaix et de Solre à son mari Jean marquis de Berg-op-Zoom, qui mourut en 1567 gouverneur de Valenciennes et grand-bailli de Hainaut. Yolende recueillit plus tard sa succession, comme celle de son neveu François.

Nous ignorons l'époque de sa mort, il est probable que ce fut seulement alors que Philippe de Croy, son fils aîné, devint seigneur de Tourcoing.

Elle avait eu de son mariage deux autres fils, Antoine de Croy, seigneur de Couroy et Jacques de Croy, seigneur de Ferrières.

(1) Quelques auteurs ont dit en 1537, date évidemment erronée.

MAISON DE CROY-SOLRE.

Auteurs consultés :

Généalogie de la maison de Croy dans DE COURCELLES, DE FRANCQUEN, ANSELME, MCRERI, SCOHIER, O'GILVY, LEROUX, DE LE VILLE, SANDERUS, PONTUS HEUTERUS et autres auteurs. — *Nobiliaire des P.-B.* avec ses suppléments. — *Mémoires* du duc de SAINT-SIMON, ch. 349, 370. — MAURICE, *le blason de la Toison-d'Or.* — *La Flandre illustrée par l'institution de la Chambre du roi à Lille...* par M. JEAN DE SEUR, p. 122, 133. — POUTRAIN, *Hist. de Tournay*, p. 686, 359. — *Chronique de Saint-Ghislain*, dans le tome VIII des Monuments pour l'histoire du Hainaut, p. 816. — BUTKENS, suppl., l. 7, p. 169. — *Archives du chapitre de la cathédrale de Tournai.* — *Mémoriaux* de ROBERT D'ESCLAIBES dans les Archives historiques du nord de la Fr. et du midi de la Belg. Nouv. sér., t. V, p. 37, 388, 394. — ANGELI GALLUCCI è soc. J. *de bello Belgico*, t. I, p. 414, t. II, p. 302, 375. — FR. HARÆI, *Annales Brabantiæ*, t. III, p. 519. — BENTIVOGLIO, *Guerres de Flandre* (1770), t. IV, p. 144 et suiv., 378, 396 et suiv. — *Notice historique sur Solre-le-Château*, par J. LEBEAU et MICHAUX. — *Hist. de Tourn.*, par COUSIN, vol. IV, p. 339. — *Historica narratio profectionis et inaugurationis Alberti et Isabellæ*, auctore JOANNE BOCHIO. Antverpiæ, MDCII, pp. 15, 56, 135, 136, 108, 153, 163, 341, 351, 372, 458, 461, 462. — *Histoire des lettres... en Belgique*, par F.-V. GOETHALS, t. III, p. 107 et suiv. — *Registre aux titres du couvent de N.-D. des Anges à Tourcoing.* — *Registres de l'évêché de Tournai*, aux archives du royaume, à Bruxelles. — *Actes des Etats-Généraux de 1600*, recueillis et mis en ordre par M. GACHARD. Introduction, *passim*, en voir la table p. 989 et p. 218. — *Lettres* du cardinal D'OSSAT, 2ᵉ p., p. 165, 170, 183. — JUSTE-LIPSE, *Epistol.* cent. I ad Belgas epist. LXXXVI. — *Mémoires d'échevin*, par PHILIPPE DE HURGES, publiés par la Soc. hist. et litt. de Tournai. — *Revue d'archéologie*, Brux., 1860, p. 164.

PHILIPPE.

Avant d'esquisser la vie du premier comte de Solre, nous ne pouvons nous dispenser de parler de la grandeur de sa maison, illustre entre les illustres. La tâche nous sera facile ; nous n'aurons qu'à laisser parler les auteurs de l'*Histoire des pairs de France* (1). Voici ce qu'on y lit à l'article des Croy :

« La maison de Croy est du nombre de ces grandes familles dont le nom et l'existence politique se trouvent liés depuis plusieurs siècles à tous les événements remarquables de l'histoire...

» Admise à siéger parmi les princes, aux diètes de l'Empire, depuis l'année 1486, longtemps avant cette époque, et depuis sans interruption, la maison de Croy n'a pas cessé d'être appelée aux places les plus éminentes du clergé, de la diplomatie, de la cour et des armées, en France, en Bourgogne, en Allemagne, en Espagne et aux Pays-Bas.

» Elle a donné deux cardinaux, deux évêques et ducs de Cambrai, cinq évêques de Térouenne, de Tournai, de Camin, d'Arras et d'Ypres ; un grand-bouteiller, un grand-maître et un maréchal de France, six chevaliers de l'ordre du Saint-Esprit, un tuteur et gouverneur de la personne de l'empereur Charles-Quint, grand-chambellan, grand-amiral et premier ministre de ce monarque ; un grand-chambellan et premier ministre de Philippe le Bon, duc de Bourgogne ; un grand-maître et plusieurs maréchaux de l'Empire ; un grand-écuyer du roi d'Espagne, et un dignitaire de la même charge près d'Emmanuel-Philibert, duc de Savoie, en 1555 ; un gouverneur-général des Pays-Bas, en 1573 ; treize généraux des armées bourguignonnes, impériales et espagnoles, et sept généraux au service de France ; un généralissime du czar Pierre-le-grand ; quatre chefs du conseil des finances aux Pays-Bas, et un surintendant des finances de Philippe III, roi d'Espagne ; enfin, un grand nombre d'ambassadeurs et de ministres plénipotentiaires aux diètes de l'Empire, en France, en Espagne, en Italie et en Angleterre. Le gouvernement du duché de Brabant et des comtés de Flandre et de Hainaut a été pour ainsi dire héréditaire dans cette maison. Deux de ses branches (2) sont depuis plus de deux siècles en possession de la grandesse d'Espagne, et elle offre l'exemple unique, même parmi les maisons princières où l'on remarque le plus d'illustrations, de compter vingt-huit chevaliers de la Toison d'or, depuis l'institution de cet ordre.

» Par ses alliances principales, entr'autres celles contractées avec les maisons de Lorraine, de Bavière-Deux-Ponts, d'Albret-Navarre, de Ligne, de Looz, de la Marck-Sedan, de Luxembourg, de Mœurs, de Clèves, de Bourgogne, de Montfort en Hollande, de Furstenberg, de Bournonville, de Wernenbourg, de Poméranie, de Nassau-Usingen, d'Egmond, de Hesse-Darmstadt et de Salm, la maison de Croy se

(1) Cette histoire publiée sous le nom du chevalier de Courcelles a été écrite principalement par Lainé, Saint-Pons et l'abbé de l'Espine.
(2) Celle de Solre, aujourd'hui appelée de Dulmen, et celle d'Havré, dont le dernier représentant mâle est mort en 1839.

trouve en parenté directe non-seulement avec un grand nombre de maisons princières et souveraines d'Allemagne, d'Italie et d'Espagne, mais encore avec plusieurs têtes couronnées. »

D'après les mêmes historiens, une tradition rappelée par les plus anciens auteurs et confirmée par quatre diplômes des empereurs d'Allemagne, rois de Hongrie, la fait descendre des anciens rois de Hongrie par un prince de Hongrie, exilé de son pays vers la fin du douzième siècle.

Nous ne discuterons pas cette royale origine qui a été contestée par plusieurs auteurs et revendiquée par une autre famille, celle des Chanel, dont l'ambition s'est de nos jours accrue jusqu'au point d'afficher des prétentions à la couronne de Hongrie. La maison de Croy pourrait, après tout, se passer de cette illustration. Pour nous, nous aimons mieux ce prince de Croy, Philippe-Eugène, qui renonce à tous les honneurs et au marquisat de Renty pour revêtir la robe brune des moines du Carmel, imitant l'exemple de ces deux fils d'Anne de Croy, qui avaient échangé le titre de princes d'Aremberg contre celui de frères capucins, et nous dirons avec un auteur qui réunit la science à la piété que « ces souvenirs d'abnégation sont précieux pour une famille chrétienne, et renferment de hauts enseignements de vertu. »

Mais il est temps que nous nous occupions du fils d'Yolende de Lannoy, Philippe de Croy, comte de Solre. Aïeul de tous les Croy encore subsistants, il n'appartenait pourtant pas à la branche aînée de sa maison. Le chef de toute la famille était, à l'époque où il prit part aux événements publics, le fameux duc d'Arschot, chef des mécontents, Philippe III, auquel succéda, en 1596, son fils Charles, auparavant prince de Chimay et ensuite premier duc de Croy, descendant, comme notre Philippe, par sa mère, Jeanne de Hallewyn, de Philippe de Lannoy, seigneur de Molembaix et de la vertueuse Françoise de Barbançon, son épouse; un autre Croy occupait aussi alors un rang élevé, c'était le marquis d'Havré, Charles-Philippe, premier chef des finances, frère du duc d'Arschot Philippe, mais d'une autre mère, (1) et père de Charles-Alexandre, connu par ses mémoires guerriers sur les événements de cette époque.

Représentant d'une branche cadette mais alliée aux familles de Lannoy, de Van der Gracht, de Mœurs et de Lalaing, notre Philippe portait sur ses seules armes héréditaires, le témoignage de sa noble origine. Les douloires de gueules des Renty écartelées aux antiques fasces de même couleur des Croy rappelaient l'alliance de son aïeul au sixième degré, Guillaume, sire de Croy et d'Araines, avec Isabeau, héritière de

---

(1) Philippe II avait épousé : 1º Anne de Croy, princesse de Chimay, dont il eut Charles, Philippe III, et Guillaume ; 2º Jeanne de Humières, morte sans enfants ; 3º Anne de Lorraine, mère de Charles-Philippe.

Renty. L'écusson qu'il portait sur ses écartelures était celui de Craon, porté aujourd'hui encore par les Croy en souvenir du mariage de Marguerite de Craon avec Jean Ier, issu de l'union précédemment mentionnée. Si le lion noir de Flandre y paraît à côté des losanges rouges ou dorés de Craon c'est que Marguerite de Craon descendait par sa grand' mère Marguerite de Flandre du comte de Flandre Gui de Dampierre (1).

La carrière de Philippe de Croy offre beaucoup d'analogie avec celle d'un de ses ayeux maternels, Baudouin de Lannoy, seigneur de Molembaix. Guerrier et politique, il commença par prendre part à plusieurs expéditions militaires, gouverna longtemps une province confiée à ses soins, et fut souvent chargé d'aller en qualité d'ambassadeur, plaider auprès des cours étrangères les intérêts de son pays et de ses princes. Fidèle aux lois de l'honneur, il se montra attaché constamment au service de ses maîtres, et fut l'un des bons et loyaux serviteurs des archiducs Albert et Isabelle.

Un autre trait de ressemblance qu'il eut avec Baudouin de Lannoy, fut son amour pour les belles-lettres. Il était, dit un historien (2), fort éloquent et aimait la poésie. De plus il excellait dans les beaux-arts et connaissait bien la musique. C'était, ajoute-t-il encore, un homme d'un mérite particulier et qui par ses belles qualités, s'acquit beaucoup de réputation et d'estime dans les diverses ambassades dont il fut chargé.

Malgré tous ces points de contact, nous croyons que la biographie de Philippe ne perdra rien de son intérêt ; le milieu tout différent dans lequel il se trouva, les événements tout nouveaux auxquels il fut mêlé, ont suffisamment diversifié sa carrière, et il sera curieux de voir à quel point les révolutions survenues de toutes parts avaient modifié la face de la société et changé le rôle des personnages politiques dans des positions qui, au premier coup-d'œil, paraissent identiques.

Il naquit vers l'an 1561 (3), à ce que nous croyons. Nul détail ne nous est parvenu sur ses premières années. Dès l'an 1582, il contracta une alliance des plus honorables, en épousant Anne de Beauffort, fille unique et héritière de Philippe, seigneur de Beauffort et de Made-

---

(1) Voici comment le généalogiste Leroux de Valenciennes décrit en style héraldique les armes de Philippe de Croy : D'argent à trois fasces de gueules qui est de *Croy*, écartelé d'argent à trois douloires de gueules, les deux en chef adossées qui est de *Renty*, sur le tout lozangé d'or et de gueules qui est de *Craon*, écartelé d'or au lion de sable armé et lampassé de gueules qui est de *Flandres*, le grand écu brisé d'une bordure d'azur chargée de seize besans d'argent, cimier : une tête et col de chien-brac de sable accollé de gueules, aux bords, clous et anneau d'or entre un vol à l'antique d'argent. Maurice, dans son blason de la Toison d'Or, donne les mêmes armes, mais il supprime la brisure.

(2) Poutrain, hist. de Tournay.

(3) Jacques de Croy, son père, s'était marié par contrat du 18 février 1560.

leine de la Marck (1). Elle lui apportait en dot les riches seigneuries de Beauffort en Artois, de Rumes, de Ransart, de Willems, etc.

Ce mariage ne semblait pas d'abord destiné à perpétuer le nom de Croy (2). Un premier enfant, Alexandre était mort au berceau, deux filles, du nom de Charlotte et de Jeanne, ne vécurent de même que peu de temps. Mais le 14 février 1588, Anne mit au monde un fils du nom de Jean, dont la postérité mâle subsiste encore aujourd'hui après que toutes les autres branches de la maison de Croy ont successivement disparu. La pauvre mère ne devait pas jouir longtemps de la vue de son enfant, elle succomba le 26 mars 1588, et ses restes mortels furent déposés à Solre-le-Château.

Jacques de Croy étant mort le 7 février 1587, Philippe son fils était devenu seigneur de Sempy ; les généalogistes lui attribuent un grand nombre de seigneuries telles que celles de Solre, de Molembaix, de Hasven, de Condé, de Tourcoing, de Cauroy, outre celles qu'Anne de Beauffort lui avait apportées en mariage.

Mais il ne posséda pas simultanément toutes ces terres ; il en avait probablement cédé plusieurs à ses enfants lorsque les dernières lui échurent : Ainsi la seigneurie de Tourcoing, que lui attribuent Le Carpentier, d'accord avec le Nobiliaire des Pays-Bas, ne lui appartenait pas encore en 1603. Il paraît qu'il en fut de même de celle de Cauroy, qui lui valut le titre de pair du Cambrésis. Sa mère, Yolende de Lannoy, se les serait réservées (3).

Philippe dut commencer assez tôt à servir la cour, et il ne tarda pas à en mériter les faveurs.

Dès l'an 1590, étant allé en Espagne, sans doute pour quelque mission diplomatique, il obtient du roi Philippe II l'érection en comté de sa terre de Solre-le-Château (4). Les lettres-patentes en furent dépêchées à

(1) Anne de Beauffort descendait d'Oudart Blondel et par lui de plusieurs des anciens seigneurs de Tourcoing. En effet Isabeau, fille d'Oudart, épouse de Jacques de Sainte-Aldegonde (voyez plus haut p. 115 note 1) eut entre autres fils, Nicolas, seigneur de Noircarmes ; celui-ci eut de sa femme Honorine de Montmorency un fils Jean qui épousa Marie de Rubempré. Une fille de ces derniers, Antoinette, fut femme de Georges de Halewyn et mère de Jeanne de Halewyn, mariée à Philippe de Beauffort ; enfin le second fils de ce dernier, du même nom que lui, fut le père d'Anne, épouse de Philippe de Croy.

(2) Voyez à la fin de cette notice une note sur la descendance de cette noble dame.

(3) Nous parlons conditionnellement parce qu'un acte de 1603, transcrit dans le registre aux titres du couvent de Notre-Dame des Anges à Tourcoing, porta « Yolende de Lannoy, dame de Quenoy, Torcoing etc. » Mais nous croyons qu'il y a erreur du copiste, parce que Quenoy ou plutôt Quesnoy n'est marqué nul part comme ayant appartenu aux ascendants non plus qu'aux descendants d'Yolende, tandis que le contraire existe pour Cauroy en Cambrésis. Yolende vécut jusqu'au 5 juillet 1610.

(4) La seigneurie de Solre-le-Château relevait primitivement de la pairie de Barbençon, pour la partie centrale fortifiée de Solre et les trois quarts du

Saint-Laurent-le-Royal, le 19 octobre 1590. C'était une grande faveur, car le titre de comte était alors fort estimé, et donnait droit à des honneurs tout particuliers.

Ce fut aussi, à ce qu'il semble dans ce même voyage d'Espagne, qu'il fut fait capitaine des gardes du corps de Sa Majesté catholique aux Pays-Bas (1). Nous le verrons bientôt aussi exerçant les fonctions de grand-écuyer et de conseiller d'épée du conseil d'état des archiducs gouverneurs et ensuite souverains des provinces belges catholiques. Son entrée au conseil de ces princes semble, d'après Butkens, se rapporter à l'an 1593.

Une charge non moins importante qui lui fut confiée fut celle de gouverneur et de grand-bailli des villes et châteaux de Tournai et du Tournaisis, Mortagne et Saint-Amand. Ce fut le 27 janvier 1591 qu'il prêta serment en qualité de gouverneur de Tournai entre les mains du prince de Parme, Alexandre Farnèse. Le 21 mai, il fesait son entrée dans la capitale de son gouvernement, accompagné du prince de Chimai (2), son parent, et de plusieurs autres grands seigneurs ; la noblesse du pays était accourue pour lui faire honneur et elle formait autour de lui un cortége nombreux et imposant.

Comme le gouvernement de Tournai n'exigeait pas une résidence

surplus, et de la seigneurie d'Aymeries pour le quatrième quart. Baudouin Ier de Lannoy, dit le bègue, y réunit en 1472 le fief d'Epinoy, qu'il avait acquis de Jacques de Sars, chevalier, seigneur de Ressoy et de Clerfayts. La seigneurie de Solre avait d'autres arrières-fiefs d'une certaine importance comme les terres de Quiévelon, d'Ostergnies et d'Engolie. Philippe de Croy, ayant reçu de Philippe II la promesse que sa terre de Solre serait érigée en comté pourvu qu'elle relevât directement du comté de Hainaut, s'entendit avec Robert de Ligne-Arenberg, baron de Barbençon qui par un acte du 19 décembre 1589, fit abandon au roi comme comte de Hainaut, des droits féodaux qu'il avait sur Solre, pour que ce fief fut tenu désormais en fief lige de la cour de Mons. Certains auteurs assignent le 3 novembre 1589 pour l'érection du comté de Solre, d'autres la reculent jusqu'en 1592. Cependant, bien que comte de Solre, Philippe semble n'avoir point joui à Solre de tous les droits de propriété, et sa mère devait s'y être réservé quelque chose. C'est du moins, croyons-nous, la meilleure manière d'expliquer pourquoi, sept ans plus tard, Philippe demanda qu'on prolongeât le terme fixé pour entériner les lettres-patentes de l'érection à la chambre des comptes à Lille, jusqu'au trépas de Madame de Sempy sa mère. Cette faculté lui fut accordée par un acte sur parchemin expédié de Madrid le 20 février 1597 ; à cette époque le baron de Barbençon ne s'était pas encore déshérité de la « mouvance et hommage » de Solre. L'acte de ce désistement ne fut dressé que le 12 décembre 1597.

(1) Certains auteurs disent en Espagne.
(2) C'est ce que nous apprend Poutrain. *Histoire de Tournay*, p. 686. Le duc d'Arschot, Philippe III, n'étant mort qu'en 1595, il est probable qu'il s'agit ici de son fils Charles, qui aura pu porter le titre de prince de Chimay du vivant de son père, possesseur de Chimay depuis la mort du duc d'Arschot, Charles, assassiné en 1551.

continuelle, le comte de Solre institua le sieur de Bersaque en qualité de son lieutenant, au château de Tournai. Ce seigneur avait en même temps le commandement de la compagnie d'infanterie Wallonne que Philippe avait nouvellement levée pour tenir garnison dans le château en remplacement de celle que commandait Matthieu Corvin.

Remarquons en passant que toutes ces charges n'étaient pas seulement honorifiques; leur titulaire avait des obligations à remplir, mais aussi il recevait des honoraires assez considérables pour l'époque. Ainsi nous apprenons par des comptes de l'an 1609, que Philippe recevait 3,600 florins pour son « traitement extraordinaire de l'état de gouverneur » de Tournai, 312 florins 17 sous 2 deniers pour ses gages de bailli, et 1,200 florins comme conseiller d'état.

Un petit fait qui a rapport à l'an 1592 fait voir que si Philippe avait soigné assez bien ses propres intérêts, lors de son voyage en Espagne; il n'avait pas cependant dédaigné de se charger des affaires d'autrui, car l'abbé de Saint-Ghislain, dom Hazart, témoigne avoir reçu de lui, le 2 avril, une aumône de 2,700 florins envoyée par l'archevêque de Tolède, en reconnaissance de la cession que l'abbaye avait faite à sa métropole du corps de Sainte Léocadie, vierge et martyre.

Cependant Philippe de Croy songeait à un nouveau mariage : Il jeta les yeux sur sa cousine Anne de Croy, marquise de Renty, veuve d'Emmanuel de Lalaing depuis le 27 décembre 1590, et fille de Guillaume de Croy, marquis de Renty. Les généalogistes ne fixent pas l'époque de ce mariage, mais il semble qu'il ne dut pas précéder de beaucoup l'an 1593, puisqu'on trouve que cette année-là les habitants de Merchten, seigneurie apportée par Anne en mariage à Philippe, furent convoqués en assemblée générale et qu'on leur demanda un présent pour leurs nouveaux seigneurs (1).

Plusieurs enfants sortirent de ce mariage : Les généalogistes en nomment trois : Charles-Philippe-Alexandre qui fut le premier duc d'Havré et dont le fils Philippe-Eugène entra dans l'ordre des Carmes; et deux filles Anne et Isabelle.

Anne de Croy-Renty était la petite fille d'Anne de Croy-Chimay issue du mariage de Charles de Croy, prince de Chimay, avec

(1) Voyez Wauters, *Hist. des environs de Bruxelles*, tom. II, p. 98. On y indique pour but de cette assemblée la nécessité où se trouvait Anne de Croy de racheter les droits du jeune marquis de Renty, Alexandre de Lalaing, pour qui sa mère avait relevé Merchten le 4 décembre 1591. On y parle aussi p. 99. de l'achat qu'ils firent d'un terrain pour servir de manoir et de prison; on remarque enfin qu'ils ne conservèrent pas longtemps le bourg de Merchten qui fut racheté par le domaine.

Le terrain qu'ils y avaient acheté, fut donné plus tard par le comte de Solre, comme gage d'affection et récompense de services rendus à Bernardo Cornelio, de la chambre de l'archiduc, grand bailli de la Salle et châtellenie d'Ypres (Bruxelles, le 13 octobre 1609).

Louise d'Albret. Les Croy de nos jours, qui descendent d'elle par sa fille Jeanne de Lalaing, lui doivent de pouvoir porter dans leur écusson les armes d'Albret, et par là même celles de France et de Bretagne. C'est aussi par elle que la seigneurie de Condé échut à Philippe ainsi que le marquisat de Renty.

Anne de Croy n'était pas moins distinguée par ses vertus que par la noblesse de sa naissance et la richesse de ses possessions.

Un auteur de cette époque, Jean-Baptiste de Glen, dans la dédicace d'un livre sur le *Devoir des Filles* (Liége, 1597), nous a laissé un tableau de ses mœurs, trop curieux pour que nous ne le transcrivions pas ici tout entier : « Quiconque, dit-il en s'adressant à la comtesse, verroit V. E. madame, en son simple et ordinaire habillement, marcher, parlamenter, et traicter ses faciendes avec sa naturelle candeur, rondeur et modestie, loin de tout faste, luxe et affetterie, se pourroit parfois lourdement mesconter et ne la prendre pas pour une dame de tel rang qu'elle tient en nos pays. Qui la verroit aussi... occupée à œuvre manuelle en une compaignie de dames et de filles très-chastes et pudicques, vacantes à coudre, broder, tapisser, en pourroit faire un jugement bien cornu, la blasoner et encoulper de méchanicqueté, ou de sordidité, comme faisant exercice indigne du rang qu'elle tient et de sa grande noblesse. Mais tels indiscrets contre-roolleurs et censeurs seroient bientost desmentis par tant de gens sages qui vous honorent, pour un singulier ornement du pays, pour l'honneur de vostre sexe et le vray parangon des dames. »

Depuis la mort du duc de Parme, gouverneur des Pays-Bas (1592), la guerre engagée depuis si longtemps contre les provinces du Nord se poursuivait avec peu de vigueur. Le comte de Solre paraît avoir fait plusieurs séjours à Tournai depuis cette époque. Il s'y trouvait en 1594 lorsque le comte de Mansfelt lui annonça une victoire remportée par l'empereur sur les Turcs près de Filecq.

Le 18 et le 19 janvier de l'année suivante il assista à une assemblée des principaux seigneurs du pays dans laquelle fut rédigé un avis à l'archiduc Ernest sur les mesures à prendre pour le rétablissement des affaires du pays. Le vieux duc d'Arschot Philippe de Croy, le prince de Chimay son fils et le marquis d'Havré faisaient aussi partie de cette réunion.

Après la mort de l'archiduc Ernest (1595), le comte de Fuentes, gouverneur par intérim, résolut de pousser la guerre avec plus de vigueur ; pendant que Mondragon tenait en alerte les Hollandais, il entrait en France, prenait le Câtelet et Dourlens, et venait investir Cambrai. Le comte de Solre faisait partie de cette expédition et sa compagnie se trouvait, pendant le siége, en quartier à Thun-Saint-Martin. Il eut ainsi la joie de contribuer pour sa part à la prise de la ville et de la citadelle (août 1595).

Cependant l'archiduc Albert, que Philippe II avait nommé pour remplacer son frère Ernest, quittait l'Espagne et s'avançait par l'Italie pour prendre possession de sa nouvelle charge. Parti de Madrid le 28 août 1595, le prince atteignit le 13 janvier 1596 les frontières de la Lorraine. Ce fut dans ce pays qu'il vit venir à sa rencontre le premier seigneur belge, député vers lui, pour lui souhaiter la bienvenue. Ce seigneur était le comte de Solre, Philippe de Croy, grand écuyer de son altesse, qui eut l'honneur de le saluer le 23 janvier, et l'accompagna ensuite en Belgique, et jusqu'à Bruxelles, où le prince fit son entrée le 18 février suivant.

Il semble que Philippe ait, lui aussi, voulu jouir des honneurs d'une *joyeuse entrée* dans celles de ces seigneuries qu'il n'avait pas encore visitées, et il est bien probable que ce fut alors qu'il se rendit dans le marquisat de Renty, à lui échu par son second mariage. En effet il existe une médaille d'argent (1) au millésime de 1596, portant sur la face principale son effigie avec l'inscription : PHILIPPE DE CROY COMTE DE SOLRE MARQUIS DE RENTY. Au revers se voit un vaisseau voguant entre deux rochers avec cette devise : BONA VICINA MALIS. Sentence bien adaptée à cette époque de révolutions et de guerres, où les États, comme les particuliers, passaient par des alternatives si étranges de prospérités et d'infortunes. Le portrait de Philippe que cette médaille nous a transmis est fort remarquable : l'intelligence brille sur son large front, son regard est calme, ses traits nobles et réguliers, les moustaches et l'impériale, qu'il porte suivant la mode du temps, relèvent encore sa physionomie mâle et guerrière.

La guerre n'en continuait pas moins entre la France et les Pays-Bas. Nous avons peu de détails sur la part que le comte de Solre prit à la campagne de cette même année 1596, pendant laquelle l'archiduc se couvrit de gloire par la prise de Calais et d'Ardres sur les Français, et ensuite de Hulst sur les Hollandais. Les Wallons s'étaient signalés au siége d'Ardres. Au siége de Hulst, le comte de Solre fut un des deux ôtages accordés au gouverneur de la place, le comte de Solms, quand celui-ci conclut la capitulation avec l'archiduc (18 août 1696).

Peu de temps après (5 septembre), il y eut près de Saint-Pol en Artois, un engagement sérieux entre le marquis de Warambon, gouverneur de l'Artois et le maréchal de Biron. Le marquis fut vaincu et fait prisonnier. La compagnie du comte de Solre se trouvait à cette rencontre, et ne s'y fit pas beaucoup d'honneur, puisque, disent les mémoires du temps, le malheureux gouverneur fut abandonné de toutes ses troupes. Mais en outre cette défaite « avait, dit l'historien de Tournai, ouvert les provinces Wallonnes aux incursions des Français qui se

---

(1) Cabinet de M. Dewisme à Saint-Omer ; voir les *Mém. des antiq. de la Morinie*, t. X, p. 26.

firent une espèce de point d'honneur militaire de désoler particulièrement le Tournaisis, à cause que Philippe de Croy, comte de Solre, marquis de Renty, l'un des généraux de l'armée Espagnole, était gouverneur de Tournai. »

Le comte fut éprouvé d'une autre manière au commencement de l'année suivante. Le 4 février il lui était né à Tournai une fille, et le chapitre avait offert le chœur de la cathédrale pour y baptiser l'enfant avec une solennité plus grande, mais hélas ! dix jours après (14 février 1597) on célébrait dans ce même chœur les obsèques de cette même enfant.

Nous venons de voir les marques du respect qu'avaient pour le gouverneur les vénérables chanoines ; à ce respect se joignait une confiance basée sur l'estime, car l'année suivante, le chapitre, ayant eu avec les magistrats une discussion au sujet de certains priviléges, offrit de s'en remettre de tous points à l'arbitrage du comte de Solre.

Vers la fin de l'année 1597, le comte de Solre se trouvait de nouveau sous les ordres de l'archiduc, lorsque celui-ci résolut de secourir la ville d'Amiens, enlevée par surprise le 11 mars de cette même année par les Espagnols et alors vigoureusement assiégée par le roi de France. Parti de Douai avec ses troupes au commencement de septembre, Albert avait fixé le village d'Avennes-le-Comte près de Douriens, pour y faire la revue de son armée qui montait à vingt mille hommes de diverses nations. Le comte de Mansfeld en était le mestre-de-camp général. Les hommes d'armes à cheval, au nombre de quinze cents, avaient pour général le comte de Solre et faisaient partie de l'avant-garde. Nous aurons une idée de la réputation que s'était acquise ce dernier, par l'éloge que deux historiens italiens font de sa personne. C'était, dit Gallucci, un prince qui jouissait en Belgique d'une grande estime ; Bentivoglio l'appelle le plus grand seigneur flamand qui servit alors l'Espagne. Mais le témoignage d'un contemporain, placé sous les ordres mêmes de Philippe de Croy, est plus précieux encore à recueillir ; il montre quel zèle le brave général avait pour la discipline militaire. Robert d'Esclaibes sire de Clairmont en Cambrésis raconte dans ses *Mémoriaux* que le comte de Solre l'avait choisi pour commander cent chevaux tirés des meilleurs de toutes les troupes, et lui avait fait prendre l'avant-garde. On s'éloignait de Monchy-le-Preux pour aller attaquer Douriens. Une compagnie de Français étant passée devant lui, il s'avança avec ses soldats pour les charger. « Mais, ajoute-t-il, voici venir le comte de Solre, l'épée à la main qui me lâche des injures et me fait ressouvenir des expresses défenses qu'avois de ne bouger sans ordre exprest. »

Il y avait du reste dans l'armée Espagnole, de la vigueur dans la répression des manquements à la discipline ; et un autre détail que raconte le même soldat chroniqueur, nous montre Philippe de Croy chargé par son prince de l'exécution des sentences portées contre les coupables. Le comte de Pondeveau, ayant donné un coup d'épée sur la tête d'un autre cavalier dans l'antichambre même de l'archiduc, avait été pour ce méfait, remis comme prisonnier entre les mains du comte de Solre.

Cependant on s'avança vers Amiens et la surprise causée par l'arrivée de l'archiduc fut telle, que le désordre se mit au camp des français et qu'une partie de l'infanterie prit la fuite. Le comte de Solre et l'amiral qui commandait avec lui l'avant-garde s'aperçurent de la consternation des ennemis et virent bien que l'occasion était des plus favorables pour engager une action. Ils avertirent l'archiduc et le pressèrent d'attaquer un ennemi surpris ou déconcerté. Mais le prudent Mansfeld s'opposa à ce qu'on attaquât l'ennemi dans ses retranchements, son avis fut appuyé par les plus anciens officiers et suivi par l'archiduc. Les historiens s'accordent pour la plupart à dire que l'avis du comte de Solre était le meilleur et qu'il aurait procuré à l'archiduc une victoire insigne. La campagne se termina par une belle retraite et par la reddition d'Amiens, faite à des conditions fort honorables.

L'an 1598, eut lieu à Bruxelles une assemblée des États-généraux à laquelle le comte de Solre dut prendre part en vertu de ses fonctions diverses. Ce qui le prouve d'ailleurs, c'est qu'il intervint dans les démarches faites par plusieurs seigneurs de concert avec les États, pour obtenir la paix des provinces septentrionales. Des lettres furent écrites aux États de Hollande tant de la part des divers ordres réunis à Bruxelles, que de l'archiduc lui-même; quelques nobles du premier rang adressèrent dans la même intention des lettres particulières au comte Maurice de Nassau. Philippe de Croy était de ce nombre

Cependant Philippe II s'était résolu à céder les Pays-Bas et la Franche-Comté en pleine souveraineté à sa fille Isabelle qu'il accordait en mariage à son cousin l'archiduc Albert. Une ère nouvelle s'ouvrait pour la Belgique, la paix de Vervins venait d'être conclue avec la France (2 mai 1598) : L'archiduc Albert, après s'être dépouillé de la pourpre cardinalice, avait reçu, au nom de sa future épouse, les serments des États-généraux rassemblés à Bruxelles, et il s'apprêtait à partir pour l'Espagne. Le comte de Solre, son écuyer, ayant été désigné pour l'accompagner, les États chargèrent ce seigneur d'être à la cour d'Espagne l'interprète de leurs sentiments (1). Il devait être leur représentant auprès du roi Philippe II et du prince son fils, et tout d'abord les remercier de la haute bienveillance qu'ils avaient montrée dans la cession des provinces à l'infante Isabelle, ensuite les supplier de vou-

(1) D'après M. Goethals, dans son *Histoire des lettres*, p. 107, l'archevêque de Cambrai et l'évêque d'Anvers furent chargés pareillement de remercier le Roi.

loir bien continuer à fournir des subsides pour soutenir les frais de la guerre. Il devait aussi prier l'infante Isabelle de hâter son arrivée dans ses provinces, sans parler des instructions particulières qu'il avait reçues sur différents points.

On partit de Bruxelles le 14 septembre 1598, deux jours après la mort du roi Philippe II. On apprit cette mort en route, et le 12 octobre le chapitre de Tournai en recevait la nouvelle par le comte de Solre. L'archiduc alla visiter l'empereur et rejoignit peu de temps après, à Trente (1), Marguerite d'Autriche qui allait en Espagne pour épouser Philippe III.

A Mantoue, le comte de Solre eut la satisfaction de voir le jeune Charles-Alexandre de Croy, fils du marquis d'Havré, son parent, nommé gentilhomme de la cour par l'archiduc.

A Ferrare il fut témoin de la cérémonie du double mariage célébré par procureurs entre Philippe et Marguerite ainsi qu'entre Albert et Isabelle, et solennellement béni par le souverain Pontife Clément VIII. Il prit part aux fêtes somptueuses qui se célébrèrent ensuite à Mantoue (2), mais à Milan il quitta son prince et partit directement pour l'Espagne. La mauvaise saison rendant la navigation difficile et ayant fait retarder le départ de la reine, l'archiduc n'avait pas voulu que les affaires de Belgique souffrissent de ce retard, et avait ordonné au comte de le précéder à Madrid en se servant des moyens ordinaires de voyager.

Parti au mois de décembre de Milan, le comte avait surmonté les difficultés de la saison et les dangers d'une route difficile, et était parvenu à Madrid le 2 janvier. Dès le lendemain, il avait obtenu une audience du roi et avait exposé à Sa Majesté le sujet de sa mission. Voici le résumé de son discours : Les États-Généraux de Belgique ont été affectés d'une grande douleur à la mort du père de Sa Royale Majesté, arrivée dans des conjonctures si difficiles ; ce qui soulage leur douleur c'est la consolation qu'ils éprouvent de voir qu'il a laissé un tel fils et un tel héritier, qui, dès le commencement de son règne et dans l'apprentissage même du gouvernement, a donné une si grande preuve de sa piété et de sa prudence en accordant son consentement à la cession des provinces faite à sa sérénissime sœur par son père ; aussi les États lui rendent-ils de grandes actions de grâce, en même temps qu'ils félicitent Sa Majesté d'avoir recueilli la succession de la puissante monarchie à laquelle il était légitimement appelé par la divine Providence. Ils le supplient de vouloir bien imiter son père dans son affection pour la Belgique, et fidèle aux promesses qu'il a faites dans les lettres adressées par lui aux États, ne pas abandonner leurs intérêts, mais aider sa sérénissime sœur et l'archiduc, envoyer les subsides ordinaires d'argent

(1) D'autres relations disent au-delà d'Inspruck.
(2) Il semble, d'après certaines relations, qu'on y soit passé deux fois.

qui font le nerf de la guerre, enfin veiller à ce que, par l'absence prolongée des princes, la chose publique ne subisse pas de plus graves échecs. En effet la guerre pour s'être prolongée pendant tant d'années n'en est que plus acharnée et plus redoutable, à moins que l'on ne résiste avec vigueur aux forces imposantes de l'ennemi et de ses confédérés, et qu'on ne porte la guerre chez eux avec toute l'énergie, toutes les ressources et toutes les forces possibles. Il ne s'agit point ici de conserver seulement les provinces belges, et de leur rendre la tranquillité; les autres états de Sa Majesté participent aussi aux mêmes périls, et il importe à la conservation du commerce des Indes et du nouveau monde, il est même tout-à-fait urgent de réprimer l'insolence que l'ennemi affiche à la suite de ses récentes excursions navales sur des bords jusqu'à présent inaccessibles pour lui. Les États feront les plus grands efforts pour qu'au milieu de leur extrême détresse ils ne laissent rien à réclamer, ni à désirer de leur part; ils persévèreront à jamais dans la fidélité et le respect dus à Sa Royale Majesté, et ils prient qu'on les recommande instamment à son appui et à sa bienveillante protection.

Le roi, après avoir écouté le discours du comte avec beaucoup d'attention et de bonté, lui répondit avec non moins de bienveillance et d'affection, que ce message des États lui était très-agréable, aussi, voulait-il, quoiqu'il l'eut très-bien compris, qu'on le mît par écrit afin d'informer ensuite les États et de les assurer pleinement de ses intentions à leur égard. Il n'ignorait nullement combien cette affaire intéressait la tranquillité et le commerce de son empire, ainsi que la renommée de son nom; c'est pourquoi il allait en délibérer avec l'archiduc Albert à Valence, où il ordonnait au comte de le suivre, et où il répondrait par écrit aux demandes des États.

Le comte n'avait pas mis moins de zèle à se rendre auprès de l'illustre impératrice, mère de son Altesse, et auprès de la sérénissime infante, épouse de l'archiduc. Il en avait souvent obtenu audience, il leur avait longuement exposé l'état de la Belgique et il avait recommandé à l'une la cause de son fils, à l'autre la sienne propre.

Les effets n'avaient pas tardé à montrer que le message avait réussi; car on avait envoyé au cardinal d'Autriche, gouverneur des Pays-Bas, 750,000 ducats pour la solde des troupes pendant trois mois, et 500,000 autres ducats pour les besoins extraordinaires.

C'était un grand service que le comte de Solre avait rendu à son pays, car la pénurie du trésor y était extrême, comme on jugera par ce passage d'une lettre que le cardinal André écrivit le 20 février 1599 à l'ambassadeur des États, avant d'avoir reçu les subsides dont il venait d'obtenir l'envoi. « Je n'ai pas un patart en bourse, écrivait-il, et fault que je m'arreste tout court et qu'à mon grand regret je voye les affaires de ce tnien gouvernement aller en ruyne, si je ne suis promptement assisté de quelque bonne provision extraordinaire, pour ce que l'ordinaire est du tout consumée et mangée. » On comprend quel zèle de pareilles missives devaient inspirer au comte qui d'ailleurs connaissait assez bien par lui-même l'état des affaires.

Le roi et l'archiduc s'étaient aussi concertés ensemble à Valence et à Barcelone, sur les mesures générales à prendre pour le bien du pays.

Des faveurs avaient dû être accordées par le roi aux seigneurs de la suite de l'archiduc. Philippe III nomma cinq chevaliers de la Toison-d'Or : parmi ces cinq se trouvaient trois Croy, le duc d'Arschot, le marquis d'Havré et le comte de Solre ; les deux autres étaient le prince d'Orange et le comte d'Egmont.

Impatient de revoir la Belgique, l'archiduc, débarqué en Espagne au mois d'avril 1599, en repartit le 7 juin avec l'infante son épouse. Les princes arrivèrent le 21 août à Luxembourg et le 30 au soir, ils étaient aux portes de Nivelles, où ils rencontrèrent les députés des États de Brabant, venus jusque-là à leur rencontre. Le comte de Solre les avait avertis de l'arrivée de ces seigneurs qui furent reçus avec la plus grande joie. L'entrée solennelle dans la capitale eut lieu le 5 septembre.

Nous n'avons pas à décrire les fêtes qui furent célébrées à Bruxelles à l'occasion de cette joyeuse entrée. Le comte de Solre, qui sans nul doute y avait pris part, ne tarda pas à rendre compte aux États de sa mission. Il le fit par écrit le 20 octobre, les États n'ayant pas encore été convoqués. C'est de sa relation que proviennent les détails que nous avons donnés sur son ambassade.

La joyeuse entrée des archiducs à Louvain, ancienne capitale de Brabant, eut lieu le 24 novembre. A la cérémonie solennelle de la prestation du serment, le 26, le comte de Solre, en sa qualité de grand-écuyer, marchait, la tête découverte, immédiatement avant les princes souverains, portant dans ses mains le glaive nu, symbole auguste de la justice suprême et du droit de vie et de mort sur les sujets.

Philippe de Croy dut exercer les mêmes fonctions et occuper la même place dans toutes les cérémonies de ce genre, et il en est fait mention dans la plupart des relations rédigées à l'occasion de ces fêtes.

A Bruxelles, est-il dit, on observa le même ordre qu'à Louvain ; à Anvers, le 10 décembre, le comte présenta l'épée à l'archiduc qui, voulant conférer l'ordre de chevalerie à quatre nobles personnages de la ville, devait leur donner, suivant l'usage, les trois coups sur l'épaule et les faire ainsi chevaliers, « au nom de Dieu et de Saint-Georges. »

Le comte de Solre allait être bientôt l'objet d'une cérémonie du même genre ; le 21 décembre à Bruxelles, l'archiduc y remettait solennellement le collier de la Toison-d'Or aux chevaliers récemment nommés en Espagne.

A Gand, l'inauguration eut lieu le 30 janvier 1600, et le comte de

Solre y remplit son office. A Courtrai, il ne pût manquer d'assister à la représentation d'une pièce de théâtre dont le sujet était Jason, le fameux conquérant de la Toison-d'Or, et qui fut représentée par les élèves des Jésuites au nombre desquels figurait son fils, Jean seigneur de Molembaix et le fils aîné du prince et comte d'Arenberg.

De Courtrai on se rendit à Lille en passant par Halluin, et de Lille à Tournai ; le 8 février, à 9 heures du matin, le cortège quittait Lille, et quelques heures après on était en vue de Tournai.

Là le comte de Solre avait pour ainsi dire à revêtir un autre personnage, car il était, comme nous le savons, gouverneur de Tournai et du Tournaisis. Aussi à peine arrivé sur le territoire de Tournai au pont d'Orcq, il descendit de cheval, et conduisit à la voiture des princes les magistrats de Tournai qui saluèrent leurs souverains par l'organe de Jean de Clerc premier conseiller de la ville, et leur présentèrent selon l'usage du pays les vins d'honneur.

Un peu plus loin dans la plaine qui s'étend entre Orcq et le faubourg de Tournai, un beau spectacle s'offrit aux yeux des princes : celui de six cents jeunes hommes des bourgs et villages du Tournaisis que le comte de Solre avait fait armer, et qui étaient disposés en ordre de bataille. C'étaient des hommes, dit Poutrain, « tous choisis et comme la fleur du Tournaisis dans un équipage leste et galant, qui saluèrent d'abord leurs altesses d'une décharge de leurs armes à feu, puis, côtoyant le carosse, formèrent un escadron qui se diversifiait par un cercle de voltes et de mouvements continuels en différentes figures, avec beaucoup d'habileté et d'adresse. Un peu plus loin, ajoute-t-il, sur la droite se présenta l'élite de la jeunesse de Tournai, composée de quinze cents hommes qui ne le cédoient ni en bonne mine, ni en propreté d'équipage, ni en adresse à ceux de la campagne et qui saluèrent aussi leurs altesses d'une décharge. » Ensuite parurent à l'entrée du faubourg les quatre serments ou compagnies bourgeoises de la ville, formant une troupe de trois cents hommes ; tous avaient, dit un autre historien, un aspect martial et qui rappelait les anciens Nerviens dont les Tournaisiens prétendent tirer leur origine.

Les archiducs témoignèrent à plusieurs reprises leur satisfaction, et se montrèrent enchantés de la bonne tenue des différents corps et de la précision de leurs manœuvres. Cependant ils entrèrent dans une maison du faubourg pour se reposer et se chauffer, et ils virent de là défiler les troupes, qui allèrent se mettre en haie sur tout le parcours du cortège et jusqu'au logis des princes.

Leur entrée fut solennelle et le comte de Solre à cheval les précédait encore immédiatement, portant l'épée d'État appuyée sur son épaule.

A la porte, c'était à lui qu'il appartenait de leur présenter les clefs en signe d'obéissance ; il descendit pour cela de cheval et les tira d'un sac de velours cramoisi. Nous passons sous silence les autres cérémonies, telles que la réception faite par l'évêque aux portes de la cathédrale, la vénération de la Sainte Croix et le *Te Deum*.

Au serment d'inauguration qui eut lieu le lendemain sur la grande place le comte de Solre porta de nouveau l'épée en qualité de grand-écuyer; il se tenait debout à gauche du trône, le grand-maître d'hôtel occupait la droite. Lorsque les serments des princes et du peuple eurent été solennellement prononcés, le comte de Solre remit l'épée au second écuyer, don Gaston de Spinola, et alla baiser les mains de leurs altesses en forme d'hommage. Les magistrats suivirent l'exemple de leur gouverneur faisant comme lui une profonde révérence qui leur était rendue par les princes. Ensuite le comte qui avait repris l'épée eut à la présenter à Albert qui créa chevaliers trois des magistrats.

L'après-midi l'infante visita la ville qui avait été ornée pour la circonstance au point de ne le céder en rien à aucune autre ville du pays. L'historien de Tournai conclut son récit par cette remarque. « Le comte de Solre, grand-écuyer et premier gentilhomme de leurs Altesses, qui était aussi le seigneur le plus poli et le plus magnifique de la cour, étoit lui-même entré dans le détail des soins nécessaires pour procurer cet honneur à son gouvernement. »

Douai, Arras, Cambrai, Valenciennes, virent se renouveler des cérémonies analogues.

A Valenciennes, l'historien d'Oultreman assigne au comte de Solre la même place qu'à Tournai, et mentionne sa présence aux diverses cérémonies ainsi qu'au banquet splendide qui les termina selon l'usage.

Aux fêtes d'inauguration des archiducs succéda presque immédiatement la convocation des États-Généraux.

Nous avons à raconter la part qu'y prit le comte de Solre. Mais on ne s'attend pas à ce que nous fassions l'histoire des États-Généraux eux-mêmes, on nous permettra aussi de passer rapidement sur les ordres que Philippe de Croy exécuta de concert avec d'autres seigneurs.

Dès le 31 mars 1600, le gouverneur de Tournai était nommé commissaire des archiducs pour se trouver en leur nom aux États de Tournai et du Tournaisis et leur proposer d'envoyer leur députés aux États-Généraux qui devaient s'assembler à Bruxelles le 26 avril. Outre l'instruction et les lettres de créance communes à tous les commissaires, Philippe dut encore, comme gouverneur, recevoir une lettre qui l'exhortait à s'employer avec zèle à ce que l'on fit choix de députés doués des qualités convenables et de plus « faciles et traitables pour se laisser induyre à ce que leur sera proposé. » Le 7 avril, il exécutait les ordres de ses princes et communiquait également aux consaux de Tournai et aux États du Tournaisis les volontés et les désirs des archiducs. Le registre des consaux nous a conservé l'analyse de son discours, qui servira à nous faire connaitre la situation.

« Son Excellence, y est-il dit, a déclaré qu'aiant à l'assemblée des députez des Estatz de ce pays, tenuz en la ville de Bruxelles au mois d'aoust 1588, à la requeste d'iceulx, esté donné espoir, de la part de leurs... Altèzes, que, après l'accomplissement de leur très-heureuse alliance et leur rethour en Iceulx pays, assemblée générale se tiendroit d'iceulx Estatz, adfin d'entendre ce que se polroit proposer et adviser pour la conservation desdicts pays, soit par une bonne paix ou guerre, leur dictes altèzes n'ont eu sy tost achepvez leurs joyeuses entrées ès villes principales et capitales desdicts pays, que elles n'ont prins résolution de convoquer lesdicts Estatz généraulx, adfin d'avoir leur advis et les moyens qu'ilz polront proposer pour l'effect susdict ; et suivant ce déclaroit avoir charge d'en advertir lesdicts consaulx, et les requérir de députez d'entre eulx les plus idoines et mieulx versez en affaires publicqs et matières d'Estat, avecq pooir de débattre et résouldre des choses quy seront proposées en la dicte assemblée, adfin d'éviter renvoir et longueur qui ne polroient apporter que de grands desavantages aux affaires publicqs. »

Le comte de Solre avait en outre permis que la lettre d'instruction qu'il avait reçue fut lue et examinée par les prévots et jurés, ce qui fut fait avant l'élection des représentants de la ville.

La nomination des députés ayant été faite dans toutes les provinces, les États-Généraux s'ouvrirent en grande solennité le 28 avril. Le comte de Solre y eut sa place, non plus comme grand-écuyer, mais comme chevalier de la Toison-d'Or, il siégeait en cette qualité sur un banc à droite du trône des archiducs. L'ancienneté ayant servi à déterminer les places, il y venait en cinquième lieu après ses cousins le duc d'Arschot et le marquis d'Havré.

Les États étaient commencés et avec eux surgissaient des difficultés de tout genre. Une des plus grandes calamités qui affligeassent alors le pays, c'était l'insubordination des soldats de toutes nations qu'on avait recrutés pour faire la guerre aux rebelles des provinces du Nord et qui peu ou point payés de leurs services finissaient par se mutiner et par exercer dans tout le pays le plus affreux brigandage. On sait comment la ville d'Anvers avait été victime de la *furie Espagno'e*. A l'époque qui nous occupe, douze cents soldats parmi ceux que l'*amirante* d'Aragon s'était vu forcé de congédier sans paie s'étaient mutinés et avaient mis à leur tête un chef sous le nom d'*Electo*. La ville de Hamont avait été d'abord leur lieu de refuge ; plus tard l'archiduc avait obtenu qu'ils se retirassent à Diest où ils se trouvèrent réunis au nombre d'environ 2,000 hommes de pied et 1,000 chevaux.

Le jour même de l'ouverture des États, ces rebelles, se trouvant au Rœulx, avaient écrit à Mons, menaçant de tout livrer aux flammes si on ne leur donnait quarante-neuf mille écus. Le 30, qui était un dimanche, on s'assembla avant la procession solennelle qui devait avoir lieu pour implorer les lumières du Saint-Esprit sur les délibérations de l'assemblée.

Les députés de Brabant engageaient leurs confrères à fournir cette somme ou du moins ce qui restait pour la compléter. Les députés du Luxembourg, du Hainaut, de Namur et de Malines étaient du même avis. Les députés de la Flandre et de l'Artois, ceux de Lille, Douai et Orchies, ceux de Tournai et du Tournaisis firent opposition. Les Tournaisiens en particulier montrèrent plus de raideur et d'obstination que les autres. Le comte de Solre en fut informé et le soir même il convoqua les députés de sa province. C'était le cas, ou jamais, d'user de son influence, et de mettre à profit les ressources de son éloquence : Il leur dit donc que les archiducs avaient été informés de leur refus opiniâtre et qu'il était, lui, fort affligé de leur conduite. La discussion s'engagea aussitôt. Entrer dans une voie semblable c'était encourager les autres soldats dont le paiement était arriéré à agir de même ; dès qu'ils sauraient que les États se chargeaient de fournir leur solde, il ne serait plus possible de les satisfaire. Le comte répliqua que cette dette ne provenait pas de leurs gages, mais bien d'une convention faite avec le Brabant par laquelle on avait assuré leur entretien, moyennant certains services. On répondit que c'était au fond la même chose ; mais puisque leurs Altessses n'avaient point d'argent pour les contenter, on proposait d'affecter au paiement de cette dette ce qui restait d'une aide votée pour l'entretien des troupes sur le Rhin, après toutefois que le Tournaisis aurait été délivré des troupes qui y séjournaient encore. Le comte répondit que c'était bien peu, que d'ailleurs ce qui restait à payer des fonds votés par l'Artois, avait été appliqué aux dépenses pour vivres. Là-dessus les députés se récrièrent sur cette manière d'appliquer à d'autres usages les deniers demandés et accordés pour une fin déterminée. Le comte avoua qu'il y avait là un désordre et qu'il en était peiné. Tout en resta là pour le moment. Mais on voit combien à cette époque les notions du droit avaient conservé d'empire et qu'on prenait au sérieux le libre vote des impôts.

Cependant on apprit bientôt que les mutins menaçaient Tournai, et les députés, de l'avis du comte, écrivirent que, s'ils faisaient semblant de venir on envoyât vers eux et que « l'on composât au meilleur marché que l'on pourrait. »

Nous verrons plus tard le comte de Solre en rapport par lui-même avec les mutinés de Hamont.

Si dans une première question les députés Tournaisiens avaient opiné d'une manière moins agréable aux souverains, dans une autre question qui concernait la paix à négocier avec les Hollandais, ils se montrèrent plus soucieux de leur autorité et l'avis qu'ils émirent contrairement à celui de la majorité, plut aux archiducs qui en avaient été avertis par le comte de Solre. Les députés du Tournaisis se louent, dans leur correspondance, des bons offices de leur gouverneur et racontent comment celui-ci après leur avoir communiqué les ordres donnés par l'archiduc Albert de fournir un contingent armé de trois cents hommes à nourrir à leurs frais, avait tenu compte de leurs réclamations et obtenu qu'on se contentât de deux cents hommes (16 mai 1600).

Cependant, le comte, après un voyage fait à Tournai (18 mai) pour les affaires de son gouvernement, allait avoir à intervenir d'une manière plus directe dans les délibérations des États. Il s'agissait dans la question de la guerre de fixer le *Tantéo*, ou, comme on dirait aujourd'hui, le budget de la dépense que la solde des troupes occasionnait. L'archiduc devait nommer à cette fin des commissaires pour s'entendre avec les députés nommés par les États. Le comte fut désigné le 4 juin ainsi que trois autres conseillers d'État qui, comme lui, ne faisaient pas partie de l'assemblée et deux autres personnages.

Mais bientôt il se trouva chargé d'une affaire d'une tout autre importance. Des soldats Espagnols s'étaient de nouveau mutinés à Hamont dans le pays de Liége, et quelques Wallons s'étaient joints à eux : la cause de la sédition était, comme d'ordinaire, la cessation des paiements. Le cas était grave et le danger d'autant plus grand qu'il était à craindre que d'autres soldats ne se joignissent à eux. Dans cette conjoncture difficile, les archiducs jetèrent les yeux sur le comte de Solre et l'envoyèrent au camp d'abord, puis à Hamont pour traiter avec les troupes, empêcher de nouvelles mutineries, et ramener les révoltés au devoir. Le 13 juin, le duc d'Arschot fit part à l'assemblée des nouveaux troubles qui étaient survenus et de la résolution que leurs Altesses avaient prise ; en même temps il demanda aux États une lettre pour les soldats qui pût servir à accréditer en leur nom le comte de Solre vis-à-vis des troupes. Philippe de Croy partit le lendemain avec la lettre des États, une instruction de ses maîtres et des lettres de créance pour les chefs de l'armée. S'il lui avait été possible de se tromper sur la difficulté de l'entreprise, il n'aurait pas tardé à en être convaincu, car à peine arrivé à quelque distance du corps, il vit les quatre compagnies de cavalerie qui lui faisaient escorte l'abandonner tout-à-coup et aller se joindre aux mécontents. Sa mission regardait avant tout les soldats wallons des régiments du comte de Bucquoy et du sieur de la Bourlotte qui étaient tout disposés à se mutiner comme les autres. Il les trouva fort mal disposés et ce ne fut pas sans péril pour lui-même qu'il entama la négociation ; la discussion fut vive et emportée, mais enfin il obtint d'eux qu'ils se contenteraient pour tous les arriérages qui leur étaient dus du paiement de neuf mois de solde qui serait fait dans l'espace des trois mois suivants. Ils lui remirent en même temps pour les États une lettre fort courtoise, signée par leurs principaux officiers, renouvelèrent leur serment et promirent de servir fidèlement en toute circonstance ; et de fait un grand nombre d'entre ⸺ tant de l'infanterie que de la cavalerie, se mirent en marche pou⸺ landre.

Le comte de Solre réussit moins bien auprès des m⸺inés de Hamont.

En réponse à la lettre qu'il leur avait écrite, ils lui envoyèrent une lettre cachetée ne contenant absolument rien, mais portant à l'extérieur, outre l'adresse sous la forme ordinaire, le mot *oro* plusieurs fois répété. Le châtelain de Gand, envoyé vers les soldats d'autre nation que les wallons, paraît avoir encore moins bien réussi que le comte de Solre. Ce que celui-ci avait fait était déjà un grand service rendu au pays, et prouve la vérité des éloges donnés à son éloquence.

Le 26 juin, après que Philippe de retour depuis la veille eut rendu compte aux archiducs du succès de sa mission, il se présenta devant les États extraordinairement convoqués et leur exposa tout ce qui s'était passé. Le greffier fut chargé de le remercier au nom des États « du bon devoir par lui fait; » et comme les États se souvenaient encore qu'il lui était dû quelque chose pour son voyage en Espagne, ils aviseraient pendant leur assemblée à ce qu'il reçut « contentement et satisfaction, comme de raison. »

Si quelque chose put diminuer le plaisir qu'un tel discours devait faire au comte, ce fut la susceptibilité du duc d'Arschot, du prince d'Orange et du comte d'Arenberg qui exigèrent que le greffier, parlant au nom de toute l'assemblée, s'abstînt de donner au comte le titre d'Excellence, mais l'appelât seulement *Monsieur* et *Vous*. Les députés de Tournai, qui avaient été saluer le comte avant l'assemblée, se montraient plus respectueux et ne manquaient pas, même dans leurs lettres, en parlant de sa personne, de lui prodiguer le titre d'Excellence.

Quelques jours après le comte accompagnait les archiducs à Gand et bientôt après rapportait de leur part une réponse à un écrit des États-Généraux qu'il lisait en leur présence (28 juin) ajoutant que leurs Altesses désiraient recevoir le plus tôt possible le *tanteo* fixé par la commission dont lui-même faisait partie.

Le 3 juillet, le comte de Solre, avec d'autres grands personnages, accompagnait à l'assemblée son cousin le marquis d'Havré chargé d'annoncer aux États un avantage remporté par l'archiduc sur les ennemis; les forts d'Audenbourg et de Snaeskercke avaient été repris, et l'avant-garde des confédérés, mise en déroute. Il entendit dans cette circonstance les plaintes des députés sur les désordres des mutinés de Hamont qui levaient partout des contributions de tout genre et menaçaient de s'avancer plus loin dans le Brabant et les autres provinces. C'était surtout de lui qu'on attendait le terme de ces brigandages. Il déclara aussitôt avoir déjà fait sur ce sujet des remontrances à l'archiduc qui avait promis d'y mettre ordre et ajouta qu'il ne manquerait pas de rappeler sur ce point l'attention du prince.

Il allait avoir bientôt à s'occuper de difficultés plus grandes, car le lendemain le duc d'Arschot annonçait aux États la défaite de l'armée catholique près des Dunes, défaite qui avait suivi de bien près les succès obtenus, et avait forcé l'archiduc blessé de se retirer à Bruges. En conséquence il demandait que les États remissent au comte de Solre qui allait trouver les archiducs, la réponse des États à leur proposition et le *tanteo*, tel qu'il avait été provisoirement rédigé. Les États accédèrent à cette demande, et firent preuve d'une grande générosité et d'un véritable dévouement en votant immédiatement des subsides considérables.

Nous laisserons maintenant au conseiller pensionnaire de Tournai, Nicolas du Bois, le soin de nous décrire la manière dont Philippe de Croy vint alors se présenter devant l'assemblée. « Pendant le dict discours (du duc d'Arschot), écrit-il dans sa relation, est venu le dict comte de Solre, jà prest à monter à cheval, lequel ayant faict semblable discours et remonstré la nécessité qui incombait de depescher d'envoyer nouvelles gens, et de faire monter les hommes d'armes, déclaira qu'il avoit ordonné audict seigneur de Baudegnies d'aller en diligence en Tournay, pour tirer du chasteau et envoyer une partie de la garnison; aussy pour lever des soldats nouveaux, tant en la ville qu'au bailliage, et solliciter les Estatz et aussy les Consoulx, par le Sr. de Ghlebrechies, que pareillement il envoyoit, affin de recouvrer deniers prompts. Ce faict, et ayant receu lesdictes copies de la response (à l'écrit de leurs Altesses) et du *tanteo*, il se partit. »

On voit par ces détails quel zèle le comte de Solre mettait à servir la cause de ses maîtres.

Les députés avaient reçu l'ordre de ne point quitter Bruxelles avant le retour du comte. Nicolas du Bois va nous apprendre comment le samedi 8 juillet « est comparu en l'assemblée, monseigneur le comte de Solre, retourné de chez leurs Altèzes, lequel at faict le récit du grand contentement qu'elles ont du bon vouloir, affection et grande dilligence que chacun des Estatz a usé, et que, réciproquement, elles ne espargnieront leurs moyens, travaulx et vyes pour la conservation de ces pays; et aussi faict récit de tout ce que s'est passé en Flandres, notament de la perfidie dont les ameutinez ont usé, contre la parole et lettres de S. A., allendroit des soldatz d'Audembourg et de Snaefkercke, quy s'estoient rendus; pareillement, comme ilz avoyent, et l'aultre cavallerie, lâchement combatu, eulx retiré par deux fois dedens nostre infanterie, quy par là fut rompue et mise en déroutte, aveucq le reste de nostre camp, ayant laissé S. A., aveucq le ducq d'Aumale et cinq ou six aultres combatans au milieu de l'ennemy, où S. A. receut ung cop de hallebarde, quy est presque tout sané (1), et s'est, en combattant valeureusement saulvé. Au reste ledict seigneur comte at raporté la responce finale de S. A. sur celle dernière des Estatz, dont a été faicte lecture; et quant au *tanteo*, S. A. en a déclairé son intention audict seigneur comte, qui n'at encoires eu moyen de le coucher par escript :

(1) *Sané*, guéri.

ce qu'il vous fera et le délivrera lundy matin ou plus tot, s'il lui est possible. — Lesdicts Estatz ayant sur ce advisé, ont faict les complimens, tant vers leurs Altèzes, que vers ledict seigneur comte, le remerchiant etc. »

Le comte tint sa promesse, dès le lendemain, bien que ce fut un dimanche, et il remit à l'assemblée le *tauteo* réformé de manière à obtenir son approbation. Il avait avant cela communiqué aux députés une lettre de l'archiduc qui leur apprenait que les Hollandais s'avançaient vers Nieuport, plus insolents que jamais, par suite de leur victoire, quoiqu'ils eussent perdu plus de monde que les Belges; en conséquence le prince conjurait les États de former « un camp d'armes » pour leur résister.

Le 10, le comte venait de nouveau à l'assemblée; immédiatement avant de partir pour Gand où était l'infante, il recevait des États une nouvelle lettre pour les archiducs, leur apprenait que l'ennemi avait assiégé Nieuport et leur recommandait d'achever leurs délibérations sur l'aide principale. Il priait aussi les députés qui s'en retournaient auprès de leurs commettants de revenir tous sous peu de jours afin de conclure l'aide.

Philippe de Croy comprenait trop bien qu'il était d'une importance majeure dans les circonstances critiques où l'on se trouvait de rassembler de l'argent et de lever des troupes; en bon sujet dévoué à ses princes, en vrai citoyen jaloux du bonheur de son pays, il s'employa de toutes ses forces à procurer le résultat désiré. Ce qu'il avait dit aux États-Généraux, il le dit devant plusieurs États particuliers des provinces; ainsi il est à Namur le 17 juillet pour traiter avec les États du comté; et le conseil d'État écrivant aux archiducs le 20 juillet, se loue comme l'avaient déjà fait ces princes « de la négociation que a faict le comte de Solre, par les lieux où il a passé, pour avancer les aydes et conclusions des provinces et faire monter et équipper les hommes d'armes et archiers d'ordonnance et l'infanterie des nouveaulx régimens », et certes le comte avait dû, comme on l'ajoute fort bien, prendre bien du *travail pour ce regard.*

Les États-Généraux commencèrent le 2 septembre une nouvelle session qui fut ouverte par l'archiduc en personne accompagné de son grand-écuyer le comte de Solre.

Cette session fut presque toute entière occupée par des discussions sur la levée de l'aide qui avait été fixée à 300,000 florins par mois. Les États de Brabant, d'accord avec les chevaliers de l'ordre, avaient proposé qu'on eut recours pour recouvrer les deniers nécessaires à cet effet à des moyens généraux et à des impôts sur les cheminées et sur les consommations établis d'une manière uniforme dans toutes les provinces. Mais les députés de plusieurs provinces et entre autres ceux de Tournai et du Tournaisis, conformément à leurs instructions, voulaient que l'aide fut fournie par quotes, de manière à ce que chaque province eut à payer un contingent proportionnel à son importance, et qu'elle fut libre de prendre pour se le procurer les moyens qu'elle jugerait convenables. Le comte de Soire fut très-mécontent de voir cette opposition dans les députés de la province même dont il était gouverneur. Nous laisserons encore une fois le pensionnaire du Tournaisis nous raconter la réception qu'il lui fit; et le discours qu'il lui adressa ainsi qu'aux députés des consaux de Tournai le 11 septembre.

« Je alley, dit-il, saluer monsigneur le comte de Soire, de la part de messigneurs; et comme le signeur de Merkem et le pentionnaire Cot, de Ypre, estoient chez Son Excellence, quy les pressoit pour se déporter des moyens généraulx (sans rien en obtenir, sy qu'il me fut dit), je fus oy après les six heures et demie; et, après luy avoir fait les complimens, il nous fit ung bien long sermon, soy comploindant de ce que toutes les aultres provinces luy faisoient cest honneur de luy venir communiquer leurs advis, et sur iceulx demander le sien, et que ceulx seuls de son gouvernement, nommant la ville et le bailliage, ne le faisoyent; et cependant, il entendoit que avions, ès advis par nous exhibez, apposé des conditions très-mal séantes, et que aultres députez s'en estoient dolus, disans que, sy monsigneur le comte de Soire et ceulx de son gouvernement se monstroyent d'aussy bonne volunté que eulx, les choses se passeroyent fort bien; que telles plaintes estoyent venues aux aureilles de Son Altèze qui en estoit très-mal satisfaite; que, en toutes choses honnestes et raisonables, il nous porteroit, mais, en aultres, luy-mêmes nous accuseroit, et choses semblables.

» Je répondis que ne sçavoye à quoy l'on povoit soy trouver offensé; que ne ausons beaucop travelller Son Excellence, cognoissans ses grandes et continuelles occupations; que j'avoye veu la dernière pièce exhibée, et cejourd'huy, avec aultres, délivrée à Son Altèze, et ne y trouvoye, fors que les raisons très-véritables, pour lesquelles ne trouvions que les moyens généraulx fussent chez nous praticables. Il respondit que ce n'estoit cela, et que j'estoye nouvellement venu; que, après en avoir fait part aux aultres, nous pourrions retourner vers Son Excellence, le lendemain. Je adjoustey que j'avoye assez resentu que les grandes provinces estoient indignées lorsque les petites les contredisoyent, mais que, en ce, à correction, elles n'avoyent raison, veu que en effect nous contribuions aultant, et la chose nous touchoit aultant que à chacune d'elles.

» Ce fait, nous retirâmes, et le seigneur de Ghiebrechies et de Cordes y entrarent, quy eurent semblable lection, sy que nous dit ledict de Cordes. »

Il nous est impossible d'entrer dans le détail de tout ce que fit dans la suite le comte de Soire, tantôt avec le marquis d'Havré et le président Richardot pour engager les députés des diverses provinces à augmenter les offres qu'ils avaient faites précédemment. Les députés Tournaisiens en particulier continuèrent à lui causer un vif déplaisir : ceux-ci à leur tour ne se louaient pas de son insistance à leur demander plus, disaient-ils, qu'ils ne pouvaient payer, non plus que des reproches amers qu'il leur adressait, leur disant qu'ils avaient grand tort de ne pas le croire, et qu'ils s'en repentiraient. Parfois c'était aux États-généraux que, de concert avec ses deux collègues, Philippe adressait des remontrances, faisant, disent les relations, de grandes exclamations sur les choses pleines de défiance que les députés ajoutaient à leurs offres de subsides.

Mais enfin les députés de Tournai le trouvèrent plus accommodant, bien qu'on soit tenté de croire qu'il eût mis en pratique l'axiome : *iniquum petas ut aequum tollas* et qu'en marchandant avec habileté, il eût fini par paraître moins exigeant. Toujours est-il qu'ils regrettèrent son absence lorsque, le 24 septembre, le comte partit pour Liége, où il allait saluer la duchesse d'Arschot de la part de son mari. Marie de Brimeu avait eu le malheur d'embrasser la religion réformée et Philippe de Croy espérait, disait-il, en la ramenant à la vraie foi « gagner une âme et des enfants. » La négociation ne fut pas sans quelque résultat ; Marie de Brimeu resta, il est vrai, obstinée dans l'hérésie, mais elle consentit bientôt à se réunir à son mari, dont elle s'était tenue éloignée depuis quatorze ans (1).

Son absence ne dura pas longtemps, et dès le commencement d'octobre il s'occupait de nouveau à négocier avec les députés Tournaisiens, qui ne cessaient de se plaindre de ce qu'on les taxait proportionnellement beaucoup plus que ceux des autres provinces. Il leur avait obtenu de l'archiduc, le 23 octobre, une audience dans laquelle ils avaient offert des présents et fait de respectueuses réclamations auxquelles le prince avait répondu avec sa bonté et sa grâce ordinaires ; mais quelques jours après, Du Bois mandait le départ de Philippe aux États de Tournai dans les termes suivants : « Monsigneur le comte est party d'icy vers Soire assez en haste, et sans dire adieu, et dit-on qu'il fera son voyage à Rome sans icy retourner. »

Le comte était en effet envoyé à Rome, pour traiter des affaires des archiducs ses maîtres. Son départ, comme on le pense bien, n'avait pas manqué d'être remarqué, et dès le 4 novembre le sieur de la Boderie (2), français, en informait le cardinal d'Ossat, ambassadeur de sa nation à Rome. Il le représentait, non sans raison, comme un des principaux seigneurs des Pays-Bas et comme l'un des confidents les plus intimes qu'eussent l'archiduc et l'infante. Le prétexte de ce voyage était de gagner le Jubilé de l'année sainte, mais on pensait bien qu'il

---

(1) *Mém. du duc de Charles de Croy*, p. 68.
(2) Voir sur les frères de La Boderie, la notice sur Guy Lefebvre de La Boderie, par M. Félix Nève, t. XIII de la *Revue belge et étrangère*, p. 366.

avait à traiter avec le Pape des affaires de Leurs Altesses, et d'Ossat eut soin de prévenir le Souverain-Pontife contre les demandes peu favorables à la France qui eussent pu lui être présentées par l'ambassadeur des Pays-Bas catholiques.

En bon diplomate, d'Ossat chercha à savoir ce que Philippe de Croy était venu faire à Rome. Mais il ne paraît guères avoir pu parvenir à le découvrir d'une manière certaine et nous n'en savons pas plus que lui sur ce sujet. Cependant le récit qu'il fait de ses démarches à Monsieur de Villeroi est plein d'intérêt et mérite d'être rapporté ici :

On n'oubliera pas en le lisant que le roi de France était alors en guerre avec le duc de Savoie et qu'il faisait presser vivement le siége de la citadelle de Bourg en Bresse.

« Quand je fus, dit d'Ossat (1), descendu chez Monsieur le cardinal S. George (2), après lui avoir parlé de ce que j'avais dit au Pape, il me souvint de le mettre au propos du comte de Solre arrivé naguères à Rome d'auprès l'archiduc Albert et l'infante. Ledit seigneur cardinal me dit qu'il avoit premièrement gagné le Jubilé incognu, et puis estoit venu baiser les pieds au Pape, et par mesme moyen l'avoit visité luy ; qu'il ne leur avoit parlé que de ses dévotions et de l'extreme regret qu'avoient leurs altesses de ceste guerre de Savoye, et désir que les choses s'accommodassent au plus tôt, et que Sa Sainteté continuast à s'y employer de tout son pouvoir ; et qu'au reste ledit comte voulant aller à Naples comme il y est allé, avoit montré d'en faire conscience, et de craindre de perdre une partie du fruict du Jubilé, pour lequel seul il est venu à Rome, s'il alloit dépendre quelques jours en ceste curiosité, de voir une ville et païs, que néantmoins il n'avoit oncques veu et ne sçavoit quand il en recouvriroit la commodité. — Je lui dis que ceste simplicité et scrupulosité ne se trouvoit guères en ceste saison, ny en ces Pays-Bas, parmy ceux mesmes qui sont entretenus et employés parmy les grands princes, et que telles protestations dudit comte pourroient donner à penser au contraire à quelques-uns plus soupçonneux que moy, qu'il n'eust à traicter quelque grande affaire avec le viceroy de Naples ; que pourveu que ce ne fust chose qui touchast au service du roy (de France), je ne me soucios de sçavoir ce qu'il traiteroit à Naples, ny ce qu'il pourroit avoir traicté à Rome. Bien lui voulois-je dire « qu'il avoit esté escrit d'Anvers que ledit comte avoit charge de Leurs Altesses de supplier le Pape de s'employer envers les Suisses, à ce qu'ils donnassent le passage par leurs terres à deux ou trois mille Espagnols qui devoient estre envoyez par Leurs Altesses. Sur quoi j'estimois estre de mon devoir de lui dire, pour le remonstrer au Pape, que Monsieur de Savoye estoit si artificieux, qu'il pourroit avoir dessein

(1) Lettre du 16 décembre 1600.
(2) Neveu du Pape régnant, Clément VIII.

d'employer lesdits Espagnols ou partie d'iceux pour soi-mesme en la Bresse au secours de la citadelle de Bourg, et qu'il seroit bon de se prendre garde que Sa Saincteté pensant employer son crédit et authorité contre les Zélandois et Hollandois, ne l'employast contre le roy, dont pourroient ensuivre des inconvéniens que ledit seigneur cardinal pouvoit juger de soy-mesme sans que je m'y arrestasse d'avantage. Il ne répliqua autre chose, sinon qu'il m'avoit dit tout ce que ledit comte avoit traicté icy. »

L'ambassadeur français ajoute un autre détail qui lui avait été transmis sur la mission supposée du comte de Solre, c'est qu'il avait été chargé de demander au Pape de la part des archiducs la « permission de lever certaine décime sur le clergé des provinces » de leur obéissance. On lui avait aussi écrit de Naples qu'il avait longuement conféré avec le vice-roi.

Le 20 janvier 1601, comme l'apprend d'Ossat dans une autre lettre, le comte était encore à Rome et se disposait à lui faire sa visite officielle.

Il est à croire que ce fut à son retour de Rome qu'il reçut des archiducs la mission de féliciter en leur nom le roi Henri IV de son mariage avec Marie de Médicis. Il le fit, dit l'historien Poutrain, par un discours si poli que le roi en fut charmé, et ce prince, se tournant vers les seigneurs qui assistaient à l'audience solennelle qu'il lui donnait : Que vous semble, Messieurs, leur dit-il, de ce gentilhomme flamand? Ne parle-t-il pas mieux « françois que les François même qui le savent le mieux ? »

Rentré en Belgique, Philippe de Croy se mit à visiter ses diverses seigneuries, et ne manqua pas de se rendre dans son gouvernement de Tournai.

Il s'y trouvait, le 2 avril 1601, et assistait avec les députés des consaux de Tournai à la pose de la première pierre de l'église du collège des Jésuites, faite en grande pompe par l'évêque de Tournai, monseigneur Michel d'Esne, accompagné de l'abbé de Saint-Martin et des députés du chapitre. Quelque temps après il donnait rendez-vous à Condé au savant Juste-Lipse. Car il était en relation avec les hommes de la science (1) et l'érudit professeur de Louvain, dans la lettre latine qu'il lui envoie le douze des Calendes de Juillet (20 juin), s'excuse humblement de n'avoir pu ni le visiter à Condé, d'après son invitation amicale, ni lui baiser les mains à Bruxelles à cause du trop rapide passage qu'il avait du faire.

(1) Philippe de Croy paraît avoir reçu une éducation distinguée et s'être livré sérieusement à l'étude dans sa jeunesse. La bibliothèque de Valenciennes possède un cahier écrit de sa main, et portant la date du mois de novembre 1578, à Mayence. Il contient les leçons du P. Walerand, Jésuite, sur le 3e livre de l'*Ethique* d'Aristote *ad Nicomachum*.

Juste-Lipse avait été prié par le comte d'examiner un mémoire qu'il avait rédigé sur les affaires publiques. En le lui renvoyant, le savant homme loue la prudence de son auteur, et fait des vœux pour qu'on mette ses conseils à exécution ; les princes y gagneraient en autorité, les peuples en tranquillité. Il espère qu'il en sera ainsi et qu'on reconnaîtra la fidélité, l'intégrité et le dévouement des Belges, vertus qui leur sont propres parmi toutes les nations. Une telle manière de s'exprimer prouve assez que Philippe de Croy était loin d'être un vil adulateur et qu'en servant ses princes il songeait avant tout à procurer le bonheur de sa patrie.

Si dans l'intérêt du pays le noble seigneur savait habilement manier la plume, il savait aussi, pour une cause si belle, courageusement tirer l'épée. L'année 1605 nous le montre de nouveau sous les armes contre les ennemis de ses princes qui étaient aussi ceux de la religion catholique.

Le célèbre marquis Ambroise Spinola, commandeur général des armées espagnoles, avait résolu de porter la guerre au-delà du Rhin, au centre même des provinces confédérées. Comme il fallait, pour s'y rendre, traverser une très-grande partie du duché de Clèves et de la Westphalie, qui étaient pays neutres, Spinola crut devoir prémunir les villes par où son armée devait passer contre la crainte des dommages que pourrait occasionner sa marche; il résolut donc d'envoyer un délégué pour traiter avec les magistrats de ces villes et leur faire donner toutes les sûretés convenables. Son choix tomba pour cette mission si importante sur le comte de Solre, que le cardinal Bentivoglio représente comme l'un des plus grands seigneurs de Flandres et l'un des plus respectés.

La campagne commença par la prise d'Oldenzel, après quoi Spinola mit le siége devant Lingen. Pendant ce siége, le comte de Solre courut un grand danger de perdre la vie. Il avait été envoyé à Rheine, bourg de la Westphalie, vers un grand seigneur du pays, escorté par don Brancacio (1) à la tête de cent cavaliers. A trois lieues environ de Lingen il fit la rencontre de la cavalerie ennemie. Thomas Filliers (2), s'y était placé en embuscade avec cent quarante cavaliers. A peine ont-ils aperçu les catholiques, qu'ils se jettent sur eux à l'improviste et les mettent en déroute. Le guide et plusieurs soldats sont tués, trente hommes emmenés prisonniers, le comte de Solre est blessé et ne parvient à s'échapper qu'avec peine.

Informé du malheur arrivé à ses gens, le marquis envoie aussitôt don

---

(1) Cicci Domino, dit Galucci; nous avons pensé, sauf meilleur avis, que c'était le même personnage que le mestre de camp Brancacio, souvent nommé dans Bentivoglio.

(2) Fillerius, dit Galucci (?).

Velasco avec trois cents cavaliers à la poursuite du capitaine ennemi; mais il avait eu le temps de gagner du terrain et il fut impossible de l'atteindre. Le comte de Solre réussit à arriver à Rheine avec quelques hommes de sa suite. Mais, pour comble de malheur, les habitants du bourg refusèrent de le recevoir et il dut se transporter à Steinfurt. Spinola le rappela de là à Linghen, et envoya pour l'escorter, une grande partie de la cavalerie.

Linghen fut prise le 18 août, Wachtendonck le 27 septembre, et la campagne se termina d'une manière glorieuse pour l'armée catholique.

Philippe de Croy revint donc en Belgique et put ainsi prendre part, avec les princes et les princesses de son sang, aux fêtes splendides du mariage de son parent le duc d'Arschot avec Dorothée de Croy, célébré à Mons le 12 décembre suivant (1).

Le comte de Solre prit part encore à la campagne de l'année suivante. Le dessein du général Espagnol était de passer l'Yssel afin de pénétrer dans le pays; mais les pluies extraordinaires de cette année avaient considérablement grossi cette rivière, et Maurice de Nassau campait sur la rive opposée à égale distance des villes de Zutphen et de Deventer, menacées par les espagnols. Le comte de Solre reçut l'ordre de gagner un certain endroit au-dessus de Zwol, et de faire les plus grands efforts pour y passer le fleuve. En attendant l'effet de ses soins, Spinola, qui s'efforçait par tous les moyens d'arrêter Maurice, se rendit maître le 13 juillet de la petite ville de Lokem. Mais ce succès ne l'empêcha pas de perdre enfin l'espoir qu'il avait conservé de voir baisser les eaux de l'Yssel et le comte de Solre se frayer un passage. Le fleuve était si élevé et les hollandais si bien préparés à recevoir leurs ennemis qu'il fallut abandonner l'entreprise.

On réussit mieux au siége de Groll dont on s'empara; après quoi on se décida à aller attaquer Rhinberg. Le comte de Solre fut nommé gouverneur de la ville de Groll, et s'y vit à la tête d'une garnison de quinze cents hommes d'infanterie, avec une compagnie de cavalerie commandée par le comte de Bergh. Ce dernier paraît s'être bientôt trouvé seul chargé de défendre cette place. Il s'y trouva bientôt investi par Maurice de Nassau; mais Spinola vint à son secours et réussit à faire lever le siége.

Aux occupations belliqueuses succédaient des occupations d'un genre

---

(1) Les mémoires du duc Charles de Croy nous montrent encore le « hault et puissant prince messire Philippe de Croy comte de Solre » etc. comme l'un des « curateurs et mambours des enfants du mariage » de Charles, comme pair du même Charles assignant le douaire de sa femme en revenus sur les terres du Hainaut, et enfin comme un de ses exécuteurs testamentaires.

plus calme. En 1607, le comte de Solre fut chargé par la cour de remplacer le président Richardot dans la direction d'une enquête sur la querelle qui existait entre le gouverneur du Luxembourg et quelques seigneurs du pays. Les mémoires de Philippe de Hurges, échevin de Tournai, ami du comte de Solre, fournissent quelques détails sur son administration en qualité de gouverneur de la ville et de la province. C'est lui qui nomme, le 6 juillet 1609, un échevin de Saint-Brixe en remplacement d'un échevin décédé pendant le cours de ses fonctions, l'élection communale n'ayant pas lieu en cas pareil. C'est lui qui réclame lorsque les consaulx transportent sans sa permission le corps de garde des bourgeois de la grande place au marché aux vaches; et les magistrats pour l'apaiser lui envoient un ami de sa maison dans la personne de leur confrère, ledit Philippe de Hurges, fils du surintendant général de ses affaires.

Ce dernier allait avoir bientôt l'occasion de témoigner son zèle pour l'honneur du comte. Philippe de Croy avait contracté le 25 janvier 1609, un troisième mariage avec Guillemette de Coucy, dame héritière de Vervins, Biez et Chemery, fille de Jacques de Coucy et d'Antoinette de Chaulnes. Veuve de Louis de Mailly, seigneur du Ruménil et d'Aumarest, elle en avait eu un fils, Louis, qui épousa, en 1625, Isabelle-Claire-Eugénie, issue du second mariage de son nouvel époux.

La nouvelle comtesse n'avait jamais vu Tournai, et Philippe de Croy avait été longtemps sans visiter son gouvernement. Il se décida à s'y rendre et à faire dans Tournai son entrée solennelle.

Nous ne transcrirons pas ici la longue description que Philippe de Hurges a laissée de cette cérémonie. Mais en l'abrégeant nous tâcherons d'en conserver la couleur primitive et le style même.

Le lundi, 21 septembre, jour de S. Mathieu, de Hurges montait à cheval et allait à Antoing à la rencontre du comte qui arrivait ce jour-là même de Condé. Après quoi il rebroussait chemin vers Tournai, où la noble compagnie arriva par un temps fort pluvieux vers 5 heures du soir. A une certaine distance de la ville, on rencontra de douze à quinze gentils hommes qui venaient au devant du comte bien équipés et bien en ordre avec une belle suite d'hommes et de laquais. Quand on fut à une portée de mousquet des remparts, on aperçut 500 mousquetaires rangés le long de la courtine et sur la porte de Marvis. C'étaient des hommes choisis dans les dix compagnies bourgeoises, ils saluèrent le gouverneur en déchargeant tous ensemble leurs fusils, puis descendirent et firent la haie depuis la porte extérieure jusqu'à la porte de l'enceinte primitive, quatre compagnies bourgeoises se joignirent à eux de manière à former une suite de 950 hommes et la haie se continuait jusqu'au Pont-à-Pont sur l'Escaut. Vis-à-vis de l'église de Saint-Brixe, le capitaine de Formanoir avec une vingtaine de jeunes nobles Tournaisiens vint complimenter le comte et la comtesse. Ceux-ci s'avançaient entourés d'un brillant cortège; la maison du gouverneur ouvrait la marche, suivaient trente cavaliers, puis six pages en livrée précédant la litière où se trouvaient la comtesse et Isabelle de Croy. A droite s'avançait le comte de Soire montant une jument dont l'officieux narrateur a cru devoir mentionner la couleur blanche et grise, à gauche chevauchait M. de Molembais que nous savons être Jean de Croy, issu du premier mariage du comte. Venaient ensuite trois carrosses occupés par les dames de la maison du comte, qui fermaient la marche. On parvint ainsi au son de la trompette jusqu'à la grande place où se trouvaient rangés 1050 hommes, dont la salve bruyante fut accompagnée de fusées et de feux d'artifice. Le capitaine Le Sueur fit sa harangue au comte et l'on se rendit au château, dont la garnison jalouse de surpasser les troupes de la bourgeoisie était sortie tout entière, au nombre de 2,000 hommes rangés cinq à cinq faisant entendre un feu roulant de vingt coups de fusil qui se succédaient sans relâche.

Le tour des magistrats était venu : le grand prévôt, le second prévôt et ceux qu'on appelait les chefs de la ville se rendirent en corps au château, précédés de leurs huissiers aux masses d'argent. Ils offrirent au gouverneur pour sa bienvenue une coupe d'argent doré du prix de 500 florins et deux pièces du meilleur vin d'Orléans; le conseiller de Cordes porta la parole et invita pour le lendemain les nobles personnages à un banquet splendide qui devait être donné au nom de la ville.

Le repas fut, au dire de l'historien, très-somptueux et magnifique, suivi d'un bal qui dura jusques au soir. Les magistrats y donnèrent une preuve nouvelle de leur courtoisie pour le nouveau gouverneur en faisant au moment du dessert un magnifique présent à son épouse. C'était un tapis de table mignardement façonné de soie orangée et violette, portant outre les armes d'Espagne et de Tournai les effigies de Saint-Eleuthère et de Saint-Piat, patrons de Tournai : un maître ouvrier d'étoffes damassées en avait fait hommage le jour même à messieurs des consaulx qui l'en avaient gratifié selon son mérite.

Quelques semaines plus tard les magistrats toujours affables et courtois offraient les vins d'honneur à Robert de Saint-Omer comte de Moerbecq, vicomte d'Aire et baron de Robecque, qui allait épouser Anne de Croy, issue comme Isabelle du second mariage de Philippe (27 octobre). L'année suivante (8 juillet) le même honneur était rendu aux deux époux réunis.

Les mémoires de Philippe de Hurges fournissent aussi des détails sur l'administration du gouverneur de Tournai. On y voit, à l'occasion du noviciat des Jésuites et de l'abbaye des Prés Nonains, que c'était à lui qu'il appartenait de régler tout ce qui concernait les fortifications de la ville. Lors de la construction projetée d'une nouvelle halle sur la place principale de Tournai, le comte intervient comme gouverneur, blâme le plan adopté par les consaulx, juge leur arrêt « niais et du tout impertinent », fait retirer à l'archiduc l'approbation par lui donnée, et confirmer le plan qu'on exécuta et dont le mérite peut encore aujourd'hui être apprécié.

D'autres fois il se rend aux consaulx pour demander de la part du souverain qu'on remette en vigueur le payement de certains deniers pour l'entretien des troupes et promet en même temps le concours du gouvernement pour le rétablissement de l'industrie et en particulier de la draperie tournaisienne. Il est curieux de voir comment au renouvellement des magistrats (21 mai 1611) il s'absente du conclave pour ne pas céder la préséance au comte de Saint-Aldegonde et aux autres commissaires, seigneurs « de beaucoup moindre étoffe que lui; » comment aussi un candidat recommandé par lui à la charge de conseiller des échevins de S. Brixe est écarté pour un autre jugé plus digne par les magistrats (8 janvier 1611).

Les registres des consaulx de Tournai fourniraient bien d'autres détails; mais ils sont, pensons-nous, d'une importance assez petite à côté de ce que nous désirerions savoir sur les diverses ambassades de Philippe de Croy, sur lesquelles, malheureusement il n'a encore été rien publié. Nous avons parlé d'une ambassade en Espagne et d'une autre en Italie. Les comptes des finances de l'an 1605 mentionnent 18,000 livres pour les frais d'un voyage qu'il venait alors de faire en Espagne. Il avait quitté Bruxelles le 14 octobre 1604 et s'y était trouvé de retour le 5 juin de l'année suivante.

Le 8 juillet 1610, il venait de remplir en Espagne une nouvelle mission. C'est Philippe de Hurges qui nous l'apprend et qui nous dit qu'à cette occasion on députa le second prévôt et le conseiller des Cordes pour le congratuler et lui offrir au nom de la ville 12,000 florins argent clair avec deux pièces de vin d'Ay de trente écus chacune. Le registre des consaulx ajoute que ces présents étaient faits « par considération de son voyage d'Espagne coustagieux et pour l'asssistance et aide qu'il peult donner à la ville endroit la poursuite que l'on fait en cour pour l'indemnité de 80,000 livres tournois et pour la décharge de deux compagnies de soldats Wallons de la garnison. »

Poutrain parle d'une ambassade du comte de Solre à la cour de Sigismond IV, roi de Pologne, mais sans en indiquer la date. Les comptes de l'an 1611 mentionnent 13,000 livres qui lui furent allouées, en vertu de lettres patentes du 30 septembre 1611 pour le voyage qu'il allait faire à Vienne afin d'y assister, au nom des archiducs, aux noces du roi de Hongrie, Mathias, élu empereur l'année suivante. Grands furent les honneurs qu'il reçut dans cette circonstance solennelle, et un ambassadeur qui vint après lui, le comte de Cantecroy, s'en autorisa pour réclamer à son tour une réception distinguée.

Cette ambassade fut la dernière du noble comte, et couronna en quelque sorte sa carrière diplomatique : Sa mort arriva en effet le 4 février 1612; il se trouvait encore en Allemagne (1).

Sa vie presque complétement inconnue jusqu'à ce jour méritait d'être exposée avec quelques développements, nous espérons que la publication de documents nouveaux amènera bientôt quelque historien à lui consacrer une biographie plus complète encore.

NOTE
SUR LA DESCENDANCE D'ANNE DE BEAUFFORT,
aïeule des princes de Croy de nos jours.

Tous les auteurs ne sont pas d'accord sur la descendance d'Anne de Beauffort. Le Carpentier dit qu'elle est morte sans postérité. Scohier donne pour enfants à Anne de Beauffort : Alexandre de Croy, mort au berceau, Charlotte de Croy, morte au berceau, Jeanne de Croy, née le 3 octobre 1586, et Jean de Croy né le 14 février 1588 et décédé le 20 du même mois. L'historien des grands-officiers de la couronne, Moréri, La Chesnaye des Bois et d'autres généalogistes ont au contraire fait descendre la branche de Croy-Solre, seule subsistante aujourd'hui, de ce Jean, fils de Philippe et d'Anne de Beauffort. Ce désaccord entre les auteurs a fourni des armes aux adversaires de la maison de Croy, et on en a profité dans un factum écrit en faveur de la maison de Chanel, dont M. de Reiffenberg a déshonoré la publication des Mémoires de Jean du Clercq. L'historien des pairs de France a entrepris de le réfuter sur ce point et, s'appuyant sur l'autorité de Scohier « qui, dit-il, écrivait sur les lieux mêmes et un an après l'événement, » il a prétendu prouver que Jean III de Croy, aïeul de tous les Croy-Solre, était issu du second mariage de Philippe II, 1er comte de Solre. Nous n'hésitons pas à dire qu'il a commis une grossière erreur, et mal servi la cause de la maison de Croy qui, s'il avait dit vrai, descendrait d'un mariage incestueux. En effet Jean III de Croy épousa Jeanne de Lalaing, dame de Renty, fille d'Emmanuel-Philibert de Lalaing et d'Anne de Croy, marquise de Renty, or c'est cette même Anne de Croy, marquise de Renty, veuve d'Emmanuel-Philibert de Lalaing, que Philippe II de Croy, père de Jean III, avait épousée en secondes noces. Jean III aurait donc épousé sa propre sœur utérine. Mais cela est inadmissible ; il faut donc dire que Jean était issu du premier mariage et dans ce cas rien ne s'opposait à ce qu'il épousât la fille de celle qu'avait épousée son père. Supposer que Jean était un bâtard, n'est pas historiquement admissible. Nous dirons d'abord en général, avec l'auteur même que nous venons de réfuter sur un

---

(1) C'est ce qu'affirme M. Michaux dans sa notice sur Solre-le-Château, et ce qu'on serait d'ailleurs en droit de présumer. Le même auteur nous apprend que « le comte de Solre fit les 18 et 22 janvier 1611, le relief, devant les cours féodales de Mons et d'Aymeries des fiefs qui formaient la seigneuries de Solre-le-Château. » Cet acte était requis après la mort de sa mère Yolende de Lannoy qui avait vécu jusqu'au 5 juillet 1610. D'après M. Michaux Philippe aida puissamment à la restauration de l'église de Solre qui, le 10 mai 1611, avait été complètement « bruslée par fortune de feux. » Il avait aussi dans le même but obtenu de la générosité des archiducs une « aulmosne » de 3,000 florins.

autre point, que « la possession constante des mêmes terres, des mêmes domaines, suffirait seule pour établir la preuve de légitimité la plus complète et la plus irréfragable dans toutes les branches de la maison de Croy, puisqu'aux termes du droit commun et de la loi féodale, les biens grevés de substitutions héréditaires n'ont jamais pu passer qu'aux héritiers directs et légitimes et même aux filles et aux collatéraux, à l'exclusion des enfants naturels. » Comment, en effet, supposer qu'un bâtard eut pu devenir héritier des principales terres de Philippe II, comte de Solre, quand celui-ci avait non-seulement des cousins dans plusieurs branches collatérales, mais aussi des enfants de son second et de son troisième mariage. La branche des ducs d'Havré, issue sans aucune contestation de Philippe II et de Guillemette de Coucy, aurait-elle souffert que la postérité illégitime de son auteur, prît le pas sur elle et se donnât pour la branche aînée de toute la famille?

Mais nous avons d'autres arguments pour prouver qu'Anne de Beauffort donna à son mari un héritier qui perpétua son nom. D'abord nous lisons dans le récit, publié par Bochius, des fêtes données aux archiducs en l'an 1600, que cette année-là, dans une pièce jouée par les élèves du collège des jésuites à Courtrai en présence d'Albert et d'Isabelle, un des rôles fut confié au *seigneur de Molembaix, fils du comte de Solre*. Cet enfant pouvait-il provenir du second mariage de Philippe? Nullement, car Anne de Croy, ayant perdu son premier mari Emmanuel-Philibert de Lalaing le 27 décembre 1590, n'a pu guère se marier avant l'an 1592, et son premier fils serait né, au plus tôt, vers la fin de cette même année 1592, il n'aurait donc eu en 1600 que huit ans, âge auquel il est peu probable qu'il ait pu figurer dans une pièce de théâtre. Mais il faut ajouter que Philippe et Anne de Croy, ayant été traités en 1595 comme *nouveaux seigneurs* d'une terre apportée par Anne en mariage, il est fort probable que leur union date de l'an 1591.

Cependant Bochius ne nous a pas fait connaître le nom de ce jeune seigneur de Molembaix; nous n'hésitons pas à dire que c'est Jean, et nous admettons avec Seohier, qu'Alexandre son aîné est mort au berceau, car : 1° nous apprenons par le catalogue de la bibliothèque de Valenciennes (p. 401) qu'il s'y trouve un manuscrit contenant quelques poésies, etc. (n° 400 — O. 1. 28.), et qui porte sur un des derniers feuillets ces mots : *Monsieur de Molembays Jan de Croy. 1597*; si le fils d'Anne de Beauffort, alors âgé de 9 ans, a pu écrire ces mots, le fils d'Anne de Croy eût été trop jeune même pour qu'un livre de ce genre lui fût assigné en propre; — 2° nous connaissons, par l'histoire manuscrite de Condé, œuvre du maréchal de Croy, la date du mariage de Jean de Croy, avec Jeanne de Lalaing; il eut lieu en 1608. Le fils d'Anne de Beauffort avait alors 20 ans, mais le fils d'Anne de Croy n'eût été guère en âge de contracter alliance. (Voir la *Note sur les tombeaux de la maison de Croy, déposés en 1745 à Vieux-Condé, par M. Benezech*; Bull. de la com. hist. du Nord. 1849, p. 112); — 3° nous savons par la notice historique sur Solre-le-Château, que Jean de Croy rendit foi et hommage pour la terre de Solre le 21 et le 25 janvier 1613; ce qui prouve qu'il était majeur à cette époque, par conséquent qu'il était né au plus tard en janvier 1591, c'est-à-dire un mois après qu'Anne de Croy était devenue veuve; nouvelle preuve qu'il n'était pas son fils, nouvelle preuve aussi que son aîné Alexandre était mort jeune, et n'a pas été comte de Solre, et baron de Beauffort et de Molembaix et capitaine de la garde du roi d'Espagne, comme l'avance M. de Courcelles, nous ignorons sur quel fondement.

Mais on nous demandera comment il se peut que Seohier se soit trompé sur ce point dont il lui était si facile d'avoir connaissance. Il suffit déjà que nous ayons prouvé l'erreur, et nous pourrions nous en tenir là, mais nous ajouterons que le Beaumontois Seohier s'occupait avant tout de la branche des ducs d'Arschot, comtes de Beaumont, qu'en outre la page 74 *de la descente de la maison de Croy*, où se trouve relatée la mort de Jean, douze jours après sa naissance, a été imprimée longtemps après la *table de la généalogie de la maison de Croy* qui se trouve placée à la suite, mais sans pagination. En effet, cette table n'indique pas même la naissance de Jean, qui eut lieu le 14 février 1588, et par conséquent a été imprimée avant le titre de tout l'ouvrage qui porte la date de 1589. De plus la page 74 est un carton, et la preuve que ce carton a été imprimé assez tard et avec une certaine précipitation, c'est que l'on y fait mention de l'élévation de Philippe à la dignité de comte, mais qu'au lieu de le dire comte de Solre on le dit comte de Molembaix. Cette erreur prouve un homme assez mal informé de ce qui regardait la branche de Solre, et permet d'en supposer d'autres. L'exemplaire de Scohier que nous avons sous les yeux, et que le prince Alfred-Emmanuel de Croy a eu l'obligeance de nous prêter, porte deux corrections faites à la plume, et dont l'encre est très-ancienne. L'une est le changement de Molembaix en Solre, l'autre attribue, au moyen d'un trait, la date du décès, le 26 du même mois à Jeanne de Croy, que les généalogistes disent morte au berceau. Il est bien possible que Scohier ayant appris une troisième mort parmi les enfants d'Anne de Beauffort, se soit trompé, peut-être même en transcrivant, si encore il ne faut pas attribuer toute la faute à l'imprimeur. Quoiqu'il en soit, l'erreur de Scohier est manifeste. Christyn, dans son *Jurisprudentia heroïca*, (éd. de 1668, p. 256), a été plus exact. Il y dit en termes exprès que « Philippe, premier comte de Solre, ayant eu de sa première épouse, Anne de Beauffort, Jean, deuxième comte de Solre, celui-ci épousa Jeanne de Lalaing, en sorte qu'une mère veuve, Anne de Croy, épousa un père veuf, Philippe de Croy, et que la fille de la mère, Jeanne de Lalaing, épousa le fils du père mais d'un autre lit, Jean de Croy. » Nous avons vu que c'est là l'expression de la vérité.

CHARLES-CLAUDE.

Les généalogies nomment Claude de Croy, vicomte de Langle comme le fils aîné du troisième lit de Philippe de Croy, comte de Solre. Un acte de sa mère, du 15 mars 1618, appelle son frère Philippe et lui seigneurs propriétaires de la vicomté de l'Angle et de la seigneurie de Tourcoing. Il mourut sans avoir été marié et son frère se trouve seul nommé dans un acte du 20 octobre 1626.

Disons quelques mots de sa mère et sa tutrice Guillemette de Coucy. Cette haute et puissante dame avait en sa possession de nombreux domaines comme le prouve la longue série de titres qui lui sont donnés dans les diplômes délivrés en son nom. Quelque fastidieux qu'ils soient nous ne pouvons nous dispenser de les énumérer afin de donner une idée de sa richesse. Guillemette était donc comtesse douairière de Solre (1), de la viscomté de l'Angle et seigneurie de Tourcoing, baronne

---

(1) Nous n'osons certifier l'exactitude de l'orthographe de chaque nom de seigneurie, les différents actes ne les donnant pas toujours de la même manière.

de Stonne, dame de Chemery et des terres et seigneuries dépendantes de la prévôté de la maison et seigneuries de la Quene et Chemery, dame encore de Mont-Chastillon, du Biez, de Vrignes-au-Bois, de Tendrecourt, de Sapogne, d'Esna (?), de Balisure (?), de Beauregard, de Saint-Aignan, de Chaneuse, de Connage, de Villiers-sur-le-Mont, de la Besace par indivis contre le roi, souveraine de Saint-Basle.

Il paraît qu'elle résida quelque temps à Tourcoing, car un acte de l'évêché de Tournai du 8 octobre 1627 lui octroyait la concession d'un oratoire privé dans le château de Tourcoing. Mais en 1630, elle se trouvait à Chemery, et le 23 avril de cette année-là elle écrivait à Jean Meurisse, son bailli à Tourcoing, au sujet de l'établissement des religieuses de Saint-François dans cette ville. Jalouse de ses droits et de son autorité, Guillemette ne dissimulait pas qu'elle avait été sur le point de s'opposer à cet établissement parce qu'on ne l'avait pas consultée, mais on avait reconnu la faute qu'on avait commise; c'est pourquoi, « en considération des grands fruits et utilités qu'ils se proposent en pouvoir revenir au publicq, » elle délègue ses pouvoirs à Meurisse et à Farvaques, ayant bien soin d'ajouter que les droits du seigneur doivent être respectés et que le bailli doit être nommé le premier dans tous les actes.

Deux autres lettres du 12 août et du 16 septembre renferment l'une son consentement formel à l'admission des sœurs, l'autre son acquiescement à ce qu'on puisse leur imposer la clôture avec la clause expresse qu'elles doivent se consacrer à l'instruction de la jeunesse.

Guillemette de Coucy n'était plus de ce monde au mois de décembre suivant.

MAISON DE CROY-HAVRÉ.

Auteurs consultés :

Généalogies de la maison de Croy. — Titres divers aux archives du département à Lille. — *Registres aux titres du couvent de Notre-Dame des Anges.—Registres de l'évêché de Tournay,* aux archives du royaume à Bruxelles. — POUTRAIN, *Histoire de Tournay,* p. 689. — HOVERLANT, *Histoire de Tournay.* — *Vierges miraculeuses en Belgique,* p. 18. — *Mémoires du feld-maréchal comte de* MÉRODE-WESTERLOO, t. I, p. 71. — *Livre du régiment des gardes Wallonnes....* Manuscrit appartenant jadis à M. d'Avesnes de Roncy. — GUILLAUME, *Histoire des gardes Wallonnes.* — *Mémoires du duc de* SAINT-SIMON, ch. CXIV — TARGE, *Histoire de l'avénement de la maison de Bourbon au trône d'Espagne,* t. VII, ch. V. — *Supplément au Nobiliaire des Pays-Bas.* — *Dictionnaire des contemporains.* — *Annuaire de la noblesse de Belgique.* — CHATEAUBRIANT, *Mémoires d'outre-tombe.*

PHILIPPE-FRANÇOIS.

Au centre même du beau pays de Hainaut, à une lieue environ de Mons, dans une riante vallée qu'arrosent les eaux de la Haine, non loin d'une majestueuse forêt, s'élève un antique manoir féodal depuis longtemps délaissé par ses possesseurs et qu'on serait tenté au premier abord de prendre pour une vaste métairie, si des tours espacées de distance en distance n'étaient là pour indiquer que ce fut jadis une forteresse capable de soutenir un siége en forme. L'édifice principal est vaste et, s'il ne charme pas les yeux par l'élégance de sa construction, il ne laisse pas que d'offrir un caractère imposant et plein de majesté. Sa partie la plus reculée présente un donjon carré, dont les murailles d'une prodigieuse épaisseur attestent la haute antiquité. C'est là, à n'en point douter, le château des anciens seigneurs d'Havré. Car Havré était dans le noble comté de Hainaut une noble seigneurie, et comptait parmi les anciennes baronnies de la contrée : elle tenait le second rang parmi les terres qui donnaient à leurs possesseurs le droit de lever bannière.

Vendue par les comtes de Hainaut aux châtelains héréditaires de Mons de la maison d'Enghien, devenue plus tard la propriété de la maison d'Harcourt, puis de celle d'Orléans-Longueville (1), elle devint plus tard une des plus belles possessions de l'illustre famille de Croy.

Aussi les armes de Croy se trouvent-elles partout dans la demeure agrandie que se bâtirent au XVIIᵉ et au XVIIIᵉ siècle les marquis et les ducs d'Havré. Il est surtout une salle immense, rétrécie toutefois lors de la construction plus récente d'un large escalier de pierre, où le blason de Croy paraît dans toute sa splendeur, environné de blasons des nobles familles qui l'ont rehaussé par leurs alliances. On y distingue entre autres les lys des Châteaubriant dont une héritière apporta aux Croy la terre de Loignies cédée ensuite aux d'Orléans en échange de la terre d'Havré. Entre les poutres que ces diverses armoiries décorent se trouvent sur des consoles des cerfs sculptés, surmontés du bois des animaux tués dans les grandes chasses au courre d'une autre époque.

Dans cette même salle, comme dans d'autres endroits du vieux manoir se lisent quelques-unes des devises des Croy avec des dates qui marquent l'époque des constructions qui leur sont dues : celle-ci par exemple : *Sans fin Croy*, 1603, qui appartient à Charles-Philippe, premier marquis d'Havré à dater de l'an 1574 ; et ces autres : *J'y aideray Ligne ; je soustiendray Croy ; sans fin Croy ; j'ayme qui m'ayme* 1613, dont plusieurs à n'en pas douter doivent être rapportées à Charles-Alexandre (2) fils de Charles-Philippe et à son épouse Yolende de Ligne.

L'ancienne chapelle seigneuriale, d'un style gothique fort orné, et qui pourrait redevenir un bijou d'architecture, porte sur une de ses clés de voûte l'écusson d'Havré avec ses dix girons et ses quinze croisettes recroisetées. Une partie de l'édifice a une forme plus moderne et sert encore de lieu de réunion aux princes de Croy, lorsqu'en compagnie des

---

(1) Ce fut Jeanne d'Enghien qui porta Havré dans la maison d'Harcourt, une alliance la fit passer dans celle d'Orléans-Longueville qui l'échangea contre la seigneurie de Loignies avec Henri de Croy comte de Porcean, seigneur d'Arschot, dont un petit fils Charles-Philippe de Croy fonda la branche des marquis et ducs d'Havré. Les seigneurs d'Havré étaient Enghien et portaient gironné de gueules et d'or de 10 pièces, chaque giron de gueules chargé de trois croisettes d'argent recroisetées. (De Reiffenberg, *Monum. de Namur et de Hainaut*, t. I, p. 683.)—Le Carpentier (*Hist. de Combray*, 3ᵉ p.) dit que les croisettes étaient d'or. Le R. P. Roland (*Armor. Hist. d'une famille Montoise*) donne cinq girons d'argent et les croisettes d'or.

(2) Voyez la notice qu'a consacrée à ce prince M. F. V. Goethals dans son *Hist. des lettres*, etc., en Belgique. Il était devenu marquis d'Havré à la mort de son père en 1613. Auteur de mémoires guerriers sur son époque, le duc de Croy fut assassiné à Bruxelles en 1624.

sommités nobiliaires de Belgique et de France, ils se livrent, comme leurs ancêtres, au plaisir de la chasse. Des peintures, malheureusement un peu trop païennes, provenant de l'ancien hôtel d'Havré à Paris, ont trouvé un refuge dans ces salons rarement visités. Ainsi le vieux château d'Havré rappelle-t-il au visiteur toute l'histoire de ses anciens maîtres.

Les possesseurs actuels de la terre d'Havré ont fixé leur résidence au magnifique château du Rœulx, noble et splendide demeure, dont les habitants ont su par leurs vertus et leurs bienfaits conquérir l'estime et l'amour de toute la contrée.

Mais il est un autre monument qui fait plus d'honneur au nom de Croy-Havré que leur antique château. Sur une petite colline du hameau désigné de temps immémorial par le nom de *Bon-Vouloir*, à la place où croissaient jadis trois tilleuls séculaires, s'élève une chapelle vaste et belle où les pieux pèlerins viennent honorer une statue miraculeuse de la Sainte-Vierge. C'est là, dans leur caveau de famille, au pied de Notre-Dame de Bon-Vouloir, que reposent les hauts et puissants seigneurs de la maison de Croy-Havré. On y voit aussi sur les murs intérieurs les épitaphes d'un bailly et receveur d'Havré, ainsi que d'un maître-d'hôtel et d'un sommelier des ducs, car la petite cour d'Havré avait ses officiers nobles à l'instar des maisons royales.

Le sanctuaire de Marie date du commencement du XVIIe siècle. Une statue trouvée dans le creux d'un des trois tilleuls y donna origine. Commencée le 22 mai 1625, elle fut consacrée le 15 août 1632 par l'illustre archevêque de Cambrai, Mgr François Vander Burch.

Le premier auteur de cette construction fut le fils que Philippe de Croy, comte de Soire, eut d'Anne de Croy sa seconde femme, c'est-à-dire Charles-Philippe-Alexandre de Croy, marquis de Renty, vicomte de Bourbourg, etc., qui devint marquis d'Havré par son mariage avec sa cousine Marie-Claire de Croy (1) et plus tard duc d'Havré lorsque Philippe IV érigea en duché, l'an 1627, l'antique terre seigneuriale. Ce prince mourut le 23 novembre 1640, laissant après lui un fils qui embrassa l'état religieux dans l'ordre des carmes déchaussés (2) et une fille qui porta à un comte d'Egmont le marquisat de Renty.

Marie-Claire de Croy épousa, vers l'an 1642, par suite d'une dispense de la cour de Rome, le frère consanguin de son premier mari, Philippe-François dont nous avons maintenant à écrire la vie.

---

(1) Elle était fille de Charles-Alexandre, duc de Croy, marquis d'Havré, et petite fille de Charles-Philippe, tous deux mentionnés plus haut.
(2) Le Père Philippe de Saint-Joseph fit profession au couvent des Carmes près de Valenciennes, le 24 juillet 1655, et mourut à Madrid le 18 décembre 1665. Il avait été nommé à l'évêché de Gand. C'est de lui qu'il est parlé dans l'*Hist. de Tourcoing*, p. 395 et dans les *Notices biographiques de Tourcoing*, p. 179, au sujet de l'établissement des Pères Récollets à Tourcoing.

Fils de Philippe comte de Soire et de sa troisième femme Guillemette de Coucy, ce noble seigneur était le 20 octobre 1626 seul seigneur propriétaire de Tourcoing et de Langle; le 12 août 1630 il avait le titre de capitaine d'une compagnie d'ordonnance pour le service de Sa Majesté catholique; mais le 16 décembre de la même année il avait perdu sa mère, c'est ce que nous apprenons d'une lettre qu'il écrivit ce jour-là au bailli de Tourcoing au sujet des sœurs de Saint-François. Il y donnait l'ordre à son représentant de continuer l'affaire commencée par « feu sa mère ». Jean Meurisse suivit les instructions de son seigneur et maître et posa en son nom la deuxième pierre du couvent le 21 mars 1631.

Philippe-François se montra toujours bienveillant pour les sœurs. Il confirma en 1631 tout ce que sa mère avait fait en leur faveur; en 1639, le 27 août, se trouvant à Tourcoing, il leur permit d'augmenter leur nombre de deux religieuses; le 10 juin 1642 il émit une ordonnance qui rendait licite la réception de trois religieuses au dessus du nombre ordinaire et enfin le 6 juin 1644 il consentit à l'admission d'une nouvelle postulante.

On s'était adressé pour obtenir cette dernière faveur à son épouse Marie-Claire de Croy. C'était sa seconde épouse, et nous n'avons rien dit encore de la première.

Hélas! les premiers liens de Philippe-François avaient été brisés d'une manière bien douloureuse; Marie-Madeleine de Bailleul, fille de Maximilien comte de Bailleul et de Catherine de Lalaing, était sur le point de donner un enfant à son mari, lorsqu'elle fut attaquée de la petite-vérole au château de Tourcoing où elle se trouvait, et un même tombeau reçut la dépouille de la noble dame et du fils qu'elle venait de mettre au jour.

Ce fut, comme nous le présumons, vers l'an 1639. Près d'un siècle après, lors de la construction d'un nouveau chœur dans l'église de Saint-Christophe à Tourcoing, on exhuma un cercueil de plomb où l'on trouva le cadavre d'une femme, revêtu d'habits religieux demeurés intacts (1), entièrement conservé, avec les entrailles, et n'exhalant aucune mauvaise odeur. C'était, fut-il dit alors, celui de la noble dame dont la conservation avait à coup sûr quelque chose de bien étonnant.

(1) Ce fait est rapporté par Jacques Legroux, dans ses *Mémoires pour servir à l'histoire de Flandre jusqu'en 1730*, manus. de la bibl. de Lille, et dans le *Recueil de plusieurs mémoires manus. concernant ce qui est arrivé de plus considérable au diocèse de Tournay depuis l'an 1601 inclusivement jusqu'en 17...* Manus. de la bibl. de M. le comte d'Erembault de Dudzeele. Legroux se trompe en disant que Marie-Madeleine de Bailleul était morte à Mons. Poutrain dit que ce fut au château de Tourcoin et qu'on la trouva toute entière avec son enfant.

Philippe-François s'était allié en secondes noces, comme on l'a dit plus haut, avec sa cousine Marie-Claire, veuve de son frère consanguin.

La chose eut lieu, dit l'historien Poutrain, « par la voie des puissances qui s'en mêlèrent à la cour de Rome pour maintenir cette illustre famille dans sa splendeur en conservant ses grands biens. »

Ce mariage, qui s'accomplit en 1613, élevait Philippe-François au rang de duc avec le titre d'Excellence, en même temps qu'il lui apportait le beau domaine d'Havré. Ainsi ce prince s'avançait dans la voie des honneurs en même temps qu'il voyait son souverain récompenser ses services par les charges les plus honorables.

Dès l'an 1639, il était « gouverneur des villes et château de Tournehem, Auderwicq et pays de Bredenarde, capitaine d'une compagnie de cuirasses et d'une autre d'infanterie ordinaire entretenue pour le service de Sa Majesté. » Ce dernier titre tout-à-la-fois honorifique et onéreux montre qu'il faisait un usage patriotique de ses richesses. En 1643, il était « maître de camp d'un régiment d'infanterie wallonne, » et deux ans après il se voyait nommé par le roi « gouverneur et capitaine des villes et château de Tournay, grand bailly dudit Tournay, Tournaisis, Mortagne, Saint-Amand, appendances et dépendances. »

Il prêta en cette dernière qualité le serment de fidélité au roi, à Bruxelles, le 20 février 1644 et fit son entrée à Tournai le 8 mai suivant. C'était, dit à cette occasion l'historien de Tournai, « un seigneur judicieux ; il entendait bien le métier de la guerre et il y donna des preuves de son habileté et de sa valeur. »

Marie-Claire de Croy avait accompagné son mari dans son entrée solennelle à Tournai. Elle y mit au jour quelque temps après, le 17 juin, un fils qui fut ondoyé par monseigneur Maximilien de Gand évêque de Tournai et tenu sur les fonts, au nom de l'empereur et de l'impératrice, par monseigneur Philippe-Emmanuel de Croy, comte de Solre et madame la comtesse de Nassau. Il reçut les noms de Ferdinand-François-Joseph.

Philippe-François avait encore le gouvernement de Tournehem et celui de Tournai le 28 avril 1649. Mais presque aussitôt après il fut chargé du gouvernement du duché de Luxembourg.

Au mois de mai 1649, « la jeunesse du collége de la Compagnie de Jésus » à Luxembourg fêtait « sa bien-venue au gouvernement » par la représentation d'une « comédie aristophanique » qui avait pour sujet la *Sybille de Cumes*. C'est du programme de cette pièce (1) que nous tirerons la longue énumération de ses titres. Elle était « dédiée à l'Excellence de monseigneur messire Philippe-François de Croy, duc d'Havré et de Croy, prince et maréchal héréditaire du Saint-Empire,

---

(1) *Bibliothèque de la Comp. de Jésus*, par les PP. de Backer, VIIe série, p. 300.

souverain de Fenestrange, et de la Coste lez-Fontenoy, vicomte de Langle, baron de Stonne, du dit Fenestrange et de Dompmartin, seigneur de Tourcoing, du Biez, de Chemery et des terres ressortissantes à la prevosté du dit lieu, de Vrignies aux bois, de Chaneuse, de la Besace, de Morphée, de Thy le château, de Rievne, d'Acreine, d'Everbecque, de Bayon, de Thiecourt, d'Ogevillers etc. (1), chastellain héréditaire de Mons en Hainaut, capitaine d'une compagnie valone ordinaire entretenue, gouverneur et capitaine général du pays duché de Luxembourg et comté de Chiny etc. »

Peu de temps après il recevait le collier de la Toison d'or et ce fut sous les auspices du nouveau chevalier que le 13 septembre furent distribués les prix du collége de Luxembourg, dont sa munificence avait fait les frais. La déclamation d'un plaidoyer en latin sur les vertus de Philippe II servit à rehausser la cérémonie.

Il paraît aussi que le duc d'Havré fut élevé au rang de grand d'Espagne de la première classe et nommé chef des finances aux Pays-Bas (2).

Nous n'avons trouvé aucun détail sur l'administration de ce prince, dans ses divers gouvernements; nous avons seulement rencontré la mention d'un acte de piété qui honore sa mémoire. On conservait au palais de Mansfeld à Luxembourg des pierres provenant, disait-on, de l'ancien temple de la Lune à Arlon (*Ara Lunæ*). Lorsqu'on en dépouilla ce palais en 1650, le duc d'Havré en envoya une qui était des plus rares aux pères capucins d'Arlon. Elle fut placée devant l'autel de celle que l'église représente ayant la lune sous ses pieds, et qu'elle proclame belle comme la lune : ce fut là l'occasion d'un nouvel accroissement du culte de la Sainte Vierge à Arlon.

Le duc d'Havré fut aussi l'ami des lettres et le protecteur des savants. Galopin, moine de Saint-Ghislain, lui dédia, en 1643, son ouvrage intitulé : *Flandria genero.a*, et fit, suivant l'usage, dans son épître préliminaire, l'éloge de sa race, ainsi que de la noblesse de son caractère, de sa prudence et de ses autres vertus. Ce compliment si flatteur paraît cependant n'avoir eu rien d'exagéré.

Philippe-François mourut à Bruxelles le 19 juin 1650; son épouse Marie-Claire lui survécut quatorze ans.

---

(1) Nous avons encore trouvé sur des diplomes, les seigneuries de Saint-Vaast, St-Josse, Tendrécourt, Laquéne, la Neufville lez-Maire, Saint-Aignan, Bosseval, Villers-sur-le-Mont et Saint-Basle dont il était souverain. Certains noms sont aussi autrement orthographiés comme Chavénge, Bienesse ou Bievesne, Ackre, La Masphée, etc.

(2) *Anselme et le Nobiliaire des Pays-Bas.*

FERDINAND-FRANÇOIS-JOSEPH.

L'auteur de l'histoire du couvent des Célestins d'Héverlé, Nicolas de le Ville, parlait en 1661 de Ferdinand-François-Joseph de Croy-Havré comme d'un jeune homme qui donnait les plus belles espérances; et certes sa carrière fut très-honorable, bien qu'il n'ait pas joué un rôle aussi important que plusieurs autres personnages de sa noble lignée. Né, comme nous l'avons vu, le 17 juin 1644, le filleul de l'empereur Ferdinand III demeura quelque temps sous la tutèle de sa mère, Marie-Claire de Croy. On voit en effet la duchesse douairière en sa qualité de « mère et tutrice légitime » du seigneur de Tourcoing octroyer deux fois à dix années d'intervalle (23 novembre 1653, 27 août 1663) aux religieuses de Notre-Dame des Anges la permission de recevoir une sœur au delà du nombre convenu. Ce détail fait connaître combien était grande à Tourcoing l'autorité du seigneur et à quels objets elle s'étendait. C'est à lui qu'il appartenait de donner la permission d'enseigner la jeunesse et l'évêque de Tournai fit interdire un parisien qui s'était fait maître d'école sans la permission de la duchesse d'Havré (12 octobre 1660).

Le 23 février 1663, il y avait grande fête à Tourcoing, l'évêque de Tournai monseigneur François de Gand, de la famille des premiers seigneurs de Tourcoing, y était venu bénir quatre cloches; (1) les parrains furent le duc Ferdinand-Joseph et son bailli Pierre Castelain, les marraines la duchesse douairière et mademoiselle Léopoldine de Croy, sœur du duc (2). On sait avec quelle solennité et quelle joie s'accomplissaient jadis les cérémonies de ce genre.

L'année suivante le duc d'Havré perdit sa mère, qui mourut à Nancy le 24 septembre 1664.

Cette noble dame laissait à terminer à son fils, une affaire qui n'était pas sans importance pour la ville de Tourcoing. Nous voulons parler de l'établissement d'un couvent d'hommes, qui semblait, à juste titre, devoir être fort utile à la nombreuse population ouvrière de la paroisse de Saint-Christophe.

Au mois de novembre de l'an 1692, les magistrats de Tourcoing avaient accordé aux carmes de la province Wallonne la permission de fonder un couvent dans leur ville, à certaines conditions, parmi lesquelles figurait au premier rang l'obligation de donner l'instruction à la jeunesse en établissant des classes jusqu'à la Rhétorique inclusivement. La préférence donnée sur tous les autres à l'ordre du Carmel s'expli-

---

(1) Ferdinandus-Joseph, Maria-Clara, Leopoldus, Christophorus furent les noms donnés à ces cloches.
(2) Née en 1647.

que quand on songe qu'il possédait dans son sein le fils même de la duchesse d'Havré et de Croy, Philippe-Eugène de Croy, devenu le père Philippe de Saint-Joseph. La commune de Tourcoing avait été jusqu'à s'engager à acheter pour les carmes deux bonniers de terre sur lesquels ils eussent bâti leur cloître. Mais les choses ne tardèrent pas à se compliquer. D'un côté les récollets sollicitaient pour leur ordre la permission de s'établir à Tourcoing, ville qu'ils affectionnaient ; de l'autre quelques habitants de la commune réclamaient contre les dépenses que les magistrats s'étaient engagés à faire pour la nouvelle fondation. Les carmes prirent un parti sage en renonçant à la donation qui leur était faite et en achetant eux-mêmes un terrain ; mais, malheureusement pour eux, ils ne purent satisfaire à leurs engagements et, le 15 juin 1663, la duchesse déclara nul le contrat qu'elle avait passé, le 12 janvier précédent, avec le procureur du couvent de Brugelette.

Les récollets s'adressèrent alors à la duchesse elle-même et firent valoir les services que leur ordre avait rendus à Tourcoing depuis trois cents ans. Marie-Claire de Croy les accueillit favorablement et ils purent s'adresser avec confiance à la cour d'Espagne pour en obtenir les lettres d'octroi nécessaires à leur établissement. Ils les obtinrent, mais après la mort de la duchesse, le 3 décembre 1664.

Les carmes cependant firent de nouvelles démarches pour s'établir à Tourcoing, et leurs propositions parurent si avantageuses au bailli et aux échevins qu'ils écrivirent en leur faveur au nouveau duc d'Havré, le 25 décembre 1664. Il était naturel que Ferdinand-Joseph se montrât favorable à un ordre dont son frère aîné portait l'habit. Mais il paraît certain que les considérations tirées de l'utilité publique occupaient chez lui la première place, et c'est en s'appuyant sur la crainte que l'admission des récollets, religieux mendiants, ne fût une surcharge inutile pour le peuple, qu'il écrivit de Bruxelles, le 2 février 1665 au bailli et aux échevins de s'opposer à l'établissement des récollets, et de présenter une requête au roi pour demander l'annulation de la concession octroyée.

Mais l'évêque de Tournai avait jugé l'établissement des récollets plus opportun que celui des carmes. Le duc d'Havré, mieux informé, finit par être du même avis et admit les récollets à Tourcoing, par un acte du 6 mars 1666. Son frère aîné venait de mourir à Madrid, le 18 décembre précédent.

Une fois sa détermination prise, Ferdinand-Joseph n'omit rien pour mener à bonne fin une entreprise aussi utile et ne se laissa pas ébranler par l'opposition qu'y firent à leur tour les magistrats de Tourcoing. Il eut soin de les informer que l'autorisation n'avait été accordée aux récollets qu'à la condition d'enseigner la langue latine à la jeunesse *sans surcharger le peuple.*

D'où nous concluons sans hésiter que c'était un noble et généreux seigneur qui prenait avant tout en considération les intérêts de ses vassaux. Il eut le plaisir de voir les bons religieux s'établir à Tourcoing d'une manière définitive, le 19 avril 1666, et plus tard, le 24 octobre 1672, bâtir un couvent et une église, grâce aux libéralités d'un membre de la famille de Croix et de son épouse (1).

Ferdinand-Joseph n'occupa point un rang moins distingué que son père, et comme lui il suivit la carrière des armes. Titré comte de Fontenoy et seigneur de Tourcoing dès 1653, et duc d'Havré dès 1664, il leva à ses propres frais un régiment Wallon en 1668 et en fut nommé colonel. On sait de quelle réputation jouissaient les troupes wallonnes. La guerre dite *de dévolution* éclatait lorsque le duc d'Havré opéra la formation de son régiment et nul doute qu'il n'y ait pris part. Après le traité d'Aix-la-Chapelle, les Pays-Bas se trouvant en paix avec la France, Ferdinand-Joseph put s'occuper de ses possessions dans le royaume très-chrétien. Il fut reçu, en vertu d'un arrêt de la Chambre des comptes de Paris du 12 mars 1670, à faire foi et hommage pour le duché de Croy. Située en Picardie, dans la mouvance de Picquigny, la terre de Croy qui avait donné son nom à toute la famille, avait été érigée en

(1) Nous ne pourrons nous dispenser de consacrer quelques lignes à ce personnage.
Jean de Croix, seigneur de Busgnette, Busnette ou Bugnette était le quatrième fils d'Adrien de Croix, seigneur de Wasquehal, d'Escaut, de Busgnette, de Belsage, etc., et de Marguerite Sandelin, fille de Jacques Sandelin, seigneur de Herenthout. Il avait épousé dame Beugin de Poucques, décédée le 5 octobre 1673 sans lui avoir donné de postérité. Il mourut lui-même le 1er mars 1675. Les deux époux avaient contribué par leurs largesses à la fondation du couvent des récollets, au point de mériter d'en être appelés les fondateurs. C'est ce que l'on est en droit d'inférer de leur épitaphe placée à l'extérieur de l'église Saint-Christophe à Tourcoing et conçue en ces termes :

ICI GISENT LES CORPS DE MESSIRE
JEAN DE CROIX, SEIGNEUR DE BUSNETTE
DÉCÉDÉ LE PREMIER DE MARS L'AN 1675
ET DE DAME BEUGHIN SA COMPAIGNE
DÉCÉDÉE LE CINCQ D'OCTOBRE L'AN 1673
FONDATEURS DE CE COUVENT.
REQUIESCANT IN PACE.
VOS AUMOSNES ONT ÉTÉ AGRÉABLES
A DIEU. ACTES CHAP. 10.

Les dates seules suffisent pour faire voir que l'énorme pierre qui porte cette inscription n'a pu être amenée où elle est d'ailleurs que du couvent même des Récollets à Tourcoing.
Le curé de Tourcoing avait été désigné, le 23 août 1762, par l'évêque de Tournai, pour poser la première pierre du couvent. Gaspar de le Tenre, religieux jubilaire du couvent de Lille, est cité comme un de ceux qui assistèrent à cette solennité, le 24 octobre suivant. (*Spicilége* de M. Le Glay, année 1850.)

duché simple, par Henri IV en 1598 (1). La possession de cette terre rendait le duc d'Havré vassal de la France. Il fut depuis fait prince du saint empire romain (2), et devint en 1678 chevalier de la Toison-d'Or. Au mois de juillet 1686, il se rendit à Madrid pour prendre possession des honneurs attachés à la dignité de grand d'Espagne de la première classe dont il avait été revêtu (3). Une des principales prérogatives des grands d'Espagne était, comme on le sait, de pouvoir se couvrir devant le roi.

Ferdinand-Joseph ajoutait aux titres si relevés de duc d'Havré et de Croy celui de souverain ou libre baron de la Coste en Allemagne, ce qui avait surtout accru ses possessions et ses titres, c'était son mariage avec Marie-Joséphine-Barbe de Halluyn, dame de Wailly, de Tilloy, de Hamès, de Saugate, de Leuilly, de Saint-Sauflion. Elle était fille et unique héritière d'Alexandre-Timoléon de Halluyn, capitaine des gardes de Gaston de France duc d'Orléans et de Marie-Yolende-Barbe de Bassompierre. Ce fut le 24 octobre 1668 que l'on signa le contrat, et le 29 que le mariage se célébra avec pompe au château même de Wailly, près d'Amiens. Une rue de Tourcoing prit à cette occasion le nom de rue de Wailly, qu'elle porte encore aujourd'hui, de même qu'une autre a gardé celui de rue d'Havré. Tourcoing était sans nul doute une des plus belles possessions des ducs d'Havré et de Croy. Ferdinand-Joseph y favorisa en particulier le couvent de Notre-Dame des Anges. Il permit que le nombre des religieuses fut porté à vingt-quatre, comme la demande en avait été faite par les Sœurs et par les magistrats de la ville (16 juin 1666); mais aussi soigneux du bien des pauvres, il ordonna que l'hôpital entretînt une huitième chartrière ou femme infirme (7 avril 1679).

Homme généreux et éclairé, le duc d'Havré savait encourager les bonnes études et nous avons trouvé qu'en 1672 ce fut par sa libéralité que les prix furent donnés aux élèves des Jésuites de Mons (4).

Cependant de nombreux enfants furent le fruit de l'union de Ferdinand-Joseph avec Marie de Halluyn; mais il eut d'abord cinq filles avant de voir naître un héritier de son nom.

Charles-Antoine-Joseph son aîné naquit en 1683, et Jean-Baptiste-

---

(1) De la Chenaye, *Dict. de la Noblesse*, 1774, p. 727. Il est à remarquer que trois personnages portaient le titre de ducs de Croy : 1° les ducs d'Arenberg, comme descendants d'Anne de Croy, fille de Philippe sire de Croy et duc d'Arschot; 2° les chefs de la branche aînée de toute la maison de Croy ; 3° les ducs d'Havré, possesseurs de la terre de Croy, et descendants par les femmes, comme les d'Arenberg, d'une branche aînée éteinte.

(2) Dans un acte de 1678 il est appelé prince né du Saint-Empire, Francquen le titre : prince et mareschal héréditaire du Saint-Empire.

(3) *Gazette de France* du 3 août 1586.

(4) D'autres membres de la maison de Croy figurent parmi les bienfaiteurs du collège de Mons.

François-Joseph, son second fils, en 1687. Ces deux princes furent ducs d'Havré après leur père. Il eut encore un troisième fils, Philippe-Ferdinand-Joseph.

Il jouit avant de mourir de la satisfation de voir quelques-unes de ses filles contracter d'illustres alliances : Son aînée Marie-Thérèse (1), élevée parmi les filles d'honneur de la reine d'Espagne, épousa un grand d'Espagne, don Gonçalo-Joseph-Arias Coloma (2), comte de Puno-en-Rostro etc., vice-roi d'Oran ; sa seconde Marie-Ernestine (3), fut la première femme de Philippe Landgrave de Hesse de la branche de Darmstadt, prince né protestant, mais qui venait d'embrasser la foi catholique (4).

Cependant au milieu de tous les honneurs dont il jouissait, le duc d'Havré devait, comme tant d'autres, éprouver des mécomptes et trouver dans la conduite des autres des sujets de mécontentement. Le 26 mars 1692, il avait assisté en compagnie des princes de Vaudemont et de Ligne, du comte d'Egmont et du duc de Holstein à la réception de l'électeur de Bavière entrant à Bruxelles en qualité de gouverneur-général. Peu de temps après le prince nommait le comte d'Egmont général de la cavalerie. C'était un affront pour le duc d'Havré qui avait plus de droits à cet honneur. Aussi se retira-t-il du service, ainsi que le duc d'Holstein, et les princes de Vaudemont et d'Arenberg, lésés comme lui dans des prétentions qu'ils croyaient légitimes.

Il mourut à Bruxelles, le 10 avril 1694.

CHARLES-ANTOINE-JOSEPH.

Si les deux notices qui précèdent ne nous ont guère présenté que des énumérations de titres, celles qui vont suivre nous offriront des événements militaires qui ne seront aucunement dépourvus d'intérêt.

(1) Elle était née le 27 novembre 1672, se maria le 13 mars 1692 et resta veuve en 1721.
(2) D'autres le nomment d'Avila.
(3) Née le 30 novembre 1673, mariée le 25 mars 1693, elle mourut à Bologne en Italie le 20 mars 1714, et fut inhumée dans le couvent de Sainte-Catherine ; son cœur fut transporté à Notre-Dame de Lon-Vouloir à Havré.
(4) Philippe de Hesse fit son abjuration à Bruxelles en 1693, fut gouverneur de Fribourg en 1698, général des troupes du royaume de Naples en 1708, se remaria en 1719 avec Louise de Gonzague, princesse de Guastalla, veuve en 1711 de François-Marie de Médicis qui avait été cardinal en 1686 ; il mourut à Vienne en Autriche la nuit du 31 août au 1ᵉʳ septembre 1736, âgé de 66 ans. — La troisième fille du duc Ferdinand, née le 15 juin 1679, épousa Ambroise, marquis de Herselles, surintendant et directeur-général des domaines et finances des Pays-Bas. La quatrième Marie-Madeleine-Théodore, née le 25 juin 1681, épousa en décembre 1711 Pascal-Gaëtan d'Aragon, comte d'Aliffe, fils aîné du duc de Lorenzano et d'Aurore de Saint-Séverin de Basignan au royaume de Naples ; veuve en 1721, elle mourut à Bruxelles, le 27 octobre 1755. La cinquième fille était Marie-Élisabeth Joseph, née le 3 juillet 1682.

Charles-Antoine-Joseph de Croy succéda en qualité de seigneur de Tourcoing à son père Ferdinand-François-Joseph; né le 15 juin 1683, il n'avait point encore atteint sa majorité à la mort de ce dernier, et fut quelque temps (1695-1698) sous la tutelle et garde noble de sa mère Marie-Thérèse-Joséphine d'Halluyn, duchesse douairière d'Havré et de Croy, qui survécut à son mari et à son fils aîné jusqu'en l'an 1713.

C'est ce que nous apprennent différents actes délivrés par « Jean-Hugues Hobré, bailly à cette haute et puissante dame. »

Les mêmes actes nous donnent *in extenso* les titres du « haut et puissant prince » qui nous occupe. Nous ne pouvons nous dispenser de les transcrire tout d'abord. On saura donc que « son altesse monseigneur Charles-Antoine-Joseph était duc d'Havré et de Croy, grand d'Espagne de la première classe, prince né du saint empire, colonel des gardes wallonnes de sa majesté catholique, lieutenant-général des armées espagnoles, châtelain héréditaire de la ville de Mons en Hainaut; comte de Fontenoy, marquis de Chémery, baron de Dompmartin, d'Ogevillers, etc., seigneur de Tourcoing, appendances et dépendances. »

Le seigneur de Tourcoing suivit la carrière des armes, il s'y distingua par les qualités les plus éminentes. Mais la mort vint briser trop tôt le fil de ses brillantes destinées.

Sa jeunesse et ses premiers exploits ne nous sont pas connus, et nous le voyons apparaître tout d'abord comme colonel des gardes wallonnes; il fut le premier chef de ce corps justement célèbre.

On peut consulter sur la création et sur les glorieuses actions de ce régiment fameux, l'histoire qu'en a écrite avec un remarquable talent, M. le colonel Guillaume (Bruxelles 1858). Nous en extrairons ce qui a surtout rapport à notre héros, sans nous dispenser pour cela de recourir au livre du régiment.

L'organisation du régiment des gardes wallonnes date du mois d'octobre 1703. Le duc de Saint-Simon nous apprend dans ses Mémoires, que « madame des Ursins le fit donner au duc d'Havrech, dont elle avait connu la mère à Paris, qui était demeurée fort de ses amies. »

« Le colonel de ce régiment, dit M. Guillaume, devait être grand d'Espagne; dans la résidence du roi il était toujours censé de service auprès de la personne du souverain, et aucun chef d'armée ou de province n'avait sur lui la moindre autorité; il pouvait entrer chez le roi à toute heure du jour ou de la nuit; le roi le nommait par lettres royales et recevait lui-même son serment. » De plus il était toujours choisi parmi les lieutenants-généraux et même parmi les capitaines-généraux de l'armée. Il était de droit le juge suprême de toutes les personnes faisant partie du régiment, qui jouissaient du privilège de la juridiction militaire et privée, tant en matière civile qu'en matière criminelle.

L'histoire des gardes wallonnes nous apprend que leur premier chef se montra dès le principe, jaloux de conserver à son régiment toutes ses prérogatives. Voici en effet ce que nous lisons :

« Un privilége tout spécial qu'avaient les régiments des gardes, c'était de ne pouvoir être passés en revue que par le commissaire de guerre du régiment même. En 1704, on voulut porter atteinte à ce droit, mais les deux colonels, le comte d'Aguilar, pour les gardes espagnoles, et le duc d'Havré, pour les gardes wallonnes, s'y opposèrent énergiquement. Le roi donna l'ordre d'arrêter ces deux officiers supérieurs ; le premier fut emprisonné à l'Alhambra de Grenade et le duc d'Havré au château de Sainte-Catherine, à Cadix. Malgré cette mesure de rigueur, ils ne cessèrent de protester en faveur des priviléges de leurs régiments et finirent par triompher des intrigues qui cherchaient non seulement à amoindrir la position des gardes, mais même à les faire licencier. Philippe V reconnut l'injustice de la mesure qu'on lui avait fait adopter ; il ordonna la mise en liberté de MM. d'Aguilar et d'Havré, et rendit un décret sous la date du 6 juillet 1705, par lequel il statua que la revue mensuelle des deux régiments des gardes ne pourrait être passée désormais que par les commissaires particuliers de ces corps. »

Mais si le duc d'Havré montra du zèle pour les priviléges du corps qu'il commandait, il ne montra pas moins d'ardeur à servir la cause du maître qui avait mis en lui sa confiance.

La guerre fameuse de la succession d'Espagne avait armé contre Philippe V presque toute l'Europe.

Le courage des gardes wallonnes ne contribua pas peu à affermir ce prince sur le trône, et la gloire de ce corps rejaillit tout entière sur son digne chef.

En 1704, le régiment fit sa première campagne, qui fut dirigée contre le Portugal. Il contribua par sa valeur à la prise des places de Salva-Terra, de Penha-Garzia, de Portalegre, de Castel-David, de Oresa de Mula, de Castel-Branco et de Monte-Santo.

En 1705, il prit part au siége de Gibraltar et se distingua dans une foule d'engagements meurtriers. Partout il rivalisa d'audace et de bravoure avec la marine française qui se plut à rendre un juste hommage à l'héroïsme déployé par ses vaillants alliés.

Cependant il avait fait de très-grandes pertes, et se trouvait presque épuisé. En même temps une faction espagnole, jalouse de la gloire dont ces étrangers s'étaient couverts, travaillait avec ardeur à faire supprimer le régiment. Mais le corps même des officiers releva la troupe et l'augmenta à ses propres frais, et le roi touché d'un attachement si singulier à sa personne, ordonna au duc d'Havré d'assurer de sa part les officiers, qu'il maintiendrait et conserverait toujours sa fidèle garde.

En 1706, des révoltes avaient éclaté dans les royaumes d'Aragon et de Valence. Philippe V, réduit à lever le siége de Barcelonne dont son compétiteur l'archiduc Charles s'était emparé, se vit contraint de se retirer à Perpignan, sur la frontière de ses États. Le duc d'Havré était du nombre des grands seigneurs qui accompagnaient le prince. Il en reçut bientôt une grande marque de confiance, car en même temps que le marquis de Brancas était envoyé à Versailles, vers Louis XIV, il était chargé d'aller à Madrid, trouver la reine d'Espagne à qui avait été confiée la régence du royaume, et de communiquer à cette princesse les projets du roi. La reine se trouvait encore à Madrid avec un bataillon de la garde wallonne ; forcée de se retirer précipitamment à Burgos, elle ne tarda pas à rentrer dans la capitale à la suite du roi qui, grâce à son courage et à celui de ses troupes, venait de reconquérir son royaume.

Le duc d'Havré avait pris part à toutes les actions militaires de cette campagne.

En 1707, la victoire d'Almanza, gagnée le 25 avril par le maréchal de Berwick sur les alliés, rendit définitivement à Philippe V la possession des royaumes d'Aragon et de Valence.

« Les gardes wallonnes contribuèrent pour une grande part au résultat de cette journée mémorable. Leur colonel, le lieutenant-général duc d'Havré est cité dans les relations de la bataille parmi les officiers qui s'y distinguèrent le plus. »

La campagne se termina par la prise de Lérida, à laquelle il prit encore part.

La campagne suivante, en 1708 eut pour but de faire rentrer la Catalogne sous l'obéissance de Philippe V. Elle fut signalée par la prise de Tortose, ville réputée jusqu'alors imprenable ; le duc d'Havré y assista encore avec son régiment, et il eut le plaisir de voir un de ses parents, le chevalier de Croy, nommé gouverneur de la place.

L'année 1709 fut favorable en Espagne aux armes de Philippe V, mais Louis XIV avait éprouvé de grands revers aux Pays-Bas, et la position de son petit-fils, allait devenir de plus en plus critique. Le régiment des gardes wallonnes fut augmenté dans ces circonstances, il devait bientôt donner les preuves les plus éclatantes de sa bravoure dans la campagne de 1710 et en particulier dans la funeste journée de Saragosse.

Le roi s'était mis à la tête de ses troupes et avait rappelé autour de sa personne les deux régiments de la garde (13 mai). Son but était d'attirer les ennemis à une bataille. L'archiduc s'avançait dans le même dessein. Les Espagnols canonnèrent d'abord la forteresse de Balaguier, mais sans succès. Ils furent ensuite vaincus dans une rencontre à Almenara, et se trouvèrent bientôt en face des ennemis sous les murs de Saragosse.

« Le voisinage des deux armées annonçait une bataille prochaine, et il fut résolu dans le conseil du roi Philippe de la livrer aussitôt. Le

duc d'Havré et plusieurs autres généraux étaient d'avis de l'éviter, et d'abandonner l'Aragon, s'il était nécessaire, jusqu'à ce qu'on eût reçu de nouveaux renforts, plutôt que de s'exposer à une défaite avec des troupes découragées par leurs disgrâces précédentes et affaiblies par la chaleur excessive et le défaut de vivres. Cet avis était le plus sage mais l'opinion contraire prévalut. »

La bataille fut en effet livrée le 20 août 1710; l'armée était commandée par le marquis de Bay. Le duc d'Havré était lieutenant-général du jour, et commandait l'infanterie placée au centre sur plusieurs collines avec des batteries de canon en avant. Les deux ailes étaient formées par la cavalerie.

L'issue de la bataille fut désastreuse; la cavalerie, après avoir combattu vaillamment au commencement de l'action, fut enfoncée; l'infanterie jeta les armes dès qu'elle fut attaquée. Il n'y eut que les gardes wallonnes et les autres bataillons de la même nation, disent toutes les relations, qui tinrent ferme.

« Le duc d'Havré eut les deux jambes emportées dès la première décharge et mourut sur le champ de bataille. »

« Les braves wallons, loin de se laisser abattre par cette perte cruelle, n'eurent que plus d'ardeur au combat : ils voulurent venger la mort de leur digne chef. »

Les registres du régiment nous disent qu'il fut universellement regretté, et que sa mort causa autant d'affliction à la cour qu'à l'armée. Il avait su, par ses qualités aimables, se gagner l'affection de tous.

Le portrait de ce jeune prince se trouve reproduit dans l'Histoire des gardes wallonnes, d'après un tableau de famille qui se trouve au château du Rœulx.

Il n'avait pas été marié.

Nous ignorons quels rapports le duc d'Havré eut avec les habitants de Tourcoing.

A la même époque que lui, vivait le fameux Brûle-Maison, et la mort du héros ne paraît guère avoir attendri le malicieux chansonnier.

Une pièce intitulée : *Le deuil de Tourquennois pour la mort du duc d'Acré leur seigneur*, se trouve dans le premier recueil des Étrennes tourquennoises et lilloises. On y lit une description burlesque de la mort du brave général. S'il faut s'en rapporter au satirique auteur, le duc passait aux yeux des Tourquennois pour « un brave seigneur » et pour « un homme de cœur. » Ils ne se trompaient pas assurément. De plus le duc était fort honnête et aimé de tous ses vassaux, tellement que la nouvelle de sa mort fit prendre le deuil non-seulement au sergent qui avait coutume de porter sa livrée, mais encore à plusieurs hommes du bourg.

C'est sur quoi plaisante l'impitoyable Brûle-Maison. La même pièce donne encore à entendre que les Tourquennois d'alors n'étaient pas tous grands partisans des Français et qu'ils tenaient pour « le roi Charles renommé » (l'archiduc) plutôt que pour Philippe V, qui, dit la chanson, n'avait point de droit sur l'Espagne.

Il n'est pas inutile de remarquer que Tourcoing se trouvait alors sous la domination temporaire des Hollandais ennemis de l'Espagne et alliés de l'archiduc Charles. La ville eut à cette époque beaucoup à souffrir des guerres qui désolaient l'Europe (1).

Ce fut sous le duc Charles que fut fondée à Tourcoing la nouvelle école de Saint-François de Sales, par Catherine Conrart.

JEAN-BAPTISTE-FRANÇOIS-JOSEPH.

« Jean-Baptiste-François-Joseph de Croy, marquis de Wailly, puis duc d'Havré et de Croy après la mort de son frère aîné prince et maréchal du saint empire, chevalier de la Toison-d'Or, grand d'Espagne de première classe, souverain de Fenestrange, comte de Fontenoy, vicomte de Langle etc., seigneur de Tourcoing, était né à Bruxelles le 30 mai 1687 (2). »

Il commença à suivre les cours du collège des Jésuites de sa ville natale dans l'année scolaire 1694-1695, ainsi que son frère Philippe-Ferdinand-Joseph, qui mourut au milieu de son cours de grande figure (3), et fut enterré dans le caveau des Jésuites.

Joseph avait été destiné d'abord à l'état ecclésiastique et fut même quelque temps chanoine de la métropole de Cologne (4). Mais il aima mieux rentrer dans le monde, et suivre le parti des armes.

Le chevalier de Courcelles, généalogiste de la maison de Croy, dit que ce fut après la mort de son frère, mais il se trompe, car, d'après les registres du régiment des gardes wallonnes, Joseph prince de Croy d'Havré fut nommé, le 1er juillet 1707, enseigne de la compagnie, colonel des fusiliers que commandait son propre frère, et passa ensuite à la compagnie de Beauchamp. Le 1er janvier 1709, il fut nommé capitaine de la compagnie de Villerez, enfin le 30 août 1710, il succéda à son frère dans la charge de colonel du régiment avec le grade de maréchal de camp. C'était tout à la fois un hommage rendu au duc Charles et une gloire pour la maison de Croy dans laquelle les braves ne faisaient pas défaut.

Uno avu so non deficit alter.

Rien de plus honorable que la manière dont le roi remit entre les

---

(1) Voir l'*Hist. de Tourcoing*, par M. Roussel Defontaine.
(2) Moréri dit en 1686.
(3) Expression employée autrefois en Belgique pour désigner la classe de grammaire correspondant à la quatrième (*Précis historiques*, 1858, p. 472.)
(4) D'autres disent de Bologne.

mains du duc d'Havré le commandement qu'avait eu son frère. Voici comment il le raconte lui-même dans un mémoire adressé au roi et dont nous aurons l'occasion de parler tantôt.

« Permettez-moi, sire, de faire souvenir Votre Majesté, des termes très-honorables pour moi et dont je ne perdrai jamais la mémoire, qui seuls, m'accordant le régiment, pouvaient ajouter quelque consolation à la grande perte que je venais de faire. Vous m'assurâtes, sire, avec la défunte reine, que jamais Votre Majesté n'oublierait les preuves de zèle que toute ma nation venait de lui signer de son propre sang; qu'elle voulait nous devoir la gloire de la rétablir sur son trône, et qu'elle n'aurait de plus grande satisfaction de s'y voir tranquille que pour répandre des grâces et des bienfaits, même des honneurs, sur tant de dignes officiers, entre les mains desquels elle remettait entièrement sa personne, m'ordonnant de les en assurer, ce que j'exécutai avec d'autant plus de joie, que je savais que c'était la plus grande consolation qu'ils pouvaient recevoir, et que plus Votre Majesté exigeait d'eux, plus ils cherchaient les occasions de lui montrer leur zèle. »

Les débuts de la campagne de 1710 avaient été, comme nous l'avons vu, désastreux pour le roi d'Espagne. La perte de la bataille de Saragosse et la conquête de Madrid par l'archiduc, semblaient devoir entraîner la soumission de tout le royaume. Mais le patriotisme et l'énergie que déploya la nation Espagnole, firent changer la face des affaires.

L'armée repassa le Tage, enleva d'assaut la ville de Brihuega, contraignit le 9 décembre 5,000 Anglais à poser les armes et remporta le lendemain une victoire éclatante et complète sur le comte de Staremberg à Villa-Viciosa.

Le régiment des gardes wallonnes prit ce jour-là une éclatante revanche des pertes qu'il avait essuyées sous les murs de Saragosse. Les allemands, il est vrai, combattaient avec fureur, mais le nouveau duc d'Havré conduisait les wallons et sa vue leur rappelait qu'ils avaient à venger la mort de son frère, leur premier et digne chef. Huit bataillons anglais et autrichiens tombèrent sous leurs coups, et quatorze drapeaux furent le contingent des gardes wallonnes au glorieux lit (1) que, suivant la tradition, le maréchal de Vendôme dressa à Philippe V sur le champ de la victoire.

Le roi rentra dans Saragosse en triomphateur, le 4 janvier 1711. Le

---

(1) « Dans la soirée de la victoire de Villa-Vicioso le roi Philippe V et le duc de Vendôme n'avaient que leurs manteaux pour coucher sur le champ de bataille. Ce fut alors que Vendôme dit avec tant de grâce au jeune monarque : « Je vais donner à Votre Majesté le meilleur lit sur lequel un roi ait jamais » pu coucher; » et faisant apporter tous les drapeaux et les étendards pris à l'ennemi, il les arrangea en sa présence. » (*Biographie universelle*. article Vendôme.)

régiment des gardes wallonnes l'y suivit le lendemain. Philippe V reconnut hautement les services qu'il avait rendus à sa cause et pour récompenser le dévouement dont sa garde lui avait donné des preuves si éclatantes, il promit de nouveau de la maintenir toujours dans la jouissance complète de ses priviléges, et de ne consentir jamais à son amoindrissement.

Cependant la guerre continuait toujours.

En 1711 et 1712, le régiment wallon couvrit le siége de Gironne, contribua à la prise de Venasque et à celle de Cardonne, seconda le mouvement du prince de T'Serclaes et fournit au général baron d'Huart le moyen de s'emparer de Canfranc et de chasser les Miquelets de l'Aragon et de la Catalogne.

En 1713 et en 1714, il se signala au siége de Barcelone, où il perdit un nombre considérable de ses officiers et de ses soldats et où il eut la gloire de contribuer par la reddition de cette place, à terminer une guerre de si longue durée et à affermir le roi sur son trône.

Le duc d'Havré prit sa part des fatigues et de la gloire de son régiment, et jouit à la cour d'une faveur assurément bien méritée.

Il épousa à Madrid le 5 juin 1712, Marie-Anne-Césarine Lanti de la Rovère, fille d'Antoine Lanti de la Rovère, duc de Bonmars, prince de Belmonte, marquis de la Roche-Sinibald, chevalier des ordres du roi de France, et de Louise-Angélique de la Trémoille-Noirmoustier, sœur de la princesse des Ursins.

Cette dernière princesse appuyait, comme nous l'avons vu, de sa faveur la maison d'Havré, c'est elle qui avait fait venir d'Italie sa nièce et qui lui fit donner ensuite la charge de dame de palais.

Différentes circonstances concoururent à donner plus d'éclat au mariage du duc d'Havré. Voici comment un journal du temps les expose.

« Le cardinal del Giudici bénit le mariage et le roi d'Espagne fit défrayer les nouveaux mariés de tous les frais de la noce. Comme environ trente heures après, la reine d'Espagne accoucha de l'enfant don Philippe, les réjouissances de cette naissance donnèrent un grand relief à celles du mariage du duc d'Havré. Madame la duchesse sa mère, qui est à Bruxelles, lorsqu'elle en eût la nouvelle, donna à cette occasion, un grand repas aux personnes de la première distinction de l'un et l'autre sexe qui l'en avaient congratulée. »

Le même journal annonçait l'année suivante la naissance de la première fille du duc et parlait d'une manière assez piquante des honneurs dont on entourait son berceau.

« C'est d'une fille que madame la duchesse d'Havré accoucha au mois de février dernier (1713) quoique cette enfant n'ait qu'environ quatre mois, elle a néanmoins déjà été nommée, pour être *dame d'honneur de la future* épouse du prince des Asturies, si Dieu lui fait la grâce de vivre jusqu'à ce temps-là. C'est une charge qui rapporte vingt mille livres de revenu : ainsi elle a déjà de quoi payer largement sa nourrice (1). »

Le duc d'Havré fut décoré par Philippe V du collier de la Toison-d'Or.

Mais il ne devait pas tarder à éprouver, comme tant d'autres, l'inconstance de la fortune. La princesse des Ursins fut disgraciée et quelque temps après, Philippe V, oubliant ses promesses et les services rendus à sa cause par les gardes wallonnes, voulut les réformer. Il ne s'agissait de rien moins que d'en renvoyer plus de trois mille hommes et de réduire le régiment à un seul bataillon. On mettait en avant des prétextes d'économie; mais c'était en réalité le fruit des intrigues fomentées par la jalousie qu'avait fait naître la brillante réputation des Wallons.

Le duc d'Havré ne négligea rien pour sauvegarder l'honneur de son corps et prévenir des mesures aussi funestes. Il vint donc, accompagné du comte de Mérode et du marquis de la Vère, solliciter du Roi le retrait du décret qui réformait son régiment.

Son mémoire, monument de respectueuse énergie d'un serviteur envers son maître, a été publié en 1802 par le marquis de Marcillac et réimprimé en 1858 dans l'*Histoire des gardes wallones*. Nous ne ferions pas connaître suffisamment le duc d'Havré, si nous n'en citions ici quelques passages. En voici le début :

« Sire,

» Deux motifs m'obligent aujourd'hui de m'adresser à Votre Majesté dans la triste conjecture où se trouve son régiment aux gardes wallones, à la veille d'une si grande réforme dont il est menacé; l'un, qui me doit être le plus cher, est celui d'avoir l'honneur de remplir un emploi d'une aussi grande confiance et qui me lie par mes sermens à ne lui rien cacher de tout ce que je croirai être du bien de son service; l'autre un amour naturel pour ma nation dont je suis corps, qui est venue comme moi répandre son sang pour son service, résolus d'y périr ensemble ou d'y jouir du bonheur de le maintenir sur le trône où par son rang il était si justement appelé.

» Pour remplir également ces deux devoirs, je supplierai Votre Majesté de me permettre de lui rappeler le temps de la création du régiment et de le faire ressouvenir des bontés que reçut le corps lorsqu'il se dévoua à abandonner sa patrie pour venir en Espagne tant par les ordres de Votre Majesté que par ceux de Sa Majesté très-chrétienne. »

Le duc expose ensuite toutes les circonstances de la formation du régiment, énumère les services rendus par lui, les batailles et les

---

(1) *Clef du cabinet*, t. XVII, p. 122, t. XXI, p. 11.

siéges auxquels il prit part, les promesses qui lui furent faites de le maintenir, les sacrifices que ses membres firent à la cause du Roi, surtout depuis que la Flandre avait été cédée à l'Autriche.

Il lui représenta qu'un instant pouvait décider de la destruction de ce corps, mais que le rétablissement en deviendrait pour toujours impossible.

Le mémoire se termine d'une manière aussi noble qu'éloquente :

« Veuillez, sire, considérer qu'outre l'intérêt personnel qui, par des raisons sans nombre, pourraient obliger Votre Majesté non-seulement à ne point prononcer cette sentence, mais encore l'engager à maintenir une nation si fidèle, qu'il est aussi de sa justice de ne nous pas réduire aux extrémités cruelles auxquelles nous nous voyons exposés, puisqu'enfin c'est Votre Majesté qui a tiré tant d'officiers de cette nation hors de leurs maisons paternelles, qui seront peut-être fermées pour toujours pour eux. C'est par ses ordres que les ministres de Votre Majesté ont engagé feu mon frère à leur être garant du sort heureux qu'on leur promettait dans ses domaines. C'est sur cette autorité si sacrée que mon frère lui-même s'est mis à leur tête pour les y conduire.

» C'est enfin, sire, sur toutes ces assurances, que lorsque les alliés s'emparèrent de la Flandre, envoyèrent des avocatoires, aucun officier ne laissa abattre sa constance et sa fermeté dans la résolution de se sacrifier unanimement pour son service; c'est dans ces sentiments si agréables autrefois à Votre Majesté que j'ai trouvé le régiment, lorsqu'elle me fit l'honneur de m'en donner le commandement et c'est dans ce même esprit qu'il s'est maintenu jusqu'aujourd'hui.

» Mais enfin, si tant de motifs ne peuvent pas toucher sa clémence et que votre sentence soit irrévocable, je supplie très-humblement le roi au nom du corps qui parle ici par ma bouche de ne pas nous désunir. Nous avons toujours été unis lorsqu'il s'est agi de la gloire de Votre Majesté. Nous avons partagé ensemble l'honneur qui a rejailli sur le corps ; si nous avons pu déplaire il est juste que nous en portions tous le châtiment. Si l'état des affaires de Votre Majesté l'oblige sans ressource à cette extrémité, qu'elle ait la bonté de considérer que le sacrifice que nous avons fait est général et qu'ainsi notre destinée doit être la même à tous : qui sans doute ne doit être que bien malheureuse puisque, sans aucun asile dans notre patrie, nous nous verrons réduits à traîner une vie errante et languissante, tandis que tant de services et d'actions glorieuses autorisés par tant de promesses, dont Votre Majesté peut se ressouvenir en rappelant le temps où le régiment lui a été le plus utile, devraient nous l'assurer heureuse et tranquille. Il ne reste plus, sire, qu'à la supplier de faire encore une nouvelle attention à ces représentations que j'ai l'honneur de lui faire et à lui demander au nom de tout le corps son entière conservation dont l'union est inséparable : mais tel que soit notre sort, il nous restera toujours la gloire d'avoir affermi Votre Majesté sur le trône, et de l'y laisser tranquille. Cet honneur que rien ne sauroit nous quitter nous tiendra lieu de toute récompense. »

Avant de présenter son mémoire, le duc en avait exposé au roi le contenu.

La respectueuse et noble fierté de son langage frappa vivement le roi; toutefois il ne voulut point laisser pressentir sa décision : Il répondit qu'il était content du service de la nation wallonne et du régiment, mais que l'état de ses affaires ne lui permettait pas d'agir autrement.

Le duc d'Havré, qui connaissait depuis longtemps la fatale influence qu'exerçait à la cour la cabale qui avait juré l'anéantissement des gardes wallonnes, se retira en emportant peu d'espoir pour le succès de la cause qu'il défendait ; aussi, en rentrant chez lui, il adressa aux officiers de son régiment une lettre datée du 26 février 1716, dans laquelle il leur apprenait le sort dont le régiment était menacé, les démarches qu'il avait faites et le peu de succès qu'il en espérait. Il leur donnait ensuite des conseils sur la conduite qu'il convenait de garder dans des circonstances aussi critiques afin de conserver intact jusqu'à la fin l'honneur du régiment.

Philippe V hésita longtemps sur le parti à prendre; s'il n'avait écouté que ses propres inspirations, sans doute il eut cédé aux justes observations qui lui étaient soumises; mais l'intrigue redoubla ses efforts pour humilier les gardes wallonnes, elle ne négligea rien pour engager le roi à persister dans sa résolution, et si elle ne réussit pas complètement dans ses projets, elle obtint néanmoins la réforme définitive de deux bataillons et une réduction notable dans l'effectif des compagnies. Philippe V ordonna en effet, par un décret d'octobre 1716, que le régiment des gardes serait réduit de six à quatre bataillons et chaque compagnie à cent hommes.

Dès que la décision du roi fut connue, les trois officiers supérieurs du régiment, le duc d'Havré, le comte de Mérode et le marquis de la Vère, s'empressèrent de porter à Philippe V leur démission de toutes les charges et emplois dont ils étaient revêtus et ils quittèrent l'Espagne. Cet exemple fut suivi par un grand nombre d'officiers de tout grade.

D'après ce que rapporte le duc de Saint-Simon dans ses Mémoires, il y aurait eu à l'occasion de cette réforme et de plusieurs autres qui furent faites dans le même temps des troubles assez graves à Madrid. Le cardinal Alberoni aurait même été insulté publiquement; on menaçait de le pendre à la porte du palais, ou pour le moins de le rouer à coups de bâton.

« Il se résolut donc, ajoute Saint-Simon, à un coup d'éclat. Il fit exiler le duc d'Havrech, donner le régiment des gardes wallonnes au prince de Robecq et ôter la place de dame du palais de la reine à sa femme... Ils se retirèrent dans leurs terres de Picardie où le duc d'Havrech mourut sans avoir paru à la cour, ni dans le monde. »

Cette mort arriva à Paris le 24 mai 1727 (1).

Il n'est pas impossible que de la Picardie où se trouve le duché de Croy, le duc Joseph ne soit venu visiter sa seigneurie de Tourcoing, qui, depuis le traité d'Utrecht, était rentrée sous la domination de la France. Nous n'avons cependant trouvé de lui aucun acte; seulement nous savons qu'au commencement du xviiie siècle une partie des dîmes laïques de Tourcoing fut vendue au chapitre de Tournai pour l'office du réfectoire. Ce chapitre possédait en outre à Tourcoing une maison et un jardin, mais il devait payer au duc d'Havré une redevance annuelle.

La veuve de ce prince s'appliqua fort, dit le duc de Saint-Simon, à raccommoder les affaires de sa famille qui étaient fort délabrées. Le chevalier de Courcelles rapporte que « le 31 juillet 1728, comme tutrice de son fils aîné, elle obtint un arrêt de la chambre des comptes, portant main-levée des saisies féodales apposées sur les revenus du duché de Croy. » Elle lui procura ainsi qu'à son second fils un mariage très-honorable.

Il existe d'elle un acte par lequel elle donne son consentement à la fondation des Filles de Notre-Dame, à Tourcoing (6 avril 1731). Il est daté de Paris où elle paraît avoir fixé sa résidence dans l'hôtel d'Havré et où elle mourut le 6 avril 1753. Elle portait pour armes un écu d'azur à trois aigles rangées d'or.

Elle vit ses deux fils embrasser la carrière des armes et s'y distinguer. L'aîné suivit toujours, comme nous le verrons, les drapeaux du roi très-chrétien; le second passa dans les armées du roi catholique. Nous esquisserons ici en quelques lignes sa carrière militaire.

Né le 27 mai 1716, Jean-Just-Ferdinand-Joseph, prince de Croy et du Saint-Empire, fut nommé colonel du régiment de Berry en 1738, puis créé brigadier de cavalerie le 20 février 1742. Après avoir fait plusieurs campagnes dans les armées françaises, il obtint de Louis XV la permission de se rendre en Espagne, où il devint comte de Priégo et grand d'Espagne par suite de son mariage avec Marie Lanti de la Rovère sa cousine-germaine (12 février 1742). Nommé successivement aide de camp de l'infant don Philippe, maréchal de camp et lieutenant-général en 1755, il mérita la même année le titre de colonel des gardes wallonnes, qu'avaient si glorieusement porté son père et son oncle. Il

---

(1) Et non le 15 janvier 1715. Le portrait du duc Joseph a été reproduit comme celui de son frère Charles dans l'*Hist. des gardes Wallonnes*.

fut aussi nommé chevalier de l'ordre de la Toison d'Or, en 1764, et commandeur de l'ordre de Charles III en 1771. Il mourut sans postérité au mois de juillet 1790.

Nous aurons complété tout ce qui regarde la descendance du duc Joseph quand nous aurons dit qu'outre un troisième enfant mâle mort jeune en 1726, il eut trois filles qui lui survécurent : Marie-Louise-Josèphe, mariée en 1733 avec le marquis de Tana, noble piémontais ; Marie-Anne-Charlotte, mariée en 1737 à Madrid avec Joachim-Antoine Ximenès, marquis d'Arizza, grand d'Espagne ; et Pauline-Joséphine, prieure des Carmélites de la rue de Grenelle à Paris.

LOUIS-FERDINAND-JOSEPH.

Louis-Ferdinand-Joseph de Croy, né le 14 juin 1713 (1), était duc d'Havré et de Croy, prince et maréchal héréditaire du Saint-Empire, seigneur souverain ou libre baron en partie de Fénestrange, marquis de Chémery, de Thy-le-Château et de Wailly, comte de Hames et de Fontenoy-le-Château, vicomte de Langle, seigneur ou baron de Tourcoing, du Biez, des Poultrains, du fief de Hem et autres terres, châtelain héréditaire de la ville de Mons, grand d'Espagne de la première classe.

Nous empruntons sa biographie presque toute entière à la généalogie de la maison de Croy, par le chevalier de Courcelles.

« Il fut connu, du vivant de son père, sous le nom du *prince d'Havré*. Il débuta dans la carrière militaire en qualité d'aide de camp du maréchal de Coigny, et se trouva aux batailles de Parme et de Guastalla en 1734. Étant passé à l'armée du Rhin en 1735, avec le même maréchal, le duc d'Havré se distingua d'une manière particulière à l'affaire de Clausen, où il fut nommé colonel-lieutenant du régiment de la couronne, en remplacement du marquis de Charost, qui avait péri dans cette action. Il commanda ce régiment à l'armée de Westphalie, sous le maréchal de Maillebois, au mois d'août 1741, puis sur les frontières de la Bohême en août 1742, sous le comte de Saxe, à l'attaque de Catzenellnbogen et à la prise de Caaden, enfin au secours de Braunau, en janvier 1743.

» Le duc d'Havré fut créé brigadier d'infanterie le 20 février suivant. Employé dans ce grade à la même armée, il se distingua dans plusieurs actions et rentra en France au mois de juillet. Il rejoignit l'armée du roi en Flandre en 1744, et, après s'être trouvé aux siéges de Menin et d'Ypres, il fut employé sous le maréchal de Saxe et finit la campagne au camp de Courtray. Il fut de nouveau employé à l'armée du roi, par

(1) *Dictionn. historique des généraux français*, t. V, pp. 77-78.

lettre du 1er avril 1745. Il servit au siége de Tournay, et fut blessé à la jambe d'un coup de fusil à la bataille de Fontenoy en chargeant à la tête de sa brigade. Promu au grade de maréchal de camp, le 1er mai, il se trouva aux siéges d'Audenarde, de Dendermonde et d'Ath, puis en 1746, à ceux d'Anvers, de Mons, de Saint-Guislain, de Charleroy et de Namur, ainsi qu'à la bataille de Raucoux. » Le prince Emmanuel de Croy, son parent, lui avait servi d'aide de camp aux siéges de Mons et de Saint-Ghislain.

« Le duc d'Havré fit à la même armée les campagnes de 1747 et 1748. Il fut nommé lieutenant général des armées du roi le 10 mars 1748. Il assista au siége de Berg-op-Zoom. A la bataille de Lawfelt, il eut deux chevaux tués sous lui, et il fut encore blessé après avoir combattu vaillamment à l'attaque du village. Il servit encore au siége de Maestricht. Le gouvernement de Schélestadt lui fut confié le 20 novembre 1753. Employé à l'armée d'Allemagne de 1757 à 1761, il se trouva à la bataille d'Hastembeke, à la conquête de l'électorat de Hanovre et aux batailles de Crewelt et de Minden. Le 9 septembre 1759, il fut détaché avec 40 compagnies de grenadiers, 700 chevaux de troupes légères et plusieurs pièces de canon pour attaquer les positions de Stauffenbourg, Drays et Altendorff, occupées par les ennemis ; mais ceux-ci se retirèrent à son approche, repassèrent la Lahn, et ne laissèrent en deçà de cette rivière que quelques chasseurs que les troupes du duc d'Havré firent prisonniers. Il combattit à l'affaire de Corback en 1760. Après avoir commandé avec distinction plusieurs détachements dans cette campagne, il dirigea l'une des colonnes d'attaque à l'affaire de Filinghausen le 16 juillet 1761 ; mais, en couvrant la marche de l'armée française, lorsqu'elle rentra dans son camp, il eut le bras emporté par un boulet de canon, et mourut à Soest le lendemain. » Il s'occupa moins pendant les dernières heures de sa vie de son propre état que du sort de l'armée. Son corps fut porté à Havré et inhumé dans la chapelle de Notre-Dame de Bon-Vouloir.

Le duc Louis-Ferdinand-Joseph avait épousé, le 15 janvier 1736, Marie-Louise-Cunégonde de Montmorency-Luxembourg-Tingry, morte le 18 avril 1764, fils de Christian-Louis de Montmorency-Luxembourg, prince de Tingry, souverain de Luxe, comte de Beaumont, maréchal de France, chevalier des ordres du roi, et de Louise-Madelaine de Harlay, comtesse de Beaumont. De ce mariage sont issus :

1º Joseph-Anne-Auguste Maximilien, dernier seigneur de Tourcoing dont nous aurons à parler plus loin ;

2º Marie-Anne-Christine-Joséphine, princesse de Croy, née le 7 février 1737, mariée par contrat signé par le roi et la famille royale le 15 mars 1760 (mariage célébré le 20), avec Gabriel-François, comte de Rougé, châtelain de la Bizotière, décédé en 1786, maréchal des camps et armées du roi ;

3° Emmanuelle-Louise-Gabrielle-Joséphine-Cunégonde, princesse de Croy, née le 24 juillet 1733, morte en 1796, religieuse à la Visitation de Paris ;

4° Marie-Charlotte-Joséphine-Sabine, princesse de Croy, chanoinesse de Maubeuge, mariée, par contrat signé le 24 avril 1760, avec Charles-Olivier de Saint-Georges, marquis de Vérac, lieutenant-général en Poitou, colonel du régiment du roi, cavalerie, puis ambassadeur de France près diverses cours étrangères. Elle mourut à Copenhague, le 27 février 1776 ;

5° Louise-Élisabeth-Félicité-Françoise-Armande-Anne-Marie-Jeanne-Joséphine, princesse de Croy, née le 24 juillet 1749, mariée par contrat signé par le roi et la famille royale le 5 avril 1764 (mariage célébré le 8), avec Louis-François du Bouchet de Sourches, marquis de Tourzel, décédé en 1787, fils de Louis du Bouchet, II° du nom, marquis de Sourches et du Bellay, comte de Montsoreau, lieutenant-général des armées du roi, grand prévôt de France, conseiller-d'État, etc., et de Marguerite-Henriette des Marêts de Maillebois, sa seconde femme. La *marquise de Tourzel*, nommée gouvernante des enfants de France en 1789, a partagé les persécutions et la captivité de la famille royale. Le respect qu'imprima son dévouement, ses hautes qualités et sa vertu, la préservèrent de l'échafaud. Louis XVIII lui a accordé le titre et les honneurs de duchesse.

Le tableau qui a été tracé plus haut de la carrière militaire du duc d'Havré, fait voir que ce prince put être témoin plus d'une fois du triste état où sa baronnie de Tourcoing était réduite par suite des guerres de Louis XV. Il est à croire que sa présence dans l'armée française, lors des sièges de Menin et d'Ypres, ne fut pas inutile à ses bons vassaux de Tourcoing.

Il existe de lui, aux archives de M. Gentil-Descamps à Lille, un acte d'une importance majeure pour l'histoire de la seigneurie de Tourcoing. C'est un dénombrement fait par lui, le 23 janvier 1750, à Paris, de la terre, fief et seigneurie de « Turcoin ; » ainsi que du fief, terre et seigneurie des « Poutrains, paroisse de Turcoin, » pour satisfaire à l'édit du roi, du mois de mai 1749, touchant l'imposition du vingtième, et à l'ordonnance de M. l'Intendant de la province de Flandre.

La seigneurie de Tourcoing, qui ne parait pas avoir été jamais élevée au rang de baronnie proprement dite, était un fief, tenu du roi, comme comte de Flandre, à cause de la salle de Lille. C'était en effet à Lille, dans l'ancienne résidence des comtes, que tous les vassaux de Flandre avaient à prêter foi et hommage. A son tour le seigneur de Tourcoing recevait l'hommage de ceux qui possédaient les arrières-fiefs relevant de la terre de Tourcoing. Il y avait quarante fiefs de cette espèce, pour lesquels le seigneur recevait un droit de relief, chaque fois qu'ils passaient entre les mains d'un nouveau possesseur ; outre ces vassaux de condition plus relevée, il y avait les manants ou anciens serfs, qui, depuis les temps les plus reculés de l'époque féodale, avaient été affranchis de toutes les charges et de toutes les redevances qui sentaient trop la servitude. Au XVIII° siècle, comme au XIII°, la rente seigneuriale consistait en une rasière de blé et un havot d'avoine pour chaque bonnier. La seigneurie de Tourcoing ne comprenait plus alors que 653 bonniers ; l'érection des fiefs et la vente de plusieurs propriétés avaient singulièrement diminué l'étendue des terres qui avaient dans le principe formé la *villa* primitive. L'antique centre de cette *villa* n'était plus à cette époque qu'une très-ancienne et très-caduque maison seigneuriale, contenant avec la cour, jardins et fossés, trois cents de terre environ. Elle devait dès-lors servir d'habitation aux baillis des ducs, du moins le manoir actuel, bâti à une époque un peu plus récente, n'est-il plus connu du peuple que sous le nom de château du bailli. Un moulin à vent, des arrentements, des redevances particulières et le bail des droits de plaçage, d'étalage, de copenage et de mesurage des charbons sur le marché constituaient avec les rentes seigneuriales, et abstraction faite de certains droits éventuels, un revenu fixe de 2,550 livres, 1 sou, 8 deniers.

Le duc d'Havré possédait en outre dans la paroisse de Tourcoing une autre seigneurie relevant immédiatement de la salle de Lille, c'était la terre des Poutrains, sur laquelle se trouvaient une grande ferme et deux moulins, et dont les vassaux paraissent n'avoir pas joui des mêmes franchises que ceux de la seigneurie même de Tourcoing. Les produits de cette seconde terre portaient à 4,309 livres 3 sous, 9 deniers, le revenu total du seigneur de Tourcoing. Ce n'était pas, on le voit, de quoi assurer un rang distingué à celui qui la possédait. Mais en revanche la commune était dans un état plus prospère, et la terre de Tourcoing, la plus peuplée, dit le duc, de la châtellenie de Lille, ne comptait pas moins de 15,000 habitants.

Haut justicier, comme paraissent l'avoir été les comtes de Guines au XIII° siècle, le duc d'Havré avait quatre gardes ou sergents pour faire arrêter les criminels, mais le Parlement de Flandre intervenait dans le jugement des causes majeures. On aura quelque idée de la manière économique dont les choses se faisaient alors quand on saura que les gages des sergents, l'entretien du château, ainsi que des ponts et des chaussées publiques ne montaient annuellement qu'à la somme de 550 livres.

Nous sommes bien loin de cette époque de féodalité, que nous ne regrettons pas, mais que nous aurions tort de mépriser. Après tout, ce qui rend les peuples heureux ce sont bien moins les institutions que les mœurs. Les mœurs chrétiennes corrigent nécessairement ce que les institutions peuvent avoir de défectueux, mais les meilleures institutions ne peuvent rien quand les mœurs sont corrompues ; et les lois mêmes ne sont plus qu'un vain mot quand les hommes croient n'avoir plus d'autre règle à suivre que leurs caprices.

JOSEPH-ANNE-AUGUSTE MAXIMILIEN.

Ce n'est pas sans un intérêt plein de vénération que nous abordons la biographie du dernier seigneur féodal de Tourcoing, dernier duc d'Havré, dans la personne duquel s'est éteinte la descendance mâle de l'illustre branche des Croy-Havré, ducs d'Havré et de Croy. Notre contemporain dans toute la rigueur du mot, ce noble prince, qui vécut encore neuf ans sous le règne de Louis-Philippe d'Orléans, avait pourtant servi quatorze ans dans les armées du roi Louis XV, et il fut le serviteur et l'ami des petits-fils de ce monarque, les trois derniers rois de la maison de Bourbon qui ont gouverné la France. Témoin et victime de deux révolutions, il avait vécu longtemps sous cet état de choses, qui porte le nom d'*ancien régime*, et il a pu voir fonctionner les gouvernements nouveaux avec leurs formes constitutionnelles et tout ce que l'on appelle le progrès moderne.

Il était né le 12 octobre 1744, et avait reçu au baptême les noms de Joseph-Anne-Auguste-Maximilien. Le sang des Montmorency, uni en sa personne à celui des Croy, l'avait fait naître avec des sentiments nobles et généreux. L'exemple de son père et de ses aïeux devait lui inspirer le goût des armes, et de bonne heure il embrassa la carrière militaire.

Ainsi que nous l'avons vu plus haut, le duc Louis-Ferdinand, après s'être signalé pendant la guerre de la succession de Pologne, prenait une part non moins glorieuse aux campagnes de la guerre de la succession d'Autriche, lorsque vint au jour le premier fruit de son mariage. Rentré en France au mois de juillet 1743, et présent, l'année suivante, aux siéges de Menin et d'Ypres, il n'avait, en quelque sorte, quitté le camp de Courtrai que pour venir embrasser son premier-né, l'espoir de sa race, et il était allé, bientôt après, chercher sur le champ de bataille de Fontenoy une glorieuse blessure.

Mais pendant la terrible guerre de Sept-Ans contre la Prusse, il eut la consolation de voir à ses côtés son jeune fils, et dès l'an 1760, le prince d'Havré, âgé de 16 ans, exerçait les fonctions d'aide-de-camp de son père. Hélas! son premier apprentissage du métier des armes devait être pour lui bien terrible, et son cœur de fils reçut une bien profonde blessure, lorsqu'à la bataille de Filinghausen, le 16 juillet 1761, il vit son père atteint d'un boulet de canon, rentrer au camp le bras emporté, et mourir le lendemain entre ses bras.

Le gouvernement français avait reconnu le mérite du jeune duc d'Havré, et il le nomma pour succéder à son père dans le gouvernement de la forteresse de Schelestadt.

Joseph-Maximilien se trouvait donc à 17 ans à la tête d'une brillante fortune. Duc d'Havré et de Croy, prince du Saint-Empire, Grand-d'Espagne de la première classe, marquis de Chémery, de Thy-le-Château, et de Wailly, comte de Ham et de Fontenoy-le-Château, vicomte de Langle, souverain en partie de Fénestrange, baron de Tourcoing, du Biez et d'autres terres, châtelain héréditaire de Mons en Hainaut, il devait à tous ces titres en ajouter bien d'autres encore ; mais des événements, auxquels sans doute il était loin de s'attendre, devaient aussi lui enlever un jour et tous ses titres et presque tous ses biens pour le réduire, quelque temps du moins, à un état voisin de la misère.

Mais d'abord il songea à perpétuer son nom dans ses descendants en contractant une alliance digne de lui. Sept mois seulement après la mort de son père, il épousa sa cousine, Adélaïde-Louise-Angélique-Gabrielle, princesse de Croy-Solre, née le 6 décembre 1741, fille du célèbre maréchal de Croy, Emmanuel, duc de Croy, prince de Solre et du Saint-Empire, chevalier des ordres du Roi, etc., etc. (1) Comme le duc d'Havré, elle descendait du premier comte de Solre mais elle comptait entre Philippe de Croy et elle cinq générations successives. Les noces eurent lieu avec une grande pompe ; le roi Louis XV et la famille royale daignèrent signer le contrat de mariage, qui fut passé le 17 février 1762 ; le 20, le mariage même fut célébré à l'hôtel de Croy à Paris. Si cette union ne servit pas à perpétuer le nom de Croy-Havré, comme nous le verrons plus loin, elle servit du moins, par les femmes, à perpétuer les vertus qui conciliaient au jeune duc d'Havré l'estime générale.

Ce fut, comme nous l'avons dit plus haut, deux ans après, le 18 avril 1764, que ce prince perdit sa mère, Marie-Louise de Montmorency.

Nous savons qu'en véritable seigneur féodal, il fit sa joyeuse entrée dans la plupart de ses seigneuries, sinon dans toutes, et la tradition, quelque peu embellie par la légende, a conservé le souvenir de quelques traits de naïveté de ses vassaux de Tourcoing, lors de son entrée dans leur ville. (2) C'est à lui, plutôt qu'à son père, qu'on est en droit

---

(1) Elle avait pour mère Angélique-Adélaïde de Harcourt.

(2) On dit, — que ne dit-on pas ? — que le duc d'Havré, arrivé près de Tourcoing, ne fut pas peu étonné d'entendre crier ces paroles étranges : « Tirez, tirez, Monseigneur est au gibet. » Le seigneur de Tourcoing était arrivé en effet à l'endroit appelé *le gibet des Francs*, à l'entrée de la ville, et l'on avertissait les canonniers de faire leur office, car Tourcoing avait deux petites pièces de canon pour les circonstances de ce genre. Il paraîtrait que le duc d'Havré, dans sa vieillesse, racontait lui-même ce trait. Il n'en est pas de même d'un autre que l'on applique à presque toutes les entrées seigneuriales. Ses vassaux joyeux auraient fait en l'acclamant un tel tapage qu'il leur aurait dit : « Mais, mes enfants, vous allez me rendre sourd ! » — « Ah ! Monseigneur, aurait répondu le bon peuple, vous le méritez bien. »

d'attribuer la reconstruction du château seigneurial, appelé vulgairement le Château du Bailli, et qui porte encore sur sa porte d'entrée l'écusson sculpté du haut et puissant prince, où les armes en plein de Croy, noblement écartelées avec celles de Lorraine, sont encore rehaussées par celles de Hongrie en souvenir de l'antique origine attribuée aux sires de Croy. (1)

La paix qui suivit la guerre de Sept-Ans n'empêcha pas le duc d'Havré de poursuivre la carrière des honneurs militaires ; il devint successivement colonel du régiment de Flandre-infanterie, le 23 juin 1767; brigadier, le 1er mars 1780 et maréchal de camp, le 1er janvier 1784.

S'il faut s'en rapporter à la généalogie des ducs de Croy, publiée en 1790, (2) la terre et seigneurie de Wailly aurait été érigée en sa faveur l'an 1773, en Duché-Pairie, sous le nom de Croy. Il possédait d'ailleurs la terre de Croy-sur-Somme près de Picquigny, érigée par Henri IV en duché simple.

L'an 1789, il reçut le collier de la Toison-d'Or, devenu pour ainsi dire héréditaire dans sa maison et dans sa branche.

La même année, il était choisi par la noblesse des bailliages d'Amiens et de Ham pour représenter la noblesse de Picardie aux Etats Généraux. Son beau-frère, le duc Anne-Emmanuel de Croy en faisait partie comme lui, fut même nommé vice-président de la noblesse, et joua un rôle fort distingué dans l'Assemblée nationale.

(1) Voici la description héraldique de ces armes : Écartelé au 1 et au 4, d'argent à 3 fasces de gueules, qui est de CROY; au 2 et au 3, parti de 3 traits coupés d'un qui font 8 quartiers ; au 1 fascé d'argent et de gueules de 8 pièces qui est de HONGRIE ; au 2, d'azur semé de fleurs de lis d'or, au lambel d'argent, qui est d'ANJOU ancien, ou NAPLES ; au 3, d'argent à la croix potencée d'or couronnée de quatre croisettes de même, qui est de JÉRUSALEM ; au 4, d'or à 5 vergettes de gueules, qui est d'ARAGON ; au 5, d'azur semé de fleurs de lis d'or, à la bordure de gueules, qui est d'ANJOU moderne ; au 6, d'azur au lion contourné d'or couronné, armé et lampassé de gueules, qui est de GUELDRES ; au 7, d'or, au lion de sable couronné, armé et lampassé de gueules, qui est de JULIERS ; au 8, d'azur semé de croisettes recroisettées et fichées d'or, et à 2 bars adossés du même, brochants, qui est de BAR ; sur le tout des petites partitions, d'or à la bande de gueules, chargée de 3 alérions d'argent, qui est de LORRAINE ; et sur le tout des grandes écartelures, fascé d'argent et de gueules de 8 pièces, qui est de HONGRIE. Les 2 et 3 quartiers sont les armes de Lorraine où figurent à la partie supérieure quatre royaumes, et à la partie inférieure quatre duchés. — Nous ignorons à quelle époque les ducs d'Havré adoptèrent les armes que nous venons de décrire. D'après Christyn, les ducs Philippe-François et Ferdinand-Joseph portaient écartelé de CROY et de RENTY, et sur le tout, contre-écartelé de CRAON et de FLANDRE, et sur le tout encore de COUCY.

(2) Nous ne citons qu'avec une grande défiance cet ouvrage, publié par la famille Chanel, et qui nous paraît contenir beaucoup de documents falsifiés. Il y est dit encore que le duc de Croy-Havré possédait la terre et seigneurie de Croy en Santerre. Ce que nous croyons faux.

Nous ne savons pas exactement quelle part y prit le duc d'Havré, que le *Moniteur universel* a confondu peut-être avec son cousin, (1) mais nous ne pouvons douter qu'il n'ait toujours été du parti de l'ordre, et signé, comme on l'a dit, toutes les protestations de la minorité contre les innovations révolutionnaires. Bien plus nous croyons pouvoir lui attribuer plusieurs discours prononcés en 1791, ainsi dans la séance du 30 juillet de cette année il s'opposa avec énergie à la suppression des ordres de chevalerie. Voici son discours tel que le donne le *Moniteur* (n° 213) : « On vous a dit qu'on ne voulait rien préjuger ; mais les articles proposés par votre comité préjugent absolument la question la plus intéressante peut-être pour notre commerce qui est celle de l'ordre de Malthe. Quant à moi, qui n'aspire pas au funeste honneur de voir tout bouleverser par l'Assemblée, (on murmure dans la partie gauche)

(1) D'après la Biographie des hommes vivants, le duc de Croy-Havré fut nommé en 1787, membre de l'assemblée des notables ; à l'Assemblée nationale il signa toutes les protestations anti-révolutionnaires ; il fit adopter, le 17 juin 1789, une adresse au Roi, exposant les motifs qui avaient guidé les principaux de la noblesse relativement à la vérification des pouvoirs. Il réclama le 4 mars 1790 des indemnités pour les seigneurs dépossédés du droit de triage, s'opposa le 26 à ce que les députés abandonnassent le quart de leur traitement pour la contribution patriotique. Le 30 juillet 1791, il parla contre la suppression des ordres de chevalerie, combattit le 8 août l'abolition de la noblesse, et déclara qu'il ne prenait aucune part à cette délibération ; le 31 il demanda pour le Roi le droit de consentir l'acte constitutionnel, et sans cette mesure, menaça l'Assemblée d'une épouvantable responsabilité, pour avoir statué seule sur le sort d'une grande nation contre le vœu qu'elle avait manifesté.

Ces détails sont tirés purement et simplement de la table du *Moniteur universel*; mais il faut remarquer que ce qui regarde le 26 mars 1790 et les 8 et 31 août 1791 est attribué dans le *Moniteur* même à M. de Croix ; or il y avait en effet à l'Assemblée un comte de Croix, major en second d'infanterie, et député de l'Artois. Quant au M. de Croy qu'on trouve dans le *Moniteur*, rien n'autorise à croire qu'il soit autre que le duc de Croy Emmanuel, d'autant plus que le duc de Croy-Havré est, dans le même recueil, désigné plus tard par le nom de M. d'Havré. La table du *Moniteur* ne distinguant ni M. de Croy, ni M. de Croy-Havré, ni M. de Croix, nous semble avoir réuni trois hommes en un seul, erreur qui a passé ensuite dans les dictionnaires. Voici cependant ce qui semble nous autoriser à attribuer quelques discours au duc de Croy-Havré, c'est que d'après le *Répertoire des représentants du peuple*, ainsi que d'après une édition du *Dictionnaire de Feller*, (Paris, Jeanthon, 1835, p. 70), le duc de Croy Emmanuel, fut remplacé à l'Assemblée par le marquis (lisez le baron) de Nédonchel. De plus les souvenirs de Mme la princesse de Solre, femme du prince Ferdinand de Croy, d'accord avec ceux de M. le comte de Nédonchel assignent l'an 1790 à la retraite du duc Emmanuel, qui partit, l'an 1791, d'Aix-la-Chapelle pour l'Italie où il allait chercher à rétablir sa santé fort délabrée. Que si nous attribuons, avec la table du *Moniteur*, à M. de Croy-Havré, des discours que le *Moniteur* lui-même attribue à M. De Croix, c'est que ces discours, fort peu en harmonie avec d'autres discours de ce dernier et avec son caractère connu, sont au contraire l'expression fidèle des sentiments constants du duc d'Havré.

je demande qu'on ne se borne pas à nous présenter les principes purement et simplement; mais qu'on veuille bien y joindre les conséquences. Lorsque dans la question des émigrants on voulait vous faire séquestrer tous leurs biens, vous avez été effrayés des conséquences du principe qu'on voulait faire adopter : je demande donc que la question proposée aujourd'hui soit ajournée jusqu'à ce qu'on nous propose une loi complète dans tous ses détails... Si je voulais répondre aux injures et à l'imputation faite à la noblesse de n'avoir d'autre prétention que de devenir valet de cour, cela me serait facile en disant que les hommes de loi n'ont pris ce titre que pour avoir le droit de piller les gens du peuple.

Des murmures et des applaudissements accueillirent, on le pense bien, des paroles si franches, et quelque peu rudes dans leur vérité.

Il en fut de même le 8 août (n° 231), quand il s'opposa à l'anéantissement de la noblesse héréditaire, et lorsque dans la séance du 31 août (n° 344), il parla de la révision de la Constitution, dit qu'il fallait « faire cesser l'état monstrueux où l'on se trouvait par la suspension des fonctions de l'autorité royale, » déclara, que d'après le vœu de ses commettants, « les lois fondamentales ne devaient acquérir le caractère qui les rend obligatoires que lorsqu'elles auraient été revêtues de la sanction du roi » et adressa à l'Assemblée ces graves paroles : « Réfléchissez à la nécessité de cette mesure ; et voyez que si vous ne l'adoptiez pas, vous vous trouveriez en opposition avec les ordres précis que vous avez reçus, et chargés de l'effrayante responsabilité d'avoir statué seuls sur le sort d'une grande nation, contre le vœu qu'elle avait manifesté !.... »

De telles vérités étaient trop fortes pour la majeure partie d'un auditoire imbu d'idées anarchiques, aussi réclama-t-on à grands cris l'ordre du jour.

Peut-être nous sommes-nous trompés en attribuant au duc Joseph ces paroles courageuses, ce qui est certain, c'est que, comme tous les membres de sa famille, il dut chercher à se dérober à la fureur des hommes qui avaient, avant tout, déclaré la guerre aux propriétaires, et juré l'extermination de tous ceux qui montraient quelque supériorité sur les autres, soit par la naissance, soit par les talents, soit par les vertus. A la fin de la session de l'Assemblée nationale, il émigra comme son beau-frère et toute sa famille, et alla rejoindre à Coblentz les princes, frères de l'infortuné Louis XVI. Bientôt, il fut envoyé par le roi et par les princes auprès de la cour de Madrid pour plaider les intérêts de la branche aînée des Bourbons. Le *Moniteur révolutionnaire* du 3 avril 1792, signale effectivement la présence à Madrid de M. *Davré* (ci-devant duc) et du ci-devant évêque d'Arras. Quelques mois plus tard (23 juillet), le correspondant de Madrid annonçait que MM. Suzannet et Montalembert étaient venus se joindre au duc d'Havré et avaient comme lui reçu un accueil distingué de la cour.

Il est clair d'après cela que le duc d'Havré devait être signalé comme un des ennemis de la Révolution. Aussi le député Guyot le dénonçait-il en pleine Convention, le 25 avril 1795, comme cherchant à obtenir sa radiation de la liste des émigrés par des certificats de résidence entachés de fausseté, ainsi que le prouvaient bien les démarches qu'il avait faites auparavant pour obtenir le même privilège en sa qualité de Grand-d'Espagne.

Après la mort de Louis XVI, Joseph-Maximilien de Croy resta à Madrid, en qualité d'ambassadeur de Louis XVIII, jusqu'à l'époque où l'alliance de la cour d'Espagne avec la République française le força de quitter cette capitale.

Le duc d'Havré fut encore chargé de plusieurs autres missions importantes par Louis XVIII, qui l'honorait de sa confiance et de son amitié et qu'il accompagna à son retour en France.

Tous les honneurs de la nouvelle cour ne tardèrent pas à s'accumuler sur sa tête : nommé, le 7 juin 1814, pair de France à vie, il reçut, le 22 juin suivant, le titre élevé de lieutenant-général des armées du Roi, et fut chargé de remplacer le duc d'Ayen en qualité de capitaine de la compagnie écossaise des gardes-du-corps. Cette compagnie avait le premier rang.

Le 23 août, il fut promu au grade de commandeur de l'ordre royal et militaire de Saint-Louis, dont il devint grand-croix, le 5 mai 1816. Dans l'arrêté qui lui conférait ce grade supérieur, le Roi lui donnait le titre de son cousin, vieil usage qui n'était pas sans signification. Plus tard, le 19 août 1823, le duc sera nommé officier de la Légion d'honneur.

M. de Châteaubriant, voulant peindre les contrastes de la cour sous la Restauration, nous raconte dans ses Mémoires, comment « le vieux duc d'Havré, avec sa perruque poudrée et sa canne noire, cheminait en branlant la tête, comme capitaine des gardes-du-corps, auprès du maréchal Victor, boiteux de la façon de Bonaparte. »

Il y avait là de quoi peut-être faire naître un sourire sur les lèvres de certains personnages; mais la légèreté seule pouvait s'arrêter à ce qu'offrait d'étrange le spectacle des modes et des manières de faire d'un temps que les bouleversements de la société semblaient avoir reculé de plusieurs siècles dans le passé; l'homme sensé devait s'incliner devant ce vénérable débri d'une société qui n'était plus, devant ce représentant d'une antique race, ennoblie par des illustrations de tout genre; et à la vue de ce vieux et loyal serviteur de la monarchie, il devait se dire : Il y a donc encore des convictions et des dévouements sur la terre; au milieu de cette France qui a tant changé, aujourd'hui constitutionnelle, hier absolutiste, avant-hier républicaine, il se trouve des hommes qui n'ont pas changé, pour qui les principes ne sont pas des mots vides de sens, ni les serments des formules dérisoires, qui, constants dans leurs affections, restent, dans leur vieillesse, attachés à tout ce qu'avait aimé et honoré leur jeunesse. Nous ne faisons pas de politique ici; le duc d'Havré appartient à l'histoire; quelles que soient les idées de nos lecteurs par rapport aux formes gouvernementales, quelles que soient leurs sympathies à l'endroit des dynasties déchues ou relevées, ils salueront, dans le représentant non dégénéré de l'antique noblesse française, toutes les vertus et toutes les gloires qui l'avaient jadis placée au premier rang dans le monde.

Tout septuagénaire qu'il était, le duc d'Havré s'acquitta consciencieusement, pendant près de dix années encore, de son service trimestriel à la cour en sa qualité de capitaine des gardes. Il était en quartier lorsque, le 21 janvier 1815, eurent lieu à Saint-Denis les obsèques de Louis XVI et de Marie-Antoinette; et ce fut à lui de donner les ordres nécessaires pour la formation du détachement des cent gardes-du-corps qui devaient faire partie du cortège. — Que de souvenirs cette lugubre cérémonie devait rappeler au vieux duc qui avait vu les scandales du règne de Louis XV, et qui pouvait reconnaître dans la fin tragique de son petit-fils une expiation des fautes de la royauté! Mais la vue de sa sœur, la marquise de Tourzel, qui avait une place distinguée dans cette pompe funèbre, et qui, gouvernante des enfants de France depuis l'an 1789, avait partagé jadis la captivité de la famille royale, ramenait son esprit à des pensées plus consolantes et lui remettait devant les yeux toutes les vertus du roi martyr.

Mieux qu'un autre peut-être, le duc d'Havré convenait à des cérémonies de ce genre et paraissait fait pour mener le deuil des grandeurs des anciens jours. Ce fut lui que le roi envoya en 1818 avec le duc de la Châtre pour le représenter à un service funèbre célébré à Sens pour le Grand-Dauphin, son père. Ce rôle allait au duc mieux, ce semble, que celui d'introduire des ambassadeurs, comme il le fit en 1819, pour l'envoyé du Schah de Perse, qui ne dût pas voir sans étonnement un vieillard de cet âge à la tête d'une compagnie sous les armes et formant la haie.

Le duc d'Havré exerça pourtant ses fonctions de capitaine des gardes jusqu'en 1825, et il retint les honneurs de son grade après s'en être démis entre les mains du roi Charles X.

L'an 1816 fut signalé pour Joseph-Maximilien par une mission bien honorable. Le roi le chargea d'aller, en qualité d'ambassadeur extraordinaire, recevoir à Marseille S. A. R. la princesse des Deux-Siciles, Caroline de Bourbon, épouse du duc de Berry. Il reçut sur sa route de grands honneurs; à Lyon en particulier, l'artillerie tira 24 coups de canon à son entrée dans la ville, le 27 avril, et, quand il se rendit trois jours après au grand théâtre, il fut reçu, dit le *Moniteur*, aux cris unanimes de *vive le roi !* et entendit chanter avec enthousiasme le chant patriotique de l'oriflamme.

Le 22 mai, il assistait au Lazaret de Marseille à la messe célébrée devant la princesse Caroline arrivée la veille, et il ne tardait pas à lui rendre tous les honneurs dus à son rang. La France saluait alors avec bonheur l'alliance contractée par l'héritier du trône. Quelques années après il périssait sous les coups d'un assassin, et le bon duc d'Havré, qui signa l'acte de naissance de son fils le duc de Bordeaux, devait voir encore ce même fils exilé de France, et la princesse à laquelle il était allé porter la bien-venue parcourir en France, comme à l'étranger, toute une odyssée d'infortunes.

Nous avons parlé de la nomination du duc d'Havré comme pair de France; un arrêté du 31 août 1817 fixait son rang à la Chambre haute en qualité de *duc et pair*, titre accordé aussi au duc de Croy son parent. Il prenait sa part des travaux de la Chambre et était constamment nommé président ou vice-président de quelque bureau. En 1818, il était membre de la députation pour présenter au roi l'adresse de la Chambre. En 1819, il eut à rendre hommage publiquement à la mémoire d'un de ses confrères, le maréchal duc de Feltre. Son discours, imprimé dans le *Moniteur*, porte la marque d'un esprit cultivé, d'un goût exquis et d'un attachement sincère aux vrais principes. Bien qu'ayant à parler d'un serviteur de l'empire et d'un homme nouveau, le serviteur des Bourbons, le gentilhomme de vieille souche se trouve à l'aise parce qu'il a rencontré un homme religieux et d'une vertu sincère et que c'est la vertu qu'il met au-dessus de tout.

Quelques mois après, il assistait, en sa qualité de chevalier de la Toison d'or, à la remise du collier faite au duc de Mouchy par le roi de France à la place et au nom du roi d'Espagne.

L'ordre de la Toison avait toujours conservé son lustre, et ce qui le prouve, c'est qu'à la cérémonie dont nous parlons, les membres de l'ordre présents étaient, outre le roi, les princes de sang : Monsieur, et les ducs de Berry et de Bourbon, puis les ducs de la Vauguyon et de Fernand-Nunez : le prince de Talleyrand seul pouvait y paraître déplacé. Quant au duc d'Havré, il n'était pas oublié à la cour d'Espagne qui pouvait se souvenir des services de ses aïeux dans la garde wallonne et de son ambassade à Madrid, et il fut créé grand-croix de l'ordre de Charles III (1). Mais de toutes ses décorations, celle à laquelle il tenait le plus était le collier de la Toison d'or; aussi est-ce en grand costume de chevalier de l'ordre qu'il voulut faire peindre son portrait, à l'exemple de ses ancêtres, et l'œuvre du célèbre peintre Paul de Laroche figure au

---

(1) Ainsi porte la généalogie de Croy; l'épitaphe du duc porte seulement chevalier.

Rœulx, dans la nombreuse collection des portraits de chevaliers de la Toison appartenant à la famille de Croy.

Si ce fut pour l'excellent et pieux duc une consolation de voir son cousin le prince Juste de Croy sacré, le 9 janvier 1820, évêque de Strasbourg, ce fut une chose pénible pour son cœur de gentilhomme que de voir paraître vers la même époque une brochure intitulée : *Généalogie critique et littéraire des maisons de Croy-Chanel de Hongrie et de Croy-d'Havré de Santerre*. Ce titre seul indique que l'on ne se contentait plus, comme en 1790, dans la *Chronologie historique des ducs de Croy*, de représenter les Croy-Solre et les Croy-Havré comme des cadets de la maison de Hongrie-Croy; on voulait attribuer l'honneur de la descendance royale à la seule famille dauphinoise des Chanel. Le comte de Croy-Chanel (les Chanel ne s'étaient pas encore arrogé le titre de prince), alla plus loin, et voulut faire interdire par les tribunaux aux princes de Croy le droit de porter l'écusson de Hongrie, qu'ils avaient depuis longtemps ajouté à leurs armes.

Mais la brochure dont nous parlons fut saisie par la justice, et un arrêt, du 12 mai 1821, déclara non-fondées les prétentions des Chanel, considéra les arrêts portés en leur faveur par la cour de Grenoble comme incompétemment rendus, interdit aux dits Chanel le droit de porter le nom de Croy, laissa pourtant chaque famille en possession de ses armes, et ne voulut rien statuer sur la descendance royale de la maison de Croy, tout en admettant l'authenticité des quatre diplômes originaux des empereurs d'Allemagne, rois de Hongrie qui reconnaissaient cette descendance.

Le duc d'Havré jouissait des honneurs répandus sur toute sa famille. L'évêque de Strasbourg, son cousin, avait été nommé grand-aumônier de France, et prélat commandeur de l'ordre du Saint-Esprit. Le 11 juin 1822, le duc assistait au sacre accompli par lui de l'illustre conférencier de Saint-Sulpice, Mgr Frayssinous, ainsi qu'à la cérémonie de la tonsure conférée aussitôt après, par le nouvel évêque au futur conférencier de Notre-Dame, Gustave-Xavier de Ravignan (1). Plus tard le prince Juste fut nommé successivement pair de France (1822), archevêque de Rouen (1823), et enfin cardinal (1825).

Le prince de Solre son frère, qui avait épousé, en 1788, la princesse Adélaïde, fille du duc d'Havré, obtenait les mêmes grades militaires que son beau-père et lui succédait en 1825 comme capitaine des gardes.

Il est vrai que des morts venaient à la même époque attrister l'illustre famille. La duchesse d'Havré mourut le 27 avril 1822; le 19 octobre suivant mourait le duc de Croy-Dulmen. Quelques années après, le 13 avril 1828, le duc d'Havré perdait l'unique héritier de son nom, le duc Ernest de Croy, car son premier fils Auguste était mort en bas âge.

---

(1) *Le P. de Ravignan*, par M. Poujoulat, p. 93.

En 1826, il avait été frappé dans un de ses amis les plus chers le duc de Lorges, dans l'intimité duquel il avait vécu soixante ans, et dont il célébra la mémoire par un éloquent discours dans la séance du 29 décembre de cette année.

Des douleurs d'un autre genre l'attendaient en 1830 et le vieux serviteur des Bourbons put croire un instant que les scènes de la première révolution allaient se renouveler.

La chute de Charles X lui causa une profonde douleur, car, si Louis XVIII lui avait témoigné de l'estime et de l'affection, son successeur n'avait pas eu pour lui d'autres sentiments.

C'est alors qu'il se retira au château du Rœulx, honorant la mémoire de ses maîtres d'autrefois, vivant des souvenirs du passé et ne s'occupant du présent que pour faire des bonnes œuvres. Ses appartements étaient ornés de tableaux représentant les scènes diverses de la vie de Louis XVI et en particulier de la tour du Temple. On a eu le bon esprit non-seulement de les conserver, mais encore de les réunir pour rappeler ainsi plus vivement tant de souvenirs, pénibles il est vrai, mais bien précieux pour de nobles cœurs.

La petite ville du Rœulx est fort près d'Havré. Le duc put donc à loisir visiter le domaine dont il portait le titre. Il en était encore en possession, grâce à l'intrépidité du prince de Solre, qui, au fort même de la terreur, était revenu en France aux époques voulues pour obtenir des certificats de résidence, et avait conservé ainsi une grande partie des domaines de sa famille. Le duc d'Havré laissa dans l'état où il se trouvait le vieux manoir des châtelains de Mons. Ses soins pieux se tournèrent vers la chapelle de Notre-Dame de Bon-Vouloir, où reposaient les cendres de plusieurs de ses aïeux. Il racheta le sanctuaire pour le rendre au culte, y fit construire un caveau pour la sépulture de sa famille, rétablit l'ancien bénéfice et plaça un chapelain pour le desservir.

Il y fit aussi élever un monument sur lequel est gravé le témoignage de sa douleur, de sa reconnaissance et de son amour pour sa très-chère et vénérable mère. *Filius mœrens et gratus erexit hoc monumentum in pignus amoris sui erga dilectissimam et venerandam matrem suam.*

C'est là, près du sanctuaire de Marie, qu'il avait déposé les restes de son épouse et de son fils, c'est là qu'il avait choisi une place pour y faire sa dernière demeure. Mais, en attendant l'heure fixée par la Providence, il se consolait dans l'espèce d'exil où il se trouvait par la société de ses nobles et vertueux parents.

Le château du Rœulx abritait alors bien des illustrations; outre le cardinal de Croy et le prince de Solre, on y voyait le marquis de Conflans, maréchal des camps et armées du roi de France ; c'était l'époux de la seconde fille du duc d'Havré, la princesse Amélie.

Veut-on connaître les véritables sentiments qui l'animaient, qu'on lise les lignes suivantes qui terminent un écrit confidentiel rédigé par le duc, pour être remis à ses enfants après sa mort. « Être fidèle à sa religion et à son roi; suivre le cri de sa conscience; craindre Dieu, l'aimer, le respecter, espérer en sa miséricorde, suivre ses lois, se confier en sa providence, s'en rapporter à lui sur les événements, le bénir dans la joie; conserver dans l'affliction une soumission entière, un calme inébranlable; tel est le moyen de vivre en paix et d'aller jouir ensuite d'une félicité inaltérable que le monde ne peut donner et qui ne doit être notre partage que dans l'autre vie. » Telles étaient ses convictions les plus intimes et toute sa conduite en témoignait. Aussi a-t-on conservé à Havré et au Rœulx les plus beaux souvenirs de ses dernières années.

On se rappelle sa piété (1) et son respect pour les ministres du Seigneur, qui se manifestait ne fut-ce que par le soin qu'il mettait à ne point faire attendre le prêtre qui devait dire la messe en sa présence (2). Un de ses vieux serviteurs, qui célébrait il y a quelques années, à Havré, son jubilé de cinquante ans de mariage, aimait à parler de sa bonté, de son affabilité et de sa douceur. Les pauvres surtout n'ont point oublié les aumônes qu'il répandait d'une main sage et libérale.

Du reste, ses filles, en suivant après lui les exemples de sa charité compatissante n'ont pas peu contribué à perpétuer le souvenir de ses vertus. Nous avons nommé la princesse de Solre, morte en 1846, âgée de 78 ans, et la marquise de Conflans, morte la même année, âgée de 72 ans. Sa troisième fille, Aimée-Pauline-Joséphine, née le 25 septembre 1776 lui survécut la dernière et mourut le 15 décembre 1849. « On l'appelait, dit l'Annuaire de la noblesse, la Providence des pauvres et jamais la charité ne revêtit des formes plus douces et plus attachantes. »

De ces trois filles, la princesse de Solre a laissé seule une postérité dans la personne de la princesse Anne-Louise-Constance, destinée à continuer cette tradition de vertus et de bienfaits, mais sur laquelle la discrétion nous est imposée par les convenances. Mariée au prince Fer-

(1) On conserve à la cure d'Havré un registre qui est celui de la confrérie du T.-S. Sacrement, où se trouve la signature du duc Joseph, se constituant membre de la confrérie, et se déclarant l'esclave du Dieu caché sous les voiles eucharistiques. En cela, du reste, il ne faisait que suivre l'exemple de son père Louis-Ferdinand-Joseph, de son aïeul Jean-Baptiste-Joseph et de son bisaïeul Ferdinand-Joseph.

(2) Le duc d'Havré traitait les ecclésiastiques avec une noble familiarité. On en jugera par le petit trait que nous allons rapporter : Un jour il dit à M. le chanoine Leroy, doyen du Rœulx, qu'il avait l'intention d'aller demeurer chez lui, le doyen n'y comprit rien tout d'abord; même le duc ayant répété plusieurs fois le même propos, il fut tenté de croire à un caprice de vieillard. « Oui, lui dit enfin l'excellent homme, je viendrai m'établir chez vous, dussiez-vous me pendre ! » Le lendemain un valet du château apportait au presbytère le portrait du duc.

17

dinand de Croy-Dulmen, la princesse de Soire vit entourée des enfants de ses enfants, et sait leur rendre chère la mémoire de leur aïeul, le duc d'Havré.

Nous n'avons rien dit des derniers moments de l'illustre nonagénaire. Sa fin fut digne de sa noble et vertueuse existence. Il venait d'accomplir sa 95e année quand il mourut au Rœulx le 9 novembre 1839. Ses restes furent déposés à Havré dans la chapelle de Notre-Dame où nous avons lu l'inscription suivante :

Cy git la dépouille mortelle de sérénissime prince Joseph-Anne-Auguste-Maximilien de Croy duc d'Havré et de Croy, prince du Saint-Empire, grand d'Espagne de la première classe, chevalier de l'Ordre de la Toison d'Or et de celui de Charles III, grand-croix de l'Ordre de Saint-Louis, lieutenant-général des armées et capitaine de la 1re compagnie des gardes du corps des Rois de France Louis XVIII et Charles X.

Sa vie entière fut un modèle d'une piété aussi solide que constante et d'un dévouement sans bornes à trois monarques malheureux dont il mérita d'être l'ami en leur sacrifiant toute son existence.

Il mourut au château du Rœulx le 9 novembre 1839, au milieu des profonds regrets de quatre générations auxquelles il laissa l'exemple de près d'un siècle de vertus. Ses cendres reposent là près du cœur d'une épouse tendrement chérie.

A cette épitaphe nous ajouterons un mot ; et ce mot nous le tirerons du discours que le duc d'Havré lui-même prononça à l'occasion de la mort du duc de Feltre. « Si le souvenir de l'homme de bien est une des plus grandes consolations que puisse éprouver sa famille, elle sent qu'il devient aussi pour elle un engagement sacré de marcher sur les traces du digne objet de ses regrets. » La famille du duc d'Havré a su s'appliquer ces paroles et c'est pour elle un bien beau titre de gloire.

La fin du dernier seigneur de Tourcoing ne fut pas même connue de la plupart, sinon de tous les habitants de cette ville où, plus d'un demi-siècle auparavant, il était entré dans une voiture attelée de six chevaux et avait été reçu aux cris de « Vive Monseigneur. »

Le château du bailli avait été patrimonialisé, nous a-t-on dit, moyennant une faible somme d'argent payée au duc, qui voulut bien s'en contenter.

Il ne reste plus des anciens seigneurs de Tourcoing qu'une maison assez vulgaire, et un vieil écusson qui ne porte même plus les couleurs héraldiques, mais qu'on conservera, nous l'espérons, avec soin comme un véritable monument historique.

ADDITIONS ET CORRECTIONS.

Sur Baudouin III et Iwan de Gand.

Années 1115 et 1117. Voir pages 9 et 13.

Les chartes où figurent Bauduin et Iwan, en 1115 et 1117, ont été publiées dans le *Chronicon Vormezellense*. Brug. 1847 p. 36. On y lit: *Baldewinus de Alost et Iwain frater ejus.*

Année 1122, voir page 9.

M. le baron Jules de Saint-Genois, dans son *Hist. des avoueries en Belgique*, pp. 27, 29, n, 22, cite l'acte de 1122 au sujet de S. Bavon, et renvoie au comte Joseph de Saint-Genois et au *Cartulaire de S. Bavon*. On y lit: *Balduinus de Gand et Yuuain frater ejus.*

Sur Werce et Meinth.

Voir pages 11 et 20.

Luthgarde de Grimberghe avait apporté en mariage à son mari Baudouin III d'Alost les alleux de Werce et Meinth, appelés dans certains manuscrits Warce et Menith. Il est naturel de les chercher dans les environs de Grimberghe, et nous ne doutons pas que Meinth ne soit la même chose que Meysse. En effet on trouve dans le cartulaire de Ninove (*Chron. Fland.* t. II. pp. 752, 772-774, 781, 816, 827, 844, 847) que, parmi les possessions attribuées par Iwan d'Alost à l'abbaye de Ninove, se trouve la dîme de *Menz* (*menca, mence*), dont Ophem, Rode et Hassel sont les appendices, et que l'abbaye de Grimberghe avait le personat et une partie des dîmes de la paroisse de Menz, ce qui amena des contestations entre les deux abbayes de Ninove et de Grimberghe. Or on trouve dans les environs de Meysse les localités appelées Ophem, Hassel ou Ossel et S. Brixius-Rode ou Rhode-Saint-Brice. Voir sur Meysse l'*Hist. des env. de Bruxelles* p. 296.

Warce ou Werce nous est inconnu; il y a dans les environs de Bruxelles, non loin de Vilvorde, Weerde que nous préférerions à Weert-Saint-George.

Années 1129 et 1138, voir page 22.

Les chartes des années 1129 et 1138 se trouvent dans le *Chronicon monasterii de Dunis*. Brug. 1839, pp. 138 et 139. On y lit : *Yetain de Gandaro* et *Entanus de Gandaro*.

Page 21, ligne 21.

Au lieu de 1238 lisez 1138.

Année 1139, voir page 26.

La charte de 1139 se trouve dans le *Chronicon abbatiæ Furnensis*. Brug. 1849, p. 211. On y lit : *Iwainus* et *Yvainus*. Au reste d'après la chronique de Furnes, il semble qu'après avoir donné à l'abbaye les deux parts de la dîme de Houthem, en 1139, il lui aurait donné toute la dîme avec seize mesures de terre, en 1142. Car on y lit à la page 214 une confirmation faite par Philippe d'Alsace, comte de Flandre, pour le repos des âmes d'Iwan, de Thierry et de Laurette d'Alsace, d'une donation faite par Iwan de XVIII mesures de terre plus ou moins. Or à la page 212 on lit : *De tota Decima de Houthem et XVI mansuris a D. filio Balduino Gandaro et Theodorico comite Flandriæ nobis collatis. 1142. Ego G. Filius Balduini Gandarensis*... Nous croyons que le *D* et le *G* qui désignent évidemment un seul et même personnage ont été par erreur mis pour un *Y* et qu'il s'agit là d'Iwan.

Sur Thierry de Gand.

Voir page 20 4e alinéa.

La chronique de Furnes donne à la page 215 l'acte qui confirme l'échange fait par l'abbaye de Furnes de certaines terres tenues de Thierry. On y lit : *Theodoricus D. G. Dompnus de Alost*.

Sur Laurette d'Alsace.

Voir page 28, 29, 32 not. 1.

Gislebert de Mons (*Rec. des hist. des Gaules*, t. XIII, p. 558) dit que Laurette d'Alsace, fille de Thierry comte de Flandre et de sa première femme, épousa, après la mort d'Iwan, Raoul comte de Vermandois, qui était veuf, puis Henri duc de Limbourg, puis Henri comte de Namur, et qu'enfin elle prit l'habit religieux, ayant successivement *laissé* tous ses maris. L'expression *relictis* indique que ce n'était pas la mort qui avait été cause de la dissolution de chaque mariage.

Galopin dans son *Flandria generosa* p. 24, lui donne pour époux 1º le duc de Louvain, Henri, mort jeune sans héritier; 2º *Iван de Aelst*; 3º Henri de *Lembourg*, dont elle fut séparée pour cause de consanguinité; 4º Raoul comte de Péronne; 5º le comte de Namur.

Gislebert (loc. cit.) dit qu'avant le mariage de Laurette avec Henri comte de Namur et de *Luxeleborg*, ce dernier fut obligé de demander le consentement et l'agrément de Baudouin comte de Hainaut, de la comtesse Alix et de leur fils Baudouin.

Ce fut à Forêt que Laurette d'Alsace prit le voile et elle fit don à son couvent de l'alleu de Gosuin d'Erpe sis à Anderlecht et acheté par elle. Le duc Godefroid reconnut cette donation l'an 1173 en présence de Walter et Gérard fils de Gosuin d'Erpe. M. Wauters (voir page 32, not. 1) a entendu les mots : *Laurelam filiam Theodorici*, (Mirœi op. diplom. t. I. p. 757) d'une fille de Thierry d'Alost; mais, Laurette d'Alsace est toujours désignée sous le nom de fille du comte Thierry; Thierry d'Alost n'est appelé *comte* dans aucun document, et, d'après les historiens, est mort sans enfants; enfin l'acte du duc Godefroid, n'indique nullement un fait récent, l'absence de Gosuin d'Erpe et la présence de ses fils indique plutôt le contraire.

Sur Laurette de Hainaut.

Voir page 32 et page 31, not. 1.

Gislebert (*loc. cit.*), après avoir dit que Thierry d'Alost mourut jeune, rapporte que sa veuve qu'il appelle *pulchram admodum et honestam* contracta son second mariage l'an 1173 après l'octave de l'Épiphanie. Il expose aussi tout ce que nous avons rapporté d'après Du Chesne, puis il raconte comment le comte Baudouin ayant appris que sa sœur était opprimée par de puissants voisins, traversa la France, sans sauf-conduit, avec trois cents soldats, tira vengeance des ennemis de Laurette et revint dans son pays après lui avoir procuré la paix et la prospérité désirables.

La date de 1173 assignée par Gislebert au second mariage de Laurette de Hainaut est une preuve nouvelle de l'erreur que M. F-J. De Smet (et non De Smedt) a commise en reculant la mort de Thierry d'Alost jusqu'en 1171.

Sur Baudouin de Bourbourg.

Année 1169, voir page 31.

Baudouin, châtelain de Bourbourg, fut un des témoins appelés à confirmer la fondation de seize prébendes faite à l'église collégiale d'Aire par Philippe d'Alsace en 1169. La charte, qui est du premier août de cette année, porte : *S. Balduini Castellani de Broburg*. (Mém. des antiq. de Morinie, tom X.)

Sur Adelis de Guines.

Voir page 52.

D'après Scohier (*Généal. et descente de la maison de Croy* p. 3), Guillaume sire de Croy, deuxième fils de Marc de Hongrie, épousa Anne fille du comte Arnoul de Guines mort l'an 1220 et de Béatrix vicomtesse de Bourbourg, morte l'an 1224. Dans la généalogie publiée par de Courcelles (page 9) on fait remarquer que Du Chesne nomme cette fille Adelise et ajoute qu'il n'a pas eu connaissance de son mariage. « Il est possible, ajoute-t-on, qu'elle ait été alternativement connue sous ces deux prénoms, usage très-commun dans les 11e, 12e et 13e siècles. » On fait ensuite remarquer l'erreur de Pontus Heuterus qui attribue à Anne et à ses enfants la possession du comté de Guines.

Sur Arnoul II, comte de Guines.
Année 1207, voir page 55.

Du Chesne est loin d'avoir tiré de la chronique d'Andre tout ce qui a rapport aux comtes de Guines dont il avait à parler; nous allons recueillir ici quelques traits qui ont rapport à Arnoul II:

Le chroniqueur Guillaume, parlant de l'abondance dont le monastère d'Andre avait joui sous l'abbé Iterius, transféré en 1207 à l'abbaye de Ham, dit que les comtes Baudouin et Arnoul, portant en quelque sorte envie à la prospérité du couvent, avaient emprunté en diverses fois à l'abbé trente marcs sterling et cent vingt livres, monnaie de Flandre, dont ils ne songèrent pas à restituer un sou, ni à Iterius, ni à son successeur. (*D'Achery, Spicileg.*, p. 835).

Parmi les causes du départ d'Iterius pour le couvent qui l'avait élu en qualité d'abbé, quelques personnes assignaient le peu de faveur dont il jouissait auprès du comte et de la comtesse. (*Ibid.*)

Le même abbé Iterius, ayant, aussitôt après sa nomination, interjeté appel contre les moines d'Andre pour les empêcher de procéder à l'élection d'un nouvel abbé, le comte et la comtesse promirent au couvent de lui prêter le concours de leur influence et de les aider de leurs biens. (*Ibid.*, p. 836.)

Guillaume s'étant ensuite rendu à Rome et ayant obtenu du Pape Innocent III un diplôme qui permettait aux moines d'Andre de se choisir un abbé parmi leurs confrères sans être forcés, comme ils l'avaient fait auparavant, de tirer leur supérieur de l'abbaye de Charroux; les moines de cette dernière abbaye cherchèrent à empêcher ce diplôme de sortir son effet. L'abbé de Charroux vint donc du Poitou en Flandre avec quelques-uns de ses religieux, gagna l'évêque de Térouenne, et lui fit fulminer l'ordre aux moines d'Andre d'élire dans les huit jours pour abbé un moine de Charroux, sous peine d'excommunication et de suspense. Ensuite, l'évêque étant mort, ceux de Charroux s'adressèrent au comte et à la comtesse de Guines, et les gagnèrent à leur cause par la promesse qu'ils firent de 80 marcs pour eux et de 10 pour leurs conseillers. Au moyen de cette offre, ainsi qu'en leur montrant certains papiers, ils obtinrent du comte et de son épouse l'assurance qu'aussitôt après le paiement des 80 marcs ils seraient mis par la force armée en possession du monastère d'Andre. Mais alors le prieur d'Andre s'adressa à son tour aux patrons de son

Eglise, leur dit qu'il valait mieux pour eux recevoir l'argent promis de l'abbaye d'Andre et l'aider dans la conservation de ses droits, que de prêter main-forte à leurs adversaires, en vue de la promesse d'une somme égale. Le comte et la comtesse se laissèrent persuader, et renvoyèrent dans leur patrie les premiers solliciteurs. (*Ibid.*, pp. 839, 810).

Cependant Arnoul de Guines, fatigué des guerres et des démêlés qu'il avait eues pendant de longues années tant avec son père qu'avec le comte Renaud de Boulogne, voulant voir la fin de ces guerres et se réconcilier avec le comte, afin de pouvoir subjuguer et affaiblir certains nobles qui avaient semé entre eux la dissension et la haine; désirant aussi opérer la division et la démarcation de certains marais communs entre le comte de Boulogne et lui; et réfléchissant que personne ne pourrait mieux et plus facilement venir à bout de tout que Simon, prieur de Wast (Watten?) qui était bailli et conseiller du comte, eut avec celui-ci de fréquents entretiens, lui envoya souvent un certain Salomon, vieillard de Savinghem, son vassal et celui du prieur, en reçut de nombreuses réponses, et termina enfin cette longue et frauduleuse négociation en promettant l'abbaye au prieur à condition que celui-ci accomplît sa volonté; l'accord fut conclu. Assurés de l'exécution de leurs désirs, le comte et la comtesse invitent le prieur avec quelques-uns des plus anciens moines. On fait devant les Frères le plus grand éloge de la probité, de la magnanimité, de la prudence et des œuvres admirables du prieur, et on les engage à le choisir pour abbé et à le faire élire par leur confrères. On a recours aux exhortations et aux menaces; on leur dit publiquement que s'ils consentent à l'élire, personne dans les deux comtés ne pourra leur résister, que s'ils n'écoutent pas ce conseil ils doivent cesser de compter sur l'appui du comte, de la comtesse et de leur parenté. Les moines eurent la faiblesse de céder, leurs confrères en firent autant et le prieur fut élu suivant le désir du comte. (*Ibid.*, p. 840.)

Le roi d'Angleterre, Jean, ayant chassé de son royaume, l'an 1207, tous les moines de Cantorbéry, irrité qu'il était de la nomination du cardinal Etienne au siége de Cantorbéry, le comte de Guines se distingua par la manière courtoise dont il reçut les vénérables exilés. Dès qu'il eut appris qu'ils étaient entrés sur ses terres, il alla au-devant du prieur Gaufrid et de son couvent, les salua et les conduisit à son château de Tornehem avec la comtesse, là il les força à dîner, eux et leurs serviteurs, et voulut lui-même les servir à table. Après un repas splendide il fournit des chevaux et des voitures aux moines qui étaient quatre-vingt et plus et les fit conduire jusqu'à Saint-Omer, leurs domestiques et leurs serviteurs, qu'on dit avoir été au nombre de cent, les accompagnant, les uns à cheval, les autres à pied, suivant la coutume. (*Ibid.*, p. 841.)

La même année 1207, au mois de juin, à Bergues, Philippe, châtelain de Maldeghem, engagea au profit de l'abbaye de Vicogne une certaine portion de dîme, en présence du marquis de Namur, régent de Flandre, et d'après le jugement des nobles de la cour de Flandre. Parmi ces nobles figure au premier rang Arnoul comte de Guines, viennent ensuite Guillaume, châtelain de Saint-Omer, Gillebert, châtelain de Lille, Walter, châtelain de Douai, Baudouin de Comines, Walter de *Formeseles*, Gérard de Sotenghem. (*Maldeghem la loyale*, par M⁰ la comtesse de Lalaing, p. 358.)

Sur Guillaume de Mortagne.
Voir page 78.

Gislebert de Mons (*Rec. des his. des Gaules*, t. XIII, p. 553) donne une généalogie qui s'accorde avec celle de Baudouin d'Avesnes. Il appelle la fille de Baudouin Richilde, et le châtelain de Tournai Everard.

De leur mariage descendirent par générations successives 1º Everard Radoul, 2º Baudouin, 3º un autre Everard Radoul, 4º Arnoul, 5º Guillaume de Mortagne.

Année 1280, voir page 80.

Guillaume de Mortagne consentit, lui et son frère Thomas, à la vente faite en 1280, par leur autre frère Baudouin, des dîmes de la grange de Flines à l'abbaye du Château. (*Notice sur les arch. de l'anc. abb. du Château* par M. Benezech de Saint-Honoré : *Bull. de la comm. Hist. du Nord*. 1849 v. 3. p. 68).

Année 1288, voir page 84.

La charte de 1288, concernant le fief de Feignies se trouve dans le manuscrit nº 584 de la Bibl. de Valenciennes (p. 580 du catal.) elle en forme le nº 130.

Année 1290, voir page 89.

L'an 1290, Guillaume de Mortagne, songeant aux intérêts de son âme, donna à l'abbaye de Château 100 livres parizis, à charge de chanter son obit tous les ans. Il en délivra les lettres qui furent reçues par l'abbé et le couvent (*Bull. de la com. Hist. du Nord* p. 59).

Année 1299, voir page 96.

Une partie de l'enquête sur les méfaits de Jean Delepierre, bailli de Damme, a été donnée par M. Gaillard, *Recherches sur les monnaies du comté de Flandre*, p. 130.

Sur Guillaume de Mortagne et les Seigneurs de Tourcoing qui ont été en même temps Seigneurs d'Audenarde.

Les notes qui vont suivre sont tirées d'un manuscrit de la bibliothèque de M. Van de Putte, curé-doyen de Poperinghe, que ce savant et vénérable ecclésiastique a eu l'obligeance de nous prêter. Il se compose de trois parties, la première commençant par ces mots : *La maison de Blondel...*; la seconde par ces mots : *Le premier de la maison d'Audenarde...* La troisième est intitulée : *Inventaire des lettres, titres, rapports et dénombrements trouvés en divers lieux concernant les maisons d'Audenarde et de Blondel.* Les deux premières parties conduisent la généalogie des sires d'Audenarde jusqu'à la seconde moitié du XVIe siècle, la troisième en contient les pièces justificatives.

Cette généalogie renferme plusieurs des erreurs que nous avons relevées dans les autres généalogies des sires d'Audenarde ; mais elle nous fournit le moyen d'éclaircir et de compléter certains points de cette ténébreuse histoire.

Sur Arnoul V et Arnoul VI d'Audenarde.

Voir page 88 et 98.

La dernière épouse de Guillaume de Mortagne est appelée dans le mss. V. D. Putte *Isabeau*, dite dame d'Audenarde etc., fille de Arnou IV et de Isabeau de Hainaut dame de Soubbrencq et de Fontaines fille de Philippe de Haynault, sire de Soubbrencq ou Sebourg, neveu de Baudouin le courageux comte de Hainaut.

Le mss. dit que ledit Arnoul V délivré des prisons du roi de France « fut derechef pris à Lessines par le comte de Hainaut, qui s'empara par trahison d'icelle ville et y ayant mis le feu la fit démanteler, et tient-on que ledit comte lui fit secrètement trancher la tête et enterrer audit hôpital de Lessines. » Tout ceci n'est nullement en désaccord avec la chronique éditée dans le tome III des Chroniques de Flandre p. 199, où il est dit, comme nous l'avons rapporté, à la page 98, que le ber d'Audenarde fut mis à mort de la main de son cousin le comte de Hainaut. Or, Arnoul V, ber d'Audenarde, était le cousin par alliance du comte du Hainaut. Nous croyons donc devoir corriger la supposition que nous avons faite par rapport à Arnoul VI, et dire que c'est son père Arnoul V qui fut tué à Lessines. Ce fait, d'après la chronique citée plus haut, arriva en 1303.

Quant à Arnoul VI nous dirons qu'il vivait encore en 1309, époque où il donna en fief un certain bois à Jean Kufelart du consentement d'Isabeau d'Audenarde, dame de Dossemer sa sœur, et qu'il avait épousé Felicitas de Lille. Ces affirmations reposent sur deux chartes du château de Pamele, citées en 11e et 12e lieu dans le mss. V. D. Putte. Elles ne contredisent pas les généalogies imprimées des sires d'Audenarde. La charte qui fait mention de Felicitas de Lille comme épouse d'Arnoul est de l'an 1310.

Le mss. susdit, dans sa 2e partie, confond Arnoul V et Arnoul VI ; cependant la dame de Dossemer, c'est-à-dire l'épouse de Guillaume de

Mortagne, est bien la fille et non la sœur d'Arnoul V. De plus le siége de Lessines a eu lieu certainement en 1303.

Sur Isabelle d'Audenarde.
Année 1322, 1339, voir page 99.

Le mss. V. D. Putte cite 1° un acte du 20 avril 1322, donné par Gérard de Grandprez, chevalier, dit sire de Huffalise et d'Audenarde et par Isabeau dite dame d'Audenaerde et qui a rapport à certain éclissement fait de leur fief de Wackenes; 2° un acte de 1339 par lequel ledit Gérard sire de Ruchy, dit sire d'Audenarde, et Isabeau font don à Jean de Rocqueghem de leur ville de Kerckem, etc. Gérard mourut en cette même année 1339. (Titres de Pamele, 13, 14 et 16).

Sur Guillaume II de Mortagne.
Année 1336 et 1337, voir page 101.

Guillaume d'Audenarde, par une lettre de l'an 1336, confessa que Jean de Rocqueghem, fils de Rasson de Sciercoite (?) possédait un revenu de 60 livres par an sur son *winage* d'Audenarde et de Pamele par eau, revenu que ledit Jean avait acheté de Arnoul avoué de Hesbaie (issu des sires d'Audenarde et de Diest). Le sceau de Guillaume II, semblable à celui de son père, portait l'empreinte d'une croix, chargée de cinq coquilles.

L'an 1339, Guillaume comme *ainé hoir* d'Isabeau d'Audenarde, confirma la donation que sa mère héritière de Gérard de Grandpret son mari avait faite audit Jean de Rocqueghem de la ville de Kerckem, s'en réservant toutefois à soi et à ses hoirs l'investiture. La qualité d'héritière de son mari donnée à Isabelle nous a semblé donner à conclure que Gérard venait de mourir (Titres de Pamele, 15 et 16).

Le mss. V. D. Putte cite une lettre où Marie de Mortagne est dite *sœur* et héritière de Guillaume, contrairement au cartulaire de Hainaut, suivi par nous, et qui la dit *fille*, ce qui nous paraît plus vrai. (Ibid. 17). Cette même lettre, qui est de l'an 1366, nomme Jean seigneur de Fay et de Tilletoy comme époux de ladite Marie de Mortagne. Nous pensons que déjà le divorce avait eu lieu (voir page 102).

Sur Gossuin du Quesnoy et Jean du Fay.
Année 1360, voir page 103.

Compromis et arbitre passé entre Jean seigneur du Fay, dit sire d'Audenarde, et Monseigneur Gossuin du Quesnoy seigneur de Braffe touchant la division des biens de leurs femmes, étant sœurs, etc., 1360. (Ibid. 18).

N B. Yolende, femme de Gossuin n'ayant pu être la sœur, mais bien la fille de Guillaume II, il s'en suit que Marie était aussi la sœur dudit Guillaume.

Sur Marie de Mortagne et Gossuin du Quesnoy.

Année 1368, voir pages 103 et 104.

Marie d'Audenarde était morte en 1368; la preuve en est que, cette année-là, Gossuin du Quesnoy, seigneur de Braffe, prêta foi et hommage à Godefroi de Looz, seigneur de Heynsberg, pour les terres d'entre Marck et Rosne, à cause de sa femme la dame du Quesnoy, sœur de feue Marie d'Audenarde. (Ibid. 19).

Sur Jean d'Audenarde.

Année 1370, 1373 et 1376, voir page 105.

Jean Tyncke, maréchal de Flandre, avait été établi par le comte curateur de Jean d'Audenarde, mineur d'ans. Le mss. V. D. Putte (Ibid 22) cite de lui trois lettres en flamand des années 1370, 1373 et 1376. Par erreur et contrairement à des chartes citées immédiatement auparavant Jean y est appelé fils de Yolende.

Le même mss. cite un acte reposant à Rupelmonde et daté de l'an 1371, concernant le séquestre de la terre de Tourcoing, c'est probablement celui dont nous avons parlé à la page 105.

Sur Gossuin du Quesnoy et Yolende de Mortagne.

Années 1384, voir page 104, page 105 note 5 et p. 106 note 2.

Gossuin du Quesnoy était mort en 1384; et ce fut cette année-là qu'Yolende de Mortagne, dame de Longvillers et de Douriers, veuve de Monseigneur du Quesnoy, transporta à Louis du Quesnoy, son fils aîné, toutes les terres et seigneuries que tenait Jean d'Audenarde, cousin dudit Louis, au jour de son trépas à cause de sa mère Marie sœur de ladite Yolende; pourtant Yolende retint pour elle les terres de Rumes, de Tourcoing et de Templeuve, sans que ledit Louis pût y prétendre aucun droit ni demander aucune chose (Titres de Pamele, 20). Une note du mss. dit expressément à cet endroit que Jean d'Audenarde était fils de Jean du Fay. — NB. Ce document nous donne l'occasion de parler de la seigneurie de Rumes à laquelle nous avons consacré la note 2 à la page 106. Nous ferons remarquer d'abord qu'il y a une erreur dans la rédaction de cette note et qu'il faut lire : « Cette seigneurie (de Rumes) cédée ou vendue par Guillaume 1er à sa sœur Isabeau, devenue veuve d'Arnoul V sire de Diest, appartint aux enfants de ladite Isabeau, puis, de la maison de Diest fut transmise aux maisons d'Ailly, etc. »

L'auteur des légendes du Tournaisis affirme sans hésiter que la maison d'Ailly reçut la seigneurie de Rumes de la maison de Diest à laquelle elle était alliée. Mais comment la maison de Diest l'avait-elle acquise? Guillaume 1er de Mortagne ne se trouvant plus, dans les actes qui suivent 1206, appelé sire de Rumes, nous en concluons qu'il avait alors cédé cette terre à sa sœur Isabeau, veuve vers le même temps d'Arnoul V de Diest. Mais voici un document de 1384 qui affirme le contraire. De plus les généalogies des sires d'Audenarde disent que Philippote du Quesnoy fut dame de Rumes. Enfin le mss. V. D. Putte cite une lettre de Marie du Quesnoy, de l'an 1421, contenant le don qu'elle fit des terres de Rumes et de Chigny. Cette difficulté paraît difficile à résoudre, d'autant plus que la maison de Diest a possédé la seigneurie de Rummen et qu'il y a près de Tournai des villages dont le nom approche de celui de Rumes. Peut-être la seigneurie de Rumes a-t-elle été dédoublée de manière que deux familles en portassent le titre et Marie du Quesnoy n'aurait dans ce cas abandonné qu'une partie de cette seigneurie.

Sur l'écusson des Quesnoy.
Voir page 105.

D'après Scohier les Quesnoy portaient échiqueté d'or et de gueules.

Le mss. V. D. Putte dit que Marie du Quesnoy portait échiqueté de gueules et d'or, de 16 pièces. Le Miroir armorial donne les mêmes armes à Marguerite du Quesnoy.

Il donne aussi le dessin des armes « engravées en pierre devant le château de Loire » avec l'inscription « Louys sire du *Quesnoy* ber de Flandres, etc. » Ce sont au milieu un échiquier de 40 pièces environ et aux quatre coins : 1° *Loutillers*, à une croix ancrée; 2° *Toutencourt*, à trois fleurs de lis au pied coupé; 3° *Audenarde*, fascé de six pièces; 4° *Dourier*, comme Toutencourt.

Sur Louis du Quesnoy.
Année 1389, voir page 106.

Le mss. V. D. Putte cite une lettre de l'an 1389, contenant certain adhéritement que Louis du Quesnoy, dit sire d'Audenarde, ber de Flandre, fit au profit du couvent de Maegdendael, par ses bailli et hommes de sa seigneurie de Melden et Nukerke. (Titres de Pamele, 25).

Il semble aussi que ce soit de Louis du Quesnoy qu'il s'agit dans un petit fait mentionné dans les Mémoires de la Société historique et littéraire de Tournai, parmi les extraits des registres des consaux à l'an 1408.

Le capitaine des Savoisiens Amé de Viry ayant accompagné le duc de Bourgogne à Liége, avec mille chevaux ou environ, on lui refusa le passage de l'Escaut à Antoing et à Tournay, mais il pouvait écrire le 15 octobre 1408, « que finalement, par le moyen de *haull et noble le
» seigneur du Quesnoy*, ils (les bailli, prévôts, jurés et gouverneurs de
» Tournai), me ont accordé passage par au dehors de la dite ville, et
» joignant ycelle, parmy ce que je ay promis et juré en la main dudit

» seigneur du Quesnoy, et ycelui seigneur meismes à eux pour mi
» et encore juré et promeeh.... » La promesse était de ne faire aucun
dommage à ceux de Tournay.

Le mss. V. D. Putte cite une consultation que fit tenir dame Jacqueline de Helly, femme de Louis du Quesnoy, « en la court de Reims l'an 1418. » (Titres de Pamele, 26).

Sur Yolende de Mortagne, Jean d'Audregnies et Jean Blondel.

Années 1389 et 1392, voir page 106.

Les deux fiefs possédés par Yolende à Tourcoing étaient le fief de Tourcoing, et celui des Poultrains; tous deux relevaient de la salle de Lille.

Années 1383, voir page 106.

Le mss. V. D. Putte donne *in extenso* le traité de mariage de Jean Blondel conclu, non en 1583, mais en 1382, 1383 ou 1385, le deux octobre.

La chose eût lieu à Tournai par l'autorité de noble homme, messire Jean, sire d'Audregnies, époux d'Yolende, et par le gré et le consentement de Monsieur Louis du Quesnoy, fils aîné de dame Yolende.

Il y est dit que les armes de Jean d'Audregnies sont colicées et celles de Louis de Quesnoy échiquetées et soutenues de deux lions portant un homme sauvage qui tient d'une main un bâton et de l'autre la crinière du lion. Sur le timbre est une tête de cheval.

Année 1389, voir pages 106 et 107.

Le mss. V. d. Putte cite « une lettre passée en l'an 1399 (lisez 1389) par Jean Blondel, seigneur de Méry d'une part et Robert Bertel, procureur de Monsieur *Jean d'Audregnies*, chevalier, et Madame *Joland de Mortagne*, dame du Quesnoy, sa femme, et de Monsieur *Louis du Quesnoy*, chevalier, fils et héritier apparent de ladite dame d'autre part, contenant la vente du fief et hommage que Jean, seigneur du Fayel, tenait d'eux, d'une maison séant à Montreuil, laquelle d'ancienneté a esté en appartenance au seigneur possesseur de la terre de Longvilliers, etc. »

Le même mss. cite encore un instrument signé de ladite Joland, où se fait mention de messire Jean de Audregnies, son 3ᵉ mari, et de Jean leur fils, l'an 1389. » (Titres de Pamele, 23.)

Nous croyons qu'il s'agit là de Jean Blondel, époux de Marie du Quesnoy, et nullement d'un fils de Jean d'Audregnies.

Enfin, on lit dans le même recueil : « A l'église de S. François à Valenciennes estoit la sépulture de dame Joland de Mortagne qui fut desmolie par les Huguenots, où l'on voit ces mots : Cy giest noble dame Joland de Mortagne, femme... le reste estant effacé, et à l'entour y avait plusieurs armoiries, à scavoir celles de Longvilliers, celles de Mortagne la croix chargée de cinq coquilles, les armes du Quesnoy entières, celles de Coucy et d'Audenarde et unes armes parties du Quesnoy et de Mortagne. »

Sur Jacques Mouton, époux de Philippote ou Marguerite du Quesnoy.

Années 1375-1440, voir page 106 note 1.

Philippote du Quesnoy aurait eu pour second époux, d'après la généalogie imprimée des sires d'Audenarde, Jacques Mouton, baron d'Harchies. Or voici ce qu'on lit sur ce personnage dans le *Traité de l'origine des noms et des surnoms... par de La Roque. Paris*, 1561, petit in-12.

Chapitre XXXIV.

De ceux qui prennent le nom et les armes de la seigneurie qu'ils acheptent; et de ceux qui, changeant de nom, retiennent leurs armes d'origine.

Du nombre de ceux qui ont pris le nom et les armes de la seigneurie qu'ils avaient acheptée, a été, selon le sentiment de Jean Scohier, chanoine de Bergue, Jacques Mouton, SEIGNEUR DE TURCOING, qui vendit la terre de Turcoing, et achepta celle de Harchies en 1440; dont il porta le nom et les armes brisées d'un canton de gueules; il les écartela de celles du Quesnoy, à cause de Marguerite du Quesnoy DE TURCOING, sa mère, femme de Jacques Mouton, son père, et le duc de Bourgogne le fit premier baron de Harchies (1).

Voici maintenant comment Olivier de la Marche (l. I, ch. 25.), cité par Christyn (*Jurispr. her.* p. 355), raconte la manière dont Jacques Mouton fut fait banneret en l'an 1452.

« Et prestement se présenta aussi messire JAQUES sr de HARCHIES en Haynaut, et porta son pennon suffisamment accompaigné de gens d'armes, sieurs et autres qui l'accompaignoient. Celuy Jaques requit à son souverain seigneur, comme comte de Haynaut, qu'il le fit BANNERET en la seigneurie de Harchies, et à la vérité bien lui devoit estre accordé, car il estoit un très-vaillant chevalier de sa personne, et avoient luy et les siens honorablement servy en toutes guerres. Si luy fut accordé et fut fait banneret celuy jour le seigneur de Harchies. »

Quant à Scohier, cité par La Roque, c'est dans son *Etat et comportement des armes* (p. 75) qu'il parle de « Jacques Mouton, seigneur de Harchies, l'an 1452, quand la seigneurie fut érigée en bannière, par le bon duc Philippes de Bourgogne, » et il nous apprend que, par suite de cette érection, « fut icelui messire Jacques de là en avant nommé

---

(1) Note communiquée par M. Leuridan, archiviste de Roubaix.

Jacques de Harchies. » Il dit d'ailleurs que « messire Jacques Mouton, s'étant retiré de *Tournay*, acheta l'an 1440 la seigneurie de Harchies de messire Jacques, fils aisné de messire Jean. »

Le passage de La Roque, véritablement curieux, soulève plusieurs questions qu'il nous est impossible de résoudre d'une manière satisfesante. Et d'abord ce passage contredit la généalogie des sires d'Audenarde, en appelant Marguerite, et non Philippote, l'épouse de Jacques Mouton, et en distinguant ce dernier, qui n'aurait été que simple seigneur, d'un autre Jacques Mouton, son fils, créé baron par le duc de Bourgogne.

De plus, la généalogie des sires d'Audenarde attribue à Jean Blondel la seigneurie de Tourcoing.

Ce Jean étant mort en 1426, comme nous le disons à la page 114, rien n'empêche que la seigneurie de Tourcoing n'ait passé à Marguerite ou Philippote du Quesnoy, épouse de Jacques Mouton, puis à leur fils, qui serait devenu seigneur de Harchies en 1448, et baron de Harchies en 1452. Ce qui est indubitable, c'est qu'en 1446, Oudart Blondel possédait la terre de Tourcoing, voir page 115. (Titres de Douriers, 5).

D'après le Miroir Armorial, par le sieur Creteau, (ms. n° 223 de la Bibl. de Tournai, 2º vol., fol. 254. v°), messire JACQUES MOUTON, bourgeois de Tournai, fils de Jacques Mouton, enterré à Saint-Brice, et de Marguerite de Maulde, fut anobli par Charles V, roi de France, en 1375, fut bailli des bois de Hainaut et épousa Marguerite du Quesnoy. Son fils, messire JACQUES MOUTON, seigneur de Harchies et de *Torcoing*, acquit Harchies, en 1440, de messire Jacques, fils aisné de messire Jean, prévôt de Maubeuge, et fut depuis l'an 1434 seigneur de Harchies. Il épousa Catherine Despret de Quiévrain, fille du seigneur de Baisieu. Il changea ses armes et porta au 1 et au 4 de gueules aux quatre bandes d'or, qui est de *Harchies*, au 2 et au 3 échiqueté d'or et de gueules de 16 pièces, qui est du *Quesnoy*.

M. B. Du Mortier, dans une notice sur les Mouton de Tournai, (*Archives tournaisiennes*, 1844, p. 111-121) et dans un travail sur la Confrérie des Damoiseaux, qu'il a eu l'obligeance de nous communiquer, a consigné de curieux détails sur la famille patricienne des Mouton, primitivement appelée de la Bruyère. Evrard de la Bruyère était échevin de Saint-Brice en 1210, Bricion de la Bruyère le fut en 1220, et prit dès 1221 dans cet échevinage le nom de Bricion Mouton, qui devint ainsi celui de la famille. Watier Mouton fut éward-juré en 1253. Jacques Mouton était sous-mayeur des eswardeurs en 1273, et il devint grand prévôt de Tournai en 1280, l'année de la fondation des damoiseaux. C'est sans doute lui dont l'écusson figure sur la torche des damoiseaux. Son frère, Gossuin Mouton, fils de Watier et de N. Du Mortier, sa seconde épouse, fut échevin de Saint-Brice en 1289, et il paraît que c'est à lui que se rapporte un autre écusson brisé d'un bâton sur la même torche. — Jacques Mouton fut prévôt de Tournai en 1277 et en 1279, Jean en 1307, Gossuin en 1311, Jacquemont dit Finard en 1311. Gossuin Mouton était échevin de Saint-Brice en 1313, Lottard en 1316, Gilles en 1319, 1320 et 1321.

Gilles Mouton commandait avec Gaultier de Calonne les Tournaisiens qui sauvèrent la vie au roi Philippe de Valois en 1328, et fit partie quelques années plus tard d'une autre expédition guerrière à Buironfosse.

Son fils Jacques Mouton, prit part avec Jacques Mouton, dit Finart, au tournoi des trente-et-un bourgeois de Tournai, et c'est probablement ce dernier qui a été enterré à Saint-Brice et dont le fils devint seigneur de Tourcoing. Son tombeau a été découvert vers l'an 1811.

Sur Marie du Quesnoy.
Année 1386, voir pages 100 et 109.

D'après le mss. V. d. Putte. « Le seigneur de la Rivière descendu de ceux de Blondel tenait une lettre de Jean Blondel, écuyer, seigneur de Méry et de Douriez et de Marie du Quesnoy, dame desdits lieux, donnée sous leurs sceaux le 7ᵉ de septembre 1386, contenant l'ung desdits sceaux ung aigle et l'autre un mi parti d'un aigle et d'un échiquier, et dit que ledit Jean Blondel eut une fille nommée Jehenne, mariée au seigneur de Causmaisnil. »

D'après le même mss. Marie eut, en avancement de son mariage, les terres de Dourier et Sauchoy, devint baronne de Pamele, etc., etc., à la mort de son frère Louis ; elle hérita aussi, après le trépas de ses deux sœurs, des terres de *Turquoing*, Templeuve et Rhemeuse, et après la mort de sa mère Yolande, des terres de Dossemer et de Rumez. Ceci ne contredit pas ce que dit La Roque d'un Jacques Mouton, seide Tourcoing à cette époque. Voyez plus haut.

D'après le même mss. encore, Marie donna en 1416 le dénombrement des terres et seigneuries d'Audenarde et de Pamele, à elle échues par le trépas de Louis du Quesnoy (Titres de Pamele, 27) ; en 1420, elle prêta foi et hommage à Jean de Looz, seigneur de Heynsberg pour les terres d'entre Mark et Rosne (ibid. 28) ; et en 1421, elle fit, on ne dit pas à qui, le don des terres de Rumez et de Chigny (?). (Ibid. 29).

De plus, Pierre Blondel, seigneur de Fresnes en Picardie, possédait une quittance de l'an 1419 (?) donnée par ladite Marie du Quesnoy, damoiselle de Longvillers, de Méry et de Dourier, veuve de Jean Blondel, écuyer, seigneur desdits lieux, à Pierre Blondel, son frère. Elle y confesse avoir reçu de lui la somme de 50 francs d'or pour les ventes et droitures de certain fief tenu de la seigneurie de Douriers. (Titres envoyés au seigneur de Liévin par Pierre Blondel, s. de Fresnes, 15). Le sceau de cet acte portait parti de pal, le premier d'un aigle, le second d'un échiquier de 18 pointes. Le Pierre Blondel dont il s'agit là serait l'oncle de Jean et d'Oudart Blondel, et fut seigneur de Recques et de Bulteau, d'après ladite généalogie.

Sur Jean Blondel.

Années 1419, 1421, 1422, 1423, voir page 110 et 115.

Bien que Marie du Quesnoy ait témoigné de l'affection à son fils aîné, Jean Blondel, comme le prouve la lettre qu'elle écrivit en sa faveur pendant sa captivité, elle favorisa cependant tout particulièrement son second fils Oudart. Peut-être voulait-elle, en lui attribuant ses principales seigneuries, se décharger ainsi de l'administration de ses domaines; toujours est-il qu'elle lui transporta, *en accroissement* de son mariage, la ville, château, et toute la seigneurie de Pamele et baronnie de Flandre. Deux lettres d'elle du 19 novembre et du 8 juin 1419 en faisaient foi. Une lettre en Flandre du bailli de la Chambre légale de Flandre donnait un plus grand poids aux actes de la dame d'Audenarde. (Titres de Pamele, 30, 31, 34.)

Jean Blondel dut se croire lésé dans ses droits; aussi, à son retour d'Angleterre, il voulut, dit le généalogiste, quereller ladite baronnie de Flandres, dont s'en suivit grand débat entre les deux frères, mais la chose fut à la fin appointée par le moyen du seigneur de Steenhuyze, souverain bailli de Flandre, de messire Gérard d'Oisy, seigneur de Saftinghe, de messire Daniel Allaerts, seigneur de Capryeke et de M. de Hennin. Oudart dut payer deux milles ducats à son frère et, moyennant cette somme, il demeura paisible possesseur des seigneuries qui lui avaient été cédées par sa mère. Trois lettres des années 1421, 1422 et 1423 contenaient les clauses de cet arrangement si difficile à conclure. (Titres de Pamele, 32.)

Avant cette conclusion, Jean Blondel aurait, d'après le mss. Van de Putte, pris, dans les actes officiels, les titres de « chevalier, ber de Flandres, dit sire d'Audenarde, seigneur de Douriers, Longvilliers, marquise, Antingues, Toutencourt, La Haye, etc. » Telle est, du moins, l'énumération qui se trouvait en tête d'une charte de l'an 1421 par laquelle il cédait à son frère Pierre Blondel, seigneur de Saulx, capitaine du Quesnoy, pour le récompenser de toutes les dépenses qu'il avait faites en l'accompagnant dans les dernières guerres un noble fief séant au terroir de Dourier, » et acquis par son père de demoiselle Jéhenne de Drucart.

La possession de ce fief était assurée à Marie de Cayeu, femme de Pierre, si elle lui survivait, et son fils Charles Blondel n'y pouvait rien prétendre, avant sa mort. Si l'acte qui mentionne ce fait (Titres du seigneur de Fresnes, 14 et 15), est authentique, Jean Blondel eut agi en habile politique, car non-seulement il gagnait son frère à sa cause par un bienfait, mais encore il le rendait son vassal, le fief dont il s'agit relevant de Douriers.

On a vu plus haut que le même fief avait appartenu à un autre Pierre Blondel, oncle du nouveau possesseur.

Année 1421, voir page 112, texte et note.

L'historien Meyer, fol. 263 et 264, confirme ce que nous disons de la prise d'un Jean Blondel par les Armagnacs. Seulement, il se trompe en confondant le Jean Blondel, seigneur de Grévillers, avec Jean Blondel, seigneur de Douriers.

Page 114, not. et page 115.

Le mss. V. d. Putte porte, comme toutes les autres généalogies, que Jean Blondel, seigneur de Douriers, fut gouverneur de Milan, mais il ne paraît pas qu'à cette époque les Français fussent en possession du Milanais; nous ne croyons donc pas que ni lui, ni son cousin-germain aient occupé ce poste. Jean Blondel, fils de Marie du Quesnoy, étant mort d'une manière peu honorable pour lui, les généalogistes ont sans doute voulu trouver un moyen de le faire disparaître moins tristement de la scène, en le supposant parti pour l'Italie. Quant à son cousin-germain, Jean Blondel, seigneur de Grévillers, Pontus Heuterus dit qu'il fut tué devant la forteresse de Montorgueil, en 1428. Il paraît plutôt, d'après le mss. V. d. Putte, qu'il survécut à ce siège. Il épousa Chrétienne de Courteheuse, dont il eut un fils et une fille et acheta en 1437 la terre de Longvillers à Oudart son cousin.

Sur Oudart Blondel.

Années 1419 et suivantes, voir page 115 et suivantes.

Nous allons énumérer d'année en année, d'après le manuscrit de M. le chanoine Van de Putte, les différents actes posés par Oudart Blondel.

Et d'abord ce serait en 1419, et non en 1433, qu'il aurait fait don à son oncle Pierre Blondel de la seigneurie de Recques, du consentement de Jean Blondel, seigneur de Petyt-Pas et de Dominois son cousin. La lettre de donation fait mention de Charles, fils de Pierre Blondel. (Titres de Pamele, 33.)

Ce serait aussi en 1437, et non en 1431, qu'aurait été effectuée la vente de Longvillers et de Douriers. A cette époque il avait contracté son second mariage. Le mss. cite, parmi les pièces envoyées par Pierre Blondel, seigneur de Fresnes, au seigneur de Lievin, « une lettre de l'an 1437, dans laquelle Oudart prend les titres de chevalier, seigneur de Pamele, Douriers, Longvillers, ber de Flandre et seigneur d'Audenarde. » Dans cette pièce, il permet à son neveu Charles Blondel, de démembrer et de vendre une partie d'un fief qu'il tenait de la seigneurie de Douriers, pour aider à payer la rançon de son père, Pierre Blondel, capitaine du Quesnoy. (Titres du sr de Lievin, 4 et 5.)

Le même mss. cite encore : « Le contrat de vente de la ville, chastel, forteresse, bois, terres et justice de Douriers vendus par Oddart Blondel, seigneur de Longvillers et de Toutencourt et Isabelle d'Escornay, damoiselle de Pamele, son épouse à noble Raoul (et non Jean) de Créquy, seigneur de Moliaus, pour en jouir par lui et ses hoirs héritablement tout ainsi que Monsieur Jehan Blondel, frère de Oddart, jouissait au jour de son trépas, et ce moyennant la somme et prix de neuf milles quarante livres, monnaye alors ayant cours en Arthois, francs, deniers, etc. Donné en la ville d'Audenarde, le 4ᵉ jour du mois de septembre 1437. » Cet acte nous montre Jean Blondel de Douriers comme déjà mort en 1437, ce qui confirme tout ce que nous avons dit de lui. Raoul de Créquy revendit, le 9 mars 1463, la seigneurie de Douriers à Jean de Créquy. (Titres du sʳ de Lievin, 10, 11, 12 et 13.)

Notre manuscrit cite encore : « Une lettre scellée et placart de Oddart Blondel, seigneur de Pamele, ber de Flandre, seigneur d'Audenarde, par laquelle il confesse que, moyennant que Jean Blondel promet la décharge de plusieurs rentes, il lui transporte et vend la terre de Longvillers. » (Titres de Douriers, 22.) Et ensuite : « Le contrat de vente a passé à Monstrœuil, le 12ᵉ du mois de décembre, l'an 1437, des terres de Longvillers, et Marquise et appendances. » (Titres du sʳ de Liévin, 2.)

Ainsi, comme le fait remarquer l'auteur de notre manuscrit, corrigeant les mémoires de Nicolas de Lens, et conformément à ce que nous avons dit, la terre de Longvillers, vendue par Yolende de Mortagne à Jean Blondel, seigneur de Méry, passa à Jean Blondel son fils, époux de Marie du Quesnoy, fille de ladite Yolende, puis à Jean Blondel, fils dudit Jean et de ladite Marie, puis, après la mort de ce dernier, à Oudart Blondel son frère, puis enfin à Jean Blondel, seigneur de Grévillers, leur cousin-germain, par suite de la vente qu'en fit Oudart.

Les ventes si importantes faites par Oudart donnent lieu de croire qu'il avait des dettes. Notre manuscrit mentionne une lettre par laquelle il reconnaît devoir à Monsieur de Saint-Aldegonde, seigneur de Noircarmes, la somme de quatre mille salus d'or. (Titres de Douriers, 23.)

Enregistrons maintenant quelques actes d'Oudart en faveur de son cousin-germain. A une date qui n'est pas indiquée, il s'oblige d'acquitter Jean Blondel envers Jean Hatrel et Jean le bailly, etc. Le 26 avril 1438, après Pâques, il le quitte et décharge de la garde, administration et gouvernement des terres et seigneuries de Longvillers et Douriers. (Titres de Douriers, 15 et 15.)

Notre manuscrit mentionne le don que le duc Philippe fit à Jean Blondel, seigneur de Longvillers, selon toute apparence celui-là même dont nous venons de parler, de la moitié de trois mille cinquante livres à quoi montaient les droits de la terre et seigneurie de Longvillers. (Titres de Douriers, 25.)

Plus tard, Jacques de Sainte-Aldegonde, seigneur de Noircarmes, époux d'Isabeau Blondel, seconde fille d'Oudart et de Marie Allaerts acheta la seigneurie de Longvillers que l'on vendait aux enchères. (Titres de Douriers, 22.)

Sur Josse Blondel.

Année 1476, voir page 118.

Le mss v. d. Putte cite une sentence donnée en 1476 par la cour de Heynsberg à l'avantage de messire Josse Blondel, où il est appelé cousin du comte de Nassau. (Titres de Pamele, 37.)

Année 1496, voir page 119.

En 1496, il fit le dénombrement de la baronnie d'Audenarde à Omer Clayssone, alors bailli du roi Philippe, archiduc d'Autriche et il reçut des lettres de recepissé du rachat qu'il en avait fait. (Ibid. 56.)

Sur la Bibliothèque de Baudouin de Lannoy et de Françoise de Barbançon.

Un examen attentif du catalogue des manuscrits de la bibliothèque de Valenciennes nous permet de compléter un peu ce que nous avons dit des précieux manuscrits qui ont appartenu soit à Baudouin de Lannoy, soit à Françoise de Barbançon, et qui ont ensuite passé à la maison de Croy.

Aux six manuscrits dont nous avons parlé il faut ajouter le n° 231, contenant : 1° *Miroir d'humilité;* 2° *Deux sermons sur la passion de J.-C.;* 3° *Les admonitions tirans aux choses internelles. L'internelle consolation, et locution de J.-C. La parfaite imitation de Jhesu-Christ.*

Les trois derniers traités que renferme ce volume ne sont autre chose qu'une traduction des trois premiers livres de l'Imitation, dont on a retranché certains passages exclusivement propres aux religieux ; retranchement fort facile à comprendre, le manuscrit ayant été fait, en 1462, pour l'usage de Philippe-le-Bon, par Philippe Aubert. Les sermons sur la passion sont de Jean Gerson, ce qui a fait croire fort mal-à-propos que les traités suivants étaient aussi de lui. Quoiqu'il en soit, on lit au bas du feuillet de garde qui clôt ce précieux volume : *Ctes Lannoy de Baudechon.* Bien que nous ne sachions quel sens précis donner à ces mots, nous croyons qu'ils indiquent suffisamment que le livre a été en possession de Baudouin II de Lannoy, appelé Baudechon dans sa jeunesse. Il est passé plus tard dans la maison de Croy-Solre. Le n° 200 dont nous avons parlé page 168 porte l'inscription sus-mentionnée écrite dans un liston qui accompagne le P initial du 3° traité. Or ledit n° 200 porte la signature *Baud. de Lannoy* sous les mots : *Ce livre est à monseigneur de Molembaix.* Donc l'inscription se rapporte, comme nous l'avons dit, à ce personnage. Le n° 201 : *Doctrina utilis tam pro confessoribus quam pro pœnitentibus*, porte sur son 1er feuillet de garde : *Ce livre est à Françoise de Barbanchon, dame douagière de Molembaix*, et sur son dernier : *Che livre est a moy Baud. de Lannoy.* Le n° 234 : *La forteresse de Foy* porte une seule inscription semblable à la première du n° 201. Même remarque pour le n° 147 : *La cité de Dieu, traduite par Raoul de Praelles.* Outre ces divers ouvrages, il y en a plusieurs autres en français et en latin, écrits au xve siècle, et provenant de la maison de Croy, qu'on peut présumer pour la plupart être venus aux Croy par les Lannoy; mais il est impossible de les discerner sûrement, la bibliothèque des ducs de Croy-Solre s'étant enrichie encore de manuscrits de la maison de Lalaing et d'autres provenances. Nous excepterons cependant le n° 294 qui contient les lettres de *Jehan de Lannoy à Loys son fils*, et le n° 400 qui contient une *apologie pour Anne de Boulain*, une *remonstrance par Anne de Clèves au roy d'Angleterre*, des vers sur la devise : *Oubly taincrat Lannoy*, et qui a appartenu à Jean de Croy, fils du premier comte de Solre.

La conjecture est très-plausible pour ces manuscrits, ainsi que pour le n° 222 qui contient les *Sermons de frère Franchois Regis prédicateur de la reyne de Hongrie et le traité sur la bonne et la mauvaise conscience*, et qui provient de la maison de Croy; il est fort probable en effet que ce recueil avait été primitivement donné par Marie d'Autriche à Philippe de Lannoy son grand-maître d'hôtel. Le n° 597 : *Le livre des ordonnances de la Toison d'or* porte au verso du premier feuillet cette annotation : *Ce présent livre de l'ordre présenté à messire Philippes de Lannoy sr de Molembais chevalier de l'ordre, chief des finances, grand maitre d'hostel de la royne douairière de Hongry et de Boheme par Laurent du Blioul sr Du Sart greffier de l'ordre extraict par lui hors des registres du greffe tant des premiers statuts que des changements et ordonnances faites sur iceulx.*

Sur Philippe de Lannoy, seigneur de Molembaix.

La note sur Jossine de Lannoy, p. 152, est rédigée d'une manière un peu obscure. Il faut lire : C'est à Jeanne de Halewyn que la demoiselle du Bruecq dédia le discours sur la vie de Philippe de Lannoy.

Année 1532, p. 153.

Le Bulletin de la Commission royale d'histoire de l'an 1862, p. 365 et 366, nous apprend que Philippe de Lannoy fut présent à l'émeute du 5 août 1532 au 28 janvier 1533, sous le gouvernement de Marie de Hongrie. Le 9 août 1533, il assista d'office à l'exécution de trois malfaiteurs. La reine l'y avait envoyé, à la requête des gens de loi de

Bruxelles, ainsi que le duc de Sorre et les seigneurs de Bèvres et de Sempy. Plus tard, l'empereur loua la reine d'avoir retenu le seigneur de Molembaix et autres pour cette affaire.

A la page 158, dernière ligne de l'épitaphe, lisez mil V⁵ LX.

Sur Philippe de Croy, comte de Solre.
Année 1588, p. 183.

Nous avons dit que Philippe de Croy fut capitaine des gardes du corps de Sa Majesté Catholique, d'après les uns aux Pays-Bas, d'après les autres en Espagne. Il est certain qu'il le fut en Espagne et cela dès l'an 1588. En effet, la bibliothèque publique de Tournai (n° CLIX) possède un manuscrit assez curieux qui a pour titre : *Voyage du comte de Solre* (Philippe de Croy), *seigneur de Molembais, avecq monsieur de Ferrières* (Jacques de Croy), *son frère, de Solre en Espagne, y allant pour desservir sa charge de capitaine des archers de Sa Majesté, en l'an 1588.*

C'est un journal qui n'est pas dépourvu d'intérêt et qu'on pourrait désirer de voir publier. Il est rédigé jour par jour avec un soin tout particulier et contient parfois des remarques assez curieuses. Ce que le noble seigneur mentionne surtout, ce sont les églises, les couvents, les châteaux et les palais qu'il a vus, les forteresses qu'il a inspectées, les curiosités qui se sont présentées à ses regards. Il examine les productions du pays et fixe son attention en particulier sur les vignobles. Il ne manque jamais de mentionner si les chemins sont bons ou mauvais, les logis commodes ou non, les gens affables ou courtois, et aussi, puisqu'il faut le dire, si les femmes sont belles ou laides.

Parti le 12 septembre 1588 de Solre-le-Château pour Beaumont, Philippe de Croy visita à Neuf-Château Madame d'Aremberg et de Barbanson, puis le comte de Mansfeld à Luxembourg, et entra le 16 en Lorraine. A la Saura, maison de campagne du duc de Lorraine, près de Nancy, il vit un bouc ayant les oreilles grandes d'une demi-aune et la queue retroussée comme un barbet. Il traversa en poste la Bourgogne et ses montagnes, et arriva le 23 en Savoie, et le 26 en Piémont. Le duc de Savoie lui envoya un courrier pour le faire venir lui et son frère à Turin, et le 29 il baisa les mains à l'infante. Ce jour-là même le duc de Savoie s'était rendu maître de Carmagnole. Philippe logea chez don Joseph d'Acuna, ambassadeur du roi d'Espagne, et quitta immédiatement les Etats du duc de Savoie, pour pénétrer dans le Milanais. A Milan il admira le dôme, l'hôpital, le palais et la citadelle. Le 3 octobre il arriva à Plaisance, et alla, le 4, baiser les mains au prince de Parme dans sa capitale. Le 6, il baisa les mains à la reine de Danemarck qui lui fit à Tortone un grand accueil, et fut bientôt à Gênes dont il admira les « beaux palais et les belles maisons de plaisance, » tout en attendant l'embarquement.

Ce fut le 16 octobre qu'il s'embarqua « avecq deux falucques en la compagnie du marquis de Marienco, Sicilien, qui en avait aussi deux. » Il côtoya l'Italie, la France et l'Espagne, allant de cabo en cabo, c'est-à-dire de cap en cap et s'arrêtant de ville en ville. Cette navigation de cabotage ne fut guère agréable. Dès le 20 octobre il doit s'arrêter tout un jour, à cause du mauvais temps, à Saint-Trope, où il trouve « une ville sale et orde et les gens dégoutables; y est-on bien mal accomodé. » Mais, heureusement pour lui, il ne fait que passer à Bregançon, dont le proverbe dit : « *Bregançon, château de larron*, mauvaises gens, ajoute le comte, et de mauvaises entrailles. »

Il arrive sans encombre à Ribaudin « passaige fort dangereux, pour les embuscades que les maures turquesses y font. » A Toulon, où il est parvenu « au jour faillant » il est obligé de coucher à bord, les gens de Toulon rendant aux Génois le traitement qu'ils en reçoivent en pareille occurrence. Là, le mistral le force de s'arrêter quelque temps, dans cette ville qu'il trouve petite et laide. Il rencontre successivement plusieurs passages dangereux, et se trouve avoir dépassé la dernière ville de Provence le 28 octobre, puis, deux jours après, la dernière ville de Languedoc. Il n'oublie pas de mentionner Notre-Dame de bon passage, qui fait, dit-il, beaucoup de miracles. L'accès de la Catalogne fut difficile aux voyageurs, car lorsqu'ils furent arrivés « à l'opposite de Canette, le temps leur fut si contraire et la tourmente si grande par l'espace de 4 heures, qu'il furent au grand hasard de périr, mais avec l'aide de Dieu et la diligence des mariniers, ils arrivèrent, le jour faillant, à Colubry plus mort que vifs. » En Catalogne comme en Languedoc, le seigneur de Molembaix rencontre de mauvaises gens, grands larrons et grands composeurs. Les trois premiers jours de Novembre se passèrent à Colubry. Bientôt il admira la belle et grande ville de Barcelonne, avec ses grands édifices et son arsenal qui peut contenir 21 galères.

A cinq lieues de là à Sparagura il écrit : « Mémoire qu'en ce lieu le docteur Fayta nous cuida brusler et fust grand heur d'eschapper. » Bientôt l'illustre belge arrive à Notre-Dame de Mont-Serrat et y va faire ses dévotions avec ses compagnons; il gravit la montagne, visite les ermitages, et y remarque une table d'autel avec les armes et quartiers du feu comte de Rœux de la maison de Croy son parent, ainsi que de la comtesse son épouse. Le 17, on arriva dans le royaume d'Aragon, et nos voyageurs passèrent la nuit dans un bourg où vinrent loger deux chefs de bandits avec environ cent cinquante hommes; ceux-ci y furent surpris par le gouverneur d'Aragon, mais ils se sauvèrent, à l'exception de vingt-quatre hommes que l'on trouva endormis et que l'on mit à mort. Le 18, Philippe de Croy visitait la capitale de l'Aragon, Sarragosse, et la célèbre église de Notre-Dame *del Pilar*; il y passa plusieurs jours, parcourut le cloître des Hiéronymites, remarquable par les corps saints qu'il renferme et par « sa librairie belle à voir, » contempla les portraits des rois d'Aragon « dans la maison du royaume » et n'en partit que le 22. Enfin il arriva en Castille dont une pyramide érigée dans une bruyère à une lieue et demie au delà d'Hariza marque la séparation d'avec l'Aragon. Mais là, précisément au point où nous eussions été curieux de voir la réception faite à la cour au noble Seigneur, qui devait y obtenir le titre de comte, objet de son ambition, le récit s'arrête brusquement à la date du 24 Novembre et à la ville de Siguenza, cité petite, mais belle.

Année 1610, p. 208.

Les archives du Hainaut (Inventaire, page 71) nous montrent le comte de Solre chargé en 1610 de réunir la chambre du clergé du Hainaut, qui tint en effet une séance du 18 Décembre 1610 au 18 Janvier 1611. Philippe de Croy y fut présent; mais il y tenait seulement la place de son parent le duc de Croy et d'Arschot, grand-bailli et gouverneur du Hainaut qui dans cette circonstance lui écrivit une lettre concernant l'institution d'une cour de justice et dans laquelle il parlait de l'augmentation de son autorité propre.

Sur Philippe-François duc d'Havré.

Année 1642.

Philippe-François fut le parrain de Marie-Philippe-Guillemette de Croy, 4e enfant de Philippe-Emmanuel comte de Solre et d'Isabelle-Claire de Gand, née à Bruxelles le 21 décembre 1642 et baptisée à l'église de la Chapelle.

Quatre ans plus tard, Marie-Claire de Croy, duchesse d'Havré, et alors l'épouse de Philippe-François était la marraine du 5e enfant, Balthasar-Joseph, né à Chièvres le 10 mars 1644.

(Catalog. des manusc. de la Bibl. de Valenciennes, p. 328.)

Sur Joseph-Anne-Aug.-Max. dernier duc d'Havré.

Page 240. Années 1774 et 1776.

Les archives communales de la ville de Tourcoing possèdent un *mémoire de ce qu'il s'est passé de plus remarquable depuis le mois d'août 1774 au magistrat de Tourcoing.* On y lit que « le 8 août 1776, le magistrat a été saluer Monseigneur le duc d'Havré à Lille qui était arrivé avec son régiment quinze jours avant. » Au 26 mai de l'année suivante, se trouve la description de l'entrée solennelle de l'évêque de Tournai, le prince de Salm-Salm. On y lit qu'une heure après l'arrivée du prélat, « Monseigneur le duc d'Havré est arrivé en carrosse à six chevaux, et Monsieur le marquis de Rougé son beau-frère, Madame l'abbesse, Comtesse de Lille et encore plusieurs autres carrosses. Après le ... ils allèrent tous ensemble rendre visite aux communautés religien... pied. »

TABLE CHRONOLOGIQUE

DES SEIGNEURS DE TOURCOING.

	Pages.
Sasiralus de Torcoin (?) 1080	1
MAISON DE GAND-ALOST.	2
Raoul de Gand, seigneur d'Alost, (?) 1038-1056.	3
Baudouin I, 1046-1081.	4
Baudouin II, premier seigneur connu de Tourcoing, 1081-1098.	5
Baudouin III, le louche, 1097-1127.	8
Jean, 1127-1145.	13
Thierry, 1145-1166.	28
Philippe d'Alsace.	33
MAISON DE BOURBOURG.	
Baudouin, châtelain de Bourbourg, 1152-1172.	33
Gautier	34
Henri, 1194.	35
MAISON DE GAND-GUINES.	
Arnoul II de Gand, comte de Guines, 1194-1220. . . .	38
Baudouin III, 1220-1244.	62
Arnoul III, 1244.	68
MAISON DE MORTAGNE-AUDENARDE.	
Guillaume I, seigneur de Rumes, de Dossemer et de Tourcoing, 1294-1305	78
Guillaume II, 1321-1346.	100
MAISON DU FAY.	
Jean du Fay, 1360.	102
MAISON DU QUESNOY.	
Gossuin du Quesnoy, 1371-1415.	104
MAISON MOUTON DE HARCHIES.	
Jacques Mouton, bourgeois de Tournai.	106 et 261
Jacques Mouton, baron de Harchies.	106 et 261

MAISON DE VILLE-AUDREGNIES.

Jean de Ville, seigneur d'Audregnies (?), 1389-1396. 107

MAISON-BLONDEL DE JOIGNY-AUDENARDE.

Jean Blondel, 1426. 109
Oudart, 1426-1456. 115
Josse, 1456. 117

MAISON DE LANNOY-MOLEMBAIX.

Baudouin de Lannoy, seigneur de Molembaix, 1491-1501 . . . 122
Philippe, 1501-1543. 144

MAISON DE LANNOY-TOURCOING.

Baudouin, 1543-1559 169
Philippe, 1559-1594. 173
François, 1594-1603. 176

MAISON DE CROY-SOLRE.

Philippe, 1612. 178
Charles-Claude, 1612 211

MAISON DE CROY-HAVRÉ.

Philippe-François, 1612-1650. 213
Ferdinand-François-Joseph, 1650-1694. 219
Charles-Antoine-Joseph, 1694-1710. 223
Jean-Baptiste-François-Joseph, 1710-1727. 228
Louis-Ferdinand-Joseph, 1727-1761. 235
Joseph-Anne-Auguste-Maximilien, 1761 dernier seigneur féodal de
    Tourcoing 239

LITHOGRAPHIES.

Sceau de Guillaume Ier de Mortagne, d'après une charte des ar-
    chives de Bruges. 89
Portrait de Charles-Antoine-Joseph, duc d'Havré. 227
Portrait de J.-B.-François-Joseph, duc d'Havré. 234
Portrait de Joseph-Anne-Aug.-Max. dernier duc d'Havré, d'après
    le tableau de Paul de la Roche. 246

TABLE ANALYTIQUE.

Adelaïde de Croy-Solre, épouse Joseph Maximilien de Croy-Havré, 204; sa mort, 246.

Adrienne de Hornes, femme de Baudouin de Lannoy-Tourcoing, 151; sa descendance, son testament, 173.

Afflighem (abbaye d') son origine, 5; reçoit des terres de Henri de Brabant, 6; un alleu de Gislebert de Gand, 6; reçoit de Baudouin III d'Alost l'église, deux fermes et deux manses de terre, à Erembodegem, 10; reçoit un pâturage de Steppon de Vegensèle, 29; est molestée par Thierry de Gand, reçoit de lui en satisfaction la forêt de Hokerde3, 0.

Albert d'Autriche (l'archiduc) se dépouille de la pourpre cardinalice, 188; épouse l'infante Isabelle, 189; joyeuse entrée des souverains dans les Pays-Bas, 191; Albert convoque les États généraux, 193; il est blessé près des Dunes, 197.

Alost (seigneurs d') de la maison de Gand. Voir Raoul, Baudouin I, II, III, Iwan, Thierry.

Alost, franchises de cette commune, 31.

Anne de Beaufort, première femme de Philippe de Croy-Solre, 181; sa descendance, 209 et suiv.

Anne de Croy-Renty, ses vertus, 184.

Arnoul V d'Audenarde, ses rapports avec Guillaume de Mortagne, 82, 83, 97; lui donne sa fille en mariage, 88; sa mort en 1303, 267.

Arnoul VI d'Audenarde, fils du précédent, sa mort fixée par erreur à l'an 1303, 98, voir 267.

Arnoul d'Ardre, le vieux, prend part à un tournoi près de Tournai, 7; épouse Gertrude, sœur de Baudouin II, de Gand-Alost, 7.

Arnoul I, de Gand-Guines, ses démêlés avec Henri de Bourbourg; il prend les armes de Guines, 37; sa mort, 38.

Arnoul II, de Gand-Guines, fils de Baudouin, va à la cour de Philippe d'Alsace, 42; est armé chevalier, 43; fait vœu de se croiser, n'accomplit pas son vœu, 45; victime de la trahison, il est prisonnier à Verdun, est délivré, 46; sa manière de vivre, 47; épouse Béatrice de Bourbourg, 49; prend part à la guerre contre Philippe-Auguste, 50; intervient dans les affaires de l'abbaye d'Andre, 264; est attaqué par le roi de France, 55; lui fait hommage, 56; est attaqué par l'armée de Flandre, assiste à la bataille de Bouvines, 58; il meurt et est enterré à l'abbaye d'Andre, 59.

Arnoul III, de Gand-Guines, fils aîné de Baudouin III, succède à son père, fait hommage à Robert d'Artois, 68 ; épouse Alix, fille d'Enguerran III de Coucy, 70 ; prend parti pour les Dampierre, est fait prisonnier, 70 ; rendu à la liberté, il s'occupe du bonheur de ses sujets, 74 ; accompagne S. Louis à la Croisade, 73 ; vend le comté de Guines au roi Philippe III, 74, et sa terre de Tourcoing à Guillaume de Mortagne, 75 ; sa mort, 75.

Baudouin Ier de Gand-Alost, devient seigneur d'Alost, signe ou plutôt confirme comme témoin deux chartes données par les comtes de Flandre, reçoit les terres de Tronchiennes, Waes et Rusle, 4 et 5.

Baudouin II de Gand-Alost, *le Grand* ou *le Gros*, succède à son père, 5, va en Terre-Sainte avec Robert-le-Frison, 6 ; est fait prisonnier par l'avoué de Ninove, 6 ; engage au chapitre de Tronchiennes sa métairie d'Otegem, 7 ; meurt au siège de Nicée, 8 ; mentionné, 59.

Baudouin III de Gand-Alost, *le louche*, succède à Baudouin II, 8 ; reconnaît le comte Charles-le-Bon, 9 ; donne des terres à l'abbaye d'Afflighem, 10 ; se joint aux vengeurs de Charles-le-Bon, 11 ; prend parti pour Guillaume-de-Normandie, 12 ; meurt à Afflighem, 12 ; mentionné, 251.

Baudouin de Bourbourg, fils de Henri et de Béatrix de Gand, devient seigneur de Tourcoing, 33 ; épouse Julienne de Duras, Élisabeth et Clémence, meurt sans enfants, 34.

Baudouin Ier de Guines (voyez Guines).

Baudouin II de Guines, créé chevalier par St-Thomas de Cantorbéry, lui donne l'hospitalité, 38 ; fait exécuter divers travaux, 39 ; son amour pour les lettres, ses vices, 40 ; reçoit l'archevêque de Reims, va en Angleterre ; actes divers, guerre avec le comte de Boulogne, 52 ; sa mort, 54.

Baudouin III de Guines, fils d'Arnoul II et de Béatrice, épouse Mahaut de Fiennes, 62 ; est attaqué par Ferraud de Flandre, 63 ; se réconcilie avec lui, 64 ; devient vassal de la France, sa mort, il est enterré dans l'abbaye d'Andre, 68.

Baudouin de Lannoy-Molembaix, assiste à la bataille de Montlhéry, 123 ; il est armé chevalier, 124 ; assiste au siège d'Amiens, 125 ; prend la ville de Gamache, 125 ; est nommé gouverneur de Zutphen, devient conseiller et ambassadeur de Marie de Bourgogne en Autriche, 126 ; est créé chevalier de la Toison d'or, 127 ; fait partie d'une ambassade en France, 128 et suiv. ; assiste à un chapitre de la Toison d'or, 130 ; est nommé gouverneur de Lille, Douai, Orchies, 132 ; est accusé faussement et déjoue les intrigues des envieux, 133 ; est défait par les Français à Béthune, 136 ; accorde une franche foire à Tourcoing, 140 ; va en Allemagne avec Philippe-le-Beau, 141 ; est envoyé en ambassade en France, 141 ; meurt à Bruges, 143 ; est enterré à Solre-le-Château, 143 ; il avait épousé Michelle d'Esne, leur descendance, 143 ; sa bibliothèque, 143 ; note, 268.

Baudouin de Lannoy-Tourcoing, deuxième fils de Philippe de Lannoy-Mo-

— 277 —

lembaix, prend le titre de Tourcoing, 169; épouse Adrienne de Hornes, 170; ses charges importantes, 170; sa piété et sa charité, 170 et suiv.; sa mort.

Beaufort, (voyez Anne.)

Béatrice de Bourbourg, fille de Gauthier, 35; épouse Arnoul de Guines, 19; ses enfants, 50 et 52, devient comtesse de Guines, 51, vit en Flandre, séparée d'Arnoul, 58; fonde le monastère de Bonham, 60; meurt à Bourbourg, 60, 61 et 73.

Béatrice ou Beatrix de Bourbourg, fille de Henri, comtesse de Guines, épouse Albert Sanglier et Baudouin d'Ardre, 21.

Béatrice de Gand, fille de Baudouin III, 13, 19, ne succède pas à son père dans la seigneurie d'Alost, épouse Henri, châtelain de Bourbourg, 20, 33.

Béatrice de Guines, fille d'Arnoul II et de Béatrice de Bourbourg, abbesse de Bonham, 50.

Béatrice de Guines, sœur de l'abbesse de Bonham, 52.

Bernard Olivier (Le P.), quelques mots sur sa vie, 171 et 172.

Bers ou barons de Flandre 82 et 83 à la note.

Bertin (abbaye de Saint-) favorisée par Baudouin de Lille, 4, par Arnoul III de Guines, p. 72 et 75.

Blondel, Maison Blondel de Joigny-Audenarde, voir Jean, Oudart, Josse.

Bourbourg, voyez Baudouin, Gautier, Henri, Béatrice.

Cantorbéry (moines de) accueillis par Arnoul II, comte de Guines, 205.

Charles-Antoine-Joseph de Croy-Havré, fils de Ferdinand et de Marie de Halluyn, succède à son père, 224, ses titres, il devient le premier colonel du régiment des gardes wallonnes, 224, assiste à ce titre au siège de Gibraltar, 225, à la bataille d'Almanza, 226, est tué devant Saragosse, 227.

Charles-Claude de Croy-Solre, fils aîné de Philippe et de Guillemette de Coucy, meurt sans avoir été marié, 211.

Charles-le-Bon, comte de Flandre, 9, 10 et 11.

Charles-le-Téméraire, 117 et suiv.

Charles-Quint, duc de Luxembourg, créé chevalier de la Toison-d'Or, 142.

Clairmarais (abbaye de), favorisée par Arnoul III de Guines, 73.

Coucy (Guillemette de), son mariage avec Philippe de Croy-Solre, 206. Fêtes à Tournai à cette occasion, 206 et suiv., ses possessions, 212, sa mort, 211.

Croy (maison de), son antiquité, ses illustrations, ses armes, ses grandes alliances, 178 et suiv.

Croy-Solre (maison de), voir Philippe, Charles, Claude, Juste, Adelaïde.

Croy-Havré (maison de), voir Philippe-François, Ferdinand, Charles, Jean-Baptiste, Jean-Just, Louis, Priego, Joseph-Anne-Max.

Croy-Dulmen (Anne-Emmanuel duc de) fait partie des Etats-Généraux, 244 suiv., duc et pair, 246, c'est lui qui est désigné sous le titre de duc de Croy-Dulmen, sa mort, 247.

Fay, maison du Fay, voyez Jean du Fay.

Ferdinand-François-Joseph de Croy-Havré, fils de Philippe et de Marie Claire, permet aux récollets de s'établir à Tourcoing, 220, il lève à ses frais un régiment wallon, 221, est nommé prince du S. Empire, chevalier de la Toison-d'Or, grand d'Espagne de 1re classe, 222, il épouse Marie de Halluyn, illustres alliances de ses filles, 223, sa mort.

Ferrand de Portugal, 63.

François de Lannoy-Tourcoing, frère de Philippe, meurt sans enfants, 179.

Françoise de Barbançon, épouse Philippe de Lannoy, ses vertus, 150, 152, sa nombreuse et illustre descendance, 151, sa vie sainte après la mort de son mari, 158 et suiv., meurt et est enterrée sans pompe, 167, sa bibliothèque, 168 note, 278.

Gand (maison de), son origine, 37 sa descendance 76. Voyez Alost et Guines.

Gardes-Wallonnes (régiment des) ; son organisation, son premier chef, 224, ses premiers exploits dans la guerre de la succession, 225 et suiv, son héroïsme et ses succès à la bataille de Villa-Viciosa, 229.

Gautier de Bourbourg succède à Baudoin son frère, épouse Mahaut de Béthune, 35.

Gisèle, épouse de Raoul de Gand, 4.

Gossuin du Quesnoy, épouse Yolende, sœur de Marie de Mortagne, 103, nommé détenteur usufruitier de la terre de Tourcoing, jusqu'à la majorité de Jean, fils de Marie de Mortagne, 105, Jean meurt sans postérité ; Gossuyn devient seigneur, Ibid, actes divers, 268, date de sa mort, 269.

Grimberghe (abbaye de) sa fondation, son différend avec Gérard de Grimberghe, 31.

Guillaume Ier de Mortagne, cadet d'une famille du Tournaisis, 78, 266, accompagne Gui de Dampierre à Tunis, 79, signe des documents importants, 80, 266, va en Ecosse comme député de Gui de Dampierre, 81, est nommé arbitre dans un différend, 82, obtient toute la confiance du comte, 82 et suiv., épouse Isabelle de la Wilde Espele, puis Pentecoste de Durbui, 86, puis Isabelle d'Audenarde, 88, devient seigneur de Dossemez et de Tourcoing, 88, confirme et augmente les franchises de Tourcoing, 93, est nommé le premier parmi les exécuteurs testamentaires de Gui, 95, va en ambassade en Allemagne, 96, partage la captivité de Gui de Dampierre et est enfermé à Janville, 97, devient peut-être seigneur d'Audenarde, 98, 267, meurt vers 1311, 99.

Guillaume II de Mortagne prend part aux débats pour les terres de Lessines et Flobecq, 100, meurt à Crécy, 101, actes divers, 268.

Guines (comtes de) de la 1re race, Sifrid, Ardolphe, Raoul, Eustache, Baudouin Ier, Robert-Manasses; la sœur de ce dernier, Gisèle de Guines, épouse Winemar de Gand, 37, dont le fils Arnoul I commence la seconde race des comtes de Guines, 37. Voyez Arnoul, Baudouin.

Gui Dampierre, comte de Flandre, 79 et suiv.

Guillaume, le Normand, comte de Flandre, 14 et suiv.

Hasnon (abbaye d'), Philippe Ier de France amortit ses biens, 5. Vend un alleu à Gislebert de Gand, 6.

Havré (château d'); son site. Description, 213.

Henri Ier de Bourbourg, épouse d'abord Sybille, fille du comte de Guines, puis Béatrice fille de Baudouin de Gand, 20 et 21.

Henri II de Bourbourg, succède à Gautier son père comme seigneur de Tourcoing, meurt sans postérité, 35.

Ide de Boulogne, 45 et 55.

Idesbald Vander Gracht (le B) abbé des Dunes, 22.

Isabelle d'Audenarde, 88 suiv., 267.

Iwan de Gand-Alost, venge le meurtre de Charles, 14, favorise d'abord Cliton, 14, devient ensuite son ennemi, 15, reconnaît Thierry d'Alsace pour comte de Flandre, 18, s'empare de la terre d'Alost, 20, favorise les abbayes, mais surtout celles des Prémontrés, 23, et en particulier celle de Tronchiennes, 23, meurt de mort violente, 26, est enterré à Tronchiennes, 27. Mentionné, 251, 252.

Jacques Mouton, époux de Philippote ou Marguerite Duquesnoy, 106 note 4.

Jacques Mouton, premier banneret de Harchies, fils du précédent et confondu avec lui, 106 note 4, est créé banneret ou baron de Harchies, 262, 263.

Jean-Baptiste-François-Joseph de Croy-Havré, 2e fils de Ferdinand et de Marie de Hallwyn, succède à son frère comme colonel des Gardes-Wallonnes, 228, les commande à Villa-Viciosa, 229, épouse Marie de la Rovère, 230, est nommé chevalier de la Toison d'or, 231, intervient auprès de Philippe V en faveur de son régiment, 231 et suiv. Il donne sa démission, 233, il meurt, 234, alliances illustres de ses enfants, 234 et 235.

Jean-Just-Ferdinand de Croy-d'Havré, 2e fils de Jean-Baptiste et de Marie de la Rovère, comte de Priego, sa vie et ses charges, 234.

Jean Blondel, époux d'Isabeau de Béthune, 112 (note), achète les terres de Longvillers, etc., 106, 267, vend un fief, 261.

Jean Blondel, fils de Jean et d'Isabeau de Béthune, 112 note, épouse Marie du Quesnoy, 104, 261, 264, vend un fief, 261, est tué à Azincourt, 110.

Jean Blondel, dit le Grand, second fils de Marie du Quesnoy, est fait prisonnier à Azincourt, 110, prisonnier en Angleterre, 110, réclame la seigneurie de Pamele, 265, ses terres sont ravagées par les Français, 111, sort de captivité, 113, prend parti pour le duc de Bourgogne, s'empare de Douriers, est nommé gouverneur de Saint-Valery, prend parti pour le roi de France, 113, cherche aventure en Provence, est tué à Oripecte, 114, 266, 267.

Jean Blondel, fils de Guillaume Blondel et seigneur de Grévillers, 112 (note), 114, sa fin, 115, 265, achète Longvillers à Oudart, 267.

Jean Blondel, seigneur de Petyt-Pas et de Dominois, 266.

Jean d'Audenarde, fils de Marie de Mortagne, protégé par le comte de Flandre, 105, 268, meurt sans enfants, 105, 269.

Jean de Tourcoing fonde l'hospice des Marthes à Lille, 2.

Jean de Ville-Audreguies, deuxième époux de Yolende de Mortagne, 107 et 108, 271.

Jean du Fay, semble avoir porté le nom de Vilain, prétend à la seigneurie de Tourcoing, épouse Marie de Mortagne, se sépare d'elle, 102 et 103.

Jeanne de Tourcoing, 2.

Jehan de Tourcoing, 2 et 3.

Josse de Blondel, fils d'Oudart et d'Isabeau de Gavre, prend le nom de Joigny, fait bâtir le sanctuaire de N.-D. du Cerisier, 17, épouse Jossine de Rokeghem, 118, fait partie de l'ambassade députée vers Louis XI, vend la seigneurie de Tourcoing, 120, obtient le titre de baron de Pamèle, est enterré à Pamèle, 120.

Joseph-Anne-Auguste-Maximilien de Croy-Havré, fils de Louis-Ferdinand et de Marie de Montmorency-Luxembourg, sert la France en qualité d'aide de camp de son père et de colonel, 211, est nommé député de la noblesse aux États-Généraux, 212, ambassadeur de Louis XVIII sous la révolution en Espagne, puis entouré d'honneurs au retour des Bourbons, 213, nommé capitaine des gardes du corps, 214, prend rang à la Chambre haute en qualité de *duc* et *pair*, 216, est nommé chevalier de la Toison d'or, 245, se retire au Rœulx après 1830, 218, y meurt en 1839, 250. Il avait épousé Adélaïde de Croy-Solre, 240.

Juste de Croy-Solre, sacré évêque de Strasbourg, 217, grand-aumônier, pair de France, archevêque de Rouen, cardinal, 218.

Lannoy-Molembaix, (maison de) 121, voir Baudouin, Philippe.

Lannoy-Tourcoing (maison de) 169, voir Baudouin, Philippe, François.

Laurence de Hainaut, fille de Baudouin III, épouse Thierry de Gand, puis Bouchard V de Montmorency, est la mère de Matthieu de Montmorency, 20, 33, 253.

Laurette d'Alsace, fille de Thierry d'Alsace, épouse Henri III, duc de Limbourg et successivement Iwan de Gand, Raoul de Vermandois et Henri, comte de Namur, 27, 29, 252.

Louis-Ferdinand-Joseph de Croy-Havré, fils de Jean-Baptiste et de Marie de La Rovère, épouse Marie de Montmorency-Luxembourg, 236, sert dans l'armée française en qualité d'aide de camp, de brigadier d'infanterie, de maréchal de camp et de lieutenant-général des armées du Roi, assiste aux batailles de Parme, Guastalla, Fontenoy, Rocoux, Lawfeld, Hastembeke, Crevelt, Minden, a un bras emporté à l'affaire de Filinghausen, meurt le lendemain à Soest, 235 et 236, alliances illustres de sa famille, 236 et 237.

Louis du Quesnoy, fils de Gossuin et de Yolende, meurt à Azincourt, 106, 260.

Louise-Elisabeth de Croy-Havré fille de Louis-Ferdinand et de Marie de Montmorency-Luxembourg, épouse le marquis de Tourzel, gouvernante des enfants de Louis XVI, partage la captivité de la famille royale, élevée au rang de duchesse par Louis XVIII, 237.

Luthgarde de Grimberghe, épouse Baudouin III de Gand, 11.

Marie-Anne Lanti de la Roverie, 230, 234.

Marie Claire de Croy, duchesse d'Havré, 215, 217, 219, 220, 281.

Marie de Mortagne, châtelaine de Tournai, 99.

Marie de Mortagne, fille de Guillaume Ier, 99.

Marie de Mortagne, fille de Guillaume II, p. 101 et suiv., date de sa mort 268.

Marie du Quesnoy, fille de Gossuin et de Yolende de Mortagne, épouse Jean Blondel, 105, 264.

Mathilde, épouse Baudouin II de Gand, 8.

Mathilde ou Mahaut de Guines, comtesse de Saint-Pol, 50, 61, 71.

Mathilde, comtesse de Flandre, 50, 52.

Marie-Madeleine de Bailleul, première femme de Philippe-François de Croy. Sa mort, découverte de son corps, 216.

Maximilien d'Autriche, épouse Marie de Bourgogne, 126, est déclaré déchu de son titre de maître de l'ordre de la Toison-d'Or, 130 et suiv., attaque la France, 135, est prisonnier des Brugeois, 136.

Meinth et Werce (Alleux de) apportés en mariage à Baudouin III, 11, possédés par Béatrice de Gand, 20, se trouvent aux environs de Grimberghes, 251.

Molembaix, voir Lannoy.

Mortagne (maison et seigneurie de) voyez Guillaume I et Guillaume II de Mortagne.

Oudart Blondel, fils de Marie du Quesnoy, succède à son frère, épouse Marie Allaerts de Caprycke, 115, puis Isabeau de Gavre, actes divers, 265, 266.

Philippe d'Alsace, 34.

Philippe de Croy-Solre, représentant d'une branche cadette, épouse Anne de Beaufort, 181, envoyé à la cour de Philippe II, est nommé capitaine des gardes du roi, non aux Pays-Bas, 183, mais en Espagne, 270, gouverneur du Tournaisis, 183, il épouse en 2e noces Anne de Croy, marquise de Renty, 184, entre en France avec le comte de Fuentes, 185, va avec l'archiduc Philippe au secours d'Amiens, 187, est nommé écuyer de l'archiduc Albert, va en Espagne, 188, plaide auprès de Philippe II pour les intérêts de la Belgique, 189, est nommé chevalier de la Toison-d'Or, 191, assiste à la joyeuse-entrée des archiducs, 192, assiste aux États-Généraux, 193, est envoyé par les archiducs et par les États pour ramener au devoir les soldats révoltés, 194 et suiv. Sa grande puissance auprès de l'archiduc et son crédit aux États-Généraux 197 et suiv. Il va à Rome et à Naples, 201 et 202, est envoyé pour complimenter Henri IV, 203, prend part à la guerre sous Ambroise Spinola, 204, il épouse en 3es noces Guillemette de Coucy. Fêtes à Tournay à cette occasion, 206, ses missions diplomatiques en Espagne, en Pologne, et en Autriche, 208, préside les États de Hainaut, 272, sa mort, 209.

Philippe-François de Croy-Havré, fils de Philippe de Croy-Solre et de Guillemette de Coucy épouse en 2ᵐᵉ noces Marie-Claire de Croy-Havré, sa première femme avait été Marie-Madelaine de Bailleul, 216, il est nommé gouverneur du Tournaisis, 217, puis du duché de Luxembourg, 217, ses titres et possessions, 218, est nommé chevalier de la Toison-d'Or, meurt à Bruxelles, 218.

Philippe de Lannoy-Molembaix, hérite des biens de ses parents, épouse Marguerite de Bourgogne, 142, puis Françoise de Barbançon, détails de sa vie vertueuse, 146, échappe aux embûches d'un traître, 146, reçoit de Charles-Quint le collier de la Toison-d'Or, 141, aide Marie de Hongrie, dont il était maître d'hôtel, pendant la révolte des Bruxellois, 269, pendant celle des Gantois, 154, est nommé grand veneur de Brabant, 156, meurt à Louvain, 157, est enterré à Solre-le-Château, 158. Nobles alliances de ses enfants, 144.

Philippe de Lannoy-Tourcoing, devient le Mécène d'André Schott, 174, ses relations avec Juste-Lipse, 175, va en Italie, y meurt, 176.

Philippe-le-Beau, sa naissance, 126, créé chef de la Toison-d'Or, 130, se fait inaugurer dans les Pays-Bas, 140, son mariage avec Jeanne d'Aragon, 141.

Poutrains (terre des), ce qu'elle comprenait, 238.

Priego, voyez Jean-Just.

Quesnoy (maison du) voyez Gossuin, Louis, Marie; écusson de cette maison, 107, 260, localités diverses de ce nom, 104 note 1.

Raoul d'Alost, confirme comme témoin des chartes octroyées par le comte de Flandre, 4.

Robert de Jérusalem, comte de Flandre, 8.

Robert de Torcuing, 2.

Robert le Frison, comte de Flandre, 7.

Rumes (seigneurie de), incertitude au sujet de ses possesseurs, 106, 269.

Sarrain de Torquoing, 2.

Saswalus de Torcoin, 1.

Thierry d'Alsace, parvient au comté de Flandre, 17, 20, actes divers, 22, 25, 252, donne sa fille à Iwan de Gand, 24.

Thierry de Gand-Alost, épouse Laurence, fille de Bauduin III de Hainaut, 29, moleste l'abbaye d'Afflighem et répare sa faute, 30, accorde certaines franchises à la ville d'Alost, 31, meurt à l'âge de 21 ans, est enterré à Tronchiennes, 32.

Tourcoing (personnages du nom de), 1, 3, Baudouin reçoit à Tourcoing Arnoul d'Ardre, 7. C'est la localité désignée par *Torthonium* dans Lambert d'Ardre, 11 (note). Dîme des moulins à T. donnée à l'abbaye de Tronchiennes, 25, Baudouin de Bourbourg recouvre T., 33, érection de l'hôpital de T., 71, coutume de T., 93, seigneurie de T., ce qu'elle comprenait, 238.

Tourzel, voir Louise.
Tronchiennes (abbaye de) sa fondation, 21, passe aux Prémontrés, 21, est grandement favorisée par Iwan de Gand, 21 et suiv.
Vilain de Gand, descendants des comtes de Guines de la maison de Gand, souche des Vilain XIIII, 76.
Ville-Audregnies. Voyez Jean de Ville-Audregnies, 107.
Werce. Voyez Meinth.
Yolende de Mortagne, fille de Guillaume, 101, épouse de Gossuin de Quesnoy, 103 suiv., ses titres 105, 106, 259, 260, son épitaphe, 261.

TABLE ONOMASTIQUE.

Adam (maître), chan. de Térouane, 48.
Afflighem (abbaye d'), 5, 10, 29.
— (Gislebert abbé d'), 6.
Aisse (Joffrois d'), 91.
Aguilar (le comte d'), 225.
Alberoni (le cardinal), 233.
Albert d'Autriche (l'archiduc), 188 suiv.
Albert d'Autriche (l'empereur), 96.
Albret (Louise d'), 185.
Aldegonde (Antoinette de Ste), 182.
— (le comte de Ste), 208.
— (Jacques de Ste), seigneur de Noircarmes, 115, 182, 277.
— (Jean de Ste), 182.
— (Nicolas de Ste), 182.
Allaerts (Daniel), 115, 265.
Allemant (Henri l'), 112.
Alost (Baudouin I d'), 4, 5.
— (Baudouin II d'), 6 suiv., 59.
— (Baudouin III d'), 8 suiv., 31, 251.
— (Gertrude d'), 7.
— (Guillaume sénéchal d'), 10.
— (Iwan d'), 11 suiv., 251, 252.
— (Raoul d'), 3.
— (Siger châtelain d'), 30.
— (Thierry d'), 29, suiv.
Alsace (Matthieu d'), 45.
— (Philippe d'), 34, 55.
— (Thierry d'), 17 suiv.
Amand (saint), 21.
Amand (Gérard de St-), 92.
Andre (Guillaume abbé d'), 251.
— (Iterius abbé d'), 251.
Anjou (Foulques et Sybille d'), 24.
Antoing (Alard d'), 90.
— (Gilles d'), 100.
— (Wathier d'), 83.
Aragon (Jeanne d'), 112.

Aragon (Pascal-Gaëtan d'), 223.
Ardre (Arnoul le vieux d'), 7.
— (Baudouin d'), 37.
— (Chrétienne d'), 41.
— (Lambert d'), 38 suiv. 49.
Arenberg (le comte d'), 197.
— (le fils du comte d'), 192.
Arnoul (saint), 5.
Arnoul-le-Grand, comte de Flandre, 4.
Auchy (Michel d'), 100.
Audenarde (Arnoul d'), 23.
— (Arnoul V d'), 82 suiv. 267.
— (Arnoul VI d'), 98, 267.
— (Guyot d'), 86.
— (Isabelle d'), 82, 88 suiv., 267.
— (Jean d'), 82, 84.
— (Jean d'), fils de Marie du Quesnoy, 105, 288 suiv.
— (Jean d'), père d'Arnoul V, 82.
— (Robert d'), 91.
Audregnies (Alart d'), 108.
— (Jean de Ville-), 107 suiv., 261.
Aumale (le duc d'), 198.
Autingehem (Clément d'), 41.
Autriche (l'archiduc Albert d'), 180 suiv.
— (l'empereur, Albert d'), 96.
— (le cardinal André d'), 190.
— (l'archiduc Charles d'), 226 suiv.
— (l'archiduc Ernest d'), 185.
— (Marguerite d'), 128.
— (Marie d'), 145 suiv.
— (Marie-Antoinette d'), 245.
— (l'empereur Maximilien d'), 126 suiv.
Avelet (N d'), 112.
Avene (Hugues-Champ d'), 18.
Avesnes (Baudouin d'), 70, 83.

Avesnes (Jean d'), 60, 70, 91.
Axele (Philippe d'), 100.
Ayen (le duc d'), 241.

Bach (Thomas), 46.
Bailleul (Baudouin de), 34.
— (Marie-Mad. de), 216.
— (Maximilien de), 216.
— (Siger de), 81.
Bainghem (Baudouin de), 58.
Bar (Henri et Jeanne de), 76.
Barbançon (Françoise de), 150 suiv. 268.
— (Jean de), 145.
Basin (saint), 24.
Bassompierre (Marie-Yol.-Barbe de), 222.
Bastie (Mr de la), 139.
Baudegnies (Le sgr de), 198.
Baudimont (Jean de), 100.
Baudouin Hapkin, 9.
Baudouin de Lille, 5.
Baudouin II, comte de Hainaut, 78.
Baudouin III et IV, de Hainaut, 32.
Baudouin VIII, comte de Hainaut et de Flandre, 50, 56.
Baudouin IX, 51.
Bavière (Marguerite de), 129.
Bavon (Everdée, abbé de saint), 56.
— (Wulfric, abbé de saint), 9, 22.
Beauffort (Anne de), 181, 209 suiv.
— (Philippe de), aïeul d'Anne, 182.
— (Philippe de), père d'Anne, 181, 182.
Beaujeu (Madame de), 129.
Beaumont (Jean de), 82.
Beaurevoir (Jean de), 112.
Belle (Elisabeth et Salomon), 61.
Berghes (Gillebert de), 20, 25.
— (Jean de), 127, 128.
— (Marie de), 151.
Bergues, voyez Berghes.
Berlaimont (Adrienne de) 123.
— (Gérard de), 107.
— (Gillion de), 90.
— (Jean de), 108.
Bernard (Saint), 20.
Berry (le duc de), 240.
Bersaque (le sieur de), 184.
Bertel (Robert), 261.
Bertin (abbaye de saint), 4, 72, 73.
Bertout (Gautier), 73.
— (Jean), 79.

Bertulf, prévôt de Saint Donat, 13.
Berwick (le maréchal de), 226.
Béthune (Baudouin de), 49.
— (Conon de), 49, 60.
— (Elisabeth de), 31.
— (Guillaume de), 49.
— (Jean de), 49.
— (Mahaut de), 49.
— (Robert de), 79.
— (autre Robert de), 12.
— (Robert de)—Nevers, 82.
Beugin (Dame) de Poucques, 221.
Beveren (Erard de), 100.
— (Le seigneur de), 130.
— (Thierry de), 8.
Bigod (Roger), 69.
Biron (le maréchal de), 186.
Blois (Jeanne de), 152.
— (Louis de), 152.
— (Louis de), abbé de Liessies, 159 suiv.
Blondel (Charles), 205, 266.
— (Christophe), 118.
— (François), 118.
— (Georges), 116.
— (Isabeau), 115, 182.
— (Jacqueline), 118.
— (Jean), ép. d'Isabeau de Béthune, 106, 112, 261, 267.
— (Jean), ép. de Marie du Quesnoy, 105, 110, 112, 261 suiv.
— (Jean), fils de Marie du Quesnoy, 110, suiv., 266, suiv.
— (Jean), fils de Guillaume, 112, suiv., 265, suiv.
— (Jean), seigneur de Petyt-Pas, 266.
— (Josse), 117, suiv., 132, 268.
— (Oudart) 115 suiv., 182, 265, suiv.
— (Pierre), 111.
— (Pierre), oncle d'Oudart, 264, 266.
— (Pierre), frère d'Oudart, 265.
— (Pierre), seigneur de Fresnes, 264, 266.
Boderie (le seigneur de la), 201.
Bois (Nicolas du), 198, suiv.
— (Marc du), 48.
— (Philippe du), 48.
Bomber (Edmond de), 112.

Bondues (Jean de), 197.
Bordeaux (le duc de), 246.
Borluut (Nicaise), 20.
Bossu (Gabrielle de), 145.
Bouchet voir Tourzel.
Boulers (Etienne de), 30.
— (Guillaume de), 24.
— (Rason de), 82.
— (le sire de), 101.
Boulogne (Ide de), 45, 55.
— (Mahaut de), 62.
— (Renaud de), 55.
Bourbon (Caroline de), 245.
— (le duc de), 246.
— (François de), 76.
Bourbourg (Adeline de), 35.
— (Baudouin de), 33.
— (Béatrice I de), comtesse de Guines, 21, 37.
— (Béatrice II de) comtesse de Guines, 35, 49, suiv.
— (Béatrice de), religieuse, 34.
— (Henri I de), 18, 20, 21, 37.
— (Henri II de), 35.
— (Henri de) — Cassel, 34.
— (Gautier I de), 20.
— (Gautier II de), 35.
— (Gilbert de), 34.
— (Gislebert de), 20.
— (Luthgarde de), 35.
— (Mabille de), 35.
— (Mahaut de), 34.
— (Philippe de), 100.
— (Raoul de), 34.
— (Siger de), 34.
— (Tancmar de), 20.
Bourghelle (Henri de), 100.
Bourgogne (Antoine bâtard de), 123, 131.
— (Baudouin de), 145.
— (Jean de), 108.
— (Marguerite de) en 1385, 108.
— (Marguerite de) en 1511, 145.
— (Marie de), 126, suiv.
— (Robert de), 98.
Bourlotte (le sieur de la), 196.
Bousanton (le veau de), 126.
Boussoit (Sausset de), 98.
Boussu (Gérard de), 136.
— (le seigneur de), 130, 131.
Bouton (Claude), 143, 153.
Boves (Hugues de), 57, 58.
Brabant (Godefroi de), 19, 96.
— (Henri II de), 66.

Brabant (Henri de), 6.
— (Jean de), 83.
Brancacio (don), 204.
Brancas (le marquis de), 226.
Brassart (Nicolas), 108.
Brédenarde (Charles de), 44.
— (Guillaume de), 44.
Bretagne (Anne de), 129.
Brimeu (Marie de), 201.
— (Olivier de), 113.
— (le seigneur de), 134.
Bruecq (la demoiselle du), 145, suiv.
Bruges (Gervais de), 20.
— (Louis de), 135.
— (Raoul de), 25.
Brûle-Maison, 227.
Bruncastel (Jean de), 88.
Brunembert (Enguerrand de), 46.
Bucquoi (le comte de), 196.
Burck (François Van den), 215.
Busbecq (Auger de), 174.
Cadart (Jean), 114.
Caieu (Marie de), 265.
Calquille (Eustache de), 48.
Cambrai (Nicolas év. de), 26.
Campagne (Eustache de), 62.
— (Henri de), 43.
Cantecroy (le comte de), 208.
Cantorbéry (moines de), 265.
— (St. Thomas de), 38.
Canut (Saint), 9.
Caprycke (Marie de), 115.
Casaubon, 174.
Cassel (Henri de), 34.
Cerda (Manuel de la), 145.
— (Marie-Manuel de la), 145.
Châlon (René de), 254.
Champagne (Thibaut de), 64, 66.
Chanel (les), 247.
Chanteraine (le seigneur de), 132.
Charlart (Quentin), 171.
Charles VIII, 141.
Charles X, 245.
Charles-le-Bon, comte de Flandre, 9, 10, 11.
Charles-le-Téméraire, 117, suiv.
Charles-Quint, 123, 142.
Charost (le marquis de), 235.
Châtillon (Gautier de), 46.
— (Hugues de), 61.
Châtre (le duc de la), 245.
Clairmarais (abbaye de), 73.
Clayssone (Omer), 208.

Clémence, dame de Bourbourg, 34.
Clément VIII, 189, 202.
Clèves (Adolphe de), 123.
— (Philippe de), 134.
Cliton (Guillaume), comte de Flandre, 79, suiv.
Cluse (Walter de), 47.
Cockelaere (Guillaume de), 97.
Coigny (le maréchal de), 235.
Coloma (Gonçalo-Arias), 228.
Comines (Baudouin de), 100.
— (Jean de), 136.
Conflans (Eustache de), 89.
— (Marie de), 79, 89.
— (le marquis de), 248.
Constantinople (Marguerite de), comtesse de Flandre, 82.
Corlies (Etienne de), 1.
— (le seigneur de), 200, 207, 208.
Corvin (Matthieu), 184.
Cot, pensionnaire d'Ypres, 200.
Coucy (Alix de), 70, 79.
— (Enguerrand III de), 70.
— (Enguerrand de), 85.
— (Jacques de), 206.
— (Marie de), 76.
— (Guillemette de), 206, suiv., 213.
— (Thomas de), 79.
— (Yolende de), 79.
Courcelles (Jean de), 112.
Courières (le seigneur de), 154 suiv.
Courteheuse (Chrétienne de), 260.
Courtrai (Roger de), 26, 38.
— (Sohier de), 97.
Craon (Marguerite de), 181.
Crenninghe (Gilles de), 98.
Crèvecœur (Jean de), 112.
— (Philippe de), 128.
Croix (Adrien de), 221.
— (le comte de), 242.
— (Jean de), 221.
Croy (maison de), 123.
— (Adélaïde de) — Solre, ép. du duc d'Havré, 240 suiv.
— (Adélaïde de) — Havré, ép. du prince de Solre, 247, 249.
— (Adrien de), comte du Rœulx, 156, note.
— (Aimée-Pauline-Jos. de) — Havré, 249.
— (Alexandre de) — Solre, 182, 209.
— (Alfred-Emmanuel de), 211.
— (Amélie de) — Havré, ép. du marq. de Conflans, 248, 249.

Croy (Anne de) — Arschot, princesse d'Aremberg, 180.
— (Anne de) — Chimay, 180, 181.
— (Anne de) — Renty, 184, 185, 209.
— (Anne de) — Solre, 184, 207.
— (Anne-Louise-Constance de) — Solre, ép. du prince Ferd. de Croy, 249.
— (Antoine de) — Couroy, 177.
— (Antoine de) — Sempy, 131, 153, 154.
— (Charles de), duc d'Arschot, fils de Philippe II, 183, note 2.
— (Charles de), duc d'Arschot, fils de Philippe III, 180, 183, 185, 191 suiv., 205.
— (Charles de) — Chimay, ép. de Louise d'Albret, 131, 181.
— (Charles-Alexandre de) — Havré, 180, 188, 214.
— (Charles-Ant.-Jos. de) — Havré, 221, suiv.
— (Charles-Claude de) — Solre, 211.
— (Charles-Philippe de), marquis d'Havré, 180, 185, 191 suiv., 214.
— (Charles-Philippe-Alex. de) — Havré, 184, 215.
— (Charlotte de) — Solre, 182, 209.
— (le chevalier de), 226.
— (Dorothée de), 205.
— (Emmanuel de) — Dulmen, 211, 216.
— (Emmanuel de) — Solre, maréchal de France, 236, 240.
— Emmanuelle-Louise-Gabr.-Jos.-Cun. de) — Havré, visitandine, 237.
— (Ernest de) — Havré, 220 suiv.
— (Ferdinand de) — Dulmen, 249.
— (Ferdinand-Fr.-Jos. de) — Havré, 220 suiv.
— (Guillaume de) — Araines, 180.
— (Henri de), 214.
— (Isabelle-Claire-Eug. de), 184, 206, 207.
— (Jacques de) — Ferrières, 177, 270.
— (Jacques de) — Sempy, 152, 177, 181, 182.
— (Jean Ier de), 181.
— (Jean de) — Solre, 182, 207, 209 suiv.

Croy (Jean-B.-Fr.-Joseph de) — Havré, 223, 228 suiv.
— (Jean-Just.-Ferd.-Joseph de) — Havré — Priego, 234.
— (Jeanne de) — Solre, 182, 209.
— (Joseph-An.-Aug.-Max.)—Havré, 241 suiv.
— (Juste de) — Solre, 245 suiv.
— (Léopoldine de) — Havré, 249.
— (Louis-Ferd.-Jos. de) — Havré, 235 suiv.
— Louise-Eliz. de) — Havré, ép. du marq. de Tourzel, 237.
— (Marie-Anne-Charlotte de) — Havré, ép. du marquis d'Arizza, 235.
— (Marie-Anne-Christ.-Jos. de) — Havré, ép. du comte de Rougé, 237.
— (Marie-Charlotte-Jos.-Sab. de) — Havré, ép. du marq. de Vérac, 237.
— (Marie-Claire de) — Havré, 215 suiv., 282.
— (Marie-Elis.-Jos. de) — Havré, 223.
— (Marie-Ernestine de) — Havré, épouse du landgrave de Hesse, 223.
— (Marie-Louise-Jos. de), ép. du marq. de Tana, 235.
— (Marie-Madel.-Théod. de)—Havré, ép. du comte d'Aliffe, 223.
— (Marie-Thérèse de)—Havré, 223.
— (Pauline-Joséphine de) — Havré, Carmélite, 235.
— (Philippe II de), duc d'Arschot, 155, 180 note.
— (Philippe III de), duc d'Arschot, 165, 180, 183, 185.
— (Philippe de) — Chimay, 142.
— (Philippe de) — Solre, 181 suiv., 281 suiv.
— (Philippe-Emmanuel de) — Solre, 217.
— (Philippe-Eugène) — Renty, 180, 184, 215, 220.
— (Philippe-Ferd.-Jos. de)—Havré, 223, 228.
— Philippe-François de) — Havré, 216 suiv.
Cuerthedre (Arnoul de), 35.
Curnigen (Jean de), 139.
Cysoing (Arnoul de), 79, 82, 85.

Cysoing (S. Everard de), 40.
— (Hellin de), 83.
— (La dame de), 101.
Dammartin (Agnès de), 62.
— (Albert et Renaud de), 46.
— (Simon de), 57.
Dampierre (Gui de), comte de Flandre, 79, suiv.
— (Gui de), fils du comte, 85, 96.
— (Guillaume de) fils du comte, 85.
— (Jean de), fils du comte, et comte de Namur, 81, 84, 96, etc.
— (Jean de), fils du comte, et évêque de Liége, 84.
— (Jeanne de), 85.
— (Marguerite de), 81, suiv.
— (Robert de), 85.
Danemarck (Arnoul de), 15.
Danoit (Jean), 109.
Denterghem (Lietbert de), 30.
Destombes (Jean), 171.
Dierfaut (Michel de), 105.
Diest (Alix de), 89, 106.
— (Arnoul de), 71.
— (Gérard de), 85.
Dixmude (Thierry de), 8, 14.
Donze (Jakemes de), 9.
Dossemer (Charon de), 88.
— (Roger de), 88.
Douai (Gilles de), 83.
— (Walter de), 256.
Douriers (Lancelot de), 111.
Dreux (Alix de), 70.
— (Jean de), 98.
— (Philippe de), 70.
Drogelin, 46.
Dudzeele (Mr le comte d'Erembault de), 216.
Dunes (Bertulf, abbé des), 22.
Duras (Julienne de), 34.
Durbui (Pentecôte de), 86.
Ecosse (Alexandre roi d'), 81.
— (Alexandre fils du roi d') 81.
Egmont (le comte d'), 191.
Elceche (Eustache de), 43.
Elseeq (Eustache d'), 59.
Enghien (Jeanne d'), 214.
— (Gautier d'), 90.
— (Gérard d'), 101.

Enghien (Hugues d'), 90.
— (Siger d'), 90.
— (Walter d'), 87.
Erembald (Les), 10.
Erpe (Gérard d'), 253.
— Gossuin d'), 85, 253.
— (Walter d'), 253.
Escheryls (le frère), 25.
Esclaibes (Robert d'), 187.
Escornaix (le sire d'), 151.
Esene (Grignard d'), 106.
Esne (Amé d'), 143.
— (Michel d'), 203.
— (Michelle d'), 143.
Espierre (Daniel de l'), 115.
— (Eloi de l'), 115.
— (Gilles de l'), 115.
— (Jacques de l'), 157.
— (Otte de l'), 115, 157.
Estrée (le seigneur d'), 131.
Etienne, évêque de Tournai, 35.
Everard (saint), 40.
Eyne (Jean d'), 82.

Farnèse (Alexandre), 183.
Farvaques, 212.
Fauquemont (Valeran de), 91.
Fay (Jean du), 102, suiv., 258.
Fayet (Jean du) 268.
Feltre (le duc de), 246.
Fernand-Nunez (le duc de), 246.
Ferrand de Portugal, comte de Flandre, 56, 63.
Fiennes (Guillaume de), 60.
— (Mathilde de), 62.
— (le sieur de), 123, 131.
Filliers (Thomas), 201.
Flandre (comtes de Flandre), voyez Baudouin, Ferrand, Guillaume, Louis, Philippe, Thierry, Thomas, Alsace, Dampierre.
Flandre (Baudouin et Guillaume de), 7.
— (Guillaume de), fils de Gui Dampierre, 85.
— (Guillaume et Baudouin de), 66.
— (Henri de), fils de Baudouin VIII, 51.
— (Luthgarde de), 4.
— (Marguerite de), 70, 129.
— (Philippe de), 95.
— (Robert de), 5.
— (Yolende de), 90.
Fontaines (le seigneur de), 131.

Formanoir (le capitaine de), 200.
Forneselle (Gautier de), 59.
— (Walter de), 265.
France (Louis de), 55, suiv.
— (Marguerite de), 129.
— (Philippe de), 6.
— (Robert de), 60.
France (Rois de), voyez Jean, Henri, Louis, Philippe.
Fuentes (le comte de), 185.

Gand, voyez Baudouin I, II et III, Iwan, Raoul et Thierry seigneurs d'Alost, de la maison de Gand, Arnoul I, II et III, Baudouin II, III comtes de Guines, aussi de la maison de Gand.
Gand (Béatrice de), fille de Baudouin II, 8.
— (Béatrice de), fille de Baudouin III, 13, 20, 33, 49.
— (le châtelain de), en 1600, 197.
— (Englebert de), 6.
— (François de), évêque de Tournai, 216.
— (Gautier de), 6.
— (Gérard de), 81.
— (Gérard de), dit Vilain, 60.
— (Gislebert de), 14.
— (Jean de), 97.
— (Lambert de), 4.
— (Luthgarde de), 6.
— (Lambert de), 14.
— (Maximilien de), 172.
— (Maximilien de), évêque de Tournai, 217.
— (Raoul de), dit d'Alost, chambellan de Flandre, 47.
— (Siger de), 76.
— (Sohier de), 14.
— (Vivien de), 28.
— (Wenemart de), 21, 37.
Gautier, le silencieux, 40.
Gavre (Daniel de), 119.
— (Isabeau de), 116.
— (Jean de), 88.
— (Rasse de), personnages de ce nom; 12, 21, 26, 59.
Gentil-Descamps, 237.
Georges (le cardinal de St.), 201.
Ghiebrechies (le sieur de), 198.
Ghistelles (Gautier de), 59.

Ghistelles (Isabeau de), 116.
— (Jean de), 93.
— (Roger de), 100.
Gisèle, 4.
Giudici (le cardinal de), 230.
Gonzague (Louise de), 223.
Gracht (Isabeau Van der), 118.
Grandpreit (Gérard de), 99, suiv., 258.
Grégoire VII (saint), 5.
Grimberghe (abbaye de), 31.
— (Gérard de) 31.
— (Luthgarde de), 11, 13.
Gruthuse (Louis de Bruges sire de la), 127. suiv., 135.
— (Jean de la), seigneur d'Espierres, 132.
Gueldres (Charles de), 135.
— (Gérard III de), 45.
— (Renaud de), 83, 92.
Guillaume, abbé d'Andre, 58.
Guillaume, abbé de la Capelle, 58.
Guillaume aux blanches-mains, 42.
Guillaume, curé d'Ardre, 58.
Guillaume le Normand, comte de Flandre, 79. suiv.
Guines (Adèle de), 52, 253.
— (Adelvie de), 68.
— (Adolphe de), 37.
— (Arnoul I de), 37. suiv.
— (Arnoul de), neveu d'Arnoul I, 38, note.
— (Arnoul II), 42, suiv., 253.
— (Arnoul de), fils d'Arnoul II, 61.
— (Arnoul III de), 68.
— (Baudouin I), 37 suiv.
— (Baudouin II), 38, suiv.
— (Baudouin III), 62, suiv.
— (Baudouin de), personnages divers de ce nom, 63, 64.
— (Baudouin de), fils d'Arnoul III, 75.
— (Béatrice de), abbesse, 50, 58, 61.
— (Béatrice de), 52.
— (Blanche de), 76.
— (Chrétienne de), 61.
— (Enguerrand de), 76.
— (Eudes de), 45.
— (Eustache de), 37.
— (Gilles de), 53, 54.
— (Gisèle de), 37.
— (Guillaume de), 53.
— (autre Guillaume de), 59.
— (Jeanne de), 76.

Guines (Luthgarde de), 55.
— (Manassés de), 53, 55.
— (Marguérite de), 56.
— (Mathilde de), 50, 61, 71, 79.
— (Raoul de), 37.
— (Robert de), 67.
— (Robert-Manassés de), 37.
— (Sibille de), 21.
— (Siger de), 54.
— (autre Siger de), 76.
— (Yde de), 68.
Guyot, député à la convention, 244.
Hackenhoven (Renier de), 92.
Hainaut (comtes de), voyez Baudouin, Thomas.
Hainaut (Jean de), 105.
— (Laurence de), 29, 32, 253.
— (Guillaume comte de), 101.
— (Isabelle de), 44.
— (Isabelle), ép. d'Arnoul d'Audenarde, 82.
— (Richilde de), 256.
— (Thomas comte de), 79.
Hallewyn, voyez aussi Halluyn.
Hallewyn (Antoine de), 123, 124.
— (Gautier de), 117.
— (Georges de), 182.
— (Hugues de), 100.
— (Jean de), 151, 165.
— (Jeanne de), 144, 182.
— (Olivier de), 100.
— (Wauthier de), 100.
Halluyn (Alexandre de), 222.
— (Marie de), 222.
Hames (Eustache de), 62.
Harchies, voyez Mouton.
— (Gilles de), 125.
Harcourt (Jacques de), 111.
Harnes (Michel de), 60.
Hasnon (abbaye d'), 5, 6.
— (Lotbert, abbé de), 6.
Hatrel (Jean), 207.
Havré (Château d'), 215.
Havré (maison d'), voyez Croy.
Haudion (Jean de), 92.
— (Sohier de), 100.
Haynin (le sire de), 122.
Hazart (Dom), abbé de St. Ghislain, 184.
Hélie, 20.
Helly (Jacqueline de), 261.
Hennin (Anne de), 177.
— (Mr de), 205.

Henri IV, roi de France, 76, 203, 222.
Henri 1er, roi d'Angleterre, 18.
Herselles (Ambroise de), 223.
Herzelles (Jean de), 116.
Hesbaie (Arnoul, avoué de), 258.
Hesse (Philippe de), 223.
Hirgis (Albert de), 46.
Hobré (Jean-Hugues), bailli de Tourcoing, 224.
Hollande (Louis et Florent, comtes de), 55.
— (Guillaume, fils de Florent de), 55, 70.
Hondschoote (Guillaume de), 59.
Hoogstraeten (le comte d'), 155.
Hornes (Adrienne de), 151, 173.
— (Gérard de), 176.
— (Jean de), 81.
— (Philippe de), 170.
Houffalize (Marguerite de), 101.
Houplines (Jean de), 83.
Huart (le baron d'), 230.
Hurges (Philippe de), 206, suiv.

Idesbald (le bienheureux) Vandercracht, 22.
Isabelle (l'archiduchesse), 188.
Isenghem (Folcard de), 1.

Jauche (Gabriel de), 152.
— (Philippe de), 172.
Jean-le-Bon, roi de France, 102.
Jean sans Terre, 54, 205.
Jeanne, comtesse de Flandre, 79.
Jette (Wolthelme, abbé de), 26.
Joigny, voyez Blondel.
Joigny (Godefroi de), 120.
— (Jacques de), 117.
— (Jean de), 113.

Kuic (Jean de), 92.

Lalaing (Alexandre de), 184.
— (Catherine de), 216.
— (Emmanuel de), 185, 209.
— (Jacques de), 124.
— (Jeanne de), 185, 209.
— (Le sire de), 154.
Landast (Allard de), 86.
— (Amaury de), 7.
— (Béatrice de), 90.

— (Gérard de), 7.
Lannoy (Anne de), 152.
— (Baudouin de), le bègue, 123, 183.
— (Baudouin de) - Molembaix, 122, suiv.
— Baudouin de) - Tourcoing, 169, suiv.
— (Catherine de), 152.
— (Charles de), 122.
— (Françoise de), 143.
— (Françoise de), chanoinesse, 152.
— (François de) - Tourcoing, 176, 177.
— (Jean de), en 1312, 122.
— (Jean de), abbé de St-Bertin, 128.
— (Jean sire de), en 1461, 123, 128.
— (Jean de) - Maingoval, 134, suiv.
— (Jean de), - Zoetlande, 146, 151, 177.
— (Jacques de), 123.
— (Jacqueline de), 143.
— (Jossine de), 151.
— (Louis de), 152.
— (Louise de), 152.
— (Madeleine de), 143.
— (Mahaut de), 122.
— (Pierre de), 125, 139.
— (Philippe de) - Beauvoir, 152.
— (Philippe de) - Molembaix, 145, suiv.
— (Philippe de) - Santes, 123, 134.
— (Philippe de) - Tourcoing, mort en 1594, 174, suiv.
— (Philippe de), - Tourcoing, mort en 1554, 170.
— (Yolende de), 152, suiv., 177, 182, 183.
Laroche (Paul de), 246.
Ledelde, 35.
Léocadie (Sainte), 184.
Leroy (le chanoine), 249.
Liedekerke (Gislebert de), 24.
— (Guillaume de), 29.
— (Rasse de), 100.
Ligne (Jeanne de), 151.
— (Louis de), 151.
— (Robert de) - Arenberg, 183.
— (Yolende de), 214.

Ligne (le seigneur de), 130.
Lille (Baudouin de), 5.
— (Felicitas de), 257.
— (Gillebert de), 256.
— (Jean de), 80.
— (Roger de), 7.
— (Thomas de), 88, 101.
Lillers (Gautier de), 12.
Limbourg (Henri III de), 28.
Lipse (Juste), 174, 203.
Lokeren (Gilles et Jakemes de), 100.
Longueval (le seigneur de), 113.
Looz (Godefroi de), 268.
— (Jean de), 264.
Lorges (le duc de), 248.
Los (Louis comte de), 55.
Lothier (Henri de), 52.
Louis VI, le Gros, roi de France, 12.
— VII, roi de France, 42.
— VIII, 55, 58, 64.
— IX (Saint), 61, 66, 79.
— XI, 124, suiv.
— XII, 141, suiv.
— XV, 234, suiv.
— XVI, 243, suiv.
— XVIII, 243, suiv.
Louis-Philippe, 239.
Louis I comte de Flandre, ép. de Marguerite de France, 101, 129.
Louis II ép. de Marguerite de Bavière, 104, 129.
Louvain (Henri de), 83.
— (Henri III de), 6.
— (Jean de), 95.
Luxembourg (Béatrice de), 92.
— (Félicité de), 95.
— (Henri de), 60, 86.
— (Jean de), 113.
— (Louis de), 76.
— (Marie de), 76.
— (Valeran de), 66.
Maillebois (le maréchal de), 235.
— (Marguerite de), 237.
Mailly (Ferry de), 112.
— (Louis de), ép. de Guillemette de Coucy, 206.
— (Louis de), ép. d'Isabelle de Croy, 206.
Maisnil (Michel d'Anchy sire du), 100.
Maldeghem (Philippe de), 100, 255.
Malenthout (Gilion), 72.
Malnes (Hugues de), 43.
Malstéde (Gérard de la), 98.

Mansfelt (le comte de), 185 suiv.
Marcillac (le marquis de), 231.
Marguerite, comtesse de Flandre, 70.
Marck (Evrard de la), 92.
— (Madeleine de la), 181, 182.
Mathias, roi de Hongrie, 208.
Mathilde, ép. de Baudouin II de Gand-Alost, 8.
Mathilde, comtesse de Flandre, 50 suiv.
Médicis (Marie de), 203.
— (François-Marie de), 223.
Meinth, 11, 20, 251.
Melun (Jean de), 132, suiv.
— (Robert de), 137.
Menin (Jean de), 97.
Menith, voyez Meinth.
Merck (Adeline de), 41.
— (Arnoul de), 33, 41.
— (Chrétienne de), 41.
Merkem (le sgr de), 20.
Mérode (le comte de), en 1510, 155.
— (le comte de), en 1713, 231.
Meurisse (Jean), bailli de Tourcoing, 212, 216.
Mondragon, 185.
Monteigni (Robert de), 100.
Montgardin (Philippe de), 43.
Montmirail (Marie de), 70.
Montmorency (Antoine de), 142.
— (Bouchar de), 32.
— (Honorine de), 182.
— (Jeanne de), 76.
— (Marie-Louise de), 236.
— (Matthieu de), 32.
Montrelau (Jean de), 97.
Moorsel (Berner de), 29.
Mortagne, voyez Radoul.
Mortagne (Arnoul de), 78.
— (Arnoul de), clerc, 79, 89.
— (Baudouin de), 78, suiv., 256.
— (Gérard de), 106.
— (Guillaume I de), 78, suiv., 256, suiv.
— (Guillaume II de), 100, suiv., 258.
— (Jean de), 79.
— (Isabeau de), 79, 101.
— (Jacques de), 162.
— (Jean de), 79, 89.
— (Mahaut de), 79.
— (Marie de), fille d'Arnoul, 79.
— (Marie de), châtelaine de Tournai, 79, 90.

Mortagne (Marie de), ou de Dossemez, 99.
— (Marie de), fille de Guillaume II, 101, suiv., 259.
— (Raoul de), 79, 80.
— (Roger de), 80.
— (Thomas de), 79, 82, 256.
— (Yolende de), 100 suiv., 259, suiv.
Moulon (Jacques), 100, 263.
— (Jacques), de Marchies, 106, 262, 263.
— (personnages du nom de), 263, 264.
Namur (Alix de), 29.
— (Henri de), 28, 252.
— (Jean de), 84, voyez Dampierre.
Nassau (Adolphe de), 92.
— (Maurice de), 188, 205.
— (Le comte de), 130.
Nédonchel (le baron de), 243.
Nielles (Jacques de), 56.
— (Simon de), 43.
Ninove (Amelric de), connétable de Flandre, 6.
— (Gérard de), 24.
— (Gilbert abbé de), 126.
Nivelles (Watier de), 87.
Noircarmes (seigneurs de), voyez Aldegonde (de Ste).
Norbert (Saint), 23.
Norfolck (le comte de), 69.
Noyelles (François de), 152.
— (Paul de), 176.

Occoche (Isabelle d'), 143.
Ode, femme de Baudouin Ier de Gand-Alost, 6.
Oisy (Gérard d'), 205.
Olivier (le P. Bernard), 171.
Omer (Guillaume de St-), 20, 37, 256.
— (Mathilde de St-), 37.
— (Robert de St-), comte de Moerbecque, 207.
Orange (le prince d'), 191, suiv.
Ossat (le cardinal d'), 201.
Overschelde (Jean d'), 130.

Pantin (Pierre), 175.
Pascharis (Pierre), 103.
Peteghem (Eustache de), 20.
Philippe-Auguste, 50, 54, 55.
Philippe-le-Beau, 129, 130, 140, suiv.
Philippe I, roi de France, 5.
Philippe III, roi de France, 74.
Philippe-le-Bon, 109.
Philippe-le-Hardi, 120.
Philippe II, roi d'Espagne, 182, suiv.
Philippe III, roi d'Espagne, 189, suiv.
Philippe V, roi d'Espagne, 225, suiv.
Philippe (don), infant d'Espagne, 231.
Pierre (Jean De la), 96, 260.
Pierre (Arnold abbé de St-), à Gand, 10.
— (Gislebert abbé de St-), à Gand, 22.
Pol (Eustochie de St-), 49.
— (Hugues comte de St-), 46, 61.
— (le comte de St-), 123.
Polheim (le seigneur de), 130.
Pondereau (le comte de), 188.
Ponthieu (Guillaume de), 57.
— (Jeanne de), 62.
— (Marie de), 57, 63.
Portugal, voyez Ferrand.
Potes (Gérard de), 58.
Poucques (Beugin de), 221.
— (Colard de), 100.
Poutrains (terre des), 238.
Praet (Chrétien de), 53.
— (Gervais de), 10, 14.
Preures (Walon de), 43.
Priego, voyez Croy-Havré Jean-Just.
Prouny (Gérard de), 68.
Pym (Liévin), 154.

Quesnoy (Gossuin du), 103, suiv., 258, suiv.
— (Louis du), 106, 260.
— (Marie du), 105, 264.
— (Marguerite du), 262.
— (Philippote du), 106.
— (Yolende du), 106.
Quesnoy, localités diverses de ce nom, 104.

Radoul ou Raduels, sires de Mortagne, châtelains de Tournai, 78.
Radoul (Baudouin), 78.
— (Everard), plusieurs personnages de ce nom, 78, 256.
Rasoir (Eustache), 43.
Ravestein (le seigneur de), 130.
Rechem (Gautier van), 119.
Reims (Guillaume archevêque de), 42.
Renesse (Claire de), 170.

Reninghe (Désiré et Isaac de), 14.
Renty (Isabeau de), 180.
Ribaucourt (les comtes de), 144.
Richard Cœur-de-Lion, 50.
Richardot (le président), 200, 206.
Rieux (Thierry de), 92.
Rodes (Gérard de), 100.
— (Jean de), 97.
Robecq (le prince de), 233.
Robert de Jérusalem, comte de Flandre, 5, 7, 8.
Robert le Frison, comte de Flandre, 5, 7.
Roche-humaine (le sieur de la), 147.
Roisin (Jean de), 143.
Rorvont (le sieur de), 130.
Rohan (Charles de), 76.
Rokeghem (Jean de), 258.
— (Josine de), 118.
— (Robert de), 118.
Rouault (Joachim), maréchal de France, 123.
Roubaix (Alart de), 97.
— (Bernard de), 55.
— (Jean de), 80.
— (le seigneur de), 134.
Rougé (Gabriel de), 237.
Rovère (Antoine Lanti, de la), 230.
— (Marie Lanti de la), 234.
— (Marie-Anne Lanti de la), 230, suiv.
Rubempré (Marie de), 182.
Ruelle, 136.
Rumes, 106, 269.
Ruysbroeck (Jean), 115.
Rym (Guillaume), 131.

Salisbury (Guillaume de), 57.
Salperwick (Eustache de), 43.
Sangalle (Baudouin de), 68.
Sanglier (Albert), 37.
Sars (Guillaume de), 107.
— (Jacques de), 183.
Savoie (Thomas de), comte de Flandre et de Hainaut, 79, 80.
— (le duc de), 202.
— (le maréchal de), 235.
Scaliger, 174.
Schott (le P. André), 174, suiv.
Sémur (Godefroi de), 37.
Seninghem (Etienne de), 35.
Severine (Catherine de San-), 114.
Sigismond IV, roi de Pologne, 206.
Skibborne (Agnès de), 40.

Sloete (Isabeau), 81.
— (Léonius), 81.
Sohier, le maires, 87.
Solms (le comte de), 186.
Solre (comtes de), voyez Croy.
Sotenghem (Gérard de), 256.
Spinola (Ambroise), 204, suiv.
— (Gaston de), 193.
Sueur (le capitaine Le), 207.

Talleyrand (le prince de), 246.
Tenre (Gaspar de le), 221.
Termonde (Daniel de), 16, suiv.
— (Gautier de), 5, 29, 45.
Thomas comte de Flandre et de Hainaut, 79.
Thomas (Saint), de Cantorbéry, 38.
Tirel, 20.
Torcoin (Saswalus de), 2.
Torcuing (Robert de), 8.
Torquoing (Saffrain de), 2.
Toulonjon (le seigneur de), 130.
Tourcoing (Jean de), 2.
— (Jehan de), 2, 3.
— (Everard curé de), 35.
Tourcoinq (terre, seigneurie et ville de) 7, 11, 25, 33, 59, 64, 71, 93, 120, 132, 140, 238.
Tournai (Conon de), 5.
— (Etienne évêque de), 35.
— (Everard de), 5.
Tourzel, voir Havré (Louise).
— (Louis II du Bouchet de), 237.
— (Louis-François du Bouchet de), 237.
Trazegnies (Gilles de), 79, 85, 98.
— (Marie de), 85.
Trémoille (Louise-Angélique de la), 230.
Tronchiennes (abbaye de), 21, suiv.
— (Godezon, prévôt de), 7.
— (Gossuin abbé de), 21.
T'Serclaes (le prince de), 230.
Tyncke (Jean), maréchal de Flandre, 259.

Ursins (Madame des), 224.

Valenciennes (Jean de), 97.
Van der Burck (François), 215.
Van Rechem (Gautier), 119.
Vaughan (Mr), 153.
Vauguyon (le duc de la), 246.

Vegenselle (Stoppon de), 29.
Velasco (don), 205.
Vendôme (le duc de), 220.
Vérac (Charles de), 237.
Vère (le marquis de la), 231, 233.
— (le seigneur de la), 130.
Vermandois (Simon de), 83.
Vianden (Gérard de), 100.
— (Godefroi de), 92.
Victor (le maréchal), 224.
Vierson (Jean de), 89.
Vilain de Gand, 76.
Vilain XIIII, 76.
Ville (Gérard, Guillaume, Jean de), 107, note, 108.
Villeroi (Monsieur de), 202.
Viry (Amé de), 260.
Vitingboven (Libert de), 192.
Vivere (Robert Van den), 116.

Waernewick (Yenwains de), 101.
Wailly (Marie dame de), 222, voyez Halluyn.
Walehaing (Arnoul de), 92.
Walerand (le P.), jésuite, 203.
Wallain (Mr de), 179.
Wallonnes (Gardes), 224, suiv.
Wanebrechies (Philippot de), 86.
Wanequerke (Pastrède de), 73.

Warambon (le marquis de), 186.
Warce, voyez Werce.
Warielles (Walier de), 87.
Wast (Simon prieur de), 265.
Waatine (Isabeau de la), 93.
Wavrin (Robert de), 100.
Werce, 11, 20, 251.
Werchin (Jakemes de), 100.
Wes (Jean du), 100.
Wichman, châtelain de Gand, 4.
Wilmot, 46.
Wisch (Jacqueline de), 117.
Wilde-Espelle (Isabeau de le), 80.
Woumen (Richard de), 11.
Wriothesley (Mc), 153.
Wulfringhem (Herbert de), 52.

Xaintraille, *alias* Sainte-Treille (Poton de), 113.

Yder, bailli d'Audenarde, 9.
Ypres (Anselme comte d'), 25.
Ypres (Baudouin d'), 9.
— (Guillaume de Loo, vicomte d'), 9, 19, 20.

Zœhringen (Bertold de), 45.
Zutquerque (Matthieu de), 55.

www.ingramcontent.com/pod-product-compliance
Lightning Source LLC
Chambersburg PA
CBHW071505160426
43196CB00010B/1432